政治學 —21 世紀的觀點

Political Science

周繼祥◎著

序

　　一九八〇年秋，筆者師從呂亞力教授精讀他的《政治學方法論》、《政治發展與民主》、《政治學》諸書。身受呂師在學思上的啟迪，曾經冒昧地請教：「一本政治學教科書可以流傳多久？」他的答覆是十年。光陰荏苒，呂師以上幾本著作在政治學界至今猶領風騷，一方面由衷佩服他精湛的功力，另方面則思狗尾續貂，追隨其後。

　　世紀之交，筆者因已兩任所長，且無升等壓力，遂有走出學術殿堂，步入現實社會之念。一九九八年至二〇〇〇年自台大借調至海基會任主任秘書，研究並處理兩岸關係。二〇〇二年至二〇〇三年休假義務擔任國民黨海外部主任、組發會副主委，對於政治的理論與實務，略有領悟，自忖應可對學界或出版界略盡一份心力，以饗讀者或加惠學子。然一旦動筆著述，始知困難重重，最重要的是時間不夠充裕與完整，斷斷續續，即使文思泉湧卻無暇躍然紙上。復以諸多行政瑣事羈絆，完稿著實不易。而今付梓，幕後編校作業，居功厥偉。

　　二十世紀九〇年代以來，西方學界賦予許多政治名詞新的涵義，不僅與過去人們慣用者相去甚遠，甚至其涵義不再侷限於政治學的範疇，還廣泛應用於社會、經濟等學科領域的研究。本書副標題為「21世紀的觀點」，讀者將可發現內容延續既存的古典傳統學派理論，更重要的是對全球化下的治理、民族國家、多元政治和傳播媒體等諸多新議題，提出深刻的觀察與肯綮的論點。

　　當政治學科進入二十一世紀之後，筆者力圖把這一學科的經典著述與嶄新理論都引用到本書中，期能為政治學界注入活水，開拓新的視野。

　　本書在編排上係以一般性的政治學為基礎，著重當代政治理論的闡述，說明國家、政府與人民的互動關係，探討政治意識型態的影響，介

紹自由主義、保守主義、社會主義、第三條路及其超越，關心正義、社群、性別與多元文化，鋪陳政治學的發展趨勢，並勾勒台灣政治學的願景。

政治學之父——亞里斯多德曾謂：「人是政治的動物」，認為人按其本性必須結合成社團，才能生存；而政治是人與人之間的互動行為與權力交換。中山先生亦云：「政是眾人之事，治是管理，管理眾人之事，謂之政治。」三人成眾，由是三口之家諸事大小，都可稱為「政治」，如此推衍，「政治」可探討的主題包羅萬象。然而作為一門嚴謹的社會科學，其基本定義十分關鍵，但很可惜，迄今政治學者對政治的定義，尚無一致的共識，此於本書第一章導論中有系統的評介。

為了使讀者進一步瞭解政治學的內涵，本書聚焦於當代政治理論與意識型態、國家與政府制度、政黨與選舉、國際關係與國際政治等四大領域。舉凡民主與民主化、政治文化、政治社會化、政治發展、公民投票、公共政策、利益團體、政治溝通與民意等政治科學主要探討的議題，都安排專章論述。其中政治理論、意識型態、民主化與全球化等內容，旁徵博引當代名家觀點，寫作最為用心，值得推薦。

本書之能夠順利出版，首應感謝威仕曼文化事業股份有限公司總經理葉忠賢先生和總編輯閻富萍小姐的全力促成，沒有他們的支持與協助，本書或難與讀者見面，只能束諸高閣，孤芳自賞而已。

周繼祥
誌於台灣大學國家發展研究所
民國九十四年八月廿二日

目 錄

政治學
Political Science —21 世紀的觀點

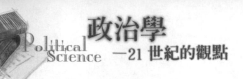

政治學
Political Science —21世紀的觀點

政治學
—21 世紀的觀點

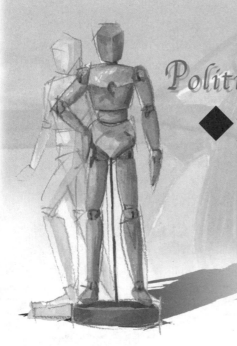

Political Science

◆第1章　導論

　　政治學在當代社會科學中，可說是一門充滿朝氣的年輕學科。作為社會科學的基礎學科之一，政治學在當前台灣社會的重要性，應屬無庸置疑。一九九〇年代以來，伴隨著全球化（globalization）的展開，政治學的研究也取得了相當程度的進展。「全球政治」這個術語，非常貼切地描繪了政治關係在空間上和時間上的擴展和延伸，以及政治權力和政治活動跨越現代民族國家的界限、無處不在的一種現象（Held et al., 1999: 49）。

　　公元二〇〇〇年台灣跨世紀總統大選，首度完成了政黨輪替，開啟了陳水扁總統所謂的「第二波民主」的改革，其歷史任務是鞏固民主價值、深化民主內涵，讓台灣的民主與歐美先進國家齊頭並進。然而情勢的變化並未如陳總統所願。首先是朝小野大的國會結構和政黨惡鬥，使得政務空轉，造成社會的種種亂象，而長期令國人引以為傲的台灣經濟，也因此不再出現奇蹟。二〇〇四年的總統大選，更因藍、綠的撕裂而使國家社會瀰漫猜忌與不安，為此，國人付出了莫大的代價。

　　許多人都說，我們的社會生病了，而要使這個生病社會得到健全的治理，就需要新的政治思維、新的政治秩序。時代呼喚著新的政治家，社會的和平與發展需要新的政治學。

　　本書便是在這樣的氛圍之下形成的。為了讓讀者的視野有別於從前，本書在結構和內容方面刻意作了一番調整，但讀者在閱讀各個單章之前，建議仍應先作一基礎的瀏覽。認識何謂政治學、政治學的重要概念、政治學的發展簡史、政治學的範圍、政治學的研究途徑、政治學的價值及作用等。

第一節　政治學的意義

　　英文political science的正式譯名應該是「政治的科學」。為了清楚說明什麼是「政治的科學」，有必要把「政治」與「科學」這兩個名詞分開

來解釋。

　　首先，討論何謂政治？politics（政治）是由希臘文polis演變出來的。Polis是國家的意思，政治和國家，尤其是和執行國家事務的政府有密不可分的關係。政治是建立政府和決定政府政策的主要動力，政治科學則是研究國家的科學（the science of the state）。早期對政治學的研究主要是研究政府的組織與運作，基本上是對政治作靜態（static）的研究。政治研究的另一面向是動態（dynamic）的，即探討人類在社會生活中的政治行為，聚焦在如何決定及執行公共政策。這就要研究權力（power）和影響力（influence）。

　　從表面上看來，政治學似乎不是一個統一的學科，因為政治學者對政治的定義，尚未有一致的共識。著名的政治學者拉斯威爾（Harold D. Lasswell）認為政治就是「誰得到什麼，何時，如何得到」（Who Gets What, When, How）（Lasswell, 1936）。前美國政治學會會長伊斯頓（David Easton）界定政治是「各種價值的權威性分配」（authoritative allocation of values）[1]（Easton, 1965）。這兩個定義的共同之處，都強調如何分配有限的資源。新銳政治學者史塔克（Gerry Stoker）及馬許（David Marsh）則指出，從某種抽象的意義上而言，大部分的政治學家都能同意，政治就是一種「權力鬥爭」（a struggle over power）（Stoker & Marsh, 2002: 10）。約言之，政治的定義有很多種，不同的定義其側重面也不同，但大部分的學者認為，在實踐過程中，權力本來就是在人與人之間充滿紛爭的事務，而這就是政治。

　　其次，討論「科學」的涵義。科學的目的是解釋現實（reality），科學家發展理論（theory）來針對某些現象的存在或原因，作一般性的解釋。理論一旦發展完成，就必須被驗證，俾查看它們是否能正確地解釋其所欲解釋的現象。如何驗證理論？首先是創造特殊的表述（statement），若理論是正確的，則表述就應該是真的，然後進行驗證這些被稱為是假設（hypothesis）的表述。

---

1 David Easton這裡所謂的價值包括物質與非物質之有價值的事物。

政治學常用的兩個類型的假設：一是，因果的（causal）假設：試圖展現出一個現象導致另外一個；另一是，相關的（relational）假設：這種表述指出兩個現象是否在一種特殊的方式下相關，而不在陳述一個現象導致另外一個。一旦假設建構完成，接著就要觀察變項的行為來驗證假設，這些變項包括依變項（dependent variable）、自變項（independent variable）、前置變項（antecedent variable）、干擾變項（intervening variable）。上述變項的關係如圖1-1所示。

假設的驗證並非易事。在政治學中，欲驗證假設經常會遭遇三個一般性的問題：資料不足或不一致、變項的多樣和模糊、方法的不確定。

由於缺乏孔恩（Thomas Kuhn）所謂的典範（paradigm），政治學經由一系列對方法和目的之不滿，所以不停地前進。因此，科學的方法是人們增加政治知識的正常管道。

政治學相較於自然科學，有下列的問題：

1.衡量的困難：人類的政治行為很難精確地衡量。
2.政治學的理論無法試驗：政治學者無法將研究對象放進實驗室中進行重複的試驗。
3.政治學者很難客觀：政治學者本身亦是人類社會的成員，有自己的價值觀念，其研究工作經常受到主觀意識的影響。

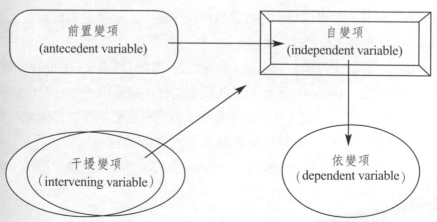

圖1-1 依變項、自變項、前置變項及干擾變項關係圖
資料來源：Garrison & Scott, 2002, p. 21.

儘管有以上的困難，現代政治學還是有許多成就。政治學雖然無法像自然科學一樣，但是政治學者也嘗試運用科學方法來創造理論和模型，解釋甚至預測人類的政治行為。

第二節　政治學的重要概念

　　為了使讀者進一步瞭解政治學的內涵，本節討論政治研究中的幾個主要概念。

一、權力

　　權力是社會科學的關鍵詞，同時也是政治學的核心概念。然則，何謂權力？首先，權力可以被視為是某個社群完成所欲的能力。在這個意義上，可以將美國描述成為一個有權力的國家，因為美國顯然有能力可以達成許多預想目標。需要特別注意的是，這種定義權力的方式，強調的是達成目標的「能力」（capacity），而不是強調某行動者對他人的控制（control）。把權力視為「能力」，主要是源自於美國社會學家帕森思（Talcott Parsons）的觀點。在其〈論政治權力的概念〉（On the Concept of Political Power）一文中，他將權力詮釋為政府運用公民責任感（obligations of its citizens）的能力，以致於公民願意積極達成各種集體目標，例如環境保護、秩序或法律（Parsons, 1967: 286-299）。按照這一觀點，政治體系就如同能源的源頭，亦即，政府能產生越多權力越好。畢竟，越有權力的政府，在追求集體目標時就越有效率。另外，對帕森思而言，政治權力是一種集體資源，而不是一種個人特質。

　　德裔的政治理論家鄂蘭（Hannah Arendt）也持類似的觀點。在其《極權主義的起源》（*The Origins of Totalitarianism*）一書中，她認為，權

力不只是一種行事的能力，而且還是一種以「協調的方式」來行事的能力。一個團體內的成員，如果願意以協調的方式一起行事，會產生更大的力量，因為這將更有可能達成目標。相反地，一個團體如果被猜忌與矛盾所籠罩，該團體完成目標的能力就會下降。因此，鄂蘭認為權力與暴力之間的關係有如敵人，而非手足。她認為權力與暴力是相互對立的，當暴力抬頭時，權力就消散，反之亦然，亦即，暴力只會摧毀權力而不是產生權力（Arendt, 1996: 44）。

對許多政治學家來說，把權力視為一種能力，並不能完整把握權力的要義。他們往往認為，權力與現實政治一樣，有其殘酷的一面，亦即，政治絕非只是技術性的事務（達成某個集體目標）。在追求目標的過程裡，往往也伴隨許多衝突。政治過程的核心之處，往往在於「是誰的觀點最具有制服力」，而權力的定義，應該要反映出這一關鍵。從這一角度來看，權力指的是一種隨心所欲的力量（ability），不只能強迫別人接受自己的觀點，也可以制服反對意見。此一觀點暗示著衝突，而不是共識。在政治學家達爾（Robert A. Dahl）的著名定義中，權力指的是迫使別人去完成不想做的事。達爾以一種中立的工具性觀點來看待權力，不論怎麼被運用，權力只是影響力。

事實上，權力（影響力）可以藉由許多種方式來操作。第一種形式是「塑造誘因」（incentive-shaping），亦即，改變「受權力影響者」的誘因，這包含了威脅要懲罰那些不遵從者，或者獎賞聽命者。不論是獎賞或威脅，某甲只是影響某乙的行動脈絡，而不是改變某乙的整個政治觀點。舉例而言，他國的政治領袖、有錢的企業及國會領袖，經常是美國總統威脅、懲惠或賄賂的對象。事實上，一位成功的美國總統，往往必須善於塑造其他政治行動者的誘因。

權力的運作也可以藉由「塑造偏好」（preferences- shaping）來進行。此時，某甲致力於改變某乙的行動偏好，而不改變某乙的行動脈絡。舉例而言，當美國「介入」他國事務時，美國總統可能會試著說服（persuade）聯合國安理會去相信這種「介入」在道德上的恰當性。在這種情形之下，權力逐漸發揮影響力，權力的運作經由說服的方式進行。

在一個較大的範圍，偏好的塑造可以採取的形式，是控制偏好形成的整個意見氣氛。在這種情形下，影響力源自於議題設定，亦即，控制議題的提出及議題的如何被詮釋。舉例而言，二〇〇三年美國總統布希企圖說服美國人民：美軍若攻打伊拉克，將有助於維護美國的安全。然而偏好的塑造也可以在小規模的範圍內進行，例如，老師對學生影響，可以藉由塑造學生的世界觀來達成，而不見得要改變學生的行事誘因。總之，控制他人的最佳方式，就是控制他們的知識與態度，這也是權力的要義。

二、權威

權威（authority）是一個比權力更廣泛的概念，如前所述，權力是作為的能力，權威則是這樣做的權利（right）。權威是支配的權利。嚴格而言，權威指的是作為的「權利」，而非這樣做的「權力」。然而，只要人民接受「權威人物」有權利作成決策，權威就能創造自己的權力。權威的擁有者有權利行使權力，正如同擁有產權的人，有權利決定要如何使用財產。權威存在於「臣民」認知「君王」有權利發號司令時；將軍可以對敵方士兵行使權力，但是對他們沒有權威，他只對己方的軍人有權威。同理，中共雖然有很大的能力（權力），可以透過外交手段、經濟優惠、飛彈及《反分裂法》，來影響兩岸關係及我國的政經發展，但對台灣人民而言，中共並不具有權威。

事實上，當社會科學家主張權力是一種「集體資源」（collective resource）時，他們的意思是，當轉換成權威時，權力的運作會變得更加有效。然而，「權威」一詞的意涵，並不限於「自願服從」（voluntary compliance）。認知領導者的權威，僅意味著接受領導者有權利制訂決策，而且自己有義務遵守這些決策，但這並不意味著「同意」領導者的決策。

三、正當性

當政治學家說某個政府具有「正當性」（legitimacy）時，他們是指：該政府是個有權威的政府，亦即，接受該政府統治的臣民，均願意承認該政府有權（right）作出公共決策。顯然，「正當性」與「權威」這兩個概念，有高度的關連性。然而，這兩個概念的用法並不相同。一般而言，正當性一詞指涉的對象包括整個政府體系，權威則是用來指涉某一特定的職位（position）。當政府的權威廣泛地被其臣民所接受時，這就是一個具有正當性的（legitimate）政府。總之，權威針對是某個官員（offical），但正當性針對的是整個體制。

雖然正當性一詞源於拉丁文 legitimare，意指合法宣稱（declare lawful），但是正當性一詞的意涵遠超過「合法性」（legality）。合法性只涉及技術層次的問題。事實上，合法性指的是法規的形成必須符合正規程序，正當性則屬於政治問題。正當性所指涉的是，某一群人是否願意接受某一法律（或整個政治體系）的效力（validity）。

區分了正當性與合法性之後，就可以理解，政府的管理可以是合法的，但卻不一定具備正當性。舉例而言，白人主政時期的南非，雖然「合法地」行使種族隔離制，然而，對境內的南非黑人而言，這種種族歧視政策（白人政府）是不正當的，即使種族隔離制合乎該國憲法的精神，白人政權也一樣不具有「正當性」。正當性的基礎是同意，缺乏被統治者的同意，政府只能依賴高壓手段。政府取得正當性的途徑有以下幾種：第一、長時期的存在。已經運作很久的政府，通常會受到公民的尊重。新政府的正當性往往不夠穩定。第二、施政成績良好。經濟成長、充分就業、提供安全保障，這些都有助於政府提高其正當性。第三、政府的組成結構。若人們覺得政府的組成具有代表性，則他們較願意服從。第四、政府透過操縱國家象徵來確保正當性。國旗、歷史紀念碑、愛國遊行等，都企圖使民眾相信政府是正當的。

　　合法性是法學家（與律師）研究的問題，而政治學者感興趣的則是正當性，例如，一個政治體制的統治權（right to rule）如何失去（或獲得）人民的信賴？因此，是「民意法庭」在審判正當性，而不是「司法法庭」在審判正當性。同時，正當性與政府穩定性（stability）之間的關係，也經常是政治學者討論的課題。

四、治理

　　「治理」（governance）一詞並非新字，其原意是控制、引導和操縱，與統治（government）一詞交相使用，但在今日，它與「全球化」一樣，變成一個熱門的詞彙。

　　一九九〇年代以來，西方政治學界賦予治理新的涵義，不僅與統治的涵義相去甚遠，而且不再侷限於政治學領域，還被廣泛應用於社會經濟領域。與統治不同，治理指的是一種由共同的目標支持的活動，這些管理活動的主體未必是政府，也毋須國家的強制力量來實現。第一、在治理的主體上，治理意味著一系列來自政府但又不限於政府的社會公共機構和行為者。在此意義上，政府並不是國家唯一的權力中心。各種公共的和私人的機構只要其行使權力得到公眾的認可，就可能成為各個不同層次上的權力中心。第二、治理意味著在現代社會，國家正在把原來由它獨自承擔的責任分散給公民社會，即各種私人部門和公民自願團體。國家與社會之間、公共部門與私人部門之間的界線與責任便日益模糊不清。第三、治理明確肯定了在涉及集體行為的各個公共機構之間存在著權力依賴，致力於集體行動的組織必須依靠其他組織。第四、治理意味著社會參與者最終將形成一個自主的網絡。在某個特定的領域中擁有發號施令的權威，它與政府在特定的領域中進行合作，分擔政府的行政管理責任。第五、治理意味著辦好事情的能力不限於政府的權力，不限於政府的發號施令或運用權威。在公共事務的管理中，還存在著其他的管理辦法和技術，政府有責任用這些新的辦法和技術，對公共事務進

行控制和引導。

　　西方學術界之所以在原本以國家權力為中心的公共權力體系中引入治理概念，讓行使公共權力的主體，由單一的政府組織變為政府組織與民間社會組織的組合，提升市民社會的地位，其目的在於試圖倚重非政府組織，俾彌補政府能力的不足和市場的失效。

　　國際關係領域則提供了另外一個關於「治理」的好例子。顯然，這個地球上並不存在一個世界政府，也沒有任何一個組織機關可對全世界發布強制性的命令。即使如此，全球關係網絡裡的許多面向，還是能得到管理，而且還是在各方均能接受的前提之下進行管理。舉例而言，網路世界就超越了任何單一政府的控制。網路世界裡的行為準則及連結關係，主要還是經由私人之間的協議所形成。我們可稱其為網路世界的「治理」，而不是網路世界的「政府」。

　　總之，治理這個概念要強調的是，即使沒有政府，也可以有治理；即使沒有支配者，也可有支配；即使沒有管理者，也可以有管理。

第三節　政治學的簡史

　　本節分中、西兩方面，簡述政治學的演進過程：

一、中國政治學的歷史演進

　　中國人對政治的研究源遠流長，其發端應可追溯至先秦諸子百家。在諸子百家中，對政治影響最為深遠的是儒家、道家和法家的政治思想。

　　以孔子、孟子為代表的儒家學派在中國一直居於統治地位，其主要典籍是《論語》和《孟子》。儒家的政治學說主要集中在「禮」與「仁

政」。孔子對當時的「禮崩樂壞」深惡痛絕，主張「復禮」。以西周之禮作爲行爲的準則，人們的視、聽、言、行都要受到「禮」的約束。「仁政」是「爲政以德」，即「道之以德，齊之以禮」，孔子特別重視道德教化。惟他在講德化時並沒有忘記刑罰，德主刑輔。強調德化，必然要求「人治」，即要求統治者以身作則。孟子把孔子的德化思想發展成「仁政」，要實現社會秩序的安定，應該行「仁政」統治而非暴力統治。

秦始皇統一中國後，焚書坑儒，西漢則罷黜百家、獨尊儒術。董仲舒把封建的社會政治秩序納入「天」的控制之中，他的「君權神授說」、「三綱五常說」都是以此爲中心，企圖論證政治秩序的合理性、永恆性及神聖性。到了宋朝，朱熹把董仲舒的「天」變換爲「理」，認爲一切政治秩序都是天理的體現。

與儒家相對立的主要流派是法家。韓非是先秦法家思想的集大成者。他在《韓非子》中，把法（法律）、術（統治術）、勢（統治權力）融爲一體，形成了法家的治國之道。韓非反對在法令以外，還講仁義、恩愛。雖然法家思想常居儒家之下，但其在中國古代社會的作用也是不可低估的。

道家思想的主張與儒家、法家的積極治國論相反，其代表人物是老莊。老子認爲國君的統治應該是「無爲之治」、「我無爲而民自化」、「我無爲而民自富」、「無爲而無不爲」，從而達到「小國寡民」的理想境界。莊子則強調凡是自然的都是美的、善的，凡是人爲的都是醜的、惡的，因而莊子主張人類的行爲都要順應自然，治天下要合乎「民之常性」。

總之，中國古代的政治理論非常豐富。惟古代思想家們多把現實的社會視爲理想社會，汲汲於說明現實社會的合理性與永恆性，而未曾建構出更高層次的政治理想藍圖。

到了近代，中國的政治研究落後於西方。近代中國的政治思想，甚受西方思想的影響。在中國十九世紀的啓蒙思想家中，龔自珍的主要特點和貢獻在於對舊社會的揭露和批判。魏源開始要求學習西方，提出正面的、建設性的原則。十九世紀、二十世紀之交，康有爲、梁啓超的維

新理論，孫中山的民有、民治、民享主張，都大量吸收了西方的民主思想。

一九一九年之後，中國的大學開始了政治學的教學，出現了一批政治學原理教科書，如李劍農的《政治學概論》。同時，西方的政治學著作也被大量地介紹引進，如柏拉圖（Plato）的《理想國》（*The Republic*）、亞里斯多德（Aristotle）的《政治學》（*Politics*）、盧梭（Jean-Jacques Rousseau）的《民約論》（*The Socail Contract*）、拉斯基（Harold Joseph Laski）的《政治典範》（*A Grammar of Politics*）、丹寧（William Archibald Dunning）的《政治學說史》（*A History of Political Theories*）、迦納（James Wilford Garner）的《政治科學和政府》（*Political Science and Government*）、基特爾（Raymond Garfield Gettell）的《政治學》（*Introduction to Political Science*）、季爾克立斯（Robert Niven Gilchrist）的《政治學原理》（*Principles of Political Science*）、霍爾特（Lucius Hudson Holt）的《現代政府原理》（*The Elementary Principles of Modern Government*）等。與此同時，政治學者也開始了中國政治制度史的研究。一九三〇年代，政治學在中國才成為一門獨立的學科，若干留學歐美返國的學者，如王世杰、浦薛鳳、錢端升、蕭公權等，在北京大學、清華大學、中央大學等學校開設政治學課程，並成立中國政治學會。一九四九年國民政府播遷來台後，台灣大學、政治大學、成功大學成為政治學發展的重鎮，其後，政戰學校、東海大學、東吳大學、文化大學也設立政治學系。近年來，師範大學政治研究所、中正大學政治系、高雄大學政法系、成功大學政經系及若干大學的公共行政、行政管理等相關系所，也加入培養政治人才的行列。

二、西方政治學的歷史演進

政治學作為一門規範性的科學，起源於西方。從柏拉圖的《理想國》至今，我們可以把西方政治學分為古典主義時期、傳統主義時期、行為

主義時期和後行爲主義時期四大階段。

(一)古典主義時期（從古希臘到十九世紀中葉）

在這個時期，政治學與哲學往往難以區分。其代表人物是古希臘的柏拉圖、亞里斯多德，中世紀的奧古斯丁（Saint Augustine）和阿奎那（Thomas Aquinas），以及近代的馬基維利（Niccolo Machiavelli）、布丹（Jean Bodin）、霍布斯（Thomas Hobbes）、洛克（John Locke）、格勞秀斯（Hugo Grotius）、孟德斯鳩（Charles-Louis de Secondat Montesquieu）、盧梭和邊沁（Jeremy Bentham）。古典主義時期的政治學者集中在歐洲，其研究重心是規範性活動，即強調道德、倫理和價值判斷。不少政治哲學家花費很多心血描述最好的國家狀態，其中最著名的莫過於柏拉圖的《理想國》。規範性活動還包括提出正確的政治目標是什麼，盧梭認爲合理的政治目標是恢復共同體的意識，滿足人的道德和情感的需要；邊沁主張幸福應當是一切政治活動的基礎。另外，古典主義時期也有科學性活動與工具性分析，但不占重要位置。政治哲學家們在描述世界時，也企圖解釋世界，例如在《政治學》第一章中，亞里斯多德力圖解釋政治變革與革命[2]；馬基維利則以論述如何保持權力而聞名於世。工具性分析是指實現目標的最佳途徑，如霍布斯認爲實現和平的政治目標的手段是建立絕對的政治統治。

古典主義時期政治理論的影響是巨大的，尤其是文藝復興時期的政治理論直接改造了西方世界，而它的思想價值至今仍爲世人所重視。

---

[2] 由於在此書中針對「人們爲何必須研究政治？」提出了卓見，亞里斯多德被稱爲「政治學之父」。

(二)傳統主義時期（從十九世紀中葉至第二次世界大戰）

在十九世紀的部分時期，成為正規學科而開始起步的政治學所關注的是法律。當時的學者們相信，如果清楚了決定權力分配的法律，就能瞭解政治制度是如何運轉的。因此，在這一時期，憲法和法律被認為決定著政治家的權利與特權。到了二十世紀的轉折時期，英國的白浩特（Walter Bagehot）、美國的威爾遜（Woodrow Wilson）把政治學帶入新階段，他們發現，在政府部門和正式組織機構的周圍，各種非正式的組織和活動如政黨、壓力團體等對政策有很大的影響。於是，政治學的注意力從法律的組織機構轉向政府機構周圍的非正式活動。這種活動的進一步發展，可以杜魯門（David B.Truman）所著《政府的過程》（The Governmental Process: Political Interests and Public Opinion）一書為代表。

傳統主義時期的研究重心不在於政治是如何運作的，而是集中在對政治過程的資料蒐集和描述上，但缺乏專門的方法來蒐集資料和進行分析。結果，研究者在資料上的發現和解釋的可靠程度令人不滿。另外，研究者還經常糾纏於「規範性的問題」（what ought to be）和「描述性的問題」（what is）之答案，因此，雖然發現了公共政策的問題，卻沒有能力解釋公共政策的過程。

(三)行為主義時期（從第二次世界大戰之後至二十世紀六〇年代中期）

在第二次世界大戰之前，已有一些政治學者不滿足於法律和制度層面的研究，但行為主義的勃興則是在第二次世界大戰之後。行為主義的著眼點是人及人的行為。與前兩個時期的政治學相比，行為主義時期政治學的特點鮮明：第一、行為主義關注的是政治活動者的行為，斷然拒絕法律和制度的研究途徑。行為主義者認為，機構是重要的，但只有機構之中的活動以及圍繞政治機構的行為才是政治學家應該關心的主要問

題。例如，政治學家不應把主要精力放在參議院的結構或參議員的法定
職務上，而應放在參議員的行為上，追問為什麼通過這個法案而不通過
那個法案。另外，行為主義者強調的行為主要是個體行為，並認為這是
政治學的一個轉折點，應該研究個體的態度、人格形成和投票、院外活
動之類的有形活動。但重視個體行為並不排除群體行為或民族國家，因
為任何人都無法否認群體和國家的存在。第二、運用科學的方法研究政
治現象。資料的量化是科學的重要目標。在一九五〇年代和一九六〇年
代，西方政治學運用大量的計量方法，諸如問卷、訪談、抽樣、模型
等。第三、行為主義強調「社會科學的統一」，即政治學要適切地利用社
會學、經濟學和心理學的資料來描述和解釋政治現象。在行為主義者看
來，社會科學相互隔離的局面有一天會消失，因為社會科學家在研究同
樣的事物，即個人的行為，政治學家研究的是政治的行為，經濟學家研
究的是經濟的行為，因此對行為有共同興趣會使社會科學統一。第四、
行為主義研究主張「價值袪除」（value-free）或「價值中立」（value-neu-
tral）。在美國，「價值中立」的原因之一是冷戰，尤其是麥卡錫（Joseph
McCarthy）在美國發起的一場反對自由主義者的心理和法律上的恐怖統
治時期，因為學者容易受到攻擊，「價值袪除」成了學者們的一種戒備
工具。另外，戰後西方世界的繁榮削弱了學者們的批判精神，他們認為
意識型態終結了。

(四)後行為主義時期（從二十世紀六〇年代開始）

如前所述，行為主義強調個人行為的研究，而不關心重大的社會與
政治問題。但到了一九六〇年代中期，西方社會出現了一系列的反社會
思潮，像法國的「五月風暴」，美國的反文化革命，以及反越戰運動，再
加上美國的民權運動，迫使社會科學家尤其是政治學家認識到，所有的
社會問題研究確實滲透著意識型態問題。在這種情況下，一九六九年當
選為美國政治學會會長的伊斯頓在其就職演說中指出，行為主義革命還
沒有完成，後行為主義革命就已發生了（Easton, 1969）。在後行為主義

時期，國家又重新成爲政治學的一個中心概念。在歐洲，結構主義的馬克思主義由阿杜瑟（Louis Althusser）和普朗查思（Nicos Poulantzas）發展起來；同時這種研究方法也影響到美國的政治學，雖然馬克思主義在美國一直不如在歐洲那麼流行，但馬克思主義類型的思想的復興，使政治學重新意識到歷史的重要性和經濟的、社會階級的、意識型態的，以及整個社會關係的重要意義。

在突出價值和道德研究的後行爲主義之初，哈佛大學哲學教授羅爾斯（John Rawls）的《正義論》（A Theory of Justice）打破了政治哲學長期以來的沉寂。《正義論》運用經濟學模型和博奕論方法，討論「社會的基本結構」中滿足各個社會成員的包括基本的自由、權利、機會、收入、財富和權力等的正義原則。羅爾斯企圖把「正義」變成一個可論證的標準。《正義論》在英語世界引起極大轟動，不管其出發點如何，它表明，科學進步並未消滅政治哲學，道德問題依然是人們關心的課題。對道德問題的關心，使政治學家們更加注意公共政策了，即政府如何決策，爲什麼會採取某種政策。對政策的興趣實際上表明了後行爲主義者對現實的社會、政治和經濟問題的關心。

由上述可見，西方政治學的發展經歷了不同的歷史階段，而在每一個歷史階段上，政治學都有各個不同的取向和不同的關於如何研究政治的最佳設想。

第四節　政治學的範圍

一九四八年聯合國教科文組織在巴黎召集世界性的政治學會議，創立了「國際政治學會」。在這次會議中，各國政治學者同意政治學有四個主要範圍：1.政治理論：包括政治理論、政治思想史。2.政治制度：包括憲法、中央政府、地方政府、公共行政、政府的經濟和社會功能、比較政治制度。3.政黨、輿論及政治團體：包括政黨、團體及學會、公民的

參與、輿論。4.國際關係：包括國際政治、國際組織及行政、國際法。

第二次世界大戰以後，政治學經歷了科學化運動的衝擊和後行為主義的反撲。現在政治學可說是處在後實證主義（post-positivist）、後科學（post-scientific）、後行為主義（post-behavioral）的階段。一般政治學者不願再接受幾個世代以來對於事實和價值的不夠嚴謹的區分。作為一種經驗科學的政治學，若不能系統化地涵蓋道德、倫理價值和政治行動的承諾，註定是會理想幻滅的。

當前政治學有許多專業，從別的社會科學借來許多技術，研究不同國家和政治系統的種種面向。以美國為例，政治學大體分為四個領域：

1.政治理論和方法論。

2.美國政府、政治行為、公共政策、公共行政。

3.比較政治和區域研究。

4.國際關係。

美國政治學會《文獻指南》將政治學研究的領域，大體分為八類：1.國際、跨國政治體系和行為，其中包括單一政治體系和次體系的分析、決策程序、菁英及反對派、大眾參與與現代化、計畫政治、價值、意識型態、信仰系統、政治文化等。2.國際法、國際組織和國際政治。3.方法論，其中包括電腦的應用、數據分析、論證分析與科學哲學、實驗設計、數據蒐集、數量分析和索引整理、模型分析、統計分析、調查設計分析等。4.政治穩定和變革，包括文化變化和文化傳播、個性與動機、政治領導和錄用、政治社會化、革命和暴力、學校和政治教育、社會分層和經濟分層。5.政治理論，包括歷史上的思想體系、意識型態政治哲學、方法論體系。6.公共政策，包括政策理論、政策測量、經濟政策和管制、科學和工藝、自然資源和環境、教育、貧困與福利、對外政策、軍事政策等。7.公共行政，包括行政體制、比較行政、組織和管理分析、組織行為、人事管理、計畫、預算、政治和行政等。8.美國政治，包括法院和司法行為、選票和投票行為、種族政治、執行機構、利益集團、聯邦與州政府關係、立法機構、政治與憲政史、政黨、公法、

公共輿論、州、地方和大都市政府、城市政府等。

　　二〇〇〇年八月三十一日至九月三日，美國政治學會以「政治學是一個學科？在世紀末對權力選擇和國家的再思考」為題，在華盛頓召開第九十六屆年會，大會分成三十三個分組：1.聯邦主義與政府間關係。2.法律與法庭。3.立法研究。4.公共政策。5.政治組織與政黨。6.公共行政。7.衝突過程。8.代議與選舉制度。9.總統研究。10.政治的方法論。11.宗教與政治。12.都市政治。13.科學、技術與環境政治。14.女性與政治。15.政治思想的基礎。16.資訊科技與政治。17.國際安全與軍事控制。18.比較政治。19.西歐的政治與社會。20.國家政治與政策。21.政治溝通。22.政治與歷史。23.政治經濟學。24.生態與變型的政治。25.新政治學。26.政治心理學。27.大學本科教育。28.政治與文學。29.外交政策。30.選舉、民意與投票行為。31.種族、民族與政治。32.國際歷史與政治。33.比較民主化。

　　觀察以上三十三個分組，應有助於讀者瞭解目前政治學的範圍。

第五節　政治學的研究途徑

　　上個世紀，政治學的最大敗筆，在於未能找到一種共同的方法論（methodology）、一種共同的研究途徑（approach）來研究政治。經濟學、史學、心理學等學科固然包含許多思想流派，然而這些學科在對於基本的方法論工具之價值及正確使用方面，都比政治學更具有高度的共識。雖然許多政治學家也曾試圖追求那樣的共識，但他們卻都失敗了。換言之，政治學者企圖發現人類政治行為的基本原則，以便適用於解決統治和行政問題的努力，迄今尚未成功。

　　政治學的方法論有幾個面向，一個是注重於理論層面，探討邏輯和語言的意涵及運用；另一個是偏重研究途徑的介紹，說明各種不同學派的基本假設和理論；還有一個是提出各種研究方法（method），描述研究

的步驟和資料如何蒐集。

　　在一般著作中，途徑和方法經常被混爲一談，其實途徑指的是切入問題及選擇資料的準則，方法則是蒐集及處理資料的技術。對任何政治研究而言，問題的發現或選擇是最原始的起點。以下介紹政治學主要的幾個研究途徑：

一、傳統的研究途徑

　　傳統的政治學從歷史的和制度的架構來檢視政治。傳統主義者分析的基本單元是整個制度（一個民族國家、一個立法機構等），或是一個（一組）觀念。這種傳統的研究途徑（traditional approach）主要是描述和解釋政府發展的歷史和組織形式。傳統主義者關心的是政府的運作情形，相對地比較不關注整個社會及經濟過程。許多學者認爲，傳統的研究途徑同時具有歷史性與規範性的特質。之所以具有歷史性，是因爲傳統主義者傾向追蹤整個政治制度（判例、法律、行政法規）長期的變遷過程；之所以具有規範性，是因爲傳統主義者每每對制度改革提出建言，致力於建立優良的政治制度。雖然到今天傳統主義者仍有人在，但是，已經有許多新的研究途徑企圖超越之。傳統的研究途徑也分別被稱爲歷史的（historial）、法律的（legalistic）、制度的（institutional）研究途徑。

二、行爲主義的研究途徑

　　行爲主義的研究途徑（behavioral approach）分析的主要單元是個人的政治行爲。二次大戰後，有些美國政治學者轉向研究政府以外的個人、利益團體、政黨、輿論等影響政治的因素，利用科學的方法並量化研究的發現。他們借用及吸收了其他學科的理論和研究途徑，也提出假

設，來解釋政治的因果關係，然後用實際可觀察的資料，來驗證假設的正確性。他們更試圖將一些相關的假定，建構成理論，來說明政治現象並預測政治發展。行為主義者通常特別注意非正式的權力資源（sources of power），這些權力資源可能來自於經濟、社會關係或種族衝突。對於行為主義者來說，傳統主義者過於專注於政府本身，反而使其無法恰當地理解政治生活的廣大脈絡。

經過數十年的努力，行為主義者對於政治學的科學性和精確性雖然作出極大的貢獻，但仍不如自然科學的精確。因為政治學的研究對象是人，影響人的政治行為之變數太多，這些變數難以衡量，研究者本身又常有主觀意識，價值無法真正中立。

三、後行為主義的研究途徑

後行為主義的研究途徑（post-behavioral approach）其實是傳統研究途徑和行為主義研究途徑的整合。後行為主義者並未要求停止對政治進行科學的研究，他們主張依照研究主題的性質，選擇合適的研究途徑，甚至兼採之。他們拒絕接受在事實與價值之間作出區分，大多數的後行為主義者也都精通統計和電腦，和行為主義者不同的是，他們重視的是政策取向。

關於後行為主義的研究途徑與行為主義的研究途徑及傳統的研究途徑之間的異同，請參見表1-1。

四、政治系統的研究途徑

伊斯頓的政治系統論，可說是一九七〇年代以後，引起最廣泛注意、受人評論最多、影響也最大的一般性實證理論，即使是現在，此一研究途徑仍為政治學者直接或間接使用。

表1-1 傳統、行為、後行為主義研究途徑之異同

傳統途徑	行為主義途徑	後行為主義途徑
事實與價值相互關連；推斷的（speculative）	事實與價值二分	事實和價值與行動和適切性相連（fact and value tied to action and relevancy）
規約的（prescriptive）及規範的	非規約的、客觀的、經驗的	人文的且以問題為導向；規範的
質性的	量化的；通常以資料的測量為基礎	質性的及量化的
關注不規律（irregularities）與規律	關注一致性（uniformities）與規律	關注規律與不規律
結構的（configurative）且非比較的；關心個別國家	比較的；關心某幾個國家	比較的；關心某幾個國家且是跨學科的
種族中心主義的；特別關心西歐的「民主國家」	種族中心主義的；特別關注英美模式	特別以第三世界為導向
描述性的；地區的（parochial）；靜態的	抽象的；意識型態上保守的，且是靜態的	理論的；激進的，且以變遷為導向
關注於正式的（憲政的或政府的）結構	關注於正式及非正式的（團體）結構及功能	關注於階級關係（衝突）、團體關係（衝突）
歷史的或非歷史的（ahistorical）	非歷史的	整體的（holistic）；歷史的，且以總體理論為導向

資料來源：Chilcote, 1994, p. 56.

　　政治系統研究途徑（political system approach）運用了系統論和控制論的一般原理，避免使用「國家」這個模糊的概念，而以政治系統為基本研究對象，其主要內容是將政治視為一個國家的政治系統和社會環境互動的關係。在研究過程中首先確定系統和環境的邊界，政治系統將輸入項（要求和支持）轉化成為輸出項（政策、法令規章、法院的判決）。輸出的結果會反饋成為新的要求和新的支持，這些新要求和新支持成為新的輸入項，並指導新的轉化，而產生新的輸出。政治運作即由輸入、轉化至輸出而反饋，循環不已，如圖1-2所示。

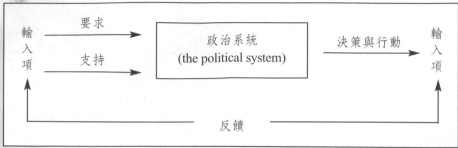

圖1-2 伊斯頓的政治系統模型

資料來源：Easton, 1965, p. 112.

政治系統模型最被詬病的是系統在轉換過程的不透明，這就是所謂的黑箱（black box）。很多事情發生在系統內部，影響了政府、決策者，但這並非由公民所提議，且與他們的願望無關。美國政治學者羅斯金（M. G. Roskin）修正了伊斯頓的政治系統模式，將政治系統的轉換過程置於前，他認為是政府決策者作了大多數的決策，而公民的反應則是事後。此外，在黑箱內加入來自政府不同部門的壓力，稱之為內部輸入，羅斯金政治系統的修正模型如**圖1-3**。

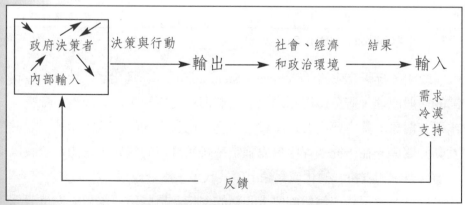

圖1-3 羅斯金的政治系統修正模型

資料來源：Roskin et al. , 1997, p. 22.

五、結構與功能的研究途徑

社會學家帕森思是結構功能論的啓蒙人物。他認爲一切社會系統，都具有可以識別的結構，而各個結構的每一成分都在履行某些功能，這些功能有維持和穩定系統的作用。

首先主張採用結構與功能研究途徑（structural-functional approach）的政治學者是艾爾蒙（Gabriel A. Almond），他指出一個成功的政治制度必須要執行的若干功能，並探討如何執行這些功能以維持政治穩定。在二○○一年出版的《比較政治》（*Comparative Politics: a Theoretical Framework*）一書中，艾爾蒙等人對於系統、過程、政策三個層次的功能，作了清楚的說明，如圖1-4。

1. 過程功能：在制訂政策的過程中，扮演直接和必要的角色，包括利益的表達（interest articulation）、利益的集合（interest aggregation）、政策制訂（policy making）、政策執行和裁決（policy implementation and adjudication）。

2. 系統功能：包括政治社會化（political socialization）、政治甄補（political recruitment）、政治溝通（political communication），這三個功能決定系統的改變或維持。

3. 政策功能：這些就是輸出項，包括行爲的規範、資源的汲取、利益和勞務的分配等，這些政治活動的結果，在一個循環的形式中，形成新的輸入項。

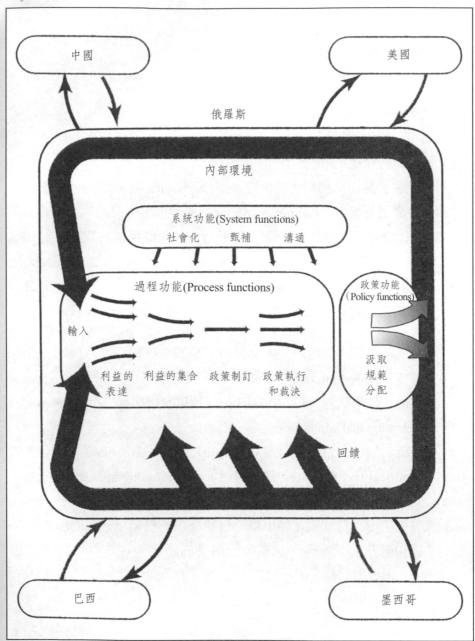

圖1-4 政治系統及其功能

參考資料：Almond, Powell, Strøm & Dalton, 2001, p. 49

六、新制度主義的研究途徑

新制度主義有三個不同的流派，分別是歷史制度主義、理性選擇制度主義、社會學制度主義[3]。新制度主義的研究途徑（new-institutional approach）是一九八〇年代以來在美國興起的一個新的政治學的研究途徑。除了強調傳統主義的制度研究途徑（但有別於以往靜態的描述），並致力於探求制度對政治活動所產生的重大影響。制度、行為與觀念的相互關係是新制度主義的研究重點。新制度主義者非常重視各種「制度脈絡」（事件發生於制度脈絡之中）所產生的中介效果，並且排斥行為主義那種側重於輸入項的分析觀點。他們在解釋政治的動態過程時，關注於歷史、時機（timing）及時間序列。新制度主義特別強調制度具有「路徑依賴」（path dependent）的特質，因此，政治及其發展的過程，就像許多不會再重複的大事件一樣，往往源自於一些微不足道的偶發事件。在這個意義上，新制度主義者並不注重政治科學的「預測力」。新制度主義還認為，制度往往鑲嵌於慣例與常規之中，亦即制度往往不易改變。

政治學者為了執行研究，使用了各種工具和方法，並從許多研究途徑甚至學科，借來洞察力（vision）。若說二十一世紀政治學的確有一個被大家共同接受的研究途徑，則最好稱之為折衷主義。

第六節　政治學的價值與作用

為什麼要研究政治學？政治學的價值與作用為何？這個問題可以有許多答案，卻沒有一個標準答案。每一個研究政治學的人，都可以擁有

---

[3] 關於這三個流派的起源、研究的視角，參見Hall & Taylor（1996）。

自己的理由。以下僅列舉幾個常見的理由：

第一、政治學具有廣泛的實用性。政治學的知識可以同時運用到許多職業領域裡。很多學科都把政治學當作是基礎的必修課程，亦即，政治學可以是法學的基礎科目，也可以是公務員的基礎課程，甚至是有志參政者的必備知識。

第二、政治學本身就是某種形式的公民教育。當代人都生活在政府的管轄範圍內。人們或許可以不關心政治，但不可能脫離政治，而且每個人都有機會參與政治。即使是對政治沒興趣的人，也必須按時繳稅，必須配合警察的臨檢，也常被別人拉票。學習政治學，可以幫助人們成為一個更積極的公民，更瞭解政治世界，並且作出更明智的政治抉擇。

第三、政治學可以發展完整的公共政策來解決國家社會的問題。政治學者根據研究及專業知識，可以為政府及人民提供合理可行的公共政策。

第四、政治學提供一種職業訓練。政治學中的很多專業可以訓練學生將來為政府或民間機構工作。例如，公共行政可以訓練學生為一般政府機構工作，國際關係可以訓練學生為政府外交單位或國際組織工作，也可以為跨國公司工作。政治學的訓練也可以使學生將來從事教學研究或國會助理等工作。

進階讀物

Axford, B. et al.(eds.). (2002) *Politics* (London, Routledge).

Crick, B. (2000) *In Defence of Politics* (Harmondsworth, Penguin).

Goodin, R., & Klingemann, H. (eds.). (1996) *A New Handbook Political Science* (Oxford, OUP).

Hay, C. (2002) *Political Analysis* (Basingstoke, Macmillan).

Heywood, A. (2002) *Politics* (Basingstoke, Palgrave).

Leftwich, A. (ed.). (2004) *What is Politics* (Cambridge, Polity Press).

相關網站

台灣政治學會

http://www.sinica.edu.tw/~tpsawww/

美國政治學會（APSA）

http://www.apsanet.org/

The National Science Foundation

http://www.nsf.gov/

Political Science Virtual Library

http://www.lib.uconn.edu./PoliSci/polisci.htm

一、何謂政治？政治如何與人類的經濟、社會、文化事務相區別？再者，政府之外的事務（例如家事的分配）是否屬於政治？試述其理由。

二、你認為政治學能否兼顧科學性與規範性（或實用性）？再者，哪一個研究途徑最能成功兼顧此二者？試述其理由？

三、本章介紹了政治學的六大研究途徑，你認為何者最重視政治行動者的作用？何者最不重視政治行動者的作用？試述其理由。

四、試比較傳統的研究途徑與新制度主義研究途徑之間的異同。

五、你能區分方法論、理論、研究途徑、研究方法這四者之間的關係嗎？

六、試解釋下述幾個關鍵詞：權力、權威、正當性、合法性、治理和統治。

Political Science

◆第2章　國家

　　國家一直是政治學的重要研究主題，國家對現代世界的影響非常巨大，我們很難想像一個沒有國家的世界。舉例而言，國家能爲各種利益提供表達的途徑；國家能爲這些競爭性利益提供調和的空間；國家能建立並保護公共領域，讓政策辯論得以進行；國家能提供各種福利及公共財；國家能規範市場並維持市場競爭；國家能支配警察機構以維持社會秩序；國家能主持教育並培育人力資源；國家能維持法律制度；必要時，國家能直接干預經濟；國家能支持某些特定的價值觀；國家能主持區域與國際合作。

　　國家的重要性無庸置疑，但爭議性也很高。因此，本章先從國家的歷史談起，繼而說明國家的類型，再者進一步分析國家的要素，最後則探討全球化對國家的挑戰。

第一節　現代民族國家的形成

　　顯然，當代民族國家制度，已經深深進入我們日常生活中的各方面，以致於人們容易忽略民族國家制度其實有其特定的歷史起源，而且源自歐洲。

一、早期的歐洲世界

　　許多史學及考古學的研究顯示，在很長一段時間內，古老的歐洲作爲一整套社會政治結構，與遠東和近東的帝國社會並不相同，與中美洲的社會也不一樣。在羅馬帝國瓦解後的大約一千六百年裡，雖然歐洲飽受各種外部威脅，但歐洲再也沒有經歷過其他的帝國統治。在這一漫長的時期內，歐洲本身可以說是一個國家體系（國際基督教社會），並可粗略分爲兩個階段。在第一階段內，神聖羅馬帝國教皇制度在歐洲有很大

的影響力，但到了後半段，區域軍閥（regional warlords）與各種獨立或半自治城邦（city-state）等地方權力則逐漸興起，並與神聖羅馬帝國相互抗衡。然而，不論在哪一階段內，整個歐洲都沒有一支獨立的勢力可以在西方重建羅馬帝國，也未能建立一個統治全歐的新帝國。

今日的西方國家有很強大的影響力，回顧過去幾百年來，歐洲的獨立性，其實是在面對各種外來威脅中勉強維持下來的。中世紀的歐洲，雖然建立在軍事主義文化的基礎之上，但在面對外來侵略時，其軍事力量卻相當薄弱（陸軍尤其如此）。史學家便指出，中世紀的歐洲，在人數上可能從未超過一億，但卻不斷捲入與別國的戰爭之中。一二四一年歐洲人與蒙古人之間的對戰，顯示歐洲在軍事上絲毫不能與蒙古軍相抗衡。根據史學家湯恩比（Arnold Toynbee）的觀點，西方在世界上的優勢開始於一六八三年，在這一年，鄂圖曼帝國對維也納的第二次包圍失敗後，西方也從此開始反擊。這些廣泛的歷史因素，構成了歐洲國家體系的發展背景。有些學者認為，早在公元一千三百年時，歐洲的封建制度就已遭遇危機。在十四世紀整個結構性經濟問題的背景下，各種爭奪權力的政治鬥爭日趨激烈。從十五世紀到十八世紀，歐洲建立起兩種不同的政體模式，一種是英國及荷蘭的立憲君主制及共和政體，另一種則是更具普遍性的專制君主制，法國、普魯士、奧地利、西班牙、俄國均屬之。

二、專制國家的興起

專制國家（absolutist state）制度維持的時間，約是歐洲資本主義形成的早期階段。專制國家的建立，受到羅馬帝國的影響，特別受到羅馬帝國法律的影響。這種國家形式的基礎如下：由較小、較弱的政治單元組成一個強大政治結構，並在統一的地域上，進行強而有力的統治。在領土的範圍內，貫徹嚴密的法律和秩序體系，依靠唯一的最高政治領袖，來實施更深入、持續且有效的統治。然而，專制君主的權力常被誇

大，因爲，君主其實尙無能力直接監控其臣民的日常生活，但公共權威在此時期確實比封建時期增強不少。專制君主位於新型統治體系的頂峰，在該體系下權力逐漸集中，並成爲一種至高無上、不可分割的權力——主權。而且，君主越來越具有公共人格，同時，一種新的行政機構也開始形成，這也標誌著，永久性、專業化的官僚和軍隊體系的發軔。

根據西方學者（Anderson, 1974: 15-12; Giddens, 1985: ch.4）的看法，在國家體系發展史的過程中，專制國家制度的確立，具有六項明顯的意義：1.領土疆界與統一的治理體系越來越相符。2.新的立法及執法機制的產生。3.行政權的集中化。4.財政管理活動的擴展與變更。5.國家之間的關係，因爲外交活動與外交機構的發展而更加規範化。6.常備軍制度的引入。專制主義大大促進了國家建構（state-making）的進程，透過這一進程，國家內部的社會、經濟和文化差異開始減少，相對地，國家間的差異卻不斷地拉大。

總之，歐洲專制主義時期所形成的國家結構是現代歐洲民族國家體系最直接的來源。專制君主們所發動的戰爭，深深影響後來歐洲國家之間的領土界線。今日人們所熟知的老牌歐洲國家，例如英格蘭、法國、義大利等等，其實是經歷長期嚴酷戰爭下的倖存者。在公元，一五〇〇年時，歐洲大約有五百個具有一定自治權的政治單位，但到了公元一九〇〇年時，這一數字下降到二十五個左右。

雖然現代民族國家源自專制國家，但這兩者之間還是有明顯的差異。至少可以列舉出三項明顯的差異：第一、民族主義在專制國家之中並不明顯，相反地，現代民族國家卻促成民族主義的發展。第二、專制國家與現代資本主義的關係並不緊密，但對現代民族國家而言，建立一個強大的資本主義工業基礎，卻是一個強國在國家競爭體系中生存的必要條件。第三、現代民族國家的控制能力比專制國家優越，舉例而言，一直到現代民族國家時期，國家才有準確的國界線，反觀古老的帝國與大部分的專制國家，它們的疆界線卻是向外擴散的（diffuse），而且只有民族國家才能實現內部綏靖，並能壟斷（或幾乎壟斷）境內所有的暴力工具。

三、現代民族國家的特質

　　現代民族國家（nation-state）可以被這樣界定：它是一組治理的制度形式，這種制度形式存在於與其他民族國家共存的複合體（民族國家體系）中，同時它在一個限定疆界內維持行政權的壟斷，並且藉由直接控制暴力工具（不論對內對外）以及運用法律規範，使統治得以進行（Giddens, 1987: 171）。現代民族國家確立的時間，大約是在十八世紀末期與十九世紀初期。在歷史上，民族國家在不同時代存在於世界各地，不論是早先一七七六年的美國，或是晚近一九九三年的捷克共和國。然而，所有的現代社會都是民族國家，也就是說，其境內的多數人口都是公民，並且視自己為單一民族中的一分子。根據學者的看法，民族國家與非工業化國家或傳統文明有明顯的不同，這些不同可以概括如下（Giddens, 2001: 421）：

(一)主權

　　傳統國家所擁有的領土範圍，經常沒有得到明確界定，中央政府的控制程度也相當薄弱。主權概念也難以在傳統國家中真正落實。一般所謂的主權概念，指的是政府在一個限定疆界內擁有權威，而且在國界之內，政府就是至高無上的權力（the supreme power），與傳統國家不同的是，所有的民族國家都是主權國家。

(二)公民權

　　在傳統國家中，大部分的君主或帝王，對其臣民所知有限，對臣民的生活也不感興趣。同時，其臣民通常也不具有政治權利或政治影響

力。一般來說，只有統治階級與富裕集團，才會覺得自己從屬於整個政治共同體。與前者相反，在現代社會中，大部分身處於某個政治體系內的人，都是公民（citizens），身為公民，他們就至少在名義上擁有相同的權利與義務，並覺得自己是該民族中的一分子。雖然有些人是政治難民或無國籍者，但絕大部分的當代人，都是某個特定民族政治秩序中的成員。

(三)民族主義

民族國家與民族主義的興起有關。民族主義可以被界定為一系列的象徵與信仰，它使人們感受到自己是某個政治共同體中的一分子。因此，不論身為美國人、日本人、英國人、中國人，都會有一種自豪感與歸屬感。正是這種情感上的動力，促使東帝汶人追求獨立。人們很可能對各種形式的社會群體產生認同感，不論這些群體是村莊、家庭或宗教團體。然而，只有在民族國家的發展之下，才產生了民族主義。因為，民族主義表達了對某個特定「主權共同體」的認同。

四、民族國家制度普及的原因

為何今日全球社會幾乎都是民族國家？換言之，民族國家制度何以能具有普遍性？有三項歷史線索可以用來說明民族國家制度的優越性。與以往的國家制度相比，民族國家在軍事上較為優越、在經濟上相對成功、並擁有較高的正當性。

民族國家之所以在戰爭中較為優越，是因為隨著戰事規模及成本的不斷擴大，只有較大型的民族國家才有能力去組織及積累軍力；且隨著民族國家在海外的擴張，其軍事能力也不斷增強。民族國家在經濟上的成功，則得益於市場的迅速發展，從十六世紀起，特別是十八世紀中葉以來，藉由培育資本的積累過程，這些中央集權國家不斷擴張其經濟基

礎，並有效抑制其他政治單位發動戰爭的能力，不論是傳統帝國（主要透過強權維持統治）或其他小型國家（權力結構分散），幾乎都不是民族國家的對手。而民族國家之所以有較高的正當性，是因為在擴大統治規模的同時（不論是軍事、組織及協調活動的擴張），民族國家越來越依賴於與其他社會群體進行合作，尤其需要組織良好的市民團體的積極配合、協作與支持，這也意味著國家必須向人民允諾更多的公民權利。隨著宗教及舊制度權威的衰微，政權的正當性越來越依賴下述這種觀點：正當性宣稱（the legitimacy of claims）必須建立在民主與人民（popular）之上，才能得到正當性或被認可。面對國家行政權力的膨脹，以及各種新型政治認同（民族主義與公民權等）的派生，現代民族國家往往也必須承擔民主政治的使命與壓力，縱然各國發展民主政治的條件並不相同，軌跡也不同，而即使是非民主國家（以西方的標準來看）也往往自稱自己是民主的。

第二節　國家的分類

　　國家的分類有很多種，最常見的區分方式有兩種，第一種是從國家元首的產生方式來區分，第二種則是從領土的結構來區分。

一、從國家元首的產生方式來分

　　依據國家元首的產生方式，可以把國家分為君主國與共和國兩類。君主國指的是由一人所為的世襲統治，而共和國指的是沒有任何君王存在的政治體系。「共和」一詞，沒有比較「優越」的意思，也沒有比較「民主」的意思。世界上大部分的國家，除了少數的例外，大多是共和制。而絕大多數保留下來的君主國，都是沒有實權的立憲君主，例如西

北歐地區的英國、挪威、瑞典、丹麥和比利時。然而，在阿拉伯世界中，依然可以找到傳統式的君主制，但是，除非這些國家能轉型成「有限的立憲君主制」，否則很容易受到人民的挑戰。在過去的數十年中，埃及、伊拉克、衣索比亞及伊朗等國，皆因無法成功改革其傳統的君主制，最後都被推翻，並且由革命政體取而代之。

在君主國中，君主是國家的元首，通過接待外國使節以及於國家慶典的場合中發表演講，在一種象徵性的意義上代表整個國家。在共和制國家中，和君主相對應的是總統，例如美國總統便擁有憲法所賦予的實權。然而，有一些國家的總統卻和虛位元首差不多，比如德國、義大利、以色列等國，雖然以總統為國家元首，但在實際的統治中，他們沒有實質的權力。至於真正掌握政治權力的領導人，在大多數的國家被稱為首相或總理，他們才是真正的政務決策者。

二、從領土的結構來分

我們也可以從國家與地區之間的結構關係，來區分國家的類型。通常有三種區分：單一制（unitary system）、聯邦制（federal system）、邦聯制（confederate system）。

在採行單一制的國家之中，其組成地區的自主權極為有限。多數單一制國家的統治方式，是從首都向周圍輻射。國家設立次級地域，主要是為了行政管理上的便利，這些次級地域在不同的國家有不同的名稱，法國稱為行省（department），義大利稱之為省（province），日本稱之為縣，中國大陸稱之為省。單一制國家的中央政府對於地方政府有很強的控制力，其影響人們日常生活的渠道，要遠遠多於聯邦制下的政府，例如，法國為了減少地區差異，國民教育的課程是由巴黎的中央政府所決定。絕大多數的單一制國家，擁有國家警察力量，並可以控制地方警察。一般來說，單一制國家只有一個司法系統，其司法人員由中央任命，事實上單一制國家的中央政府也不可能控制所有的地方事務，比如

在英國，所有的郡（county）與市（city），可以自行選出地方議會，這些議會可以掌管警政、教育與衛生福利等地方事務；而國會隨時可以介入地方事務，並可以不理會地方官員。但通常只有在緊急狀態下，國會才會介入地方事務，畢竟英國人民十分珍視地方自治。在一九七○年代，幾個單一制的國家曾經產生過「地方民族主義」（local nationalism）。之所以會造成這種現象，有幾個原因：首先，地方常抱怨中央所給的經費不足。再者，人們常認為許多重要的政治決定是出自於遠方的官僚機構，而地方當局卻沒有決定權。更重要的，會產生地方民族主義的地方，大多是以前曾經遭到征服，或被大國所強迫兼併，因而產生了歷史仇恨。面對這些問題，許多國家都還在摸索解決之道。

　　不同於單一制，聯邦制的地方組成單位，就擁有相當大的自主性，而且這些地方單位的自主性，在法律上受到充分的保障，中央政府不得任意加以取消。這些地方單位，在各國的稱呼並不相同，美國稱之為州（state），德國稱之為邦（lander）。聯邦制國家，不僅允許中央政府有足夠的權力管理整個國家，也保留了相當程度的地方權威。但是這種結合，在不同的國家，差異性很大。有些聯邦國家的中央集權程度，例如前蘇聯或墨西哥，就讓人懷疑它們是否屬於聯邦國家。聯邦制的關鍵在於中央政府不得輕易藐視各州的部分權力。典型的情況是，各州通常在各國的上議院擁有代表席次，例如美國的參議院，但需要特別注意的是，有一些單一制國家也會設置上議院。聯邦制國家會對政府的事務，作出中央與地方之間的區分。例如，中央政府在外交、國防和貨幣政策上擁有獨立的控制權。但在教育、警察或交通等事務，則由各州去掌管。這種權力的劃分很少是明晰或持久的，所以，聯邦政府的運作往往依賴中央政府與地方政府之間的微妙平衡。再者，聯邦的各個組成單位，通常具有一定的差異性，這種差異性可能源自於文化、經濟、語言或歷史因素，這種差異性如果過大，以致於打破了中央與地方之間的微妙平衡，那麼聯邦制將產生運作上的困難。

　　最後一種體制，則是邦聯（confederation）。與聯邦相比，邦聯雖然也是一種聯合體，但成員國彼此之間的連結極為鬆散，原則上，成員國

可以保有其獨特的同一性，而且有權退出邦聯。在實踐上，隨著時間的推移，成員國行使退出權的情形並不多。舉例而言，瑞士邦聯的各州（canton）雖然被設計為主權體，而且享有高度的決策自主性，但因為邦聯政府越來越強大，這使得各州退出邦聯的機會極低。歷史上，邦聯制的運行，通常難以長久，如果不是崩潰，便是轉成聯邦制。這正是美國在「邦聯條款」（the Articles of Confederation）下的命運。當年，美國在邦聯制下的各州，便顯示出某種結構上的困境，亦即，每個州皆擁有獨立性，以致於在內戰發生時，無法有效協調各自的行動。至於歐洲聯盟（European Union），雖然肇始於邦聯形式，但隨著其首府布魯塞爾擁有越來越多的權力（例如歐元的發行、歐洲憲法的草擬），歐盟正逐漸轉變為一種聯邦國家。

　　總之，沒有任何國家屬於完全的單一國，同樣也沒有一個國家是屬於完全的聯邦制。即使是典型的單一制國家，地方政府也可能會產生創新性的措施與自我控制，而聯邦制國家也會為中央政府保留相當的權力。我們將在政府的那一章，更仔細探討中央政府與地方政府之間的關係。

第三節　國家的要素

　　一般而言，構成國家的要素有四項，分別是領土、人民、主權與政府。政府留待第三章說明，於此將討論的重點放在領土、人民與主權。

一、領土

　　早期的一些公法學者，例如霍爾（Stuart Hall）與狄驥（Leon Duguit）等等，認為固定的疆域並非國家的必要條件。他們主張，國家的主要精

神是統治者與被統治者間的關係，所以沒有固定疆域的游牧民族，已具
有了國家的雛型；此外，戰爭期間某些國家的領土可能會被敵人占領，
但是它的主權仍爲多數國家所承認，這也是另一個無領土國家的例證。
不過游牧民族能不能稱之爲國家，恐有疑問，同樣的，戰時被占領的國
家，最後還是必須面臨到底是亡國還是復國的狀態，因而無領土的國
家，畢竟不是歷史中的常例。以下有四個實際的理由，可以說明國家爲
何必須要有領土：

(一)領土爲國家行使主權的空間範圍

國家的最高權，用什麼來發揮它的作用？狄驥說：主權管轄的是人
民而不是領土，因爲我們無法對領土行使命令。雖說如此，我們還是必
須面臨一個問題，主權所管轄的特定人群，究竟該以何者爲標籤？一般
都承認，國家主權所管轄的人，僅是持有該國國籍的國民。一旦論及國
籍，屬地主義便是一個最基本的原則，出生於該國領土之內的人民，才
是國家主權命令的對象。如此說來，國家若無固定領土，便無固定國
民，則國家主權便喪失意義。然而，我們必須注意到，領土雖爲國家主
權行使的範圍，但這並不意味著國家主權附著於領土，也不意味著國家
主權絕對不能與領土相分離。因爲就算發生領土割讓的悲劇，國家行使
主權的區域因此而縮小，但國家的主權並不會因此而消滅。只要國家的
領土沒有完全的消失，局部割讓領土無損於國家的存在。簡言之，國家
與領土有下述三種關係：1.領土爲主權行使的範圍。2.主權管理領土上面
的人。3.主權同時管理著領土本身，但在必要時，主權可以放棄一部分
領土。

(二)就管理權與所有權之間的區分而言

國家主權對於領土的管理，到底是所有權？還是只限於管理權？歐
洲中古世紀，封建主的政治管理權源自於土地所有權，諸侯先得到封

地,從而在封地上建立管理權。十八世紀之後,洛克等思想家則認爲財產是個人的自然權利,國家不得干涉,而土地又是個人的重要財產,因此,即使土地構成了一國的領土,但土地並非國家所有。而近代的共產國家,爲了防止資本家壟斷土地資本,進而把私有的土地完全沒收爲國有。國家領土與土地所有權的觀念,其實不能混爲一談。首先,十八世紀之後,雖稱土地爲私有財,但國家事實上仍控制大量的國有地,可見私人所有權並不必然與土地國有政策相衝突。其次,國家的領土權,並不等於領土之上土地的所有權,在領土之內,國家始終行使對土地的管理權,亦即不論國家如何尊重人民的私有權,土地所有權狀必須得到國家法律上的承認方爲有效,而且當私有權發生糾紛時,亦歸國家管理。當然從管理權的角度加以延伸,國家的土地管理權可能會無限擴大,例如透過徵收土地或是地租額的限制,甚至可能使私人的所有權幾乎成爲有限度的使用權而已。總之,國家對於管理權內容的變更,隨時將改變所有權的實質意義。

(三)就國家管理權的獨占性而言

國家在領土之內的管理權有排他性,不容許其他主權者共同管理。同一領土之上,若有多個主權同時行使管理權,則必然會發生管理權的衝突,使主權與主權之間形成不易解決的糾紛。但這一原則,至少有兩種例外。第一種例外是共管領地(co-dominion),這指的是兩個或兩個以上的國家,共同爭奪同一領地,在沒有合理的解決方法之前,彼此往往採取共管的方式,以求暫時妥協;歷史上,英國及埃及就曾共同管理蘇丹。第二種例外是國際地役(international servitude),這指的是,國際之間往往爲了國際禮貌或是條約義務,要求某國對其部分領土的管理權予以限制,這就是國際法上所稱的國際地役;例如,爲了便利國際的往來,大使館有治外法權、領海的島嶼允許設立國際燈塔等等,但也有因爲不平等條約而產生國際地役,例如租界的設立、領事裁判權的授與等等。

(四)領土是國民的生活基礎

　　就農業國家而言，土地為衣食的主要來源，若缺乏土地將造成嚴重的經濟恐慌，就工業國家而言，同一單位所需供應的人口就更多了。領土並不限於陸地領土，近年來由於陸地資源的快速消耗，各個沿海國家越來越重視海洋領土的開發與利用。

二、人民、國民、公民

　　人民是國家的組成分子，這世界上不存在沒有人民的國家，所以學者一般稱人民為構成國家的要素之一。所謂人民是國家的組成分子，在法律上其實包含了雙重意涵。第一、人民是法律所約束的對象。第二、人民是法律及政治的創造者。這便是人民在國家中的兩種地位。前一種地位，一般稱之為國民的身分，而後一種地位，一般稱之為公民的身分。

　　人民沒有國民的身分，則國家縱然有法律，也沒有人去服從，如此一來，國家便無法運作。一個國家如果要鞏固國家安全、維護社會秩序、維持社會正義、保障人身自由、增進人民福利，不靠法律的規約是不可能的。因此，國家以法律規約人民，這是盡到國家應盡的職務，而不是為了壓迫人民。在民主國家中，人人處於法律之下，不論是黨主席、總統、立法委員，或是市井小民，均會受到法律的約束，所以，人人都有國民的身分而不能例外，這就是法律之前人人平等的原則，也是民主國家的一般原則。專制國家之所以被稱為特權國家，就因為這些國家容許及漠視許多特殊分子可以逍遙法外。

　　至於說國民必須同時為公民，這是十八世紀以來早已確定的學說。在專制國家中，人民只有國民的身分，而沒有公民的身分，因此，被統治者對統治者毫無發言的地位。從理想上來說，人民既然是國家的組成

分子，對於國家的措施，就應該要有決定的權利。就經驗上而言，被統治者如果沒有公權，只要統治者不願順應民意時，被統治者則形同奴隸。

理論上而言，如果人民兼有國民與公民的身分，則國家與人民便是一體的，而不是對立的。國家如果要完全發揮國家本身的神聖使命，惟有使人人皆是國民，同時人人亦皆是公民，而後法律爲人人所立，同時亦爲人人所遵守。事實上，只有近代的民主國家，才能達到人民同時具有國民與公民身分的境界，在從前或是今日的部分世界，只有少數或極少數的國民才能享受公民權。

三、主權

主權（sovereignty）這個名詞，是爲解釋國家某一特性而產生，也被稱爲國家的精神要素之一。自布丹以來，經過霍布斯的詮釋及註解，以及盧梭的修正，再加上奧斯汀（John Austin）的分析，數百年來，很少受到懷疑。然而，十九世紀末葉，實證主義盛行，多元論者（pluralism）開始對主權學說加以抨擊。

一般而言，國家具有對外維持獨立與對內執行公道原則的特性，而這種對外維持獨立與對內執行公道原則的力量，學者稱之爲主權的作用。主權的特性主要可以歸納如下：永久性、普遍性、不可分割性、不可限制性與最高無上性，以及不可移讓性。

(一)永久性

主權和它所附著的國家有同樣長久的生命。就算國家發生劇烈革命、政體發生重大變動、元首換人等，國家的主權並不因此而死亡、再生或變動。這個假設，清楚地區分了國家與政府的差異，主權爲國家所有，但並不爲政府所有，同時這也說明了國家在國際間的責任。一國與

他國訂立條約之後，並不會因該國元首或政體的改變，而失去履行條約的義務，或單方面廢棄條約。

(二)普遍性

主權的普遍性，亦有人稱之為無所不包性，亦即，主權的支配範圍與國家的領土一樣廣闊。在國家領土之內，無論是人或物，均由主權處分，而不能有所例外。這裡的重點在於，國家對外是獨立的，且不受任何外國的干涉，另一方面，國家對內是完全統治的，且不允許任何方面超越於其上。

(三)不可分割性

主權的不可分割性，指的是一個國家之內只能有一個主權，不允許同時存在好幾個主權。而國家之中只有一個主權，主權也就不能劃分，一旦劃分了主權，勢必會同時產生好幾個主權。國家主權雖不能分，政府的治能卻可以劃分。一般國家採取的是三權分立。更有許多國家，中央與地方採取分權或均權原則，這是政府的治能在縱向的分權。在國際政治的層次上，接受國際規約的限制，國家的主權是否損失？在制度上，國際社會並沒有主權，從形式而言，履行國際義務並未受到另一主權的支配；就事實而言，其他國家也同時受到國際義務的支配，各國的地位是平等的。

(四)不可限制性與最高無上性

主權的重要作用，在於法律的制訂，並以法律來約束國境內國民的行為。因此，主權如果受限制，就不能稱之為主權，因為它已不能完全發揮約束的作用。法律的制訂，必須隨著環境的變化而修改，用舊的法律來管理新的人，必然是不合理的。舊的法律不能拘束新的制法者，否

則，新的制法者就不能隨環境的改變而制訂新法。正因為主權是不受限制的，所以主權是最高權。這裡的最高，指的是最後或最終的意思。國家中有各種社團或個人，憑著其意志或規章而活動，但這些活動可能是衝突的，如果沒有某種最後、最高的裁決權，國家的和平秩序將受危害，此種最高權便是主權。

(五)不可移讓性

所謂的主權不可移讓，並不是說主權不能移讓，而是主權移讓之後，原來的主權將不再享有主權。這與主權不可分屬於同一原則，理由極為明顯，主權移讓之後，原來的主權者如果依舊享有主權，則國家又可能有兩個以上的主權，這將不合乎主權的不可分原則。至於國家割讓一部分領土，是否算是一種主權的轉移？在這種情形下，國家其實是縮小了主權行使的範圍，並沒有發生主權轉移的事實。

然而，上述的一般性觀點，經常受到主權多元論者的批評。多元論者認為前述的許多論點，不符合事實的檢驗。第一、這些論點沒有歷史的根據，以前的國家對宗教、學校等皆無管理權，可見國家從前並不擁有無所不包的主權。第二、多元論者認為在國家中找不到最高無上主權，在傳統的國家之中，帝王從未有過不受限制地命令一切，在現代國家，權力通常成循環制衡狀態，總統及國會誰才擁有最高權？這是難以回答的。第三、多元論者認為，在聯邦國家中，主權是可分割的，例如，美國聯邦憲法，就把聯邦權、分子權以及共管權分得非常清晰，這意味著主權並非不能分割，而且聯邦與分子也難以分辨高下。

不過，多元論者的這三項批評，似乎不能成立。就第一項而言，國家的管理範圍隨目的之擴大而擴大，而國家目的之所以能隨時擴大，就是因為國家有主權之故，即便在古代國家，在它管理的範圍內，依然是無其他團體可抗衡的。就第二項而言，多元論者把政府的治能與國家的主權相混淆，亦即，政府的管理權仍是出於人民的付託，政府的自身並不擁有管理權。就第三項而言，像美國這樣的國家，依然是以憲法為最

高準則，不論是聯邦政府或是分子政府皆不能與憲法的規定相違背，顯然，統一的主權是存在的。

第四節 全球化下的民族國家

1990年代亞洲金融風暴以來，世界各國越來越關注全球經濟秩序的未來走向。人們逐漸用一種更寬廣的視野來看待全球化、民主化和社會正義等議題。這些問題均是重要的政治問題，連帶我們必須重新思考政治（國家）介入經濟生活的範圍與方式，同時，這些問題也與自由市場的特性有關。雖然，社會科學家不是第一次處理這些問題，但這些問題在今日卻更加複雜且深具挑戰性。因為，這些問題以一種「新的方式」呈現在民族國家面前，亦即，這些問題的形成、傳播和發展，座落於一種全球環境的脈絡之中。

一、全球化的意涵

何謂全球化？事實上，「全球化」一詞所引起的關注與其所引發的爭議一樣多。部分左派學者認為，全球化是個被虛構出來的神話，在此神話的背後，隱藏著新自由主義的意識型態，美化了（合理化）資本主義在全球的肆虐。不論如何，根據學者的歸納（Held & McGrew, 2003: 3），從理論上來說，全球化經常與下述這些概念連接在一起。第一、全球化可以被設想為「遠處的行動」，這個概念指的是，社會行動者於某處的行動，可以對處於遠處之外的他人產生重大的影響。第二、全球化也與「時空收斂」有關，這個概念指的是，即時的電子通訊方式，突破了社會組織與互動所受到的時空限制。第三、全球化意味著「不斷加速的相互依賴」，這個概念可以被理解為，各國增強彼此之間的經濟與社會關

係，以致於某國的事件可以直接影響其他國家。第四、全球化也可以被設想爲一個「正在收縮的世界」，這個概念意指，社經活動的地理及政治疆界正在被侵蝕。第五、全球化也與「全球整合」（global integration）有關，這意味著，區域間權力關係的重組、世人對於全球狀態的關注、區域間相互依賴的強化。

定義的方式之所以不同，是因爲各種不同的觀點，側重於全球化的不同面向，這些面向包含了物質層面（人口、貿易、資本流動）、時空關係（立即性、延伸性）、認知層次（公共意識的增強）。然而，全球化也可以用一種較爲直觀的方式來加以定義，這也是英國學者赫爾德（David Held）的定義方式：全球化指的是人類社會組織規模的轉變或轉化，以致於人類的活動可以與遠處的社群相連結，而且權力關係也可以延伸到世界的各個區域（Held, 2004: 1）。透過此一定義，有兩項重要意涵可以被引伸出來。第一、全球化並非今日才有，不論是現代時期之前的世界各大宗教的傳播、地理大發現、兩次世界大戰等等，均屬於全球化的不同階段，而且，全球化可能加速也可能停滯。因此，眞正關鍵的是，在不同時期全球的聯繫模式如何被組織起來？權力關係如何被建構？社會聯繫的影響力有多大？必須深究這些問題，探索全球化才有意義。第二、雖然全球化產生了各種綿密的跨疆界活動與網絡，不論是政治、經濟、法律、社會、環境事務等等，然而，此一過程不必然產生一個和諧的世界社會，也不必然意味著各民族與文化間的同化，亦即就算全球化確實使人們認識到全球之間的相互聯繫，但這種新的世界觀，也可能暗含著敵意與衝突，因爲，全球不平等並不必然隨著全球化而消失或緩和。

二、全球政治的到來

在傳統的觀念裡，國家被設想爲世界秩序的基本單位，並預設國家具有相對的內部均質性，亦即國家是個一元化的實體，並具有一系列單

一的目的。同時，傳統的觀點往往包括了下述預設：國內與國際之間的區分、領土性與非領土性之間的區分、內與外之間的區分。然而，全球化的趨勢卻逐漸挑戰上述這些成見。許多研究全球化的學者指出，在今日的全球秩序中，各種複雜而豐富的連結正在超越國家與社會。同時，政治生活的本質正在發生轉變，因爲，不論是政治網絡、政治互動或決策活動，在空間上都越來越具廣闊性（extensive form）。世界上某一地區的政治決策或活動，能夠在世界範圍內迅速產生影響。政治行動者透過與「政治互動的複雜網絡」進行立即性溝通，座落於各個不同位置的政治活動及決策便能相互連接起來。這種政治活動的延伸性（stretching），與全球過程的強化及深化有關。正如英國學者紀登斯（Anthony Giddens）所說的，遠方的行動，能夠滲透入其他社群（地點）的社會條件及認知世界之中（Giddens, 1990: 64）。其後果是，全球層次上的發展，不論是屬於經濟、生態或社會事務，幾乎都可以立刻在某地產生影響（反之亦然）。因此，今日的全球政治，不只與傳統地緣政治議題（貿易、權力、安全）有關，還必須處理各種多樣的經濟、社會、生態問題。污染、毒品、人權和恐怖主義等等，只是種種跨國政策議題的一部分，這些跨國議題超越了領土管轄權以及現存的政治聯盟，必須依賴國際合作才能有效解決。

三、政治溝通的轉變

此外，透過各種新的跨國溝通方式，各民族、人民及組織正在相互連結。數位革命（微電子、資訊技術、電腦等等），使得世界各地可以在瞬間相互聯繫。而且，這些技術往往與電話、電視、電纜、衛星及噴射機等技術相互結合，因此，政治溝通的性質也隨之轉變。在前現代時期，政治溝通往往必須座落於某個物質場所及社會處境之中，而現代時期卻大大解除這種時空限制。最明顯的例子，莫過於二○○一年發生的九一一恐怖攻擊事件，該事件以極快的速度傳遍世界，並且使得大規模

恐怖主義成為世界性議題。

新型通訊系統的發展，使得世界上某一地點或個體的特殊性，透過區域性與全球性溝通社群，不斷地被再現與再詮釋。然而，全球通訊系統的重要性不只如此，因為正是透過這種通訊系統，使得人們得以長距離地行使政治權力與組織各種政治行動。舉例而言，國際與跨國組織的擴張、國際法規及法律機制的擴張等等，不論是它們自身的構成，或是它們對世界的監控，都受到新興通訊系統的推動，並且必須依賴這些通訊設施，才能進一步完成它們的目標。當前的全球政治，正不斷邁向多層次的（multilayered）區域及全球治理。

四、全球多層次治理

全球治理最明顯的例證，莫過於多邊機構與多邊組織的迅速出現。各種政府、政府間組織、跨國壓力團體和國際非政府組織的興起，正建立起一種新的多邊全球政治。根據《國際組織年鑑2001/2002》（*Yearbook of International Organizations 2001/2002*）的記載，二十世紀初期，全世界只有三十七個政府間組織和一百七十六個國際非政府組織；但到了二十世紀末，政府間組織已經增加到六千七百四十三個，國際非政府組織更是多達四萬七千零九十八個。不只各種國際建制（regimes）[1]有實質增長，得到有效執行的國際條約的數量也明顯增長，這都大幅改變了國家的政治處境。曾有學者指出，在一六四八年到一七五〇年之間，世界上有八十六個多邊條約，但是到了一九七六年至一九九五年之間，國際條約已超過一千六百個，其中有一百個是由國際組織所通過（Held &

---

1 建制（regime）一詞原指政府或行政體系。但在國際關係裡，建制一詞特指一切遵守規範的互動（norm-bound interactions），這些互動可能會涉及全球環境或人權等議題，參與者則包含了國家、國際組織、跨國企業、個人、壓力團隊等。總之，隨著非國家行為者的增長，建制一詞有助於將非國家行為者納入到國際關係的討論之中。

McGrew, 2002: 19）。

　　一些關鍵性的國際決策論壇的活動網絡，更強化了這種廣泛的政治連結模式。著名國際決策論壇的高峰會，包括了聯合國、七大工業國、國際貨幣基金、世界貿易組織、歐盟、亞太經濟合作會議、南方糖業共同市場等，除此之外，還有許多其他正式與非正式的會晤。在十九世紀中葉，每年只有兩三次的洲際會議，現在次數已超過四千。民族國家已經越來越捲入於區域性、全球性的多層次治理（*multilevel governance*）體系之中，民族國家難以監督這些跨國建制，更不用說是控制它們。外交政策與內政問題越來越交織在一起，民族國家越來越難以控制與協調其自身的內政問題。

　　就區域的層次上來說，歐盟建立了一個主權共享（pooled sovereignty）的新世界，成員國一起處理越來越多的共同事務。從國家的發展史來說，歐盟是一個突破性的政治模式。傳統上，國家之間在進行國際決策時，每個國家均有權行使單方面的否決權，因此，國際決策採用的是「一致決」（unanimous decision-making），有效確保各國的主權不會遭受損害。至於主權共享則意味著，各國在進行國際決策時，放棄採用傳統的一致決。最明顯採用主權共享的國際合作體系，就是歐盟。在幾個重要的議題領域裡，尤其涉及到條約與後續條約的修正時，歐洲議會（歐盟的立法機關）採用的便是「條件多數決」（qualified majority）。在採用條件多數決的情形下，各成員國之間共享其決策權，這也造成了一種可能性：任何一個會員國都有可能在投票結果中成為少數，成為被否決者，而且少數必須服從多數。歐盟各個成員國之所以願意選擇與他國共享主權，主要是為了減少政策堵塞的可能性，尤其當某些政策領域讓各國都覺得主權共享比一致決更有利益時。最好的例子，就是歐洲建立單一商品及服務市場的過程。在這些議題裡採用條件多數決，也意味著，歐盟成員國較重視消除貿易障礙所帶來的利益，而較不重視保留否決權（維護主權）所帶來的利益。然而，當政策領域牽涉到敏感的內政與意識型態等問題時，主權共享所能帶來的好處就會變得不確定，這時，各國就有可能想要保留否決權，例如外交、安全與重分配政策。不論如何，

主權共享確實挑戰或動搖了傳統的主權觀：主權的不可分割性、最高無上性和不可移讓性。

除了歐洲之外，美洲及亞洲的區域連結程度也越來越深，但非洲則較不明顯。雖然美洲及亞洲的模式不同於歐洲，但區域主義（regionalism）對於政治權力的影響依然明顯。尤其在亞太地區，已形成了東亞國家協會、亞太經濟合作會議、東南亞國家協會區域論壇、太平洋地區經濟委員會（Pacific Basin Economic Council）等等。此外，當新舊區域集團均努力鞏固成員間的關係時，區域主義正不斷深化，而且區域間的外交也得到強化。從這方面來看，有些學者便認為，區域主義並非政治全球化的障礙，反而是政治全球化的基礎。

五、國際法的轉變

國際法的範圍與內容也有了重大的變化。在二十世紀，國際法之各種形式，包括了人權議題、環境問題、違反人性的犯罪問題以及對戰爭的控制等等，都成為新的全球治理框架的基礎。有些學者認為，國際法將促成「世界法」（cosmopolitan law）的派生，且將劃定民族國家之政治權力的界線及範圍。從原則上來說，在這些國際法的制約下，國家再也不能任意對待其國民。儘管在實踐上，仍有許多國家違反某些國際法所設定的標準，但至少今日幾乎所有的國家，都願意承認其有責任維護這些標準，並表示願意付諸於行動與程序。

另一個顯著的趨勢是，不論是法規的制定、法案的提出或標準的設立等等，各種公私機構正不斷介入到上述這些活動之中。許多新的立法部門紛紛出現，這些立法部門在全球秩序的各個領域裡，建立了大量的「去中心化決策過程」。這種「去中心化決策過程」出現在下述領域：技術標準化的自我確證、產品的專業法規、多國企業的跨國規範、商業協議及仲裁，以及商業法之全球架構的各種要素等等。這種包含了各種公私行動者的全球政策網絡，不只重塑國家與國際規則的制定基礎，也重

塑整個管理體系的運作根基。其結果是，國際法與國內法之間的傳統區
分開始變得與現狀不符。公共與私人、國內與國際之間的法律程序與機
制，不再存有嚴格的界線。立法與執法的模式，也不再簡單地符合民族
國家體系的治理邏輯。

六、國家安全集體化

　　與政治、法律變遷相互交織在一起的，則是世界軍事秩序的變化。
放眼今日世界，也許除了美國與中國大陸之外，很少有國家可以完全把
單邊主義（unilateralism）或中立（neutrality）作爲一種可靠的防衛策
略。當國家安全變得越來越集體化時，區域及全球安全制度就變得越加
重要。然而，並非只有防禦制度走向多國化，軍事武器的製造方式也正
在改變。隨著各種專利權、合作生產、合資經營、企業聯盟、轉包等形
式的增加，從前那種以國家軍工業爲首的方式已不再適用。有些學者甚
至認爲，這意味著幾乎大部分的國家（包含美國在內），都無法宣稱其具
有完全獨立的軍事生產能力。許多民用技術，尤其是電子設施，都是先
進武器設備所不可缺的要素，而這些民用技術本身也是全球工業的產
物。

　　同時，今日世界的國家安全也越來越成爲一種多邊與集體事務。正
如九一一事件及跨國恐怖主義所顯示的，國家對暴力的壟斷能力正遭到
挑戰。私人軍隊以及私人安全設施在全球許多地區都發揮作用。國家安
全向來是現代民族國家最爲核心的問題，然而，在今日，民族國家之間
必須團結，而且彼此之間必須共享資源、技術、人才、權力及權威，只
有這樣，國家安全才有可能實現。甚至在防衛以及軍事生產、製造等領
域，如果民族國家想要繼續主張一個單一、個別、有限的政治實體，似
乎也充滿了難題。最基本的問題是，在一個日益全球化的時代裡，應如
何思考政治共同體與治理的定位。例如，在大規模毀滅性武器（核武）
擴散陰影之下，盟友與敵人的劃分似乎失去了意義，畢竟當戰場的規模

較有限時，盟友與敵人的劃分較為容易，但在現代戰爭技術與威力下所造成的毀滅性後果，卻同時可能波及所謂的「朋友」與「敵人」。

七、政策空間的壓縮

　　隨著全球相互聯繫的增強，個別政府能夠策略性運用的政策選項正逐漸減少，而且傳統政策工具的有效性也逐漸下降。之所以會發生這種現象，首先，因為政府越來越不能有效控制其國界（不論是正式控制或非正式控制）。傳統上，對於國界的控制，有賴於嚴格管理貨物、生產要素、技術、觀念以及文化交流等事務。在全球化的脈絡之下，政府推動不同政策選項的相對成本及收益也隨之改變。其次，隨著各種跨國勢力的興起，個別國家越來越難以控制境內公民與其他民族的活動，國家權力也進一步縮小。例如，由於全球金融市場的發展，資本的流動性大增，這也改變了國家與市場之間的平衡，並迫使國家必須採行一系列有利於市場的政策，這包括了限制政府赤字，並且抑制公共支出（尤其是社會福利支出）；降低直接稅以利於國際競爭；進行私有化並解除對勞動市場的規範。私人投資者，如果決定將其資本進行跨國轉移，都將可能威脅到某國的福利預算、稅率及其他政策。實際上，在全球化的脈絡下，國家自主性必須透過妥協才能維持，尤其，各國政府漸漸發現，如果缺乏與其他政治經濟機構（國家之上及之外的機構）進行合作，將難以完成其國內議程與政策。

　　因此，許多傳統的政策領域，不論是國防、經濟管理、衛生、法律及社會秩序等等，如果缺乏制度化的多邊協調機制，那麼，政府的活動及責任都將難以維繫。在一個後戰爭時代裡，人們對國家的要求越來越高，國家所面臨的一系列政策問題如果要解決，就必須要與其他國家與非國家行動者相互協調。準此，研究全球化的學者往往指出，不論在解決關鍵性政策問題方面，或是有效執行各種公共職能方面，個別國家就其自身而言，都不適合被視為一個恰當的政治單位。

八、小結

　　全球化不僅改變了社會互動及組織的脈絡及條件，全球化也重整了領土與社經、政治空間的相互關係。簡言之，經濟、社會、政治活動的進行，正在超越區域與國家邊界，這直接挑戰了領土原則，而正是領土原則支撐起現代民族國家制度。根據領土原則，政體、社會、經濟活動，均應該與某一國家領土直接相符和對應，而且該國家領土是排他的，且具有限制性。但全球化打破了這種對應性，人類的活動已不再與國家邊界緊密相連。

　　現代國家漸漸陷入一個全球相互聯繫的網絡之中，並且受到各種超國家、政府間、跨國勢力的滲透，國家越來越難以控制其自身的命運。在這種趨勢之下，國家主權與正當性日益受到挑戰。主權之所以受到挑戰，是因為國家的政治權威越來越受到各種區域與全球權力體系的取代與削弱，不論是經濟層面、政治層面或文化層面。國家的正當性之所以遭受質疑，是因為隨著區域與全球相互依賴的加深，缺乏國際間的協調，國家就難以提供公民基本的財貨與服務，而且，就算達成國際合作，國家也難以完全解決所有的全球性議題，不論是全球暖化或全球金融市場的劇烈波動。如果說，政治正當性有賴於國家「提供財貨」給公民的能力，那麼國家的這種能力確實是在緊縮中。準此，研究全球化的學者經常指出，全球化正在侵蝕民族國家完成其政策目標（不論國內或國外）的能力，亦即，領土性民族國家的權力與角色，正在發生轉型（Held & McGrew, 2002: 24）。

 進階讀物

Opello, W., & Rosow, S. (1999) *The Nation-State and Global Order: A Historical Introduction to Contemporary Politics* (Boulder, CO and London, Lynne Rienner).

Pierre, J., & Peters, B.G. (2000) *Governance, Politics and the State* (Basingstoke, Palgrave).

Paul, T (ed.). (2004) *The Nation-State in Question* (Princeton, NJ, Princeton University Press).

Haynes, J. (2005) *Comparative Politics in a Globalizing World* (Cambridge, Polity Press).

Held, D. (2005) *Debating Globalization* (Cambridge, Polity Press).

 相關網站

Atlapedia
　　http://www.atlapedia.com/
Internet Public Library
　　http://www.ipl.org/
U.S. Department of State
　　http://www.state.gov/

一、單一國家與聯邦國家，在中央（即全國）和地方政府權力的劃分上，有何差異？

二、就國家之組織而言，有「單一制」、「聯邦制」、「邦聯制」之分，試說明三者之差異。

三、何謂主權？國家主權的特質為何？主權是否應加以限制？試分別說明之。

四、試簡述構成國家的基本要素為何？

五、現代民族國家與傳統國家有何差異？

六、全球化對民族國家有何影響？

Political Science

◆第3章　政府

傳說中國上古時代的農夫遇見堯時，擊壤而歌曰：「日出而作，日入而息，鑿井而飲，耕田而食，帝力於我何有哉？」對當時的人民而言，政府幾乎是不存在的；但在現今生活中，人們常常埋怨政府沒有管好交通、維持治安、稅收太多……，當代政府似乎無所不管。那麼，政府到底是什麼呢？如要一言以蔽之，可以說政府是「制度化的政治」，一個有「權威」的政府，可以幫助人民裁決爭議、解決問題，而且還可以凝聚社會共識。因此，廣義來說，政府包括負責為社會作集體決策的機構。狹義來說，政府指的是行政機構。為何要有政府？政府能產生什麼作用？而政府又有哪幾種類型？這是我們接下來要進行的討論。

第一節　何謂政府？

自出生起，人們就逐步加入了各種組織，並被組織裡大大小小的規章制度所控制。在家庭中，父母告訴我們不能太晚回家、保持房間整潔並且不能說髒話；到了學校，老師要我們準時交作業、通過考試，也不可以穿奇裝異服；進入公司，老闆要我們按時上下班、服從上司的指令，並要為公司賺錢。在這些形形色色的組織中，最大、也最無所不在的組織，就是政府了。

一、定義

那麼，究竟什麼是政府呢？其實，政府是人類的組織之一，它包括人員和組織，其成立的主要目的是為該社會制訂和執行政策及法律。如同前面「國家」一章所述，最高主權政府（sovereign government）建制的存在，是「國家」最顯著的特徵。對於這種主權政府的研究已經成為政治學者的一項首要任務，但在這個領域中，對於應該如何研究它或有

關存在的類型及形式，卻鮮有一致的見解。以上述政府的定義來說，我們必須瞭解到並非所有政府都擁有最高主權，例如平日與我們接觸最多的地方政府；而任何有正式職位體系的機構，如工會、教會團體或政黨，若其職位被賦予公共權威以制訂對該團體有拘束力之決策，則此機構也可以稱為政府的一部分；同樣地，政府（在有秩序統治的意義下）也可存在於沒有國家的情況中，巴勒斯坦自治區政府便是一例；然而，不實際履行統治的政府也有，西藏人在印度就有所謂的「流亡政府」。

　　政府的出現其實是近代現象、也並不是理所當然的，有幾項人類學的研究顯示，在某些原始社會中，衝突由各種社會程序所解決，而無須訴諸於形式化的國家強制性力量。例如，在任何社會中有很多社會情境（例如等公車或戲院的排隊）就可用非強制性的社會程序，來避免資源分配可能引發的衝突。

　　政府是由哪些部分組合而成的呢？當代政府通常由三組不同的職位來組成，每一組都有特定的角色：1.立法機關（the legislature）的角色是制訂法律。2.行政機關（the executive）（狹義的政府）負責執行法律，並逐漸扮演形成新法律建議案的重要角色。3.司法機關（the judiciary），負責法律在實際個案中的應用與詮釋。

二、政府的功能

　　大體而言，人類並不是一種喜歡被管理、管制、奴役的動物，但為何政府能夠存在？很明顯的事實是，當經濟及社會日趨多元化，各種權力關係也越趨複雜，現代社會就需要一個高度分工、專門化的政府機關，來管理政治、經濟、社會、文化等公共事務，換句話說，缺乏政府的話，很難想像我們的日常生活要如何繼續，所以政府是政治體系的核心。然而，究竟什麼樣的證據支持「政府是政治體系的核心」這個觀點呢？首先，就發展趨勢來看，各國政府都日趨龐大，且支付更多的金錢，僱用更多的公職人員為政府服務。其次，我們也發現，除了新自由

主義之外，當代大部分的政治意識型態都不排斥擴大政府的作用，許多資本主義國家都願意讓政府扮演重大的角色，而不僅僅是「有限政府」。馬列主義雖然在意識型態上強調未來是無國家的社會，但實際運作起來，卻相當依賴強而有力的官僚體系，至於民主社會主義或是國家資本主義等等，原本就支持運用一個有效的中央政府，來實現經濟正義或是執行經濟發展。

　　爲什麼人們對政府具有較大期待呢？其實主要原因在於社會上沒有其他組織能夠協調如此複雜的社會行動，或者說，有些事情難以全部交給私人單位來執行，例如社會福利、司法、國防與治安，有些事情交給公權力來執行則較有效率，例如水利與交通設施。雖然這不代表政府一定能處理好所有的公共事務，但除了政府之外，似乎沒有其他更好的辦法。傳統的觀點認爲，每一個社會只有政府才有政治權威，也只有政府，才被視爲有權力去作成決策以拘束社會整體。雖然公司、工會、教會在其領域中也擁有權威，也享有權力去規範其成員，但不可否認的是，政府的權威被視爲是正當的權力，有別於其他團體。此即韋伯（Max Weber）所說的：政府是唯一合法壟斷武力的組織。因此，只有政府才有權力去制訂具有權威的規則。政府透過制定法律與頒布行政命令，提供人與人之間互動的行爲規則，不論是政治、社會或經濟活動，都受到政府的規範。當然，並不是每一種政府都具有很高的正當性，有些軍事或威權政府賴以存續的基礎是威脅與壓迫，而非人民的認同與支持。無論如何，大部分的政府機關所享有的獨特權威，顯然不同於其他社會制度，且任何社會都幾乎承認（或默許）某一些人或一些機關享有較高的權威。當人們普遍不再承認一個政府的正當性時，該社會很可能將陷入失序狀態。

　　雖然現代政府能夠做的事越來越多了，但不管哪種政府，至少都執行以下幾種功能：

(一)維持社會秩序與社會安定

　　雖然這主要是地方政府的責任，但卻是政府最重要也最基本的功能，也與我們的日常生活密切相關。如果一個政府連交通與治安都管不好，那人民何必要一個政府？

(二)維護國家安全，抵禦外來侵略

　　這主要是透過國防與軍事力量來達成，從對外角度來說，為了維持國家主權獨立，使人民的財產、土地不受外力侵占，政府就要能夠抵禦外侮。雖然和平是全球人類共同的理想，但美國進攻伊拉克的例子則顯示，二十一世紀遠遠還不是一個非暴力的時代。

(三)教育民眾

　　私人單位不可能提供全國性的義務教育，因此，普遍的義務教育及社會教育，對弱勢者來說，便是非常關鍵的權利。為了提升國民素質，凝聚社會共識與民族記憶，並保障國家發展與繁榮能夠持續，政府必須提供人民教育的機會。

(四)保證人民的基本生活和福利

　　二次大戰之後，為了避免共產主義的蔓延，歐洲國家普遍重視福利制度的建立，社會權與經濟權也越來越得到人們的關注。一般而言，經濟表現不佳或福利制度不夠完善，常是各國政黨輪替執政的關鍵因素，以致於政府皆不敢輕視這些民生問題。

(五)促進社會平等

如上所述,維持秩序是政府一項古老的功能,促進平等則是較新的功能,秩序和平等都是重要的社會價值,但是政府不可能為了追求這兩者,而不犧牲另一個重要的價值,即個人的自由。

三、政府的困境

一九九〇年代之後,政府遭遇了兩個主要的困境:

(一)原始的困境:自由VS.秩序

政府必須合法地使用武力來控制人民的行為,而每一位國民必須犧牲多少自由?自由和秩序之間的價值衝突,形成了政府的原始困境。

(二)現代的困境:自由VS.平等

一般認為自由和平等密不可分,但在現實生活中,當政府實施促進社會平等的政策,這兩個價值經常會牴觸。因為社會平等是政府新近的目標,所以在促進平等的政策,和付出自由的代價之間作出決定,是政府的現代困境。

自由和秩序的衝突通常是明顯的,而自由和平等的衝突則較輕微。在一般美國人民心目中,自由和平等是互補的價值,一旦必須二擇一,大多數美國人比其他國家人民更傾向選擇自由,俄羅斯人則大多選擇平等。近年台灣貧富差距日益擴大,政府的現代困境越來越明顯。

第二節　政府的類型

　　對政府進行分類有很多方法，最常見的是基於政府與被統治者之間的關係來判定，亦即，政府對公民使用強制力（而非說服）的程度，以及政府之正當權威受到限制的程度。基於這種判準的分類架構，會產生出多種的政府類型；但這種區分通常介於兩極之間：民主政府與集權政府。在民主政府之下，政府必須反映社會的願望，政府的強制力明確受到限制。相反地，集權政府則極少被限制，且被視爲改造社會的工具。

　　另外一種分類架構奠基於行政與立法之間的關係，並產生了研究民主政府的學者廣爲使用的分類架構。這種分類方式關心中央政府權力分配情形，在內閣制中，由於是議行合一，行政部門若要繼續執政，必須倚賴立法部門多數支持，行政部門的成員通常也是立法部門中最有權力的人，重要決策通常由一群部長集體作成。然而總統制基於三權分立原則，則是議行分離，行政部門無須倚賴立法部門的多數支持即可成立，其成員在常態下皆非立法部門的成員，而行政部門決策權威的根本來源則在總統一人身上。

一、以對人民負責的方式來分類

　　以對人民負責的方式來分類，可分爲民主政府、極權政府及威權政府：

(一)民主政府

　　民主政府的特徵有下列數項：

■協商

許多人認為，辯論、異議和妥協等過程，是民主政府（democracy government）的特點也是弱點，因為這會使決策變得非常沒有效率，在當代這種複雜的社會裡，尤其如此。然而，這些特質卻是民主制度最重要的資產。一個得到民意支持的政府，可以憑著信心和權威來對話和行動，此是軍事統治或一個未經選舉的黨國政權所缺乏的。因此，民主雖然會由於政治動亂而倒塌，或因內部分裂而衰亡，甚至被外敵所顛覆，但歷史亦證明了民主政體頑強的恢復力。這說明了，運作得當的民主政體，可以克服嚴峻的經濟困難，調和社會和種族之間的分裂，必要時還可以在戰爭中立於不敗之地。

■權力的制衡

作為一般詞彙，制衡有兩層意義：聯邦制或是權力分立。聯邦制最大的特點，就是把政府劃分為國家、州或省以及地方等層次。例如，美國是一個聯邦共和國，每一個州都具有獨立於聯邦政府的法律地位和權力。聯邦政府不能廢除或改變各州。儘管在二十世紀，美國國家一級政府在其與州政府的關係上已經權力大增，但州政府仍然在教育、衛生、運輸和法律的實施等領域肩負重要的責任。聯邦制度的權力劃分並不明確，聯邦、州和地方機構都可以在若干領域（如教育），擁有重複甚至相互矛盾的權力。但聯邦制度確實大大增加了公民參政的機會，這對民主社會的運作是至關重要的。

制衡的第二層意義就是權力分立，它是美國聯邦憲法於一七八九年訂立的原則，確保政權不致集中於國家政府的某一部門。麥迪遜（James Madison）是美國憲法的主要起草人，後來更成為美國第四屆總統，他曾寫道：「把所有權力包括立法、行政和司法等權力，聚集在同一批人之手……則可以毫無疑問地把它界定為專制政治。」

此處所謂的權力分立很容易引起誤解，因為麥迪遜和其他憲法起草人所確立的制度，與其說是權力分立，還不如說是權力分享。例如，立

法權屬於國會，但國會所通過的法案可以遭總統否決（veto），而國會必須在參、眾兩院各以三分之二的多數票，才能再推翻總統的否決。總統可以任命大使和內閣成員，並進行國際條約的談判，但都要經參議院的批准。此外，總統挑選聯邦大法官時，也要經參議院批准。另舉一個例子，憲法明確規定，惟國會才有權宣戰，然而總統卻是武裝部隊的總司令。在一九六〇年代至一九七〇年代初持久的越南戰爭期間，以及一九九〇至一九九一年間短暫的波斯灣衝突中，都曾明顯地造成行政與立法兩大部門關係緊張。由於總統競選政綱必須經國會立法才得以實現，因此，美國總統的權力，有賴於其說服與溝通的能力。總之，美國政制內的權力分立往往導致低效率，但它提供了一道重要的堤防，以確保政府不會濫用權力，這也是每一個民主政府都必須面對的問題。

■選舉

　　民主政體的另一項要素就是如何組織選舉。基本選擇有二：得票最多者當選制或比例代表制。得票最多者當選制有時稱為「勝者贏全盤」，是指一個特定選區內獲票最多的候選人就是勝出者，且不管其得票是絕對多數或相對多數。總統也是以同樣方式選出的，只不過選舉是在全國範圍內舉行。假如沒有人在首輪選舉中獲得過半數的選票，有些制度則會安排獲票最多的兩名候選人再進行一次決賽投票。得票最多者當選制往往會形成兩個政黨的競爭。

　　在比例代表制（歐洲大部分國家所實行者）之下，選民通常都投票給政黨，而不是給個別的候選人。政黨在國家立法機構內的代表性，則取決於每個政黨在選舉中所獲選票的比例。在議會制度下，多數黨領袖便成為首相或總理，並在議會中選出內閣成員。假如沒有政黨取得多數票，各政黨便會進行頻繁的磋商，以組成一個占主導地位的政黨聯盟。比例代表制有助於多黨制，儘管每個政黨只能得到較小比例的選民支持，但他們經常進行協調，以期在聯合政府內占一席之地。

■代議政府

　　古典式的直接民主，允許公民直接參與政府事務，但現代國家由於人口眾多，政府很難與公民社會直接結合，因此，當代的民主政府幾乎都是代議政府。相較而言，代議政府是一種有限而間接的民主，人民的政治影響力，主要是透過投票選舉議員（及行政長官）來發揮作用。代議政府反映了選民的委託，而選民則是用選票來監督政府。和直接民主相比，代議政府的優點是有效率，分工較易，也較專業，但缺點就是「不夠民主」，人民無法完整表達其意志。近年許多國家開始採用公民投票，就是希望用一種直接民主的方式來補救代議政府的缺陷。

(二)極權政府

　　不論是西方歷史或中國歷史，均曾出現過多位暴君（tyranny）。在西方人眼裡，暴君通常具有下列特質：獨裁、不依法行政、只顧私利而不顧人民利益、運用高壓及恐怖統治。然而，當代學者們卻指出，二十世紀出現了一種新的暴君統治：極權主義（totalitarianism）。最初，人們創造出這一詞，是為了描述墨索里尼（Benite Mussolini）的政府體系。墨索里尼在一九二五年的公開演講裡曾說：「一切均在政府手中，沒有任何東西處於政府之外，也沒有任何東西可以跟政府對抗」。

　　德國納粹及蘇聯的共產政府也經常被形容為極權統治。在極權主義體系裡，政治菁英幾乎全然不必向人民負責，他們把持權力，除非政權垮台，否則他們很難被罷免。此種政權強調全面控制，以及對國家、領袖的崇拜，其特徵有以下數項：

■企圖重新改造社會

　　與簡單的暴君統治不同，極權主義最重要的特點，在於企圖大幅度地改造社會，以達到完美的烏托邦境地。官方的意識型態會提供關於未來的藍圖。舉例而言，共產主義宣稱，未來的社會將是一個沒有階級的

社會，並且不再有國家。而希特勒（Adolf Hitler）也規劃了一個新秩序，在新世界裡，優秀的德國民族將會建立一個新帝國（第三帝國），而且帝國會維持一千年。總之，不論是共產黨或納粹所提供的願景，都是一種一元論的圖像，企圖用單一因素（階級或種族）來簡化歷史。這也為恐怖統治提供了指導原則，因為一個原本多元的社會，勢必要用一種強硬的方式來加以壓制，才有可能符合政治人物所塑造的簡單歷史模型。

■單一政黨

極權主義會組建一個單一的群眾型政黨，這種政黨會滲透到國家及社會的所有層面，不論是軍隊、學校、貿易單位、教會、休閒機構等等。政黨通常具有嚴密的層級和寡頭領導，控制著社會的各個環節。雖然社會組織與政府不同，但所有社會組織的領導者，如果不是黨員，也會是黨的效忠者。其他的政黨被視為是非法的，也不可能有反對黨存在的空間。黨的位階高於政府，或和政府機關緊密結合，以便領導、監視政府是否依照黨所制訂的步驟來行事。極權主義之所以反對政治多元主義，其實與改革社會的目標有關。毛澤東就曾如此比喻：一位藝術家要畫一幅畫，就必須掌控所有的材料，不可能允許其他藝術家對同一塊畫布有不同的看法。極權主義者的基本預設是，整個社會應該要共同接受一個單一的目標，並且接受國家的領導，而國家則服從於黨。

■強人型領導者

歷史顯示，由一位強人型（all-powerful）的領袖來領導政黨，似乎是極權主義不可或缺的一部分。列寧（V. I. Lenin）、希特勒、史達林（Joseph Stalin）、毛澤東、胡志明、狄托（Josip Tito）都是最好的例子。雖然這些強人過世後，接班者的政治地位並不如其崇高，但是這些強人所建立的體制，大致上也都還能維持一段時間，並且逐漸走向黨的集體領導（collective leadership）。換言之，在「偉大領袖」逝去之後，極權政府一樣能夠繼續維持，但差別在於，在革命型領袖過世之後，民主改革的需求通常較容易出現。

■壟斷大眾傳播工具

極權政府的另一特徵就是壟斷觀念及訊息的傳播。所有的傳播工具，不論是報紙、廣播電台、出版社，均收歸國有，或交由國家直接掌握。舉例而言，在戈巴契夫（Mikhail Gorbachev）主政之前，蘇聯的出版品檢查制度，就是用來確保所有的公共輿論都能夠符合黨的政策。極權政府之所以控制大眾傳播工具，主要是為了維護官方的意識型態。馬列主義及法西斯主義透過學校傳授給學生，並且確保官方意識型態能成為人民唯一的政治信仰，相對地，他種相互競爭的意識型態均會受到政府的打壓及迫害。

■偽裝成民主政權

雖然極權政府主要是通過高壓的方式來維持其權力，但他們卻喜歡假借民主之名來合理化他們的行徑。希特勒曾說他自己就代表了人民，因此，選舉是多餘的。直到戈巴契夫主政之前，蘇聯的統治一直都採用列寧的民主集中制理論，選舉還是會舉行，但候選人必須經由黨的指定及批准。通常，一個職位只有一名候選人（或同額競選），因此，投票不是一種挑選過程，而是一種表達贊成或反對的過程。而勝選者的角色，並不是去挑戰或議論統治者的政策，反而是表達及維持社會對政府的忠誠。極權主義特別需要偽裝成民主，因為社會正在進行改造，偽民主可以製造大眾參與政治的現象，同時又可以確保人民無法改變其領導者。事實上，極權政府鼓勵人民參與政治。投票是法定義務，政府也規定學校及大學必須施行政治教育，出席政治集會及小組討論也會受到政府的肯定，符合政治目的的遊行也經常舉行。威權體制（authoritarian regimes）雖然也喜歡偽裝成民主，但威權政府反而是希望其國民能遠離政治。

■恐怖統治

極權政府的運作，還需要搭配政治警察（political police）的恐怖行動。納粹的蓋世太保（Gestapo）及蘇聯的國家安全委員會（KGB）均是

最著名的政治警察。政治警察可以直接向政治領導人進行密報，而且完全不受到法律限制。他們常用的手段，包含了恐嚇、擅自逮捕、刑求、秘密處決。政治警察還會滲透到國家的其他武力機構裡（例如一般警察或軍隊），以掌握這些機構能百分之百服從於領導者。希特勒及史達林甚至用政治警察來對付黨內的同僚，以確保黨機器能完全受到控制。政治警察往往自成體系，他們有自己的監獄、精神病院及勞動營，這些完全不受國家法律的監督。威權政府雖然也喜歡使用政治警察，而且手法同樣兇殘，然而，威權政府運用秘密警察，主要是爲了虐待其政敵，但極權政府卻是用政治警察來對付每一個人。

■法律隸屬於國家之下

在極權國家裡，法律僅僅是工具而已。嚴格而言的法律並不存在，有的只是政府的說法，而且明天可能會是另一套說法。法律完全從屬於國家，人民缺乏法律的實質保障，因此，理論上人民的「權利」也不存在。

(三)威權政府

其實，大部分的當代國家都不適合被歸類爲民主政府或極權政府，而比較適合歸類爲威權政府。但這個詞彙並不準確，因爲不論威權政府或民主政府都是具有權威性的政府，畢竟，權威性是政治活動的普遍要素。簡單來說，威權主義（authoritarianism）這個概念意味著，某政府的權威「有可能」已受到人民的廣泛支持，但該權威並沒有經過「自由選舉」的檢驗。威權體制這個概念的另一難題在於，威權政府的類型太多了，包含了軍事體制（奈及利亞）、宗教體制（伊朗）、資本主義（印尼）、社會主義（越南）。細數這些體制的差異，將會是一個複雜的工程，以下以兩種代表類型作說明。

■右翼威權主義

　　右翼的保守體制，往往宣稱他們的任務是要保護國家，使國家能免於外力的威脅，尤其是要防止共產主義的赤化。學者林茲（Juan Linz）在研究過二十紀中葉的西班牙（佛朗哥主政期）之後，在其文章〈一個威權體制：西班牙〉（An Authoritarian Regime: Spain）中發展出一個模型來描述右翼威權政府，並且認為右翼威權政府包含了下列特徵：有限的政治多元主義、沒有一套精緻及指導性的意識型態、沒有廣泛的政治動員、政治人物的權力範圍雖不明確但仍可以預測。有些學者則認為，右翼威權政府往往還包含下述特質：把國家視為商品生產的重要工具，讓國家成為經濟成長的驅動者，而且軍隊往往在政治上扮演重要的角色。

■左翼威權主義

　　乍看之下，左翼威權體制似乎與右翼威權體制完全相反。左翼威權體制往往擁有官方的意識型態，這些意識型態屬於社會主義的某種變體，但不限於正統的馬列主義，而且往往會與民族主義相混合。坦尚尼亞的官方意識型態便是一種特殊的社會主義，它融合了英國工黨的意識型態與非洲的本土傳統。事實上，左翼威權體制與真正的極權主義之間的差別，可能只是程度上的不同，而非類型上的相異。當左翼威權政府刻意追求某些宏大的政治理想時，就很容易便成為極權主義。然而，當這些政府並沒有徹底執行他們口中的政治革命時，往往就必須與現實達成妥協，這時政府會允許人民有較多的自主性，但前提是不能反對政府的領導。在實踐上，右翼威權主義與左翼威權主義之間的差別並不是那麼大。某種程度的社會多元主義是被允許的，先決是不能構成政治危機。秘密警察主要是用來維持權力，而不是用來改造社會。人民可以出國，而且外國出版品也可以流入，這說明了政府並沒有刻意要完全壟斷政治觀念。

二、以行政權及立法權的權力劃分來分類

以行政權及立法權的權力劃分來分類，可分爲總統制、內閣制及雙首長制：

(一)總統制

■總統制之特徵

總統制（presidential system）貫徹權力分立原理，可謂完全實踐孟德斯鳩之三權分立學說。將行政與立法兩權予以完全獨立的組織，其典型代表國家爲美國。茲歸納其特徵如下：

1. 總統負實際行政責任。總統爲國家元首，亦爲行政首長，總攬國家行政權，決定一切政策，負實際行政責任，因此總統於執行職務時，毋需部會首長之副署。

2. 部會首長爲總統幕僚，直接對總統負責，不對議會負責。總統之下設部會首長，分別主管每一部門，均由總統依法任免，直接對總統負政治責任，故其進退全以總統之信任與否爲斷，不同於內閣制以「議會信任」爲去留標準。

3. 行政與立法分立。在總統制下，行政與立法兩部門地位平等，互不侵犯。而總統直接向選民負責，故不受議會節制，這是保障總統獨立地位的方法。部會首長不兼任議員，故不得出席議會陳述意見或提出法案，議會對於行政人員不能提出質詢，或投不信任票迫使總統或部會首長去職，而總統亦不能解散議會。

4. 行政與立法互相制衡。在總統制下，行政、立法、司法等權各自獨立，以保持相互制衡作用。法案經議會三讀通過須移請總統簽署公布，總統得於未公布前，將原案及反對理由退還議會覆議，

此即所謂總統之否決權（vote power）。非經參眾兩院各以三分之二之絕對多數同意維持原決議，不得推翻總統的否決，故行政部門亦可利用否決權以牽制立法部門。

5. 總統的否決權也有若干限制。第一、否決權必須於法律送達後十日內行之，十日內不交國會覆議且國會不在休會中者，該法律視同已得總統批准。第二、同一法律案，若已經總統否決又獲國會通過者，不得再行使否決權。第三、總統只能覆議整個法律案，不得覆議其部分。第四、總統不得對憲法修正案提出覆議，因為憲法修正案已經國會三分之二的絕對多數通過，總統不得再予否決。

6. 國會擁有制衡權力。第一、立法權與預算權：法律由國會制定，由行政部門負責執行，故國會可利用立法權來牽制行政機關。國會透過制訂法律來影響行政機關，約有以下幾種方式：新機關的設立、編制和經費，均需國會通過法律，且執行任何新政策，連帶可能需要設立新的機關；國會必須先通過相關法律，行政機關才能增加新的權力，例如柯林頓（Bill Clinton）政府時期想要推動新健保法案，就必須要有國會的支持才能推動，行政經費及業務經費皆有待國會立法的核准。第二、調查權：國會可以設立調查委員會來調查某一特殊事件，凡是對於被傳喚作證的人，對於相關問題不得掩飾，其調查結果，必要時得對外公開。第三、彈劾權：美國憲法規定國會對行政官吏有彈劾權，由於總統制下的總統及其內閣，均不對國會負責，而總統對選民所負的直接責任，又僅能在大選中才能表達，國會的彈劾權或可救此之窮。

■總統制之優點

1. 嚴守三權分立：行政機關與立法機關幾乎完全獨立，這符合三權分立的民主思潮。

2. 元首獨攬行政大權，事權集中，地位穩固，可促進行政效率：總統為國家元首，行政機關的職權與責任，均集中於總統，一切政

策均由總統決定，議會不得對總統進行不信任投票迫其辭職，因而政局穩定，可以貫徹其政策。

3.司法機關具有完整獨立之地位：司法官不僅受憲法之身分與獨立之保障，且基於「違憲法令審查權」，對於立法機關所制定之法律，有權宣布其是否「違憲」。以防止極端主義者掌握政權，並保持政權之均衡與政治之穩定。

■總統制之缺點

1.容易造成無能政治或獨裁專制，無法監督政府：在總統制下，總統掌握行政大權，行使政權的效能完全繫於總統一人的性格與能力，總統不對議會負責，萬一總統所託非人，可能使國家行政陷於嚴重危機或逐步流於專制與獨裁。例如拉丁美洲多數國家均採行總統制，卻造成總統獨裁，掀動政潮，可為殷鑑。

2.行政與立法不能協調時，易使政治陷入僵局：行政與立法既是分離，議決法案之權，操在議會，如議會反對黨以多數決議反對總統的政策，或制定行政機關難以實施之法律，此際總統不能解散議會，議會又不能迫使總統辭職，勢將演成僵局，使政務無法推行。

(二)內閣制

■內閣制之特徵

與總統制不同，內閣制政府（parliamentary government）之能否繼續執政，取決於議會（尤其是下院）之信任與否。內閣制有多種型態，因君主、總統或內閣與議會關係之不同，同時，隨著政黨之運作與人民政治意識之差異，其結果亦不一致。其共通特徵可歸納如下：

1.內閣總理與閣員原則上由議員兼任：內閣總理由國家元首就議會所信任之人任命之。內閣總理選擇政見相同之議員組成其內閣閣

員，並提請元首任命。內閣總理及閣員，原則上（至少半數以上）由議員兼任，因此，議會可對其同僚閣員加以控制，使其出席議會參加討論與表決，且可以運用政府名義提出法案，接受質詢，進行答辯，以追究政治責任，故又稱爲議會內閣制。

2.內閣是由多數黨或聯合多黨的領袖所組成：因內閣閣員原則上兼任議員，因此內閣有如議會之委員會，內閣與議會乃結合在一起，內閣閣員與議會成員雖會出現身分上的重疊，但在功能上兩者仍保持分離而獨立。

3.虛位元首（Titular Head）：內閣總理是最高行政首長，凡一切行政政策由內閣會議議決，國家之元首僅擁虛位，有世襲的，如英王或日皇；有選舉的，如法國第三、四共和總統與德國總統。法律經國會通過後，於元首簽署公布前，必須內閣總理及關係閣員副署，以示內閣代元首向議會負責。因此內閣負實際政治責任，國家元首不必負責，英國所謂「英王無誤」就是此意，故又稱爲「責任內閣制」。

4.議會至上：內閣能否在位，以能否取得議會信任爲準，內閣的權力自議會而來，此點乃內閣制的精神所在。此可從兩方面來說：第一、內閣所提出的重要政策如果被議會否決，應該辭職以表明政治家的風度。第二、自議會來說，議會對無能或施政錯誤的內閣，應該表示其譴責或不信任的態度，迫使內閣下台。內閣總理須經國會同意後任命，或由國會選舉產生，而內閣對國會負責，因此內閣無一定任期，其去留完全取決於議會之信任與否爲準，一個政黨如能長期取得議會多數席位，則能長期掌握政權。

5.內閣與國會相互抗衡：內閣與國會各擁有自由行使之權能與手段以相互對抗。國會最大之作用在於隨時能追究政府之政治責任。此政治責任如關係到整體內閣，稱爲連帶責任；如關係到各該閣員時，稱爲個別責任。如議員之多數通過對政府之不信任案，內閣即須總辭。惟內閣亦能呈請元首解散議會，公告重新選舉，以便由選民扮演在野黨與政府之仲裁者角色。此解散權有數種意

義：第一、內閣之所以要解散國會，有可能是因爲內閣與議會有所爭執，故解散議會之舉，實際上是將有爭議的問題交付選民公斷，如反對黨在選舉中獲勝，即表示選民不信任現在的政府，並將由獲勝之政黨組織內閣。反之，如執政黨再度贏得多數席次，即表示選民贊同政府之政策，政府可繼續留任。第二、盛行政黨政治之今日，凡非政黨推薦的候選人，較難於競選時成功，故解散議會而重新選舉，將給予執政黨整肅游離分子的機會，畢竟內閣本爲議會的多數黨，其提案所以受到議會打擊，必然是因爲黨內有游離分子，不積極擁護內閣的主張，執政黨自然可趁此機會不提名游離分子。第三、解散權對在野黨也有警告之作用，亦即，遇到在野黨不負責任的杯葛行爲，如不加以節制，必然越演越烈，而解散議會是一個有效的方法。

■內閣制之優點

1.立法與行政能相互結合，協調一致：因內閣成員常是議會議員，閣員得出席議會提出施政報告，參與立法活動，使政府的政策能順利完成立法程序，付諸實施。

2.能充分實現民意政治：內閣直接對議會負責，間接對選民負責，如內閣不得議會之信任，議會得運用不信任投票，迫使內閣辭職，而內閣亦得以解散議會，訴諸選民之最後審判。縱使國會之多數黨可長期支持內閣，因議會須定期改選，故國民仍可藉此選舉以表示是否支持執政之政黨。由此，內閣之解散議會權與議會之不信任投票權，一如活塞與汽缸之一對，兩者如能發揮相互作用可使國會機構之車輪快速轉動。如此不但能充分表現民意，亦可發揮政府功能。

3.內閣人選，可因時勢需要，隨時更易，富有彈性：內閣無一定任期，在平時政績卓著之總理，至國家非常時期，不一定能應付裕如。又善任經濟成長期之經濟部長，至經濟蕭條時，亦不一定能乘風破浪，克服困難。此時當可針對時代需要，選任適當人選，

隨時更易內閣。相較而言，總統制下，必須等到任期屆滿才能更換領導者；極權體制下，則必須要藉由革命或政變才能替換執政者，內閣制於此有其優勢。

■內閣制之缺點

1. 破壞分權原則：因內閣閣員由議員兼任，所以內閣事實上成為議會之行政委員會，使行政立法之分權原則，徒成具文。

2. 內閣與議會之相互對抗，難以調節：內閣之解散權與議會之不信任投票權，雖可發揮相互抗衡之作用，但如未能適當調節，如解散議會權有縮水現象，或對政府之不信任投票權被限制時，均使真正之議會內閣制喪失功能。而解散權之縮水，將使議會自我膨脹，內閣將變得軟弱無能。反之，不信任投票受到限制時，則將形成強勢內閣。此種情形，將因政黨構造，多黨制或兩黨制，以及黨員遵守黨內紀律之程度而有不同之結果。因此，究竟應以何權為優先，並非國民之自由意志或理性考慮就可以決定，往往因一國之歷史發展與國民性及其知識水準而不同，不能僅以憲法之規定，強制人民施行。

3. 內閣制之理想是兩黨制，但在今日之政治社會情勢下，並不容易發生：在政黨政治下，議會議員常是政黨黨員，如議會之內，只有兩個政黨，則一黨執政，一黨在野，最能發揮政黨政治之長處。惟在近代社會，因思想理念與利害之不一，常形成各種黨派階級，確難造成兩大政黨。倘議會之內，小黨林立，則內閣只能成立於數黨妥協之下，往往因政見與利害之不同，翻天覆地，致內閣時遭更迭，使政局動盪不定。如法國在第三、第四共和，就出現多次典型的短命內閣。

4. 內閣制並不能確保行政完全能合乎效率原則：內閣制之施行，如果將國家政策之立案、決定、指導與執行等最高權限，委之於專事參與議會政治鬥爭之一般政治家；如此一來，成為一知名政治人物之重要條件，並非是對政治與行政具有崇高理想、強烈信

念、專門知識與豐富之經驗，反而是搞群眾運動、在議會裡作秀搶鏡頭。

■內閣制之實施

　　內閣制在英國實施的結果，大部分的優點都能發揮，缺點都能避免，但因內閣制是由英國之歷史與社會背景孕育而成，如果將該制度移植在他國是否能順利運作？以下以法國第三、第四共和及其他國家情形說明之。

1.法國第三共和的內閣：當內閣制引進法國第三共和時，內閣的不穩定性遂成為法國政府的特徵，這時的內閣對國會兩院負責，國會的任何一院均可提不信任案迫使內閣辭職。而內閣雖可請求總統解散下議院，但須徵得上議院之同意，因此，只有兩議院意見不一致，或上議院與內閣合作，才有可能解散下議院。加以在國會之中，小黨林立，內閣在國會內之議席基礎，常無法鞏固，因此當時的內閣類似於國會之附屬機構。由於國會之權力較優越，內閣時常改組，在六十五年間（一八七五年至一九四〇年），內閣改組一百零三次，平均壽命不到八個月。當時內閣之所以不穩定，其原因有三：第一、心理的原因：法國人因重視個人主義，以致小黨林立，加上選舉採小選舉區多數代表制，更強化這一特徵。第二、意識型態之原因：如法國人自大革命以來，相信人民代表之原則與議會代表之優越性，加以對政治領導人之對抗意識，使得最優秀之內閣也難在位長久。第三、功能上的原因：這是由於政府之解散權未能充分發揮作用之故。從標準的英國內閣制來看，內閣之解散議會權，是抑止議會獨裁的重要機制，然一旦該解散權被剝奪，政府就成為議會為所欲為的濫權對象，而淪為短命內閣。

2.法國第四共和的內閣：一九四六年第四共和成立，仍採內閣制，但為改進第三共和之缺失，乃作若干改革：首先、內閣改為只對下議院負責。其次、於十八個月中，如有兩次以上之倒閣潮流發

生，則內閣總理亦可提請總統解散國會。因當時都是聯合內閣，因此內閣地位並未因此而增強。終第四共和之世，只使用了一次。但下議院的地位也隨之提高。在第四共和存在的十二年間（一九四六年至一九五八年），內閣改組二十六次，平均壽命不到六個月，反而比第三共和之內閣還短暫。

3.若干採用內閣制成功的國家：內閣制的運作，有賴於兩個獨立的權力機構（議會與內閣）之相互依賴與結合，其對抗勢力則有賴於反對黨所代表之興論與定期選舉。成功的內閣制，在運作上的必要條件是兩個政黨，一個在朝，一個在野，並由選民擔任仲裁者，以保持權力之均衡與競爭，以交替執政。因此在本質上必須有認同同一國家與憲法的共識，在相互容忍與尊重之基礎上促進政治之發展。如果一國具有這種優良基礎，模仿英國之內閣制，或許可以促進政治效率。如英國原屬地的加拿大、澳洲、紐西蘭及南非等國，雖暫時有三黨出現，但均有復歸爲兩大政黨之趨勢。日本也於戰後仿照英國內閣制重訂憲法，因一直保持一黨優勢，其他雖有多數政黨，但均屬小黨，不致影響政局，而日本民族生性富有團隊精神、重禮貌、教育普及、社會制度健全，普遍政治家均有高度之政治責任感與自我抑制力，只要任何一位大臣說錯話或有任何貪瀆甚至緋聞案發生，便立即引咎辭職。這種特性當非憲法所能創造。

(三)雙首長制

雙首長制（或稱半總統制）（semi-presidential system; quasi-parlia-mentary government）最大的特點，在於它同時擁有前述內閣制與總統制的特質。實施雙首長制的國家，不只擁有一位民選的總統，還有一個必須向國會負責的總理及內閣。因此，雙首長制是一個較爲複雜的政府體制。法國著名學者杜瓦傑（Maurice Duverger）在其文章〈新政治體系模型：半總統制政府〉（A New Political System Model: Semi-Presidential

Government）中便曾指出，某一政府體制若要被稱作半總統，則其憲政必須包含三個要素：第一、該共和國的總統必須經由普遍性的大選所選出。第二、總統必須擁有可觀的實權（considerable powers）。第三、總統有一個與其相對的總理，該總理及其內閣擁有行政權與政府權力（governmental power），而且只要國會不反對，總理及內閣就能繼續在職。

　　因此，雙首長制的行政是一種混和物，試圖將民選總統的行政權（這往往是一國之政治焦點）與總理相結合，而總理又必須對國會中的各種利益作出回應。總統（透過直選產生）不僅可以任免總理及內閣，而且也可以解散國會；另一方面，國會（經由直選產生）可以倒閣，而內閣也必須對國會負責。在這種體制之下，總統通常可以主導外交事務、任免各部會首長（包含總理）、發動公民複決、否決立法及解散國會。在理論上，總統主要負責領導外交事務，而總理則負責處理複雜的內政，當然，內閣必須與國會相配合。

　　事實上，雙首長制國家的總統，並非處於政治漩渦之外，而是處於政治漩渦的核心。在這種雙頭體系之下，造成行政權威的分割，容易誘發總統與總理之間的權力鬥爭。如果美國是總統制的典型，法國第五共和（一九五八年至今）則是雙首長制的典型。一九五八年第五共和憲法的設計，主要是為了建立一個穩定的政府，因為當時法國正面臨著阿爾及利亞的分裂戰爭，而且，第四共和在十二年之內，居然經歷了二十三個總理。

　　新憲法所產生的第一任總統是戴高樂（De Gaulle），他將自己視為民族的救星，曾明言：「權力直接源自人民，這意味著，由全國人民選出的國家領袖，正是權力的根源及權力的持有者」。有人便認為，戴高樂憑藉這種傲慢的態度，將總統的權力發揮至憲法所授予的極限，甚至超越了憲法所授予的極限。隨著一九六二年的修憲，總統經由公民直選產生，這使得法國雙首長制的要素更加完備，許多人認為之前的憲法只不過是製造出一個擁有大權的「總統」，但這次修憲卻製造出一個擁有大權的「總統職位」（presidency）。經過二〇〇〇年的修憲之後，法國總統的

任期已由七年改爲五年（連選得連任一次）。

　　法國憲法確實授予總統擁有許多行政權。首先，總統是民族獨立與憲法的保證者（guarantor）；總統可以動用緊急權（emergency powers），雖然自從一九六一年起未曾動用過；總統是軍隊的統帥，並且負責主持國防委員會；總統有權與他國簽訂條約；總統可以將國會的立法訴諸公民複決，到二〇〇四年爲止共用過九次；可以任命高級法官與文官；可以主導整個部長會議；可以解散國會；可以對國會通過的法案進行覆議；總統可以任命總理，但在實踐上，總理均來自於國會大選中獲勝的政黨。爲了要扮演上述這些角色，總統往往有賴於其個人幕僚的支持。到目前爲止，法國的五任總統（戴高樂、龐畢度、季斯卡、密特朗、席哈克），都尋求用一種擴張的方式來進行治理，都希望能引導整個國家的方向，而不只限於協調國內的政爭。

　　那麼，法國雙首長制下，歷任總理的角色爲何？他們的主要任務是處理內政，然而，有時候戴高樂也會因爲「牛奶的價格」，就使其總理去職。總理由總統所任命，但同時又要對國會負責，因此，總理的任務就變得很簡單。這些總理領導著政府的日常性事務，並且必須配合總統的風格與態度。由於政府仍須對國會負責，故總理常花很多心力與議員周旋。由於國會有能力約束總理，而且內閣會議必須服從於「譴責性投票」（a vote of censure），這使得國會成爲雙首長制不可缺少的要素。

　　雙首長制在運作上，最關鍵的就是總統這一方，與「總理、國會」那一方之間的關係。雖然憲法在形式上賦予總統有外交控制權，並且將內政保留給總理，但在一個相互依存的世界裡，通常不會符合這種簡單的二分法。舉例而言，法國與歐盟之間的關係，就同時牽涉到內政與外交，這也使得整個決策過程變得更加複雜。因此，在歐盟的領袖高峰會之前，德國總理便堅持要同時與法國總統及總理一起開會，以加速協商的進行。

　　在實際運作上，法國總統與總理如果要相互協調，那麼，國會中的第一大黨，最好就是總統所屬的政黨。第五共和的大部分時期裡，均符合這項要件。而法國後來之所以將總統的任期縮短爲五年，就是爲了使

總統選舉與國會選舉相一致，希望能儘量避免「共治」的情形發生。所謂的共治（cohabitation）是指在雙首長制下，總理與總統分別屬於不同政治陣營（政黨），這往往會強化這兩個政治核心之間的競爭，並且使總統變得「礙手礙腳」。一九八六年以來，法國發生過三次共治，總統的權力也因此受到削弱。在這種情形下，總理往往會宣稱他們必須善盡憲法上的重任：「決定並指導整個國家的政策」。重要的是，目前為止，共治並沒有造成憲政危機。第五共和至少還符合制憲者所追求的目標──穩定。正如同美國將權力分散給白宮及參眾二院一樣，法國的經驗說明了，雙首長制就算是在共治的情形下，還是能提供穩定的政府。

法國的雙首長制，對於那些面臨著國際困境的歐洲國家來說，特別具有吸引力。當初法國雙首長制的建立，就是為了解決殖民地（阿爾及利亞）所帶來的紛擾。芬蘭也發覺，雙首長制有助於處理芬蘭與俄羅斯之間的敏感關係。同時，雙首長制對那些剛建立的後共產國家來說，也極具吸引力。然而，隨著國際壓力的退去，總統在政治中的重要性也隨之降低。法國已將總統任期縮短為五年；芬蘭也於二〇〇〇年調整其憲法，強化國會的重要性；許多後共產國家，例如匈牙利已經放棄了雙首長制而改為內閣制。以這些年的趨勢來看，雙首長制比較像是一種過渡性的機制，而內閣制政府似乎才是歐洲真正的主流。

第三節　地方政府

任何國家皆有地方政府。民主國家之中，經由選舉產生出來的地域性低階行政組織，就是地方政府。每個國家的稱呼方式都不同，有的稱之為「自治都市」（communes），有的稱之為「自治市」（municipalities），有的稱之為「行政小區」（parishes）。簡而言之，地方政府就是那些必須處理日常政治事務的機關。舉例而言，美國所發生的九一一事件，雖然屬於全球性的事件，但紐約市政府卻必須負擔所有的善後工

作。地方政府雖然規模有限，但卻能發揮許多關鍵作用。地方政府往往可以代表當地的自然社群，可以維持公民之間的聯繫，可以強化地方認同，可以從事最基本的政治教育，可以為更高的職位補充新血，可以成為號召公民的第一道大門，並且可以根據當地的需要分配資源。然而，大部分的地方政府也有明顯的缺陷，像是規模太小，以致於無法有效提供服務，而且缺乏財政自主性，有時地方政府還會被地方傳統菁英所把持。

　　地方政府一方面必須代表民意，但同時又必須提供有效率的服務，因此，如何將這二者結合起來，便成為地方政府的恆常難題。地方政府與地方社群之間的緊密程度，往往會影響地方政府的行政效率，因此，緊密性與效率之間的平衡，會隨著時間而改變。一九八〇年代，由於各國的財政壓力不斷擴大，許多中央政府便鼓勵地方政府的行政要更有效率，而且要更符合顧客導向原則，英語系國家尤其明顯。然而，到了二十一世紀，各國政府由於警覺到人們越來越不熱中於地方選舉，因此反過來設法鼓勵人民參與地方政治。例如，紐西蘭於1989年推動地方管理革新之後，再於二〇〇二年推出「地方政府法案」（Local Government Act），該法案勾勒出一個更具參與性的地方自治願景。

一、地方政府的地位

　　地方政府的地位隨著各國國情有所不同。一般而言，歐洲地方政府的地位高於非歐洲民主國家，北歐又高於南歐。另一方面，選舉產生的地方政府，高於經由指派的地方政府，這是因為經由選舉產生的地方政府的權限通常較大，也較能挑戰法律所施加的職權限制。

　　如果拿歐洲國家與美洲的民主國家相比的話，大部分的歐洲地方政府，往往代表著各個歷史悠久的地方社群，在強而有力的中央政府形成之前，這些傳統的地方社群就已存在。另外，大部分的歐洲國家都有中央制的傳統，這允許強大的地方行政權威（通常是大城市），能與中央政

府產生直接的聯繫。爲了反映地方政府的地位，歐洲各國憲法也明確授權允許某些形式的地方自治政府。例如，瑞典的「政府組織法」（the Instrument of Government）便直接指出，瑞典若要實現民主，就必須透過代議及議會政體，並且透過地方自治政府。

美洲的情形就與歐洲不同，美洲的地方政府有較強的實用主義及效用主義特質。地方政府的設立，一開始就是爲了要處理馬路、地方稅、垃圾等實際問題。地方政府有時還會設立一些特殊的委員會（可能是派任也可能是選舉產生）來處理特殊的問題，例如港務管理、撲滅蚊蟲、地下排水系統。這些日常政策通常跟政治沒有太多的相關之處，民主黨員與共和黨員並不會對收倒垃圾的方法發生爭執。事實上，這些特設委員會的運作，往往獨立於政黨政治之外。由於澳洲、美國及加拿大採用的是聯邦制，地方政府屬於各州的專門領域，因此也造成了組織上的多樣性。舉例而言，整個美國地方層級的自助餐，是由八萬個以上城市、郡、學區、鎮及特別行政區所共同管理。

再者，就整個歐洲而言，地方政府的地位有明顯的南北差異。北歐國家在一九四五年之後，隨著福利制度的成熟，地方政府成爲提供社會福利的重要媒介。各種社會福利（社會援助、失業救濟、幼兒看顧、教育）的資金，由國家來負擔，但執行的單位主要是地方政府，因此，地方政府成爲國家政務的重要前線。同樣的情形也發生在英國，到了一九七〇年代中期時，已經有龐大的（過多的）人口仰賴於地方政府的福利服務。總之，福利制度的擴張，使得地方政府能夠發揮更多的作用。南歐的情形就不相同，由於天主教教會（Catholic Church）承擔起許多社會功能，所以福利制度較不發達，許多公共服務（例如教育）依然是由中央政府來主導。舉例而言，義大利的老師便屬於公務員，而非地方議會的雇員。另外，南歐「自治都市」的人口規模通常很小，法國尤其如此。有限的規模使這些自治單位不容易提供廣泛的行政服務，因此，必要時，這些相鄰的自治單位會共同組織一些合作聯盟（collaborative syndicates），來提供必要的服務，例如供水或能源。

此外，憲法的條文也會直接影響到地方政府的地位。在歐陸，地方

政府通常享有較多的權限，亦即，地方政府有權可以去管理大部分的地方事務。例如，根據德國「基本法」，地方政府在法律的限制之內，有權基於自身的責任，管理所有的地方事務。然而，在其他國家（包括英國），地方議會向來只能處理中央所規劃的業務，超越這個範圍，就成爲「越權」（ultra vires）。同樣的例子出現在美國，當狄倫（Dillon）擔任甘迺迪（John F. Kenedy）總統的幕僚時，便限制地方政府不得侵犯州政府的業務範圍。在邁入二十一世紀之後，一些容易發生越權糾紛的國家，例如英國及紐西蘭，都開始建立一個更自由的法律框架，但地方政府的權限並沒有因此而變得完備，某種程度的限制依然存在。

二、地方政府的結構

近年來，地方政府的結構越來越受到人們的關注。人們關心地方政府的結構，主要是爲了使地方政府的決策變得更加透明，而且提高地方政府的責任感，或許有助於提升地方選舉的投票率。這就如同當前的許多政黨，爲了扭轉黨員的流失局面，開始允許支持者擁有更多決定權，來挑選候選人及領導者。因此，義大利、荷蘭、英國等國家的地方政府，都開始試著讓人民直接選舉市長（mayor）。

根據學者的區分（Hague & Harrop, 2004: 241），地方政府的組織有三種類型。第一種組織模式是委員會制（也是最傳統的方法），就是將權威集中於地方議會之中，該議會由地方議會委員所組成，委員則是經由選舉產生。整個地方議會主要是透過各個專業委員會來達成實際的運作，這些專業委員會通常會聘任各種專業人員，來協助處理各項地方事務，例如地方的住房問題就會找建築師，教育問題就會找專業的教育經營者，市長主要是扮演儀式性的角色。不論這種委員會制有什麼優點，對選民而言，這都不算是一種透明的制度。

第二種組織模式則是市長─議會制，這種制度受到越來越多關注。這一模式是以權力分立爲基礎，市長由直選產生，他是地方的行政首

長，另一方面，地方議會（也是經由選舉產生）則擁有立法權與預算控制權。美國大部分的城市都採用這一模式，著名的紐約市就屬於這一類型，這一制度允許地方利益能夠廣泛呈現於市政之中。市長必須與議會協商市政，並且必須避免府會衝突，否則市政就容易癱瘓。事實上，市長與議會之間的權力分配情形，有廣泛的地區差異，因此有所謂的強勢市長與弱勢市長之分。早在九一一事件之前，紐約市市長朱利安尼（Randy Giuliani）的成功案例，就讓許多歐洲城市（包括倫敦）紛紛考慮要開放市長民選，以此來振興已經衰弱的委員會體系。當然，倫敦新市長的權力，並沒有像紐約市市長那麼強大。

第三種組織模式也是源於美國，可以稱之為議會─管理人制（council-manager system）。與市長─議會制不同，議會─管理人制藉由區分政治與行政，企圖「去政治化」（depoliticize），並簡化地方政府。藉由聘任一位專業的城市管理人，行政與政治完全被隔離開來，這位專業的城市管理人負責處理實際的市政，但必須聽命於民選的議會及市長。這一制度源於二十世紀初期，主要是為了防止貪污，美國西部及西南部的許多州都採用這一制度。這一制度其實類似於企業的運作，選民（有如股東）選出議會議員（有如董事會）去指揮市長管理人（有如總經理）。然而，刻意區分政治與行政，在實務上常常會遭遇到許多困難。

三、地方政府的功能

地方政府的功能為何？籠統而言，地方政府的任務主要有二：一方面是提供地方性公共服務，另方面則是執行全國性的福利政策。地方政府的業務主要如下：公墓、經濟發展、環保、消防救難、安養院、圖書館、市容規劃、初級教育、休閒娛樂、廢棄物處理、道路、國宅、觀光建設、供水、福利供給等。然而，這種靜態的描述，難以說明一九八〇年代以來，地方政府在角色上的轉變。

以往的地方政府會直接提供公共服務給人民，但這些年來的主要潮

流（英語系國家以及北歐國家最明顯），卻是減少地方政府的傳統業務，並將這些業務委託給私人組織來經營（營利組織與自發性組織均屬之）。舉例而言，許多的丹麥地方政府就在初等學校中採用了「使用者付費」（user boards）制度。繳交的金額將會進入地方的預算之內，並且由地方政府聘用（及解聘）適當的教育工作者。同樣地，美國城市裡的一些私人公司，也開始負責募款以及改善地方公共服務的工作，例如街道的清潔業務等。至此，地方政府的角色由「供給者」（provider）轉變為「提供機會者」（enabler）。當一個地方政府成為一個「提供機會者」時，就意味著該政府本身並不提供大部分的服務給人民，而是用一種策略性的方式，將這些業務承包給私人機構。因此，市議會的職責，主要並不是提供服務，而是確保服務是否有效地提供。理論上，地方政府可以成為一種較小的、協調性單位，這也是政府轉向「治理」的另一個例子。越來越多的組織捲入到地方政府的決策之中，這些組織很多都屬於功能性組織（例如學校機構），而不是地域性組織（例如郡議會）。這種職能上的轉變，反映著人們在思考地方政府應該如何服務社會時，已經採取了新的觀點。簡言之，傳統式的地方政府，著重於提供公共服務，此模式源於北歐，而當前的趨勢是走向策略性治理（strategic governance），南歐及北美的地方政府都是很好的例子。

四、中央政府與地方政府之間的關係

這裡的核心問題在於，地方政府如何整合於國家權力結構之中？這也是釐清多層次治理在實踐上如何運作的關鍵。中央與地方之間的關係，通常有兩種模式：二元（dual）模式或融合（fused）模式。在二元模式裡，地方政府像是一個從中央分裂出來的組織。但在融合模式裡，地方與中央政府均被視為國家權威體系的組成部分。

(一)二元模式

在二元模式裡，公共權威被視爲是分裂的，而非一體的：彷彿一國之內存在著兩種權威領域，這兩種權威只有在實踐時才會有所相關。地方政府保有獨立的地位，可以設立自己的內部組織，並且可以按照公共服務的需要，自己聘用幕僚人員。大部分的政府受雇員呈水平流動（由某一地方政府到另一地方政府），而非垂直流動。中央政府保有終極權威，但地方政府的受雇員，卻不認爲自己是在爲中央政府效力。傳統上，英國被認爲是二元模式的最佳例子。在現代國家崛起之前，地方長官管理著自己的社群。地方自治的精神被保留下來，因爲人們普遍認爲，中央與地方政府是截然不同的兩個領域，即使這兩者有緊密的相關性。確實，在一九八〇年代保守黨執政時期，英國政府大力地推動了中央集權化，並將地方政府弱化爲中央政府的下屬，而中央與地方之間的關係，並沒有融合成一個單一的公共權威。公共權威的持續分裂，也導致英國的國家觀念較爲薄弱。

(二)融合模式

在融合模式之下，中央與地方政府相互結合成爲一種單一的公共權威領域，這兩個層次同時都代表了國家的領導權威。在某些歐洲國家，例如比利時與荷蘭，市長由中央政府指派，而且市長在維持地方秩序及法治時，必須向中央負責。融合模式下，中央與地方政府的權威，緊密融合在省長（prefect）這個職位裡，省長被中央指派去指揮某一特殊地區的行政工作，並且必須向內政部報告施政情形。理論上，建立省長行政體系，就意味著中央已藉由建立一個明確的科層制（從國家政府貫穿到地方省長），來維持其強大的支配地位。

法國是融合模式的最佳例子。該模式是拿破崙在十九世紀初期所建立的，法國被劃分爲九十六個行政區，每一區都有自己的省長，而且有

一個民選的議會。這一框架有高度的一致性且符合理性，但實務上，省長經常必須與地方議會合作，而不是指揮議會。現在的法國省長，同時是國家與地方的代理人，他們必須代表地方的利益，但同時也要傳達中央的指令。雖然法國省長的權力已經下降，但這一模式還是很有影響力。許多國家都採行這一模式，包括了法國的前殖民地與部分後共產國家。

 進階讀物

Brooker, P. (2000) *Non-democratic Regimes: Theory, Government and Politics*(London, Macmillan)

Calvocoressi, P. (2001) *World Politics 1945-2000*(London and New York, Longman).

Landman, T. (2000) *Issues and Methods in Comparative Government: An Introduction* (London, Routledge).

Mahler, G. S. (2003) *Comparative Politics: An Institutional and Cross-National Approach* (Upper Suddle River, NJ, Prentice Hall).

Norton, A. (1994) *International Handbook of Local and Regional Government* (Aldershot, Edward Elgar).

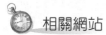 相關網站

Government Resources on the Web

　　http://www.lib.umich.edu/govdocs/govweb.html

European Government Online

　　http://europa.eu.int/abc/governments/index_en.htm

The World Factbook

　　http://www.odci.gov/cia/publications/factbook/index.html

Local government

　　http://localgov.com/

Local Government Association

　　http://www.lga.gov.uk/

一、 在民主國家中，不同政府體制的政府組成方式與決策方式並不相
　　 同。試比較內閣制國家、總統制國家以及半總統制國家的政府組成
　　 方式與決策方式為何？請舉例說明之。

二、 民主政府、威權政府、極權政府這三個概念何者較適合用來描述解
　　 嚴之前的我國政府？

三、 試比較我國的政府體制設計與西方不同處，並提出雙方制度之優缺
　　 點。

四、 何謂「半總統制」？其特徵為何？

五、 你/妳覺得目前我國政府體制屬於哪一種？而「最適合」我國之政府
　　 體制又是哪一種？試說明其理由。

六、地方政府的組織模式有哪些類型？試舉例說明之。

Political Science

◆第4章　政治意識型態

如果我們相信可以改善這個世界，而且也相信知識有助於改善生活，或者說，我們認為一個好的政治人物（或政黨）必須具有理想性，那麼，就必須研究或瞭解何謂政治意識型態。也許無法從其中直接找到未來的明燈，然而，透過歷史的回顧及比較，應該可以避免錯誤。

第一節　什麼是政治意識型態？

不論是在報章雜誌上，或是政論節目裡，人們經常使用到「意識型態」這一詞彙，有的時候甚至在一種較為負面及批判的語境下使用它。到底在學術領域裡，意識型態指涉什麼？尤其這一詞彙並非中文所固有，常易形成理解上的障礙和混淆，同時也帶來爭議。其實這一詞彙的用法，就算是在德文、英文或法文裡也是充滿歧異和爭議。因此，考察這一詞彙用法的演變，將有助於掌握其意涵。

一、意識型態用法的流變

就字面的意思來看，意識型態（ideology）是指「觀念科學」（science of ideas）。早在十八世紀末，法蘭西斯國家研究院（French Institute National）設立時，該學院的領導人物德崔西（Destutt de Tracy）率先提出了意識型態這個詞彙，其原意就是指「觀念科學」。同時，「觀念科學」也正是該研究院的工作計畫重心。該研究院的志業充分展現了當時啟蒙運動的企圖心，亦即，知識分子應該為統治者們提供建言，並幫助他們規劃一個嶄新且理性的社會秩序。而具體的實踐方法，便是採取精確的科學知識來探討「人類心理的觀念形式」，以便塑造正確的觀念（合乎理性認可的觀念）。人們認為觀念科學肩負了改善世界的重責大任，但這其實暗含了一連串的假設，亦即，人的內心觀念指導著人類的行為，而且

觀念跟其他自然事物一樣，均隸屬於嚴謹的律則，這些律則可以透過系統的觀察跟經驗來探索，一旦探索到這些律則，就可以用來改善世界（正如同我們運用其他自然法則一樣）。簡言之，意識型態的重要作用，就是要拆穿各項爭議信念背後的謬誤，對抗無知、對抗錯誤的教育，同時揭示理性律則，這些律則凌駕於人類的信仰及行為之上，最後要以此來改善世界。

然而，馬克思（Karl Marx）於《德意志意識型態》（*The German Ideology*）一書中，卻徹底改變了意識型態一詞的意涵。從該標題來看，意識型態指的是「意識型態專家」所自命的事業：去塑造一種計畫（project），這種計畫透過管理人們的觀念，以鼓動人們去採取更適當的行動。但是，馬克思卻強烈批判那些所謂的「意識型態專家」，認為他們的手段不切實際，而且完全不能解決問題。馬克思認為，人類的品行確實需要徹底整頓，並依據理性原則來誘導人們開發真實的潛能，而且，這是項迫切的工程。但問題在於，單只是矯正觀念，並不能達成目標，因為如果這個世界的構成本身就是個錯誤，而且正是這個錯誤的世界支撐起這些荒謬的觀念，那麼荒謬的觀念依然會存在。亦即，馬克思認為，人們所採納的信念主要源自於社會因素，因此，除非現實世界的錯誤先獲得匡正，否則思想的真實性便難以立足。同時，馬克思攻擊意識型態計畫犯了一種哲學觀念論的錯誤，以一種顛倒的觀點去反省人類的生存狀態。馬克思極力主張，哲學的反省必須要立足於現實世界之中，而「意識型態專家」顯然過於浪漫天真。

意識型態的哲學論戰，停止約一個世紀之後，在一九二〇年代末期，再度以一種新的意涵登上枱面，並且成為政治論述與社會科學的主要概念之一。這個時期，意識型態的嶄新意涵，恰巧延續了馬克思的觀點，將意識型態詮釋成「錯誤思維」的代名詞，儘管人們早已遺忘了馬克思原先的論證過程。尤其，意識型態這個概念，不再讓人聯想到所謂的「歷史觀念論」哲學，也不再是它最初所高舉的「觀念科學」。在這個轉折點上，意識型態意味著某種不具實質思辨內容的思想（thought），一種粗糙的思想，經不起哲學推論及正確思維的檢驗。一旦透過哲學批判

的過程，劣等的常識便會顯得不堪一擊。其實，這種新的意識型態概念，是由一股更廣泛的現代哲學論述所支撐。現代哲學依然延續著啓蒙運動的傳統，堅持「以眞理對抗錯誤」、「以科學對抗無知/迷信」，堅持捍衛著那條區分正確與不正確知識的分界線。一次世界大戰結束之後，歐洲轉爲殘破，這使得人們開始懷疑科學理性的有效性，而執政者也不再特別支持那些學者，這也迫使哲學家們竭盡所能，希望爲科學權威建立知識判準。例如當時的邏輯實證主義者，便刻意和日常語言保持距離，主張以某種精確的科學語言來捍衛眞理，以洗淨日常生活及政治中的無意義信念；胡賽爾（Edmund Husserl）的現象學（Phenomenology）也有同樣的傾向。但這也使得哲學成爲一種象牙塔內的事業，與世俗政治間的距離越來越遠，也更難以爲時局提出建言。

德國著名的社會學家曼海姆（Karl Mannheim），在其一九三六年的傑作《意識型態與烏托邦》（*Ideology and Utopia: An Introduction to the Sociology of Knowledge*）中，再一次給予意識型態新的意涵。曼海姆認爲，每個社會團體都會受到各自的階級立場、民族屬性、專業屬性的影響，因而，各自會有其獨特的認知觀點，並且相互區分隔離，侷限於一己之見，難以看見世界之「整體」全貌。也就是說，任何團體都會傾向於從他們自身的認知觀點，來形成對「客觀」眞理的特定曲解。這種根據局部的認知觀點所形成的知識（扭曲了眞理的知識），曼海姆將其稱之爲「意識型態」。這意味著，眞理與謊言之間的差異，相當於整體與特殊性之間的差異，如果要擺脫意識型態，就必須要達到一種沒有任何偏狹的知識，也就是一種超越社會隔閡的認知立場。曼海姆還進一步主張，知識分子應該要抗拒各種偏狹、局部、特殊的信念，超越於任何群體之上，扮演一種大公無私的批判角色，促進政治科學化，彰顯出非相對性的眞理。這也正是他所堅持的知識社會學（sociology of knowledge），亦即，知識分子應該要針對意識型態與「各種特殊的社會觀點、集體利益」之間的連結關係，進行體系化的探索。

透過上述的回顧，可以發現意識型態至少有三種意涵：第一、它意味著一種科學事業，可以用來分辨眞假知識。第二、與前者相反，它意

味著一種錯誤的知識，一種需要被更正及批判的知識。第三、它意味著一組規範方案（prescriptions），可以用來指導人們的行動，目的是為了改善世界。而本章正是以第三種用法，來指涉意識型態這一詞彙，這也是政治學上最普遍的用法。我們可以這樣來理解：由於這個世界是不完美的，或者說，古往今來的政治家（政客）及知識分子或公民，經常對時局感到不滿，這便會形成一種批判的態度，渴望於去轉化、改善現狀，當他們形成一種系統的方案或計畫來指導（協調）實踐時，意識型態就形成了。換言之，任何意識型態都源於不滿現狀，就算是最保守的意識型態者，他們也會展現出對現實世界的排斥感；同時，任何意識型態都會孕育出一套規範方案來引導行動，就算改革的目標是恢復舊時光及舊秩序，也會有一套具體的行動方案（Bauman, 1999: 125）。

二、政治意識型態的分類

　　當人們在進行政治論辯時，常常會出現以下這幾個詞彙：激進派、自由派、中間派、保守派、復古派（reactionary），且常以這些詞彙來定位個人在政治意識型態上的特定立場。政治學家通常把激進派及自由派歸類為左派，把保守派及復古派歸為右派，而中間派則試圖去調和左右這兩種立場。上述這幾個詞彙的排列順序，正是它們在政治光譜上由左至右的位置，激進派指的是極左派，而復古派則是極右派。左右派之分，最早出現於法國的政治傳統，當時支持君主所提政策的人，通常坐在君主的右邊，所以稱之為右派，而主張體制改革的一派，則坐在君主的左邊，因而被稱為左派。然而，這裡的重點在於，上述這幾個慣用的詞彙，到底要如何進行區分？區分的標準為何？根據學者巴瑞達特（Leon P. Baradat）在其著作《政治意識型態：起源與影響》（*Political Ideologies: Their Origins and Impact*）中的看法，「變革」（change）與「價值」（values）是區分意識型態的基本概念。

(一)政治變革

任何一種政治意識型態，對於政治體制（現狀）的變革，都持有一種態度。事實上，對於任何社會而言，政治變革確實具有根本的重要性。因此，分析每個團體對於政治的態度，可以讓我們進一步瞭解激進派、自由派、中間派、保守派、復古派的意涵。政治變革是個複雜的主題，可從下列四個面向來說明。

第一、需明確人們所提出的改革方案，要將社會帶往哪個方向（direction）。通常有兩種類型，一是前進式的（progressive），另一是回歸式的（retrogressive）。前進式的變革，是指將社會帶往一種與現狀不同的新穎狀態；相反地，回歸式的變革，則是指回復舊社會曾採用過的政策或制度。一般而言，越主張前進式變革的意識型態，就越接近所謂的激進派或極左派，而越主張回歸式變革的意識型態，就越接近復古派。

第二、需分辨人們所主張的方案的變革深度（depth）。也就是說，其預期的變革，會造成社會巨大的或是微小的修正？此變革是否會大幅度改變社會現有的基本結構？一般而言，如果某個意識型態方案，越會帶來巨大的變革，就越接近於激進派，無疑地如果現狀恰巧與復古派所期望的世界相距甚遠，則復古派的方案，也可能會導致根本的變革。

第三、需衡量人們所期望的變革的發生速度（speed）。越是對現狀感到失望的人，其心態越是容易感到不耐煩，也越是可能希望對既存秩序進行快速的變革。一般而言，主張快速變革的人，大都屬於激進派，而保守派及復古派則不喜歡快速的變革，尤其當現狀較符合其期望時。

第四、也是最後一個必須考慮的因素，即促使變革發生時所運用的方法（method）。政治變革通常經由下列多種方式發生：官方的或非官方的、合法的或體制外的、和平的或暴力的。事實上，不論什麼派別都曾以暴力作為變革的手段，通常越不滿足於現狀的人，越容易傾向於使用暴力及非法的手段來達成政治變革。

(二)價值

　　另一種區分各種意識型態的標準，在於其所支持的價值。通常，左傾的人較著重人權，而右傾的人則強調財產權。例如位於左派的代表人物馬克思，就預測社會主義（socialism）將會締造民主，在社會主義制度之下，將不再有私有財產和不平等。而屬極右派的墨索里尼，則完全否定人權，堅持人類沒有權利、沒有理智，一切都必須臣服於民族國家之下。在極右派眼裡，個人存在的意義，就是將心力完全貢獻給國家。

　　左派與右派的另一個明顯差別，在於左派傾向平等主義（egalitarianism）。社會主義經常被認為是一種左派的經濟理論，因為它主張減少社會差距，並且促進人類的物質平等。同時左派人士也倡言政治上的平等主義。激進派人士傾向於贊同純粹的民主，例如盧梭（現代激進主義的奠基者）與馬克思兩人，都主張所有的人應該平等地分享政治權力。另一方面，自由派人士雖接受代議政治，但堅持人們手中必須保留部分的政治權力，由人民來控制領導權。相反地，有些人則認為權力終究會落在菁英的手中，例如那些支持資本主義制度的人，傾向於漠視社會的階層化，形成了一種保守派的立場。雖然，十八世紀資本主義的支持者，所代表的是自由派對當時現狀的挑戰（當時的財富相對集中於貴族階層）。在政治上，右派的人主張菁英主義（elitist），認為人們是不平等的且具有獸性，需要被指導。保守派及復古派人士，較願意支持這樣的社會：優秀者發號命令，而從屬者被動地聽命順從。例如極右派的法西斯主義（fascism），主張領袖是至能的，群眾應該全心效忠於領袖，與達到最高的生產力，同時群眾須謹守本分，否則就可能被立即剷除。

　　最後，大部分的左派人士傾向於國際主義（internationlism），而右派人士則傾向於民族主義（nationalism）。左派人士倡言所有的人應該情同手足，例如，馬克思便斷言在社會主義體制之下，國家的邊界將會消失，因為「工人無祖國」，最後將變成單一的社會主義的國度。相反地，法西斯主義者主張，國與國之間就像人與人之間一樣，都具有差異性，

因此，既然可以依據人們對社會的貢獻來排列人類的等級，一個國家支配另一個國家也應該是正當的，直到「優越國」完全壓制了所有國家爲止。當然，較不極端的保守派，不會支持這種帝國主義（imperialism）式的支配觀，但是，保守派大都相信自己是較優越的民族，而且自身的利益也優先於其他民族。

三、分類的限制

對政治意識型態進行分類時，必須保持警覺，因爲不太可能有一套百分之百準確的分類標準。大致上有四個原因影響著分類的有效性。第一、每個政治意識型態本身都是個複雜的綜合體，尤其隨著時間的演變，各個意識型態之間會相互對話，或許採納彼此的觀點，甚至「修正」原本的觀點。第二、不只意識型態本身是複雜，其所要探討的問題也十分複雜。各種意識型態所面對的，並不是一個簡單的世界，也不是一個靜止的世界，客觀世界的變動，往往會改變問題的性質，這常會使各種不同的意識型態在某些領域採取相同立場，在某些領域則採取不同的立場。第三、有點弔詭的是，意識型態的區分，也會受到意識型態的影響。例如，堅持正統馬克思主義（Marxism）的學者，多數難以接受將自由主義（liberlism）納入「左派」陣營。第四、意識型態的分類標準本身會受到時空的限制，衍發新的思潮難以被歸類。例如，若左派意味著對資本主義（capitalism）的質疑，右派被看成是對資本主義的狂熱，那麼，女性主義者（feminist）、社群主義者（communitarianist）、市場社會主義者（market socialist），就難以放入傳統左右派之列。

第二節　自由主義

　　自由派與激進派一樣，都對社會的失調感到不滿，都支持社會進行快速且影響深遠的前進式變革。但自由派與激進派有一項根本的差異，那就是他們對於法律的態度。激進派從根本上反對現存的政治體制，認為現存法律只是一種宰制工具；相反地，自由派一般都願意遵守法律，儘管他們可能想要改變某些法條，但大體不會觸犯法律。自由派願意在體制內進行變革，排斥進行體制外的革命。自由主義是啓蒙運動、科學方法以及工業革命的一項知識副產品。由於科學技術的發展，人們的物質狀況開始獲得大幅度的改善，也建立起解決問題的信心，漸漸相信能夠擺脫環境的束縛，而且不論這種束縛是來自於技術性的難題，或是社會和政治問題。自由主義的基本論調是一種樂觀主義：人類有能力解決自身問題。於是，自由派人士傾向於透過理智來解決所有的問題，而且認為理智能夠產生正面的解決途徑。從自由主義長期發展的歷程來看，變革仍舊是自由主義的重要手段。然而，自由主義所追求的目標，卻隨著時間而有所修正。換言之，以往自由主義者所支持的主張，現代的自由主義者不一定會認可。自由主義的內涵，總是隨著時間而轉變。

一、古典自由主義

　　古典自由主義（classical liberlism）的主要代表人物是十七世紀的洛克，他相信所有的人類是道德的、有能力和有智能的，認為世界上存在著自然法：一種支配著人類行爲的規則，且透過運用人類的理智，可以發現這種規則。根據洛克的主張，自然法確定了每個人所應享有的權利，未經正當的法律程序，不得剝奪或拋棄這些權利。他指出這些不可

剝奪的權利包括有：「生命、自由與財產」（life, liberty, and estate）。洛克堅信個人的自由是一項重要的權利，其對於人類的本質，抱持著樂觀的態度，因此相信政府對於人民的限制是沒有必要的，當人民不受政府約束時最為自由，而且，自由只有在沒有任何約束的情形下才得以存在。

在洛克眼裡，平等也是自然法所保障的一項權利。他相信自然法可用同樣的方式適用於所有的人，因而，他進一步主張人類從根本上就是平等的。但洛克的意思，並不是指每個人在各方面都是平等的，他承認人在智力和生理力量方面有明顯的差異，但不論這種差異有多大，所有的人都享有相同的自然權利。也就是說，沒有任何人得以宣稱自己比其他人擁有更大的自由，每個人所享有的每一種自然權利（包括財產權）都是相同的。

另外，洛克與其他古典自由主義者一樣，非常重視私有財產的保護。洛克之所以捍衛私有財的重要性，主要是出於以下三項假定：第一、他認為私有財產的積累，可以提供人們的基本生活需要，一旦社會陷入飢饉之中，人們便難有多餘的精力去發展更高層次的生命，例如科學、美學及政治，亦即，私有財產是促進人類生活的重要工具，為的是要增進人性的品質。第二、私有財產涉及了個人的認同，擁有某項的物品，正可以展現或改變一個人的個別性。第三、私有財產並非由社會所創造，相反地，新製造出來的物品，是人類的創造力與自然資源之間的一種合成物，這當然也應該屬於「勞動力提供者」的一部分，因此也順理成章屬於某個人。

然而，需要特別注意的是，洛克雖然要求保護私有財產且不受外部機構的干涉，但他認為私有財產的積累，應該要有所限制。他強調當人們運用經濟權利時，其程度不應該造成其他人無法享受相同的權利。

在政治方面，洛克主張政府應該要受到嚴格的限制，同時政府還必須執行一項重要的功能：為人民謀求幸福。他相信只要政府不干涉人們的生活，大部分的人將公平而有效率地行事。然而，人們有時仍需政府的作為以保證人民的權利，因此，政府被定位為被動的仲裁者，幫助人

民調解衝突。洛克認為，人民交給政府的權利，讓政府有權可以決定個人的自由範圍，但是，只有當人民行使自身的權利且與他人發生衝突時，政府才能動用此一權利。其他的任何權利，並不交給政府，而由人民自己行使。同時，洛克相信政府是由社會所創造的，至於社會的建立，則是透過締約而組成，其成員是那些願意加入此社會的所有人民。因此，政府的權力源自於人民的同意，如果政府不能滿足人民的期望，則社會整體可以另立政府。另外，洛克也要求行政與立法部門應該要進行權力分立，他認為立法部門是人民的直接代理者，因此立法應該要凌駕於行政，立法部門決定政府的政策，而行政部門則執行國會的指令。然而，洛克卻認為擁有財產者才有投票權，窮人的政治權利被排除了，因此洛克常被批評為「中產階級革命的代言人」。

二、當代自由主義

　　當代自由主義（contemporary liberalism）的代表人物是邊沁，他的追隨者們繼續堅持著自由主義者所發展出來的觀點。當代自由主義者，依然對人類的理智抱著樂觀的態度，相信人類具有改善生活的能力。人類的平等性依然獲得支持，但是，當代自由主義者放棄了平等性原先的假設基礎。到了邊沁那個時代，大部分的自由派人士，已不再相信自然法的觀念。邊沁認為，這個世界上，並不存在支配人類行為的法則（絕對的、普遍的、永恆的法則），轉而將自由主義立基於一種新的價值：人類的自我仰賴（self-reliance）。他不贊成道德絕對主義（moral absolutism）之主張對（right）與錯（wrong）在本質上有單一來源。邊沁放棄了自然法的準則，並且代之以一種新的標準來評估人類的活動，這個新的標準，正是他所提出的功利主義（utlitarianism），這種思想通常被歸類為某種道德相對主義（moral relativism）哲學。

　　邊沁主張，人總是受到兩種力量的主宰，一種是痛苦（pain），另一種是快樂（pleasure）。當快樂達到最高而痛苦降到最低時，人類將可得

到幸福。因此，一個政策的價值及效益（utility），應該由該政策為個人及社會所帶來的快樂和痛苦的指數來衡量。邊沁駁斥菁英主義的觀點，認為一個人的幸福應該等同於其他任何人的幸福。而任何政策如果能造就「最大多數人的最大幸福」，則社會上所有人的效益將被極大化。邊沁的主要興趣在於效益及效用主義原則，也致力於發展實現該原則的理論。

邊沁還發展出實證法（positivist law）的觀念。邊沁寫道：「政府的職務是促進社會的幸福」。不同於自然法的觀點，邊沁認為，某項法律的權威，與任何內在的良善無關。他指出，只要法律是透過既有的合法權威所建立，就是有效的法律。法律並不是建立在真理之上。在邊沁的眼裡，法律是社會所擁有的一項工具，用來改善環境並增進人類的幸福。於是，與古典自然主義不同，邊沁用實證法改變了法律的基礎，將法律帶回社會，呼籲對社會進行改變與改良。然而，有效的法律並不等於良善的法律，在此，他再度引入了功利主義。邊沁認為，一個社會如果要採取「讓最大多數人得到最大快樂的政策」，就需要一個測量效益的方式。邊沁設計出一套「快樂計算」的公式，並認為這可以符合科學立法之所需，而設計出良善的法律及政策。透過這些理念，邊沁使自由主義具有全新的面貌，足以準確地促進社會改革。邊沁在呼籲政府採取實證角度進行立法與統治時，所提出的各項改革意見，也得到當時英國政府（一八三〇年至一八五〇年）的採納，這些重要政策包括：公共服務、祕密投票、人民在國會的平等代表權、教育機會的擴大、對動物的人道待遇等等。

大體而言，當代自由主義者，雖然不再以自然法來作為平等性的假設基礎，並且承認個人之間的各種差異性，但是，他們並不貶低平等的重要性。在他們眼裡，既然沒有人比其他人優越，而且在道德上也不允許不公平地對待他人，因此每個人皆有權要求某些公平的待遇，並獲得他人的關照，這些都屬於人權（human rights）的一部分。另外，當代自由主義者喜歡把政府當成一種工具，以改善人類的生活條件，而不像古典自由主義者那樣，堅持政府應該要遠離人類的事務。再者，雖然社會

上仍有許多人透過控制財產權，對處於弱勢的個人施予不平等待遇，但是，當代自由主義者依然相信，私有財產權的積累，將有助於整個社會的幸福。

三、新自由主義

新自由主義強調個人自主性與財產權（這二者皆是古典自由主義的傳統），同時還主張明確區分公領域與私領域，而私領域應該具有優先性。新自由主義對「自由市場」一直有強烈的偏好，不過，自由主義政治經濟學的復興，則不只是支持「市場競爭」而已，因為市場甚至被視為政府秩序的基礎。新自由主義認為，市場誘使人們為了個別的利益，來運用他們自身獨一無二的知識與能力，但是，自利的個人同時又能為整個社會帶來好處。而社會主義式的「計畫」經濟，則無法像市場一樣，充分利用分散的資源。市場自由，特別是私有財產的所有權，被看成是政治與社會自由的最佳保障。因此，在市場中被極大化的「自由權」，才是社會秩序與政策的仲裁者。

國家的種種干預活動，不只限制了市場所能發揮的功能，而且國家的財政仍需透過稅收，這等於干預了私有財產的積累。在他們的眼裡，人類的稟性以及人們對「個人責任與自我（與家庭）利益」的內在需求，才是市場運作的基礎，亦即，市場的運作不依賴打高空的利他主義與共同責任。說到底，一個擴張的國家將無法限制人們的自利，國家的擴張，只是讓人把自利轉換到政治領域，在政治領域裡，自利的濫用只會更加嚴重。社會的失序與報酬的不公正，亦會隨之而來。相反地，有點弔詭的是，社會的整合應該藉由人們對獨立的追求（在市場中），才能促成。相互的尊重，並不是藉由那種外在的相互依賴來創造，而應是藉由彼此的獨立。這就是為什麼，責任的唯一起點是自由（透過市場來定義的自由），而不是「家父長式的作風」。相對於社會主義的看法，新自由主義者認為，市場不會腐蝕自由，正是透過市場，自由反而被鼓勵與

被運用。

除此之外，新自由主義還暗示市場比政治或公共領域更能促進平等。因爲市場創造財富的能力，使得全體在不同的程度上皆能受惠。曾有人主張，在歷史上，資本主義其實一直在削弱不平等，而非產生不平等。更進一步來說，如果拿市場與政治過程相比，則市場反而允許更多的機會給予社會中的低下階層；相反地，政治過程則常被文化與社會因素（階層、契約、意識型態）的阻礙所限制。在市場中成功的關鍵，其實是企圖心與進取心。因此，「市場的民主」是一個眞正的「人民主義式民主」，比政治民主更能爲一般人民提供更多東西。

不論如何，新自由主義在現實政治裡有強大的影響力，該主義自從二十世紀末以來，引導了西方世界一連串的自由市場經濟政策。新自由主義的興起，與西方國家反對凱因斯（J. M. Keynes）主義的熱潮有關。在已開發國家，人們也常常把新自由主義與「柴契爾主義」（Thatcherism）聯想在一起。從戰後一直到1980年代，歐美國家所流行的發展策略主要是以「進口替代」的工業化爲基礎[1]。但新自由主義強而有力地批判這種發展策略，並代之以著名的「華盛頓共識」（Washington Consensus）：私有化、去管制化（deregulation）、貿易及金融自由化、減縮政府的作用、鼓勵外人直接投資。新自由主義在國際上也有強大的影響力，因爲像世界銀行（World Bank）及世界貨幣基金會（IMF）等著名國際組織，也極力指導開發中國家採用一連串的「結構調整計畫」，這些計畫往往都是以「華盛頓共識」爲基礎。

---

1 所謂的「進口替代政策」（import substitution policy）指的是，政府希望藉由嚴格的貿易管制，提供國內產業發展的空間，以國內自製品取代外國的進口品。

第三節　保守主義

　　保守派（conservative）人士通常最支持現狀，或者說，他們認為傳統的價值不應該輕易被抹煞。雖然他們較安於目前狀態，但這不表示保守派必然對既存的社會感到滿意，也不意味著他們在政治上採取消極的態度。事實上，當保守派堅毅地防止變革發生時，就其積極的態度而言，和其對手（左派）不相上下，只是保守派極力地捍衛體制，並對抗那些威脅體制的人。他們傾向將既存體制視為一種價值，並擔憂改變體制可能會傷害優良傳統。但是，如果把保守派視為總是缺乏遠見的話，並不公允。事實上，對於未來的前景，保守派可能比自由派更懷著一股期待的心。保守派與自由派的差異，主要在於他們對何時能夠（或是否真的能夠）實現理想的看法不同。保守派之所以支持現狀，並不是因為他們喜歡現狀，而是因為他們認為現狀可能是較好的。保守派之所以反對變革，不是因為他們不期盼進步，而是因為他們懷疑變革是否真能帶來最好的成果？變革難道不會只是場災難？基本上，保守派對於人類透過理智改善生活的能力，抱著悲觀的態度。他們並不否定理智的存在，只是懷疑理智能否解決大部分的問題，也懷疑理智能否制約人類的情緒及衝動。保守派甚至認為人類可能是邪惡的，因此，在政治上，保守派傾向於對個人施以威權統治。另外，保守派對於平等性的看法與自由派及左派完全不同，保守派或許同意人類是平等的，但他們不認為平等非常重要，也不贊成社會為了追求平等而付出過多代價。正如競賽一樣，平等只是個起點而已，真正值得鼓勵的是人們終其一生的成就。右派人士經常指出，雖然人是平等的，但是他們不能沒有先付出就得到平等的對待，不能光是因為「平等」這個概念，就給予人們特殊的政治、社會、經濟利益。

一、早期的保守主義

　　保守主義長期以來有其政治上的重要性，但是一直要到十八世紀的柏克（Edmund Burke）著書之後，才給予保守主義一種正式的哲學基礎。柏克認為一個上軌道的社會，其人民必須各得其所。「有錢人、有能力的人和出身背景好的人」統治著社會，而位居較低社會等級的人，承認前者的地位，並且願意臣服於他們的統治。然而，位居社會下層的人們，是否該拒絕上層人士的統治，就像大革命後的法國一樣，讓升斗小民自己統治自己？在柏克眼裡，這只會帶來悲慘的結果，因為普通的家庭無法養成真正的貴族菁英。

　　然而，柏克認為菁英是社會上最優秀的人，所以他不認為菁英在進行統治時是缺乏節制力的。只是，菁英也一樣會有人性的一面，與平凡人一樣受到人性弱點的牽引。按照英國神聖的議會制度，菁英必須仁慈且有效率地施行統治，權力並不是讓菁英用來壓迫群眾的工具，如果菁英不能保證弱勢團體和統治集團一樣享有平等的政治權利，就不會得到良好的結果。柏克指責自由主義者的「虛偽」價值，在其著作中，曾歸結出這樣的論點：「從事理髮業或是蠟燭製造業的人，並沒有比任何行業的人來得尊貴，更遑論一些較為卑微的受雇者。從事這些行業的人，不應該遭受來自國家的壓迫，如果他們以個別的方式，或是以集體的方式，被容許享有統治權時，則此時國家反而會遭到壓抑」。柏克對尊貴之人寄以厚望，主張平凡之人當然不應享有統治權。

二、托利黨人

　　在柏克之後，一般所謂的「托利黨人」（Tories），仍遵循柏克所主張的規範。他們並不在意良好的社會應該要如何治理，卻認為社會應該由

尊貴人士和智慧者來治理，同時，他們也維護社會的層級秩序並推崇傳統文化。「托利黨人」支持位於統治階級的領導者，認爲領導者要有一股公民責任感以治理智慧較低之人。他們要求統治者顯現出無私的位高任重（noblesse oblige），並以社會整體的利益來施行統治。托利主義（Toryism）持有一種非常父權式的觀念，卻要求社會菁英爲所有人做出最好的事。美國前總統布希（George H. W. Bush）就是稍微傾向「托利主義者」的例子。而英國的托利主義者，則常會主張應該在校園中推廣莎士比亞文學與基督教。

三、企業家黨人

保守主義的另外一種類型，被稱爲「企業家黨人」（entrepreneurs），他們的個人主義色彩較濃，就其取向來說，有時幾乎可說是一種民粹主義者（populist）。托利黨人期盼菁英階級的統治，但「企業家黨人」則相信國家的領導者可以來自社會上的各個階層。他們主張，社會賢達人士、政府和其他社會機構，應該盡其最大的能力，協助實現個人的成就。不同於托利黨人，「企業家黨人」期盼對個人施予較少的限制。他們不把「爲人民謀求福利」看成是政府的義務，反而較把政府視爲是一種工具，使其能展露自身的權力。「企業家黨人」不把政府視爲帶領社會追求光榮目標的工具，相反地，他們想要限制政府對個人經濟行爲所施加的束縛，讓眞正的優秀人士能夠向上攀爬，並且防止壟斷行爲的出現。於是，「企業家黨人」的主要目標，就是讓私人企業不受政府管制。美國大部分的保守派，較傾向於「企業家黨人」，在象徵的意義上，美國前總統雷根（Ronald Reagan）便是一例。

四、新保守主義

　　今日的新保守主義，是從古典政治哲學家史特勞斯（Leo Strauss）及其追隨者發展起來的，並運用了弗利德曼（Milton Friedman）及海耶克（Friedrich von Hayek）等經濟自由主義的想法。它主要有兩種形式：第一種是保守主義的「哲學」（philosophic）論證，有時可追溯至早期的保守主義思想傳統；第二種是「新保守主義」（neo-conservatism），主要源於美國，較傾向於社會學（sociology），而沒有那麼濃厚的哲學思辨性。這兩者都企圖防止社會與政治權威被腐蝕，並且希望回歸「傳統」道德和政治價值。

　　在新保守主義者的眼裡，國家應該是權威、傳統、忠誠這三項原則的具體化。公民被視為國家的「從屬者」，就像兒童一生下來就必須與家庭緊密連結，而不是透過任何相互同意的契約（這是自由主義的主張）。除此之外，新保守主義者主張，社會並不替任何「偉大目的」服務，社會只是以一種自然的形式存在著。因此，保守主義關懷的重點是「社會紀律」，而不是「自由」或「平等」這種「偉大目的」。表面上，新保守主義似乎會與經濟自由主義（重視開放的市場與個人主義）相對立，但保守的個人主義（conservative individualism）卻認為社會是個人的搖籃，而不是個體性的敵人。對於這類保守主義者而言，「真正的自由」必須透過傳統權利與義務的承續，而這些傳統權利與義務，則被其屬民所尊重與奉行。在這一點上，新保守主義與自由主義（強調絕對且普遍的自然權利）形成了對照，但卻又不對立。

　　在美國，新保守主義主要關注三項特定的問題：第一、傳統家庭結構的崩解。第二、貧窮與「下層階級」問題。第三、「文化危機」。針對這些問題，新保守主義者的目標是恢復工作以及家庭倫理（家庭被設想為是偉大的教化者）。他們還提倡市民社會與政治文化以及社會秩序的價值。因此，他們一直支持著特定的中介結構，亦即，各種介於國家與個

人之間的組織，例如家庭、鄰居、教會、志願性組織等等。這些社會資源都有助於公民身分的賦予和市民美德的發展，例如社區救助與關心他人，有助於個人認同更大範圍的社會。然而，他們對於資本主義存著又愛又恨的矛盾態度，因為市場總是傾向於去顛覆傳統（美德）。

　　大部分的新保守主義者，雖然承認政府可能會失靈，也承認資本主義存在的必要性，但是，他們還是擔心過分的個人主義會摧毀社會秩序，並瓦解延續社會所依賴的傳統實踐。因此，國家的權威性應該要被維持，但這不意味著需要一個擴張性的國家。新保守主義反而認為，國家施行無效率的福利政策，只會造成貧窮與「道德的衰微」，並且腐蝕社會秩序本身的先決條件。新保守主義對平等主義表示反感，因為平等主義被視為是縱容，而且是一種對於社會階層的威脅。

五、新右派

　　新右派代表了一種「新的」社會、政治與經濟計畫。除了那些關於國家規模與市場角色的爭議之外，它還激起了公民權與認同的問題，也與保守主義發展出一種複雜的關係。整體而言，新右派所展現的是一種「再造」當代社會的嘗試，其企圖攻擊社會民主福利國家的「危機」，並嘗試提出改革現狀之道，以使自由市場制度與文化的重建成為可能。然而，「新右派」這個詞彙本身卻是有爭議的。它暗示新右派既不特別「新」，也不完全「右」，而且它在政治思想的範疇上，呈現許多分歧。許多與新右派有關連的人，都拒斥這個詞彙。新右派主要由四股思潮所組成，分別是：新自由主義（見前文）、公共選擇論（public choice）、新保守主義（見前文）、自由放任主義（Laissez-Faire）。公共選擇論代表了以經濟學方法進行政治學研究的應用，它的核心主張是：人們在所有環境中的行為都可以被解釋成：人們為了滿足他們本身的利益，而持續進行各種追求活動。因此，政府官員與一般的行動者一樣，都是以一種自利的行為模式來行動，同時並不存在一個孤立的公共領域，可供人們對社

會議題作出公平公正的決定。自由放任主義雖然與自由主義運用相同的語彙，但二者是不同的。本質上，自由放任主義代表了「自由」凌駕於「秩序」之上，亦即，它對於加諸個人之上的社會與法律拘束的絕對抵制。更重要的是，自由放任主義強烈辯護完全無限制的資本主義，偏好完全沒有限制的私有財產與自由交換。

進一步言，新右派的四個思潮，彼此之間可能會出現的矛盾。「純粹」的新自由主義者，將無法接受下述的概念：公共財需要一群有著崇高道德並且關懷社會的公民（這是新保守主義所支持的）。在新自由主義眼裡，社會福利實際上有賴於「個別行動的非意圖後果」，亦即，每個人均努力追求私利，到最後反而能使這個社會變得更公平。但新保守主義則主張，除了市場機制之外，必然還存在著一種價值支柱，它能夠支撐適當的公民身分、社會道德，甚至是個人主義。儘管存在著各種緊張性，但是在這些支派之間，還是有種重要的連結。英國社會主義政治哲學家托尼（Richard H. Tawney）認為，新右派內部最大的共同特徵，就是他們都膜拜「不平等教」（religion of inequality）。而且他們都同意維持一個不平等體制的重要性，亦即，對新自由主義而言是市場，對新保守主義而言是社會階層化。新自由主義者從新保守主義者那裡學來一種關於國格、責任與義務的概念，同時新保守主義者則從新自由主義者那裡學到市場的重要性。雙方在抵抗女性主義（feminism）及多元文化等問題上，都是反進步者。新自由主義者試圖讓市場來解決所有的問題，而新保守主義者則主張個人應該與特定的社會文化相融合。總體而言，新右派仍是個強勢的意識型態，迄今尚未遭逢任何強勁對手的有效挑戰。

第四節　社會主義

社會主義是個複雜的觀念體系，也經常被人誤解。社會主義或許是個最完整的意識型態，因為其目標無所不包，它不僅是一種經濟制度，

也是一種社會的、政治的、道德的哲學。社會主義有三種特徵：第一、生產的公有制，亦即，採取國營企業或合作社的生產方式。第二、社會福利制度，在此制度之下，社會關照需要幫助的人。第三、追求富足、平等與共享的社會，使人們免於物質匱乏。尤其是第三項特徵，對於塑造一個真正的社會主義國度而言，是不可或缺的。社會主義奠基於工業革命，其源頭可追溯至法國大革命之前的時代。盧梭雖然不是個社會主義者，卻為左派的平等主義立下理論基礎，而平等主義正是社會主義的基石。法國大革命之後，烏托邦社會主義者（utopian socialism）對早期資本主義引起的惡果感到悲痛不已，但烏托邦主義者所提出的解決之道，在當時並不成功，直到日後馬克思的「科學社會主義」（scientific socialism）興起，開始支配著日後的社會主義運動。我們必須要特別注意，馬克思的學說只是社會主義的一種特殊類型，其理論只是社會主義意識型態的一種支流。雖然所有的馬克思主義者皆是社會主義的信徒，但並非所有的社會主義者都是馬克思的信徒！

一、馬克思主義

　　馬克思（1818-1883）與其同時代的許多知識分子一樣，試圖去解釋工業革命時代的社會變遷，但他比其他人更加激進，主張恢復早期社會主義的「暴力革命遺產」，訴諸一種集體行動來轉變不完美的世界。早年的馬克思，由於積極參與政治活動，而與德國當局發生衝突，因此後半生主要是在英國過著漂流異鄉生活。馬克思的一生，見證了工廠和工業產品的增長，以及由此產生的種種不平等。他的思想涵蓋了許多領域，並且反映出他對歐洲工人運動以及社會主義意識型態的興趣。由於他總是把經濟問題與社會制度聯繫在一起思考，因此，他的思想具有豐富的洞察力，並且影響後世深遠。

(一)對其他思想家的批判

馬克思學說的形成背景，源自於批判當時的其他思潮，這些思潮包括了：自由主義——洛克、彌爾（John S. Mill）；烏托邦社會主義——聖西門（Comte de Saint-Simon）；左派黑格爾主義——費爾巴哈（Ludwog Feuerbach）；古典經濟學——李嘉圖（David Ricardo）、亞當斯密（Adam Smith）。針對自由主義，他強調市民社會的侷限性，因為，市民社會的基礎不過是一種抽象的權利，只要資本家仍持續剝削著工人，所謂的公民自由，只是名義上的自由。不同於自由主義理論家，馬克思特別強調社會正義的重要性。另一方面，十九世紀早期的烏托邦社會主義者認為現代社會的本質是工業社會，但馬克思堅持認為現代社會的本質其實是資本主義社會，因此，單是憑藉著工業社會發展的種種力量，將無法把社會帶向烏托邦的美好世界。不同於黑格爾（G. W. Hegel）及德國觀念論者，馬克思反對將歷史化約為精神、宗教等純文化事物的展現，馬克思和恩格斯（Friedrich Engels）主張用一種物質論的觀點來看待歷史。針對古典經濟學家，馬克思則主張是「利潤」形塑了社會，而不是像亞當斯密所主張的：「一隻看不見的手」（an invisible hand）。

(二)資本主義和階級鬥爭

儘管馬克思對於諸多歷史階段都有著述，但他更關注現代社會的變革。在他看來，現代社會最重要的變革，都是與資本主義的發展聯繫在一起。資本主義是一種與以前歷史中的經濟體系截然不同的生產體系。舉例而言，資本主義的商品生產和銷售服務所針對的對象，是範圍很廣泛的消費者，這是傳統世界不曾有過的制度。馬克思認為，資本主義企業的組成，主要有兩個元素：第一個是資本及任何資產，包括了金錢、機器、工廠等等，通過利用這些元素，或利用它們進行投資，可以再創造出未來的資產。事實上，資本的積累，與資本主義的第二個要素密不

可分。第二個要素是工薪勞動者，這指的是貧困工人的集合，他們沒有維持生活的手段，必須依賴資本占有者（資本家）所提供的工作才能維生。馬克思相信，資本家們構成了一個統治階級，而其他的大部分人，則構成了一個工薪工人階級，或者說是勞動階級。隨著工業化的擴展，大量原本依靠土地就能自給自足的農人，進入不斷擴張的城市，形成了一個城市工業勞動階級，也稱之為無產階級（proletariat）。

在馬克思看來，資本主義本質上是一種階級制度。在此制度下，階級關係最突出的特點，就是階級之間的矛盾。雖然資本擁有者與工人之間彼此相互依賴，也就是說，資本家需要勞動力，而工人則需要工資，但是這種相互依賴關係並不穩定，在馬克思眼裡，這種關係是剝削與被剝削的關係。在資本主義制度下，工人很少能（或不能）擁有其自身勞動力的控制權，但雇主可以通過占有工人的勞動而獲取利潤。馬克思相信，爭奪經濟資源的階級矛盾，將會隨著時間的推移，轉變得越來越激烈。

(三)唯物主義歷史觀

馬克思的觀點，是以他的唯物主義歷史觀為基礎的。歷史唯物主義認為社會變革的主要根源，不在人類的理念或價值，而是經濟力量推動了社會變遷。階級之間的矛盾，為歷史的發展提供了動力，它們才是歷史的發動機。用馬克思的話來說：「到目前為止一切社會的歷史，都是階級鬥爭的歷史。」雖然馬克思把大部分注意力，都集中在資本主義和現代社會，但他還是探討了社會是怎樣在歷史中發展。馬克思認為，社會體系從一種生產方式轉移到另一種生產方式時，可能是漸進的，但有時會因經濟衝突，而通過暴力革命來完成。他描繪社會發展的歷史進程為：從狩獵和採集的原始共產主義社會，轉變到古代奴隸制度，再轉變到封建社會（以地主和自耕農的區分作為社會構成的基礎）。但商人和工匠的出現，則標誌著商業或資產階級開始取代擁有土地的貴族。與其歷史觀相一致，馬克思認為，資本主義制度的最終結局，就像當時資本家

聯合起來推翻封建制度一樣,資本主義制度自身遲早會被一種新建立起的制度取代。

　　馬克思認為工人階級革命的必然結果,就是推翻資本主義制度,建立一個沒有階級、沒有貧富差距的新社會。這並不是說個體之間的所有不平等都會消失,而是說,社會不會再被劃分成兩種階級:一個由壟斷經濟和政治權力的少數人所組成的小階級;另一個則是由人民大眾所構成的大階級,這群人不能從勞動所創造的財富中獲取應得利益。經濟體系將以公有制為基礎,建立一個更為人道的社會。馬克思相信在這種未來社會中,生產將比在資本主義制度下更先進,而且更有效率。

　　馬克思的研究,對二十世紀的世界,有著深刻的影響。截至目前,地球上曾有約三分之一以上的人口,生活在像前蘇聯及東歐這樣的社會裡,這些國家的政府都宣稱從馬克思的思想中獲得了靈感。

二、社會民主制

　　社會民主制(social democracy)是一種溫和的社會主義形式。二十世紀初,德國社會民主黨(Sozialdemokratische Partei Deutschlands)信奉馬克思主義,成為德國的第一大黨。馬克思在世時,對傳統政黨與工會之間的問題著墨不多,他認為布爾喬亞(Bourgeois)[2]政府只會鎮壓工會運動,而政黨至多只會成為更激烈的革命運動的訓練場所。但是,德國的社會民主黨卻得到了成功。社會民主黨的成員被選入國會及地方性的公職,他們所組成的工會,促成工人取得較好的薪資及較好的工作環境。一些人從而認知工人階級不需要透過革命,也可以達成他們的目標,既然有了選票,為何還需要子彈?

---

2 Bourgeois為法語,原意指住在城區之自由人,後擴大為勞工與有土地貴族中間的整個階級,亦即近代史所稱的工商階級。共產黨人最愛使用此一名詞,他們對任何國家的資產階級通稱為布爾喬亞。

一九〇一年伯恩斯坦（Edward Bernstein）發展了這個觀點，在《演化的社會主義》（*Evolutionary Socialism*）一書中，他指出無產階級正在得到他們想要的東西，並且拒斥馬克思的部分觀點：資本主義體系崩潰與革命之間存在著必然性。亦即，透過改革措施來改善工人階級的具體利益，也可能走向社會主義。由於他修改了馬克思主義的部分主張，故被稱爲修正主義者（revisionist），正統馬克思主義者則用這一稱號來污衊伯恩斯坦。德國社會民主黨之後的發展並未獲得完全的勝利，在時運不佳的威瑪共和時期，他們大幅度地降低好戰色彩，並和自由主義者及天主教徒合作以拯救民主制度。在納粹時期被取締，一九四五年十月重建。一九五九年起，如同其他社會民主主義政黨，在實質上其已背離了馬克思主義。由於緩和了政治主張，社會民主黨人當選的席次也越來越多，他們把自己轉型成中間偏左的政黨，並且不再訴諸革命。

社會民主制的特質到底爲何？簡言之，他們大多放棄了企業國有化的計畫，並且認爲國家不應該直接介入經濟生活。例如，瑞典只有10%的工業是國營的，這些國營的工業，許多是以前保守黨執政時，爲了防止經濟衰退和失業率增加而成爲國營的。已過世的瑞典社民黨首相巴墨（Olof Palme）曾說：「如果工業的首要目標是擴增生產量，並在開拓新市場的同時，提供工廠雇員良好的工作條件，那麼，雇主就不需要有任何恐懼。瑞典的工業，從來就不曾像社民黨執政時期這樣的快速擴張」。許多國家的社民黨運用福利政策，而非用工業國有化來改善人民的生活狀況，這些福利政策包括：失業保險、全國性的醫療計畫、豐厚的養老金、食物及居所補助。社會民主制已經成爲福利國家（welfare state）的代表，用福利主義來形容他們，似乎比社會主義更貼切。

近年的經驗顯示，福利國家的成本過大。爲了兌現福利政策，稅賦增加了，在瑞典與丹麥，稅賦占國民生產毛額很大的部分，這也正是保守主義經濟學者所警告的，在巨大的稅收壓力下，人們將變得難以選擇自己所喜歡的生活方式。在許多方面，社會民主黨人與現今的自由主義者是接近的，儘管他們的來源並不同。例如，在英國，工黨的溫和主義者就曾分裂出走加入自由黨的陣營。美國的自由主義，也吸收了許多社

會民主黨在福利方面的理念；而美國的左翼民主政黨在意識型態上則接近歐洲的溫和社會民主黨。

三、共產主義

前蘇聯的領導人列寧及史達林是當代共產主義的重要奠基者[3]。二十世紀的共產主義訴求為何？列寧對於馬克思主義的重要貢獻，在於他的革命政黨理論（或稱革命先鋒隊理論）。列寧擔心無產階級會受到資產階級觀念的蠱惑，從而喪失其革命潛能，如果革命要獲得成功，無產階級就不能只停留在「工會意識」（只想改善工作和生活環境，目標不在推翻資本主義）。因此，主張一個以馬克思主義為力量的革命政黨，必須要充當「勞動階級的先鋒隊」，這個新型的政黨，不是群眾的政黨，是由專業且死忠的革命分子所組成，這些革命分子能執行意識型態的領導權，其組織採民主集中制（democratic centralism）原則，即決策時必須經過自由討論，但執行上必須採取一致的行動，不得再有異議。於是，當列寧所領導的布爾什維克黨（Bolshevik Party）於一九一七年在俄國掌握政權時，就以先鋒隊的政黨自居，宣稱依無產階級的利益行事，隔了一年之後，該黨更名為共產黨（Communist Party）。因此，所謂的無產階級政黨專政，事實上就是共產黨專政。

史達林在1930年代的「二次革命」，更加強化了共產主義的內涵。為了塑造蘇聯社會，史達林創造出教條式共產主義模式，這也正是二次世界大戰後中國、北韓、古巴、東歐所奉行的版本。史達林最為重要的創見，在於他主張的「一國社會主義」（socialism in one country）原理，宣稱蘇聯可以在沒有國際革命的前提下「締造社會主義」。另外，所謂的經

---

3 在二次世界大戰以前只有俄國共產黨取得政權，因此所謂共產主義亦以列寧的解釋最具權威。1924年列寧逝世後，史達林上台執行「一國社會主義」政策，經過數個五年計畫，使蘇聯成為現代工業強國，史達林亦因此名列共產主義理論權威之一。

濟史達林主義也是一種新的構思，在此觀念引導下，蘇聯於一九二八年推行了「第一個五年計畫」，徹底摒棄私人企業，所有的資源皆由國家來統籌，並且設立了國家計畫委員會（State Planning Committee, Gosplan），負責指揮中央計畫型經濟。

　　史達林時代（1927-1953）的政治變遷是戲劇性的。在一九三〇年代，史達林將蘇聯轉換成個人的獨裁統治，其手段是一連串的肅清異己、消滅各種反對勢力（不論是來自黨內、政府官僚或軍隊），並且嚴禁各種反對聲音。史達林將蘇聯帶往極權式獨裁統治，到處充斥著計畫性的迫害、鎮壓和恐怖行動。史達林於一九五三年去世，許多殘酷的統治手段不再延續，但是列寧主義式的政黨（階層化組織以及紀律嚴格的政黨），以及經濟史達林主義（國家集體化及中央計畫性經濟），這些共產主義的核心原則，仍頑強地抵抗日後的改革壓力。

第五節　第三條路及其超越

　　在政壇裡，英國首相布萊爾（Tony Blair）、美國前總統柯林頓（Bill Clinton），以及德國總理施諾德（Ger Hard Schroder）等，都曾是主張第三條路的重要政治人物。學界裡，第三條路最主要的提倡者則是英國學者紀登斯。第三條路源於中間偏左派的自我更新策略，亦即，社會民主陣營的自我更新（社會民主的現代化），試圖避免並超越新右派（市場自由主義）與舊左派（國家社會主義）的錯誤與不足。

　　概略而言，傳統左派人士偏好國家對經濟生活的強力介入，然而，在家庭與情慾問題上，左派人士卻採取完全不同的立場，他們認為，個人在這些領域裡應該自由地追求所好；在犯罪問題上，左派人士也傾向於將犯罪的根源追溯到不平等、貧窮等結構性因素，而較為忽視個人責任的作用。與左派的觀點相反，新自由主義往往主張國家應該盡可能降低對經濟的干預，因為國家干涉的後果，往往只是扭曲理性的市場過

程；然而，關於非經濟領域，部分新自由主義者則認為，為了保護傳統道德，強勢管理（regulation）是必要的，因為他們認為犯罪源於個人的道德淪喪，而道德淪喪又源於私人生活領域裡高漲的個人主義。簡言之，左派一方主張規範經濟，但道德面則屬無政府狀態；右派一方則主張經濟無政府狀態，卻要求強力管理道德領域。然而，第三條路的支持者認為，前述的兩種組合都不合理，畢竟政府不應該放棄任何一個管理領域，且必須以一種新的方式來進行管理。

出現第三條路的大時代背景，是一九九〇年代面臨的雙重政治危機。蘇聯的瓦解，說明社會主義並非是有效的經濟組織方式，而新自由主義保守派對於自由市場的莫名狂熱，也充滿各種弊病。不論是在英國或世界各處，第三條路對於政治議程的現代化，著眼於以一種創造性的方式，回應全球化的各種力量，也企圖利用整個全球變革背後的活力，來重振民主與政治。

根據紀登斯的說法（Giddens, 2003: 3-4），第三條路政策綱領的核心訴求在於政府及國家需要進行徹底改革，使政府服務能加快腳步、更有效率並且更具回應能力，當社會變得更加透明多樣時，政府必須能夠回應社會的各種需求，因為在當代社會裡，消費者的選擇已成為社會的基本動力。再者，國家應該成為「機會提供者」，使人民更有權力與能力，而非成為商品的生產者或直接的服務供應者。政府的「指令與控制」模式，不只在蘇聯失敗了，就連西方社會較為溫和的國有化經濟也一樣不成功。因此，第三條路特別強調，國家的角色定位應該是幫助人民使其能自助。另一方面，第三條路主張公共投資必須被限縮在社會能承擔的範圍。左派過往所主張的「徵稅與支出」，到頭來往往變成「徵稅與超支」。與前者不同，現代化的社會民主派主張強化金融紀律，並且要改善經濟競爭力的條件。第三條路希望透過增加工作機會，來達成經濟發展與社會正義之間的平衡。擁有一份工作，並在適當的最低工資保障下，是使一個人擺脫貧困的良方。一個維持高就業率的社會，不僅經濟較為繁榮，而且還能產生更多的資源進行公共投資。

第三條路的上述觀點，預設了一份新的公民權契約，這份契約的基

礎是責任與權利並重。國家提供資源使公民能生活，但公民也必須負擔對該共同體的義務。傳統的社會民主制所主張的公民權，只著重於權利（社會、經濟、政治權利），第三條路則主張，所有的權利都必須附帶前提。舉例而言，享有失業救濟的人，同時也必須負擔找工作的義務。除此之外，第三條路還提倡傳統左派所忽視的免於犯罪恐懼的權利。以往人們大多認為，社會民主制擅長於福利與教育議題，而不擅長犯罪、國防與移民問題。然而，第三條路主張，不應該有任何政策被視為是右派的專屬領域，這並不意味著第三條路將接受右派處理犯罪問題的方法，而是採用另一種有效的中間路線來解決。

最後，第三條路的政策框架是一種國際主義，這並不表示其全盤提倡全球化。第三條路承認自由貿易（經濟全球化）所帶來的利益是真實的，但也帶來衝突、緊張與不安。同時，全球化在本質上也與民主的擴散有關。根據紀登斯的歸納（Giddens, 2001: 437-438），第三條路的政策綱領如下：

1. 政府的改造：一個活躍的政府，必須能符合迅速變化世界的種種需要，然而，政府不應只被設想為是一種由上而下的官僚或國家政策。各種經營與行政管理的動態形式，例如商業及企業有時所採用的某些管理方法，都可以與政府活動結合起來，以捍衛和重振公共領域。

2. 公民社會的培養：單憑政府與市場並不足以應付晚近現代社會所面臨的眾多挑戰。公民社會（指國家與市場之外的領域）必須得到強化，並且能與政府及商業活動聯繫在一起。志願團體、家庭和各種市民結社，對於解決各種社區問題（不論是犯罪或教育問題），都可以發揮積極的作用。

3. 經濟重組：第三條路設計了一種混和經濟，企圖在管制與解除管制之間取得平衡，不分國際、國家或地區層次。新自由主義認為，取消管制是確保自由與經濟發展的唯一方法，但第三條路反對這種觀點。

4.福利國家的改革：雖然藉由提供有效的福利措施來保護弱勢者是一件重要的事務，但爲了使福利國家變得更有效率，它必須進行改革。第三條路希望建立一種「關懷社會」（society of care），同時也認知到舊式的福利制度經常無法有效減少不平等，而且是在控制窮者，而不是讓窮者變得更有能力（empowered）。

5.生態現代化：第三條路並不認爲環境保護與經濟發展互不相容。除堅持對環境保護的承諾外，主張可以透過多種方法創造就業機會並刺激經濟發展。

6.全球體系改革：在一個全球化的時代，第三條路尋求新的全球治理形式。各種跨國結社，可能會使民主超越民族國家的界線，而且在更大程度上治理這個迅速變遷的全球經濟。

但是，在政治上尋求第三條路的思維，已經受到廣泛的批評。許多保守派人士認爲第三條路的內容相當空泛，只是一種政治上的故作姿態（posturing），缺乏正面陳述，令人搞不清楚其到底企圖追求什麼。因此，第三條路並非一個有眞正內容的政治方案，也缺乏內部一貫性。左派的批評者則指出，奉行第三條路的政府，只是選擇性地接受某些左派的價值，但在實際作爲上，卻依然延續了保守派舊政府的新自由主義政策，這不只無法維持左派的面貌，還陷入了保守主義的形式；而且，第三條路不僅促進了多國企業的利益，還對許多領域進行私有化，其私有化的幅度甚至超越了雷根政府或柴契爾政府。左派批評者還指出，第三條路容忍社經地位差距不斷擴大，無法眞正解決不平等。最後，第三條路所謂的政治全球化，不過是在強化美國的帝國權力。

進階讀物

Bobbio, N. (1996) *Left and Right* (Oxford, Polity Press).

Callinicos, A. (2001) *Against the Third Way* (Cambridge, Polity Press).

Eccleshall, R. et al. (1998) *Political Ideologies* (London, Routledge).

Giddens, A. (1994) *Beyond Left and Ritht: The Futrue of Radical Politics* (Cambridge, Polity Press).

Heywood, A. (1998) *Political Ideology* (Basingstoke, Palgrave).

Scruton, R. (2001) *The meaning of conservatism* (Basingstoke , Palgrave).

 相關網站

Democratic National Committee

http://www.democrats.org

Association of Libertarian Feminists

http://www.alf.org/

Republican National Committee

http://www.rnc.org/

Democratic Socialists of America --Socialist International

http://www.socialistinternational.org/

Marxists.org Internet Archive

http://www.marxists.org/

一、古典自由主義與當代自由主義如何看待「自由」與「政府」？試比較其異同。

二、馬克思主義與社會民主制有何異同？

三、新右派的理念與傳統的保守主義有何不同？

四、第三條路較適合歸類為左派還是右派？試述其理由。

五、現實政治是否需要意識型態？試述其理由。

Political Science

◆第5章　政治文化

　　當人們使用一套語言時，表示已經接受某一特定的價值觀與世界觀，在與他人對話和互動時，也不斷複製這些觀點。廣義的文化（culture）幾乎包含社會生活的全部，身處其中的每個人，必然是文化的承載者與創造者。從這個意義上來說，文化不可能不對政治的運作產生影響，這也是為何研究政治文化（political culture）的原因。

第一節　政治文化的意涵

　　自從政治文化這一概念被提出之後，有關政治文化的定義便不勝其數。任何與政治有關的認知（perceptions）、信仰（beliefs）和價值，皆有可能被稱為政治文化。事實上，政治文化常常與意識型態、政治心理、民族性（national character）、民族主義、政治符號等概念糾纏在一起。政治文化之所以難以定義，首先是因為學者們連「政治是什麼」都沒有共識，更遑論去區分「政治文化」與「文化」；另一原因則是因為「文化」本身就是個難以定義的概念。

一、何謂文化？

　　我們很難用中文直接定義「文化」這一詞彙。因為，就算在英語世界裡，學者們也公認「文化」確實難以定義。在英文的早期用法裡，"culture" 這個字與動物、農作物的「培育」（cultivation）有關，同時也跟宗教崇拜有關，因此也與「教派」（cult）這個字有關。從十六世紀到十九世紀，這個詞彙開始指「個別的心靈與個人的涵養經由學習而獲致的進步」。其意義，與改良地力與農耕活動的隱喻有關。到了二十世紀後半葉，學者威廉斯（Raymond Williams）在其名著《關鍵詞》（Keywords）中，整理出「文化」一詞在西方歷史上的三大用法：第一、文化指涉個

人、群體或社會的智識、精神和美學的發展。第二、文化泛指各式各樣的知識或藝術活動及其產物（電影、藝術、戲劇），在此用法裡，文化大致與「文藝」（The Arts）同義，因此，許多國家有所謂的「文化部長」（Minister for Culture）。第三、文化指涉一個民族、群體，或者社會的整體生活、活動、信仰和習俗。直到當代，上述的第一、二種用法仍廣為使用。不論是精神發展或文藝活動，似乎都脫離了一般大眾的生活，故前兩種用法具有菁英主義的傾向。而第三種用法（把文化視為社會的整體生活），則較為中立且分析性高，較受到人類學家的歡迎。

著名的人類學家克魯伯（Alfred Kroeber）與克拉孔（Clyde Kluckhohn），在合著的《文化：對於概念及定義的批判性回顧》（*Culture: A Critical Review of Concept and Definitions*）一書中，也歸納了六種主要的文化理解觀，雖然這些定義有許多相互重疊之處，而且大部分是人類學家的見解，但是辨明這些用法，對於理解政治學家的政治文化觀依然有幫助，因為政治學家的許多觀點，其實脫胎於此，而且也可以凸顯出政治文化的特別之處。以下是克魯伯與克拉孔所整理的文化定義：

1. 描述性的（descriptive）定義往往將文化視為無所不包的社會生活整體。這種定義列舉出組成文化的各個領域。此定義的源頭，來自於一八七一年時泰勒（Edward Tylor）的看法：「文化或文明（civilization）……是複雜的總體，它包括知識、信仰、藝術、法律、道德、習俗，以及任何身為社會一分子的人所需獲致的能力及習慣」。值得注意的是，這種定義方式，認為文化包含了思想（藝術、道德、法律）與活動（習俗、習慣）。

2. 歷史性的（historical）定義將文化視為代代相傳的遺產。例如：一九二一年帕克（Rdoert E. Park）與博吉斯（Ernest W. Burgess）寫道：「一個群體的文化，是社會遺產的總和及編制，由於該群體的種族氣息和歷史生命，使其文化具有社會意義」。

3. 規範性的（normative）定義包括了兩種形式。第一種形式認為文

化是一種規則或是生活方式（way of life），它可以形塑具體的行為和行動的模式，例如「文化是一個社群或部落所依循的生活模式是該部落所遵循而標準化的信仰與行事步驟」。第二種形式則強調價值觀的角色而不涉及行為，例如一九三七年湯馬斯（William I. Thomas）建議將文化視為「任何群體與物質的社會價值，無論他們是野蠻或文明人」。

4. 心理性的（psychological）定義強調文化是解決問題的策略（devices），它使得人們得以溝通、學習，或者滿足物質和情感需求。

5. 結構性的（structural）定義指出「文化的各個獨立層面之間，具有組織化的關連性」，並且強調文化的抽象性迥異於一般具體行為。此種定義方式不同於那種不去區分思想與行動的定義方式。

6. 發生學的（genetic）定義則從文化如何產生及存續的角度來定義文化。這種定義與生物學無關，而是以人類的互動來解釋文化的生成，或是以代代相傳的產物來說明文化的存續。

文化的定義，雖然可以分為六大類，但是這幾類之間，並非完全沒有關連。例如，如果對文化的理解，著重於「規範性」和「結構性」定義，那麼，兩者結合的結果，將凸顯文化是個抽象的、組織性的觀念系統（或符號系統）；如果關注點放在「心理性」和「發生學」的定義，那麼行動者的心理狀態與創造性就不能被忽略。顯然，主客體間的對立與融合問題是西方文化概念裡固有的難題。而這一難題，也將繼續困擾著政治文化的定義。

二、政治文化的定義

政治文化的定義可分為心理性、結構性和規範性的定義：

(一)心理性的定義

政治文化這個概念，最早由艾爾蒙於一九五六年發表的〈比較政治系統〉（Comparative Political Systems）一文中提出。在對各國政治系統作分類時，他指出：「每個政治系統，皆鑲嵌（embedded）於對政治行動的特定取向模式（particular pattern of orientations to political action）之中」。事實上，我們很難用中文直接翻譯艾爾蒙所謂的「取向」（orientations）之意，但從他最初的用法可知（在幾年之後他開始細緻化政治文化這個概念），他似乎認爲政治文化就是人們對於政治的「看法」。他進一步指出，政治文化雖與一般文化有關，但是政治文化有一定的自主性，而且，正因爲人們對政治的取向模式（心理模式）超越了政治疆界，因此政治文化並不一定與國界完全吻合。他當時還用政治文化來作爲政治系統的分類標準，例如他指出，英美的政治文化是同質的（homogeneous）與世俗的（secular），而歐陸則是破碎的（fragmented），前工業化政治系統則是混合的（mixed），而集權系統則是人爲的（synthetic）。總之，當初艾爾蒙提出政治文化一詞，主要是爲了替換掉當時學界常用的一些不精確的詞彙，例如民族性等。

最常被使用的政治文化定義，是由艾爾蒙與維巴（Sidney Verba）在合著的《公民文化 —— 五國的政治態度與民主》（*The Civic Culture: Political Attitudes and Democracy in Five Nations*）一書中所提出的。他們認爲政治文化就是政治系統中的成員對政治的態度和取向之模式。此種對於政治的態度和取向，代表著政治系統裡成員的一種主觀心理取向，它是政治行動的基礎並賦予政治行動以意義。接著，他們把個人取向分爲認知取向（cognitive orientation）、感情取向（affective orientation）和評估取向（evaluational orientation）。這三者，依序分別代表了個人對於政治系統的「知識」、「感覺」與「評價」。同時，人們（主體）的態度及取向所面對的政治客體（political objects），又可再細分爲四個部分，分別是「系統整體」、「輸入」、「輸出」，以及個人在政治系統內所扮演

的「角色」。既然，政治文化被定義為包含了認知的（對於政治系統的運作及領導者的認識及瞭解）、感覺的（感情上對政治系統的熱愛或疏離）及評價的（對政治體系的評鑑及意見）這三部分，從理論上來說，此三個面向的交互關係，以及這三者與政治結構間的關係，需要更進一步釐清，但艾爾蒙與維巴在《公民文化——五國的政治態度與民主》一書中，僅把研究焦點放在「感情取向」這個層次。

上述所強調的，是系統中個人特質的整體（總和）分配狀態。此種定義方式常被其他學者批評為以個人特性之集合來觀察文化整體，忽略了個體的加總並不等於整體。因此，狄特馬（Lowell Dittmer）提出質疑，若政治文化被定義為某種心理取向，那麼，這將無法區別於政治心理學（political psychology）的研究途徑。儘管艾爾蒙與維巴的定義方式遭受很多批評，但仍是學界中最常被引用的觀點。

(二)結構性的定義

除了從政治心理的取向來定義政治文化之外，另一種方式，是從政治溝通或符號的角度來定義。狄特馬便是用這種方式將溝通與符號結合起來界定政治文化。他界定政治文化為：「一個政治符號的系統，而此系統位於一個更具有包容性的系統，我們可以將此系統稱之為政治溝通」（Dittmer, 1977a: 566）。政治符號是政治分析的基本單位，而政治文化則可以被理解為「符號語言系統」（semiological system）。一個符號語言系統，由兩類變項之間的關係所構成，即溝通變項（communicative vari-ables）和語言變項（linguistic variables）。溝通變項是指在溝通網絡中至少存在著兩個行動者，即溝通者與接受者，此二者透過符號（sign）來加以溝通。語言變項是指一個符號具有三種要素，分別是意符（singer，指一個聲響或文字印象）、指涉物（referent，被符號所指涉的經驗物或對象）、意涵（signification，符號本身的內部意涵）。在政治文化系統中，主要的行動者是菁英與民眾，他們具有透過溝通的功能，亦即菁英操縱符號象徵（symbols），而群眾則是解釋符號，並對此加以反應，菁英與

群眾透過政治符號進行互動（Dittmer, 1977b: 69）。總之，由於政治符號已被限定在溝通過程中被使用，因此就定義上而言，此處的政治文化便不再是指個人的特性或態度。然而，若如狄特馬所言，每一種符號只有在一個較大的符號系統中才有意義，那麼要在經驗上掌握某一文化的邊界便出現了困難。

(三)規範性的定義

　　學者威德斯基（Aaron Wildavsky）企圖提出一個更簡約的文化理論。他認為政治偏好（political preferences）乃根植於文化之中，亦即，文化可以解釋不同範疇的偏好。此種偏好不是外生的，而是內生的（endogenous），來自於社會互動，而社會互動則保護和反對各種不同的生活方式。當個人做某些重要決定時，這些選擇同時也是文化的選擇，亦即，文化身為共享的價值，正當化了各種不同類的社會實踐。在文化理論中，共同的價值與社會關係總是相連，價值合理化了各種社會關係，而且人類總是會對自身的社會關係提出理由，並且為自身的行動辯護。人們在決策過程中，建立起他們的文化，雖然現存的各種權力關係會導引人們的偏好，但人們也在不斷地強化、修正和拒絕現存的權力關係。同時，根據「我是誰」和「我該怎麼辦」這兩個問題，可將文化分成四個類型。「我是誰」是認同問題，其答案有兩種可能，在第一種情形下，個人屬於一個強而有力的團體，該團體的決定可以束縛所有的成員，另外一種情形則是，該團體的約束力很薄弱，人們的決定只能限制自身而無法及於他人。「我該怎麼辦」則是行動問題，其答案可以是個人受到很多限制，或者受到很少限制，亦即，具有自由精神，或是精神受到緊密的限制。

　　由上述兩個問題的答案，所區分的四種文化類型：第一種是階層文化（hierarchical culture），這指的是強而有力的團體，配上許多規範限制。第二種是平等文化（egalitarian culture），這指的是強而有力的團體配上些許的規範限制。第三種是個人主義文化（individualistic culture），

這指的是少許的規範配上約束力微弱的團體。第四種是宿命文化（fatal-istic culture），這指的是當團體的約束力薄弱而規範限制卻很多時，決策權掌握在團體之外，而不是人們自身。

　　個人主義文化的理想是自我管理（self-regulation），在此種文化下，人民喜歡透過討價還價來減少對權威的需求，支持公平競爭的機會以減少外來干涉，他們追求一個多元的社會而非一個同質的社會，因為任何減少社會差異的企圖，都可能導致一個更大的權威來對社會進行重新分配。相反地，階層文化則是個制度化的權威，為了要使眾人間的相處更和諧及有效率，他們認為專業與分工是必要的，因此不平等的問題可以被忽略，換言之，階層化被合理化了，部分應該為整體犧牲。然而，在平等主義文化之下，權威是被拒絕的，人們強調的是一種自願的組織方式，而且認為只有在更公平的前提之下，人們的生活才有可能免於強制與權威，因此，他們偏好於去減少社會差異，包括種族、收入、親子、性別、師生以及權威與公民間的差異。至於宿命文化，則起源於人們無法控制發生在他們身上的事物，因為他們的生存邊界很容易遭到滲透，而加在他們身上的規範是如此地嚴苛，這使他們對未來產生無助感；他們對政策也沒有任何偏好，反正偏好是無濟於事的。

　　至此，政治文化不再是一個靜態的分類概念，也不像艾爾蒙與維巴一樣，把文化視為是個人態度之集合，且這種定義文化的方式，等於強調政治文化本身就是種理性（rationality），這也凸顯出政治學的研究可以與經濟學相區分，經濟學著重於用經濟理性（極大化經濟效益）解釋人的行動，而文化理性所指涉的範圍卻比經濟理性更具包容性。

第二節　政治文化的基礎

　　政治文化並不會在真空狀態下產生，根據學者包歐（Alan R. Ball）和皮特斯（Guy B. Peters）的歸納，政治文化通常與更廣泛的歷史因素、

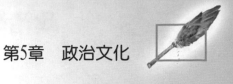

地理及種族因素、社經結構等緊密相關（Ball & Peters, 2000: 71-76）。茲分述如下：

一、歷史因素

　　一地區之政治文化，不論是同質或是分歧，都是許多相互關連的歷史因素產物。以英國為例，政治延續性（political continuity）就具有很重要的地位。英國刻意讓許多舊價值觀融入新的政治態度之中，因而得以不受內部暴力或外部武力的干擾，羅斯（Richard Rose）便將此情形稱之為「傳統的現代性」（modernity of tradition）。就結構上而言，英國的政治體系是經過逐步演化而形成，大眾的政治態度也是如此。雖然有人認為，柴契爾夫人時代首先出現的激進改革（以新右派為綱），以及後來的新工黨政府所提出的激進政綱（第三條路），已經挑戰了學者對於英國政治文化的持續性與延續性的詮釋。但與其他國家相比，英國的改革過程算是漸進的，而且並未受到基本或系統性的挑戰。

　　法國的歷史發展，就提供了一個截然不同的對比。一七八九年的革命，以暴力的方式推翻了舊政權。有些學者認為，十九世紀與二十世紀發生的政治衝突與對立，可能就是肇因於那場革命動亂所形成的態度、信念與價值。因此，法國的政治文化常被形容為「由法國大革命之黨派，所分化出來的兩個次文化」。一個是雅各賓黨人（Jacobin），他們強調國家集權的力量；另一個則是吉倫特黨人（Girondist），他們明確地支持政治參與及民主。相較而言，儘管法國是一個較威權的國家，但政治文化中的某些構成要素，仍強調個人應該對抗國家權力。

　　不過，由暴力所造成的歷史變遷，可能反過來會造成保守的共識。美國的獨立戰爭，雖然造成一些社會變化，但是它使美國能切斷與英國之間的政治連結，並建立美國憲法所肯定的自由民主的程序共識。所以，雖然並沒有完全否定過去，但是，美國的獨立革命還是建立了一個穩定的政治體系，該體系特別強調平等和競爭。就算後來遭遇到工業革

命與移民潮，也沒有改變這些基本價值觀。正是因為此次革命所形成的政治文化，使人們對於政府抱持著深深的不信任，尤其不信任中央政府。同時，美國的政治文化，對於人類進步的可能性，也抱持著極為樂觀的態度。

西方殖民統治的歷史，則對亞非等新興國家的政治文化，產生了許多影響。以奈及利亞為例，殖民母國（英國）對於同一殖民地的不同地區，採取相當彈性的政策。英國管理者採取間接的方式管理奈及利亞北部，但是卻以直接的方式管理海岸地區。殖民母國所採取的政策，造成了奈及利亞南北政治文化的差異，而且深深地影響其獨立後的政治。印度也是一個鮮明的例子，這說明了殖民統治的深遠影響力。而且，英國政府的西敏寺模式（Westminster model）在印度逐漸發展。英國政府還在許多殖民地建立了英國的議會式地方政府，後來也持續影響他們的地方政治。

二、地理及種族因素

除了歷史發展的影響之外，地理也是塑造一國政治文化的另一重要因素。舉例而言，英國環海的島嶼地形，使其不易受到外國的侵略，有利於政府採用較為實用且漸進的管理方法。而美國在建國初期，似乎有著無盡的未開拓地，學者認為，這種豐厚的地理條件，影響了美國的政治價值（獨立的平等主義），也形成了較明顯的種族差異，澳洲與加拿大的情形也與美國類似。顯然，政治文化與地理的關連性很密切，美國正是因為擁有豐富的天然資源，並且被兩大洋保護著，沒有鄰國在旁虎視眈眈，也形成了特有的政治文化。

種族差異（ethnic differences）的影響，在各國的政治文化中有很大的差別。近年因為移民人口的大增，種族差異直到最近才開始影響英國人的政治態度。但在美國，雖然其組成分子更加複雜，卻成功涵化（cultivation）了大量移民（至少同化自願的移民），使得不同的族群都自認為

美國人，願意將其忠誠投射到美國政府。相形之下，加拿大境內的歐洲移民，並未消除他們對於自己族群身分的意識，最近幾年的發展態勢，說明了此情形。在加拿大這個國家裡，英語社群與法語社群的差異，甚至曾威脅到這個國家的完整性。雖然加拿大確實成功涵化了境內無數的歐裔或亞裔移民，而且在處理原住民問題上也有很大進步。但是加拿大不像美國，其境內仍有兩個重要的族群保有其語言，這維持了族群與宗教團結，卻強化了加拿大境內的分裂認同。除了語言之外，宗教也是個重要的因素。長久以來（自一九二二年起），愛爾蘭人在與英國對抗時，便利用宗教來強調自身與英國之間的差異。宗教也在其他歐洲國家造成了社會隔閡，例如荷蘭（以及某種程度上的德國），還有第三世界的斯里蘭卡、奈及利亞、蘇丹等國。美國則是處理宗教問題較為成功的國家。當然，有些國家同時會受到語言與宗教的分割，例如瑞士，不過瑞士境內的族群衝突至今仍不明顯。

　　族群團體內部只對自己忠誠，而不願意認同政府，將會造成政治系統的不穩定。而且，如果某些族群同時認同於另一個國家，那麼這種不穩定將更強。在歐洲就曾因為發生過類似事件而造成政局的動盪。歷史上，哈布斯堡帝國（Hapsburg Empire）中有許多塞爾維亞人，而捷克斯拉夫裡則有許多德國人，這些都是引起歐洲戰爭（一九一四年至一九三九年）的重要因素。過去歐洲在非洲殖民地上任意劃分領土，而沒有考慮到部落原先的屬性，也造成日後許多問題。

三、社經結構

　　社會經濟結構是政治文化的另一項決定要素。都市化及工業化有助於形成較複雜的社會網絡，便捷的聯絡工具更增加了這種複雜性。同時，現代社會的教育程度較高，利益團體急速增加，政治參與也更加廣泛。傳統的農村社會則較不具備改革創新的條件，以農村人口為主的國家也較為保守。雖然社會經濟的發展程度，並不能直接導致民主政治的

產生，但是，較好的社經發展依然會形成某種政治態度與價值觀。相對於傳統社會傾向於認同地區性的團體，工業化社會就比較能夠對全國性團體產生認同並投入政治忠誠。然而這並不是絕對的，比利時的例子提供一個反證，該國是高度工業化的國家，但許多公民最終卻似乎認同法蘭米斯（Flemish）或華隆（Walloon）等地方社群。

工業（都市）國家與農業國家的區分，似乎是過於簡單的二分法。美國即使在農業人口占勞動人口多數的時期，與傳統的農業國家相比，其農業比較類似於資本主義式的商業活動，故其價值觀反而比較類似於現代工業國家；而現代的紐西蘭及丹麥，則是農業經濟建立於商業基礎之上的最佳寫照。但另一方面，在農民為多數的社會裡，也有可能充斥著保守的態度，或對政府的活動感到憤恨，甚至忽視政府的存在，亦即，人民可能知道中央政府機關做了什麼，但對於如何改變政策，以及該如何影響決策，卻一無所知。

一個工業社會通常有複雜的階級結構，但是作為次級團體的階級，其活躍程度則因地而異。在美國，勞動階級被認為已經中產階級化，且較缺乏歐洲勞動階級的階級意識。在英國，不同的社會階級，即使在投票行為上與不同政黨有較緊密的關連，但人們對於階級身分的意識，並不代表勞動階級認為自身的價值及利益，必然與其他社會階級產生衝突。階級之間的次文化衝突，則可以在一些自由民主制的歐洲國家中看到，例如法國和義大利。這些國家的人民，對優勢政治菁英的敵對態度，可從不少選民願意投票支持共產黨、法西斯黨和其他反體制政黨的行為看出。

一些學者指出，在工業化民主國家中人民看待政治的態度，已經從麵包、奶油的物質取向轉變成為「後物質主義」（post-materialist）價值觀。在後物質政治中，平等、參與及環保等價值，變成了較高的價值。成長於一九六〇年代的人們，特別容易接受前述這些價值觀。這些思維經由許多新興政黨與社會運動而變得更加興盛，各種民意調查也顯示出這些趨勢，但這些態度仍會隨著政經社局勢的發展而變遷。後物質主義在歐洲所呈現出的另一個面向，是歐洲公民認同的日益增加，以及對於

民族國家的認同逐漸衰微。特別是對許多年輕人而言，民族國家只是「過去」、「戰爭」、「歐洲歷史分歧」的象徵。另一方面，歐盟被認為是脫離歷史紛擾的一個管道。值得注意的是，在歐洲認同滋長的同時，次國家忠誠（sub-national loyalty）也逐漸形成。

第三節　政治文化的類型

大致而言，政治文化的分類至少有三種方式：一是從政治參與的態度來區分，二是從科層中的位置來區分，三是從信念的抱持方式來區分。茲分述如下：

一、從政治參與的態度來區分

從政治參與的態度可區分為地方性政治文化、臣屬型政治文化、參與型政治文化、地方—臣屬型政治文化、臣屬—參與型政治文化以及地方—參與型政治文化六種。

(一)地方性政治文化

地方性（parochial）政治文化的特質在於，大部分人民對政府、決策過程、政策後果和公民自治皆茫然無知，毫無感情，更缺乏評價的標準及準則。人民甚至根本不覺得自己是一個國家的公民，他們只認同與自己最直接相關的地域。因此，「地方性政治文化」一詞也有「狹隘」的意涵。由於人們對自己國家的政治體制並不感到驕傲，也沒什麼期待，所以他們不注意政治，對政府也沒什麼瞭解，而且也少談政治。他們沒有慾望或能力參與政治，並對既存的體制感到無力，也沒有政治能

力感（competence）或政治效能感（efficacy）。在這裡，政治能力感指的是，人們知曉以何種手段達成目標；而政治效能感指的是，一種自認為對政治具有影響力的感覺。舉例而言，一些非洲部落社會和傳統帝國的邊陲民族，便可歸於此類。這些社會尚未發展專門化的政治制度，酋長、族長、祭師可能同時兼掌政經社（包含宗教）大權於一身，而人民對他們的認知，也未能區分他們的政治功能與社會宗教功能。持這類政治文化的人，對政府毫無希求，也不會特別注意政府的施政對於他們的生活有何影響。

(二)臣屬型政治文化

臣屬型（subject）政治文化的特質在於人民對政府及其政策有高度的認知，對之抱持積極或消極的情愫，並具有可對之加以評估的標準。然而，對於政策制定的結構和運作過程，他們卻十分生疏，未予置評，也從未意識到自己有能力參與其中，或者有能力可以影響政治過程。整體而言，人民能夠認知到自己是公民且注意政治，但較為被動。人們知曉政治新聞，但對自己的政治體制並不感到驕傲，也沒有太多情感上的投入。他們談論政治時，可能會感到不安，覺得自己能影響政治的程度，可能僅限於和地方官員說說話。他們通常不組織社團，政治能力與政治效能感較為低落，有些人則有無力感。人們願意去投票，但投票時卻無熱情。在專制國家或殖民政權之下，比較容易形成這種政治文化。之所以如此，乃是因為這些政治系統尚未發展專業化的政治輸入結構，或是因為政權的特殊性，刻意限制人民的參與範圍，或是由於長久的專制統治而養成一種順民的意識。在民主化的浪潮下，這種順民意識似乎應受到挑戰，但事實上，在許多新興國家裡，一般人民依然認為政治之事高不可攀，不敢也無力過問。而許多政治菁英，其實也樂意看到人民繼續抱持這種順民的態度，他們常常認為，只要能創造及維持高的經濟生活水準，則人民其實不必過多地參與政治之事。

(三)參與型政治文化

參與型（participant）政治文化的特質在於，人民對於政府、政策的形成、決策過程、施政的情形，還有公民自身的能力，均有所認知且有所好惡及評價。整體而言，人民瞭解自己是公民，並且對政治加以討論。他們對於自己國家的政治體制感到驕傲，通常也願意提出意見。他們往往相信自己具有政治影響力，而且也願意結成社團以抗議不公正之事。因此，他們有較高的政治能力感與政治效能感。人們對於政治選舉引為自豪，並且相信人民應該參與政治。一般而言，此種政治文化是維繫民主的理想土壤。

值得注意的是，真實世界中的政治文化具有混合的特質。亦即，當某個社會可以被歸納為某種政治文化的類型時，並不意味著該社會便完全不具備其他類型的政治文化。因此，某地若屬於臣屬型文化，並不意味著要放棄對家族或宗教等地方團體的認同和情感；同樣地，參與型文化也可以建立在地方性及臣屬性文化之上。一般而言，幾乎所有的現代國家都是上述三種類型的綜合體，但是每個國家所具有這三種類型的比例卻不同。也就是說，每個政治系統裡，都包括上述三種政治文化類型的人士，但在比例上卻有差異。因此，除了上述這三種政治文化的「典型」，下文將介紹其他的混合型。

(四)地方—臣屬型政治文化

這種政治文化，最常見於中央政權建立之初，而舊體制（部落或封建威權）尚未喪失其影響力之時。此時，大部分的人民已認可新建立的中央政權，但仍有相當多的人認同於原本較為狹隘的地方單位。歷史上改朝換代之際，常會出現此情形。在某些國家裡，這種混合型文化，常由於官僚組織的日益完善，而逐漸走向以臣屬型文化為主的型態，最終認同於中央政權，例如歷史上普魯士王國便是一例。但有些國家，可能

一直停留於中央與地方之間的拉鋸，或甚至地方性文化仍占主導地位，非洲許多王國便是典型的例子。

　　如果人們的政治認同長期停滯於地方性的對象之上，政府將缺乏鞏固的基礎，且難以進一步專業化及分化其政治制度。另一方面，用專制官僚統治的手段來拔除地方性的政治認同，雖然有助於中央權力的集中，但對於發展參與型政治文化卻不見得有正面效果。因此，地方性與臣屬型政治文化，若能在某種層次上平衡並存，而在政治結構上，地方自治與中央威權若能相互協調，將有利於民主化的初步開端。

(五)臣屬—參與型政治文化

　　此種政治文化的特質在於，人民當中已經有多數人渴望民主制度及民主改革，然而，卻有另外一部分人安於順民的角色，甘心處於被動的政治地位。在歐洲近代史上，德國與法國都曾經歷這兩種政治文化的拉鋸過程，因此在政治結構上便出現民主與專制政府的相互更替，難以維持政治穩定。在此種情況下，參與型政治文化往往因為屢遭對抗而難以根深蒂固。另一方面，由於臣屬型政治文化難免會受到民主思想的感染，因此，至少需要在外表上以民主口號作為修飾。在民主化的浪潮之下，許多從古老專制王國蛻變成民主共和的國家，常可以發現上述的情形。因此，許多政治學家往往相信，一個行之有效的民主政治文化，必須經過長期的培育並需要制度上的搭配才能得到鞏固。

　　但另一方面，一個參與型的政治文化，並不意味著每個公民都熱中於政治活動，也不意味著每個人都渴望去扮演積極主動的角色。在今日的老牌民主國家裡，積極的政治參與有其限定的範圍，大多數人民只有在大選或國家發生重大事故時，才會短時間涉及政治事務。同時，他們的參與型政治文化，往往會加強他們服從法律和履行公民義務的意願，就這方面而言，這是在強化臣屬型政治文化，而不是在除去臣屬型文化。相反地，他們的臣屬型政治文化，也因其特別重視法令的合法性，促使他們經常要關注政治結構的輸入功能。

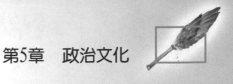

(六)地方─參與型政治文化

　　最後這一類型較為特殊，必須先從其產生的脈絡談起。二十世紀誕生了許多新興國家（尤其是非洲），他們往往是舊殖民政權下一些不相屬的區域（或部落）合併後的產物。獨立之後，大多數人民尚未能認同整個國家。人民對於中央政府的權威仍有疑慮或抗拒，但另一方面，在政治制度上卻進行大幅度的民主化。政治野心家往往容易在這種背景下得逞，他們高舉民主政治的大旗，但心裡卻不是真的要推動民主政治，也無心從事經濟及社會改革。這類國家的後續發展，往往有三種可能的後果：第一、中央行政無法有效建立，各單位的紛爭不斷，終於導致體系的崩潰及分裂，地方型的政治文化繼續抬頭，剛果就屬於此例。第二、政治菁英用武力建立一個專制政府，加強官僚行政的效能，並逐漸將地方型政治文化轉為臣屬型政治文化，迦納即屬此例。第三、出現一批具國家意識且眼光卓越的中央級菁英，他們有效與地方菁英達成協議，一方面逐漸充實中央政府的效能，另一方面則保留地方單位的自主性，奈及利亞便是其例。

二、從科層中的位置來區分

　　一國內部的政治文化顯然不是鐵板一塊，詳加分析後，可以發現每個人的政治態度往往是複雜的，而且隨著自身權力的大小而有所不同。我們通常可以發現主流文化與非主流文化的差別，容易察覺到政治菁英與大眾對於政治的態度並不相同。在上文中，已初步說明大眾的政治文化，接下來討論位於群眾之上的「菁英政治文化」，以及位於群眾之內的「政治次文化」。

(一)菁英政治文化

　　所謂的菁英政治文化，專指競逐政治權力核心者對於政治的信念、態度與想法；菁英所持的價值，通常比大眾更連貫一致，而且較具影響力。在每個社會體系中，必有一些人因世襲、教育、財富或其他緣故，而位於社會階層中上端。他們在政治及社會上普遍具有特殊的影響力，因而被稱為菁英。然而，菁英文化並不代表一種廣為社會所普遍接受的價值。世界上不管哪一國的菁英，他們的見解往往與一般大眾不同，例如，接受民主思想的當代政治菁英，往往對於社會與道德議題採取較為開放的態度。政治學家曾指出，一九五〇年代的美國政治菁英，對於言論自由的尺度採取較為開放態度，而美國的民眾則在過了一、二十年之後，才接受較為寬鬆的言論自由的定義。在後共產國家也有類似的情形，許多菁英領袖都相信必須全面轉型為市場經濟，但是仍有許多大眾懷念在共黨統治下的均貧狀態。

　　菁英之所以保有較自由開放態度，主要在於他們受過較好的教育。在許多已開發國家，政治已經變成一種專業，必須由受過高等教育的人士擔任。優質的教育（往往是西式教育），可以培養樂觀的品格與對人文的重視，並更有信心用政治手段解決社會問題。事實上，當政治菁英與一般大眾的價值觀差異過大時，往往會造成政治上的對立，這在許多新興國家尤其明顯。當這種情形發生時，為了避免衝突，政治菁英可能會選擇與傳統的大眾文化相妥協，但久而久之，這也會降低政治菁英的影響力。

　　另一方面，菁英政治文化對於保持一個國家的政治穩定有很大的影響力。政治學家指出，如果菁英相信自身有權統治眾民，而且秉持國家利益行事，同時又願意接受遊戲規則的限制，那麼，對於促進一國的政治穩定將很有幫助。舉例而言，一九八〇年的共黨菁英由於對統治國家喪失信心，最後使共產世界一夕瓦解。另外，如果菁英只顧自身利益行事，那麼一旦腐敗行為曝光，批評將排山倒海而來，這往往會造成政治

的動盪。再如一九六〇年代的奧地利與荷蘭，雖因宗教信仰問題導致社會意見紛歧，但因政治人物願意以妥協的態度共同遵守遊戲規則，於是各個社會團體皆能和平共享國家資源。

(二)政治次文化

正如菁英與大眾文化有別一樣，一國之內的族群、宗教以及區域團體之間也有所差異。當一個特定團體分殊化的情況夠強時，我們便可說該團體形塑出其次文化。界定次文化並非易事，因為並非每個社會中的每個團體都會形成次文化，只有當他們的文化與主流文化存在明確的區別時，才容易辨認出次文化。

常見的次文化可以從地域性作出區分。一個面積廣大的國家，常可劃分數個不同的區域，各具明顯的風俗習慣。例如英國的蘇格蘭和威爾斯、德國的東北部與南部、印尼或菲律賓的許多島嶼，或因歷史因素，或因宗教差異，或者是工業程度的不同，而各自有其文化特色。甚至像美國這樣一個地域觀念較淺、人口流動率極高的國家，還是可以循著過去移民遷徒的路徑，而分出幾個文化帶。在許多新興國家裡，沿海港口、交通樞紐、都會與內陸之間的文化差異，往往非常清楚，並常會形成現代與傳統文化的交疊。

另一種政治次文化是由種族因素產生的。幾乎所有的現代國家，都存在著種族或族群問題。它們或因歷史上的征服關係，或因殖民政權的瓜分，或因移民的湧入，以致必須生活在同一個政權之下。然而，當民族主義高漲時，一方面由於主流團體要求邊緣族群捨棄其原有的文化模式，接受主流團體的文化，另一方面，居於少數的邊緣族群則要求保有其固有文化，因此，常發生政治衝突，甚至導致暴力的種族分離運動。

三、從信念的抱持方式來區分

學者白魯恂（Lucian W. Pye）和維巴等人認爲，從人民抱持政治信念的方式來看，可以把政治文化分爲意識型態型的（ideological）和實用型的（pragmatic）兩大類（Pye & Verba, 1965: 544-550）。論及意識型態型的政治文化，西歐的大陸國家便屬此例，他們將政治文化視爲整個人生觀的一部分，並遵從一套具概括性且內容清晰的政治價值觀。而且這些價值，往往是從更抽象的「基本原則」中演繹出來的，上下層次之間的推論關係井然有序。而實用型的政治文化，則以英國爲例，它的特徵是人們對於每個問題各依其具體得失來論斷，而不去預設一個普遍性的抽象原則，也不認爲每件事都須歸納在一個無所不包的觀念系統之內。這兩類政治文化，可從下列三個面向再仔細區分。

(一)開放的或封閉的政治信念

持開放性政治信念的人，遇到新環境或資訊的挑戰時，較容易予以調適並與意見相左的人協商妥協。相對地，把政治信念視爲教義之人，經常忽視客觀環境的變化，明知不可爲而爲之，堅持理想到最後。前者屬於政客型的政治文化，而後者可稱之爲基本教義派的政治文化。

(二)明述的或暗含的政治信念

部分國家的政治信念和價值系統曾經過一番推演闡述，脈絡清晰，環節相扣。而在另一些國家，其政治文化的信念和目標則較不明示。大致而言，文化的終極理想在經過詮釋及闡述之後，多少會喪失一些彈性，因而較不易在特殊的具體情況下達成妥協。但如果政治信念的內涵是暗含的（implicit），則可隱藏一些相互矛盾之處，因而在作出選擇時，

可以彈性權衡當前的得失，然後找一個適當的說法加以合理化。易言之，政治文化的內涵如果不明示，則較具柔軟性，也較易修正。而明述的（explicit）政治文化，宛如宗教教義或意識型態，體系周密，至少在表面上持有者必須選擇全盤接納或放棄。

　　大部分暗含的政治信念也屬於「原始信念」（primitive beliefs），因已根深蒂固，大家都已視為理所當然，因此通常不必用語言文字加以明確化。事實上，當一個國家內部缺乏適當的原始信念及共識理想時，政治菁英往往需要不斷地向人民灌輸及宣傳其政治理念的卓越性，以爭取政治上的認同與共識。

(三)情感的或工具性的政治信念

　　有人視政治活動和制度自有其內在價值，另一些人則僅視其為達成其他目標的手段或工具。舉例而言，對國家的認同感，或參加慶典儀式及選舉活動，已足夠給某些人帶來心理上的滿足感。但另一些人卻要先考量政治活動實際的後果之後，才會予以認同，在計算自己的利害得失之後，才會參與政治活動。顯然地，如果一國的公民，對於政治的認識僅止於功利的一面，缺乏對國家更深厚的情感及情操，政府若不提升自身的效率，工作負荷可能較為沈重，而當國家發生危難時，也較不易獲得支持。相反地，如果某國的政治文化太注重政治活動本身的神聖性，經常透過各種政治儀式或標語口號來爭取認同，其實並無助於解決日常的實際問題。因此，較理想的狀態是這兩種文化達到一種平衡，亦即，人們同時對某些政治對象應賦予情感的（expressive）認同，並以身為其中的一分子感到榮耀；另一方面，對於某些日常實際問題，則予以工具性的（instrumental）衡量，這才有助於問題的解決，而非僅止於精神上的滿足。

(四)小結

　　以上這三種類型，彼此之間具有內在的聯繫。一般而言，工具性的信念，多半較具有彈性，也較不需要加以明確闡釋。這一類的信念通常會構成實用型的政治文化。相反地，封閉的、明述的、情感的政治信念，往往與意識型態型的政治文化連結在一起。

第四節　政治文化的影響力

　　政治文化如果要形成一個有用的概念，那麼它必須能夠對現實世界的政治運作提出解釋。以下將進一步探討政治文化對國內與國際政治的影響。然而，如前文所述，政治文化的定義本身存在高度的分歧性及抽象性，這使得相關的經驗研究成果仍有許多爭議。

一、政治文化對民主政治的影響

(一)早期的研究

　　一九六○年代艾爾蒙和維巴合著的《公民文化 ── 五國的政治態度與民主》一書，是第一本有系統地用文化變項來解釋民主成果的研究。他們研究英國、美國、西德、義大利和墨西哥五國的政治文化之後，發現英美兩國之所以能維持穩定的民主，是因其具有「參與型政治文化」。他們認為，唯有政治結構與政治文化相一致時，政治局勢才能穩定。因此，參與型政治文化必須搭配民主政治結構，政治才能常保穩定；相對

地，臣屬型政治文化必須搭配傳統的政治結構，而地方型政治文化則必須搭配原始型政治結構，若不如此，就容易引發政治動盪。不過，在該書中，他們把政治文化視爲自變數，民主的穩定視爲依變數，即先有民主的政治文化，方有民主的政治結構。但是，爲何一個社會中個人的態度會對政治的運作產生作用呢？他們的答案在於，政治文化連結了微觀政治（micropolitics）與總體政治（macropolitics），並爲個人的行爲與系統的行爲搭建了橋樑。儘管如此，多數的學者認爲艾爾蒙與維巴沒有證明其中的因果關係。

(二)中期的研究

過了二十幾年之後，恩格赫特（Ronald Inglehart）重提艾爾蒙與維巴的傳統與基本假設，強調文化能夠決定政治結構的形式。他把文化視爲是一個社會中普遍分享的態度價值與知識體系，並且一代傳一代。他用人際關係的信任感（interpersonal trust）、對生活的滿意度、是否贊成革命變遷這三者當作是測量文化的變項。人際關係的信任感是組織團體的先決條件，而團體的形成又是民主遊戲規則能否被遵守與運作的要件，對生活的滿意度，則能穩定反映出國與國之間不同的文化規範，而與該國語言及短期的經濟情況無關；對於社會的改革傾向用革命或漸進的方式，則牽涉到民眾是否願意以妥協或投票等方式來達成目標。恩格赫特在《先進工業社會的文化轉變》（*Culture Shift in Advanced Industrial Society*）一書中檢視歐美等二十多個民主國家後，發現民主穩定的國家皆存在三項共同的文化特徵：較高程度之人際關係的信任感、對生活的滿意度、反對革命變遷。其中的因果關係是文化能夠影響民主的穩定發展。後來，在《現代化與後現代化：四十三個社會的文化、經濟與社會變遷》（*Modernization and Postmodernization: Cultural, Economic and Social Change in 43 Societies*）一書中，他將分析的國家增加到四十三個，除了原本的歐美國家，還加上東歐、南美和亞洲等國，而其結果更進一步肯定了政治文化對民主穩定和維持的重要性。

繼恩格赫特之後，默爾曼（Richard M. Merelman）在其研究中，也比較了英、美、加三國的自由主義文化，企圖去解釋任何政治行動背後所創造的意義。他認為：「一個社會的大眾會很巧妙地為尋求政治參與及歡迎團體衝突作準備，或為拒絕政治參與及拒絕團體衝突作準備。」（Merelman, 1991）他指出，自由主義的傳統再加上特殊的歷史條件，使得此三國各自產生了特殊的政治參與文化。其也熱中於找出不同型式的政治文化與政治實踐間的關係，然而，他的研究還是無法說明文化與政治結構之間的因果關係。

同樣是研究政治文化，艾爾金斯（David J. Elkins）在其著作《操弄與同意：選民與領導者如何管理複雜性》（*Manipulation and Consent: How Voters and Leaders Manage Complexity*）中，則提出了比較不同的論點。他指出，民主的穩定不在於政治社群中人民的支持與否，而在於對議題具有強烈態度的少數分子的集合。他放棄了艾爾蒙與維巴在《公民文化——五國的政治態度與民主》一書中的分類法，並指出真正使民主得以維持的因素，不在於文化的實質內容，而在於大家是否能對「什麼是最顯著的政治爭論議題」，達成超黨派的一般看法。然而，和其他學者一樣，他雖然企圖去回答民主政治如何運作，但他只能說明政治熟練度高的民眾在民主生活中扮演重要角色，但這與民主穩定的因果關係為何？依然不明朗。

另一方面，也有人質疑，政治文化與民主政治，究竟誰是因？誰是果？穆勒（Edward N. Muller）及錫利格森（Mitchell A. Seligson）在其文章〈公民文化與民主：因果關係的問題〉（Civic Culture and Democracy: The Question of Causal Relationships）中，以歐美及拉丁美洲等二十七國為對象，檢驗公民文化與民主間的關係。他們發現，人際關係的信任感，是民主政治發展的結果，而不是如許多學者所述是民主的原因。影響民主政治發展最重要的因素，為該國人民平均收入是否平等，換言之，越是貧富不均的國家，越容易與民主反其道而行。唯一與文化有關的變數，是贊成漸進改革（反對革命變遷）的比例，但是其影響力不如貧富不均。他們得出的結論是，民主政治體制的發展，才是決定民眾思

想價值之因，建議應該把焦點放在菁英的態度上，因爲菁英比一般民眾有更多的機會及能力來左右國家的大政方向。

(三)近期的研究

近年來，關於政治文化最著名的研究是普特南（Robert D. Putnam）所著《使民主運轉起來：現代義大利的公民傳統》（*Making Democracy Work: Civic Traditions in Modern Italy*）一書。他分析義大利南北各地近二十個地區政府，這二十個地區在二十五年前皆採取同樣的政治體制，但是同樣的制度設計，並未使各地區政府有相同的民主運作與政治效能。他發現，此種差異的原因並不是經濟發展的程度，而在於文化的因素。他指出，文化因素會影響社經發展，但社經發展卻無法決定市民文化。他的論點在於，市民社群（civic community）是導致政府有效運作與民主的重要因素，而所謂的市民社群，則是指那些具有較高政治興趣、社會平等、人際信任與自發性的群眾與組織。他更進一步強調，此種文化規範與習慣，強化了市民社群，即使是遭遇外來破壞（例如法西斯政權），其文化基礎依然存在且能影響政治的發展。他的研究指出，義大利北邊地區的政府通常較有效率，社群自治的傳統可以上推到十二世紀；而南邊的政府最沒效率，主要導因於長時期的封建、異族統治、官僚集權的歷史經驗。

二、政治文化對國際政治的影響

關於政治文化的討論，過去大多集中在國內政治的層次，但目前情況開始轉變，政治文化也像其他議題一樣，必須從全球的角度來檢視。杭廷頓（Samuel P. Huntington）在其名著《文明衝突與世界秩序的重建》（*The Clash of Civilizations and the Making of World Order*）一書中指出，在二十一世紀裡文化將成爲衝突的主要來源。過去國際衝突的主要淵源

是共產主義與資本主義（美蘇之間的對抗），現今這個淵源已經消失了，甚至在全球化的時代裡，國內政治文化的影響力也將沒落。他指出，人們將面臨「文明之間的衝突」，世界各個主要文化族群板塊之間將起摩擦。他將世界文明分成六到七個群體板塊，分別是西方文明、中國文明、伊斯蘭文明、印度教文明、斯拉夫東正教文明、拉丁美洲文明，以及非洲文明。他認為，這些族群板塊超越國界，在全球各地自成區域。由於彼此之間世界觀不同，能夠相互妥協的空間有限。但全球之間正進行更加緊密的交往，各個文明之間的互動與摩擦也就增加，而軍事衝突的可能性也就大增。

　　舉例而言，從已經發生的衝突中，可以發現文化的親密關係決定了各國的選邊態度，杭廷頓指出：「在南斯拉夫的衝突中，俄羅斯在外交上就傾向支持塞爾維亞人……這不是意識型態或權力政治角力造成的，而是因為兩者文化淵源相近」。他也不認為文明認同能夠輕易改變，以澳洲為例，雖然澳洲毗鄰亞洲，卻不易成為亞洲國家；同樣的情形也發生在土耳其，雖然該國極力想融入歐洲，但經常遭人批評其文化價值與歐洲文化不同。杭廷頓的論點之所以引起迴響，是因為他把政治文化引入國際政治的討論中。但是，他的論點也引發很多爭議，例如，許多人批評他低估民族國家的重要性；把「文化」與「宗教」相混淆，形成一個更為模糊的「文明」概念；輕忽了不同文明在相互接觸之後，發展出交往與溝通的能力。因此之故，有學者認為，杭廷頓可能高估了文明間的衝突。

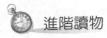 進階讀物

Almond, G., & Verba, S. (eds.). (1980) *The Civic Culture Revisited* (Boston, MA, Little Brown).

Crothers, L., & Lockhart, C.(eds). (2000) *Culture and Politics: A Reader* (Basingstoke, Palgrave Macmillan).

Diamond, L. (ed.). (1994) *Political Culture and Democracy in Developing Countries* (Boulder, Lynne Rienner).

Lane, J.-E., & Ersson, S. (2002) *Culture and Politics: A Comparative Approach* (Aldershot and Burlington, TV, Ashgate).

Pye, L. W. (1988) *The Mandarins and the Cadre: China's Political Culture* (Ann Arbor, University of Michigan Press).

 相關網站

National Geographic

http://www.nationalgeographic.com/

The Pew Research Center for the People and the Press

http://www.people-press.org/

問題與思考

一、試比較政治文化的心理性定義、結構性定義、規範性定義之間的差別。

二、簡述政治文化的分類。

三、影響政治文化的因素有哪些？

四、政治文化是民主政治的成因還是後果？

五、試述政治文化對國際政治的影響。

Political Science

◆第6章　政治社會化

政治學家之所以探索政治社會化（political socialization），是因爲他們預設了政治活動有其更廣泛的生活基礎，而非僅限於正式的政治制度。研究政治社會化的學者，不只分析人們的政治行爲（人們在各種制度脈絡下的行動情形），還探究影響這些政治行爲的因素。此外，政治學家還預設，人們對於政治世界的態度取向，往往會受到其他範疇的價值觀影響，而且，人們經常是在各種生活場合中學習到這些價值觀。從這個角度來看，政治並不必然遠離人們的生活，相反地，正是日常生活的方方面面建構了政治面貌，這也是爲何要探索政治社會化的原因。

第一節　政治社會化的意涵

人們對於政治的看法、態度，顯然不是天生的，而且還常受到他人的影響。那麼，人們對政治的看法是如何形成的？值得探究。每一人的政治信念都是個複雜的混合物，就算成長於相同環境的人，也可能有完全不同的政治信念，而政治社會化之研究，乃在解釋人們政治信念的來源。在探討政治社會化之前，須先釐清何謂社會化。

一、何謂社會化？

幾乎每一位社會科學家都承認，文化的傳承是經由後天的學習，而不是天生的，也不是以自然的方式直接延續。在社會學裡，一般都將社會化定義爲一種學習的過程，在此過程裡，兒童或其他社會新成員學習他們所屬社會的生活方式（Giddens, 2001: 26）。社會化也是文化得以世代相傳的主要渠道。

一般較低等的生物在出生後不久便能獨立照顧自己。但人類與一般生物不同，人類的嬰兒在剛出生的四到五年之內，必須長期得到他人的

幫助才能存活。因此，社會化是一個過程，通過這一過程，無助的嬰兒逐漸變成一個有自我意識、有認知能力的人，並能熟悉其所屬社群的文化形式。因此，透過社會化，不同的世代被連結在一起。一個嬰兒的出生，不僅改變周遭人的生活，看顧者本身也開始了學習的歷程。為人父母在往後的時間裡，會把自己作為成年人的活動經驗與孩子們的生活聯繫在一起。當然，老年人在當上祖父母之後依然是父母，由此，繼而形成了把不同世代聯繫在一起的另一套關係。所以，社會化應該被視為一個終生的過程，在此過程中，人類的行為不斷地被社會互動所型塑。社會化使個體能夠發展自己的潛能，能夠學習並調適環境。

　　社會學家經常把社會化的過程略分為兩大階段，並且涉及到許多不同的社會化機構。所謂的社會化機構，是指發生社會化過程的社會（群體）背景。

(一)初級社會化

　　初級社會化（primary socialization）發生在幼年與童年時期，是文化學習最集中的階段。在這個階段，兒童學習了語言與基本的行為模式，為以後進一步學習打下基礎。而家庭是這一階段最主要的社會化機構。

(二)次級社會化

　　次級社會化（secondary socialization）發生在兒童階段晚期，並持續到成年期。在這個階段，其他的社會化機構取代了家庭的部分作用。學校、同儕團體、組織、媒體及工作單位等等，成為個人社會化的主要力量。人們在這些環境中，透過社會互動，逐漸學到組成其文化模式的價值觀、規範和信仰等。

政治學
─21 世紀的觀點

二、何謂政治社會化？

　　對「社會化」有了初步認識後，有助於我們瞭解政治學家所謂的
「政治社會化」。一般而言，政治學家將政治社會化定義爲：「人們學習
政治信念及價值的過程，而且經由此學習過程，這些信念及態度得以一
代傳給一代」。因此，政治社會化可以被理解爲人們學習政治知識和技能
的過程，也可以被理解爲社會塑造其成員之政治意識的過程。如果我們
延續使用政治文化這一概念，那麼，政治社會化也可以被定義爲：「政
治文化形成、維持和改變的過程」。

　　藉由正式或非正式的學習渠道，政治社會化形成了人們的政治價值
觀與特定的習慣。舉例而言，學習向國旗致敬、聽到國歌時要立正站
好、承認政治人物（從總統到警察）的權威、對國家的忠誠等等，這些
政治態度的形成，都需藉由家人、朋友、學校和傳媒的傳授。同時，一
個國家之內的政治社會化過程，往往不是均質的。例如窮人或少數族
群，往往不見得可以（或願意）參與主流的政治社會化過程。另一方
面，曾參與主流政治社會化過程的人，也不見得都會形成同樣的政治態
度，個人往往也會保留其獨自的判斷力。但不論如何，任何一個現代政
府的運作，都需要社會成員對遊戲規則有最起碼的共識，因此，政治社
會化的成功與否，對政府的穩定具有重大的意義。

三、政治社會化的類型

　　政治學家伊沙克（Alan Isaak），透過觀察社會化過程裡的權力關
係，將社會化分成「指導性社會化」（directed socialization）與「自發性
社會化」（autonomous socialization）兩類（Isaak, 1987: 124）。當人們是
因爲受到刻意要求才去學習某種政治價值時，可被稱爲指導性社會化；

然而，如果人們是因為自身所處的環境和交往對象，自然地去學習政治價值，則可稱此為自發性社會化。在經驗世界裡，這兩種社會化並非截然二分，且往往混雜在一起，然而透過概念上的區分，有助於釐清政治社會化的特質。

(一)指導性社會化

藉由指導性社會化，政治領袖或政府得以向人們灌輸一套特定的價值觀。例如，在革命之後，新的政治菁英關心的第一件事，往往就是改變人民的基本政治價值觀，轉移其對舊政權的認同，塑造對新政權的忠誠。許多威權或極權國家，如納粹德國或前蘇聯，都非常注重「教化」人民的工作，要求人民堅守意識型態的教條，或是對領導人（領導階層）忠貞不二。需要特別注意的是，指導性社會化並不單單發生在威權國家之內，事實上全世界所有的國家都會發生，所不同的是，威權國家政權的延續特別依賴於指導性社會化。

在民主國家裡，指導性社會化常常是非政府組織的創造物。有時電視和傳媒會試圖營造某種氣氛，以利於某些特定的政治主張；有時媒體也成為政治、社會團體所僱用的宣傳家，不斷爭取人們對特定政治主張的支持。在這種情況下，接受者雖有較大的選擇空間，但不可否認地，指導性社會化確實有很強的影響力。

(二)自發性社會化

人們對政治價值的學習，也可能發生在自我意識之外，於不知不覺的過程中不斷地形成。就此而言，沒有任何人可以逃脫自發性的政治社會化。在人生旅途中，我們不斷與周遭發生互動，不斷接觸各類型的人，而周遭人們的價值取向也往往不自覺地影響我們。舉例而言，身旁的人並非刻意（明言）要求我們必須贊成台獨或統一或保持現狀，然而，由於長期不斷地相處，可能在不自覺中就感染了他們的政治意識。

政治學家們發現，一些重大的政治價值觀，不論是主張保守、自由或激進，往往都是在不知不覺的生活過程中逐漸養成，甚至是根深蒂固。自發性社會化這一概念說明政治文化的學習並不完全是政治家刻意操弄的後果。在一個更廣泛的脈絡下，政治文化藉由日常生活與制度實踐，不斷深植人們的心裡。

四、政治社會化與個人發展

對個人來說，政治社會化貫穿終生，在社會化的過程裡，他（她）學到了政治知識及技能、認識政治現象、形成特定的政治價值觀，同時，此過程也伴隨著政治心理的產生、發展和成熟。在不同的年齡階段，由於認知能力與知識累積的差異，也產生了不同的特徵。

(一)少年階段

一個人從出生到取得公民資格這段期間，被稱為少年期。少年期的政治社會化，一般以政治認同、歸屬感、忠誠、服從的培養為主。情感成分較高的政治認知，是這一時期的主要內容。直觀的、感性的、形象的政治事務和行為，是這一階段的學習對象。學習方式也以服從與直接模仿為主。少年期政治社會化的媒介主要是家庭和學校，家庭成員以及老師的影響力極大，但是當年紀漸漸增加到十一至十五歲時，人們的政治知識往往飛快增加，並且越來越能瞭解家庭之外的廣闊政治世界，青少年在政治方面的表現也漸漸像個成人。然而，學者們研究發現，只有少部分的青少年，會以積極的方式來表達他們的反叛性。雖然在一九六〇年代至一九七〇年代，歐美日等國許多大專院校發生學生的抗爭運動，但最近幾年這種激昂的學運潮已降溫。

(二)成年階段

　　成年期是指人們取得公民資格之後的經歷過程。成年期的政治社會化往往是一個人一生之中，形成其政治態度的關鍵期，此時期以政治思想、觀念及規範爲主要的學習內容。同時，同儕團體、職場、媒體及社團組織，也有很大的影響力。但人們的主動性及思考能力也較強，此時期，個人的政治價值觀，通常得到進一步的明確化。他（她）們更瞭解政治，對政治的好惡也更加強烈，政黨的傾向也比較明確。因此，成年期的政治社會化，並不意味著人們必然會再次改變原先的政治立場。相反地，政治學家發現，成年時期的政治社會化，大多是強化了人們過去的政治立場及黨派色彩。雖然政黨認同的強度會出現變化，但大部分的成年人並不輕易改變他們的政黨偏好。

(三)老年階段

　　隨著年紀的增加以及身體老化，人們逐漸減少一般的社經活動，對政治參與的熱中度也逐漸降低。這種情形被政治學家們稱之爲「非政治化」（depoliticization），尤其在退休後更是明顯。然而，年紀漸增，並不表示老年人的政治態度必然趨向於保守或僵固。一個人之所以選擇按照慣例行事，有可能是受限於生活壓力，也有可能是責任感的驅使，或是安全感等心理因素的影響。學者發現，人們往往是在中年期，而不是在老年期，對「變遷」最爲敏感。因爲，在中年期，人們所擁有的資源越多，相對地失去的風險也越大。

　　以年齡作爲分期是爲了分析上的便利，但難以呈現突發（重大）事件的影響力，而重大事件的發生，實無法預測會在哪一個時期降臨。不能忽視的是，像戰爭、飢荒、政治動亂、大屠殺、經濟恐慌、政治迫害、種族歧視等等重大事件，往往深刻影響一個人的政治觀及政治態度，並緊緊伴隨一生。

第二節　政治社會化的媒介

　　政治社會化最主要的媒介有家庭、教育、媒體、同儕團體、宗教、事件等。茲分述如下：

一、家庭

　　在兒童的生長過程裡，他（她）所碰觸到的每一樣事務，都是政治社會化的潛在媒介。然而，大部分的政治學家都承認，兒童早期接觸的家庭，往往比其他媒介更具影響力。而且，如果正式的社會化管道（例如學校）所宣揚的價值，與家庭內部的看法發生矛盾時，官方政治社會化的效果，往往會大打折扣。許多威權體制國家便發生過類似的問題：政治菁英企圖灌輸一些特定的政治教條給兒童，但許多家庭教育卻教導孩子不要接受這些訊息。以本國的例子而言，早期的國民政府，在其國民教育裡極力灌輸「中國意識」給台灣民眾，但事後證明，依然有許台灣民眾選擇抗拒認同中國，甚至主張台獨；相對地，雖然今日的政府極力導向「本土化」，但依然有許多人難以直接認同台灣。顯然，家庭背景對於政治意識的薰陶，有難以動搖的影響力。也只有當家庭與政府的價值逐漸調和一致時，兩種社會化的模式方能相輔相成，美國便是一個例子。

　　心理學家發現，就算人們在長期離鄉背井之後，其父母依然有很深遠的影響力，這包括政治行為及政治態度。許多研究指出，大部分的人在投票時，往往會受其父母親政治立場的影響。總之，家庭能夠塑造個人的心理特質，進而影響一個人的政治態度。兒童在家庭生活裡，常不知不覺地接受整套價值規範，這其中當然包括了政治取向，例如國族認

同、政黨認同以及對於政府的信任感、議事的態度。

　　一般而言，童年時期所受到的制約和訓練效果最強。政治學家艾爾蒙和維巴在其著作《公民文化——五國的政治態度與民主》中便指出，三歲到十三歲，是形塑一個人政治態度的決定性階段。在兒童的世界裡，父母往往具有極大的權威，再加上兒童往往缺乏批判及思考的能力，因此，兒童從父母身上潛移默化地學習大量的規矩、態度和價值。兒童自家庭關係中所形成的心理結構，在成年之後，會以各種不同的方式影響其政治行為。一般而言，在成年之後，人們會把幼時所得反餽給社會。一份廣泛的研究指出，美國的大學裡，那些較具有服從權威傾向的學生，小時候多半遭受過粗暴的對待。但父母的過度保護也一樣有害，導致兒童不願意脫離家庭的庇護。這種懼怕心理，在未來可能會演變成政治上的不信任感。另外，幼時有較多機會參與家庭決策的人，長大之後較傾向認為其政治信念能夠影響政府。

　　大多數發生在家庭中的政治社會化屬於「自發性社會化」。舉例而言，如果雙親經常不遵守交通規則，或是經常批評政府，或是不願意參與各種投票活動，或是刻意拉攏某些特權，這些都比父母刻意灌輸任何特定政治理念來得有影響力。

二、教育

　　在大部分的國家裡，統治集團為了維護自身利益，通常會運用許多手法（正式或非正式）去塑造國民的政治態度（傾向）。教育是最常被運用的工具，其效果的普遍性也較強。舉例而言，在現代國家裡，政府通常都會用某一官方語言教學，配合一套神秘（或光榮）的歷史敘述，闡揚其過去曾經是一個偉大而統一的國家，凝聚人們的國族認同，以便統一其境內不同語言文化的國民。當然，如果政府運用的手法過於僵硬時，將會使其自身難以因應當代快速的社會變遷。現代工業社會裡的教育體系有一項很顯著的特徵，那就是必須去教育境內的所有成員，讓他

們通曉一些基本的知識（訊息）及技巧。工業社會內部的運作過程具高度複雜性，因此其成員多半也須具備相應的知識水準才能應付。由於教育有助於提高社會及政治的凝聚力，這也正是統治階層經常「干涉」教育的原因。

(一)以英國爲例

一般而言，在英國並不存在官方的正式政治灌輸（indoctrination），在實踐上，不僅自由民主原則得到廣泛的尊重，教育機構也不會公開地偏袒特定團體（或政黨）的立場（Ponton and Gill, 1993: 278）。當然，這並不代表沒有任何隱含著的偏見。保守派政府早已質疑學校教育的內容，但是英國輿論一直到一九八〇年代才開始關切教育的手法（access）和種族主義的問題，人們也質疑學校淪爲某些特定政治立場的宣傳工具。一九八〇年代的英國政府，第一次爲境內的所有學校設置全國統一的課程（a national curriculum）。當然，這引來很多討論，特別是關於歷史教學，該科的教學內容融入各個團體及階級的歷史經驗，也回歸較爲傳統的教學方式，偏重講授英國史上的重大事件及人物。

此外，家庭、教師、媒體和同儕所傳播的訊息，常能決定一個英國孩子的政治態度和行爲。他（她）可能會從這些來源中得到完整的訊息，但隨著孩子的知識及自我意識的成長，本身也會調整一些看法。孩子們所接受到的訊息，在某種程度上可能是相互矛盾的。在正式場合裡，孩子們可能被這樣灌輸：「公民意識及政治活動是值得追求的，而且，那也是一個好公民所應該必備的」。然而，在私下場合裡，孩子們可能會接受到這類訊息：政治是無趣的、黑暗的，而且與日常生活無關。

(二)以前蘇聯爲例

在前蘇聯，以馬列主義（Marxism-Leninism）爲原則的政治教育，在中學、青年組織、大學、工廠裡形成了一個複雜的體系。此外，人們

的生活周遭，還圍繞著許多機會，得以「自覺地」進行政治教育。之所以採用這樣綿密的手法，是因為統治階層認為，革命之後有必要「再社會化」境內的民眾，更重要的是，馬列主義被視為是指導行動的重要依據，甚至，所有的社會行動都屬於政治行動的範疇。因此，從蘇維埃學校的「列寧角」（Lenin corner），到大學的馬列主義必修課，前述觀點都被奉行著。公開組織的馬列主義教育，不只體現在教育體系裡，也存在於蘇維埃的生產單位。過分強調政治思想的理論及形式，也使得前蘇聯的政論家產生這樣的疑問：政治教育是否值得政府投入如此大量的時間、金錢及精力？然而，這種作法之所以得以延續，首先是因為這合乎既得利益團體的願望，再則是因為政治教育被視為是革命的「基礎」活動。雖然，政治教育如此廣泛，但其他的價值信仰，例如宗教、民族主義，還是成功地代代相傳，這說明了家庭及原先的文化背景仍有很強的影響力。事後看來，前蘇聯的政治社會化，是個昂貴最終卻又自毀長城的政策。許多研究發現，人們在實踐上，其實很難把馬列主義的抽象原則與日常生活「自然地」聯繫在一起，這最終反過來傷害了人民對於制度的信任。蘇聯瓦解之後，在新的加盟共和國裡，以往的控制手法不再流行。對這些新國家而言，發展新的教育體系依然有如下的難題：如何既反映自覺的新獨立精神，又維持足夠的公正性以獲取人民的信任。這也迫使他們的社會科學與歷史教育，必須大幅修改。

(三)以美國為例

美國的政治社會化則介於英、蘇之間，提供了另一種模式。正如革命後的蘇聯領導人一樣，美國的政治菁英一直都清醒意識到政治社會化的重要性。為了要使境內大量移民「美國化」，政治社會化的主要媒介，便是全面的、國家支助的教育體系。美國的正式教育體系在灌輸政治態度上所產生的作用，比英國還強。公民課程被列為必修課，授課內容主要集中於早期的美國史，尤其重視革命、開國者、前總統等史事。然而，政治學者們也質疑，跟英國較為靈活的手法相比，美國這種公開的

社會化體系，是否比較有效？在美國，圍繞著教育內容而起的爭論，遠比英國大得多，特別是在1954年取消種族隔離制度之後，隨著黑人日益增長的自我意識，連帶地批評那些反映著白人觀點的教學內容。所以，今天在許多地方，人們都開始重視那種能夠呈顯少數民族經驗（文化）的研究。然而，這又反過來引發了許多的不滿，人們批評道：老師只能傳授「政治正確」（politically correct）的詮釋。

三、媒體

在當代社會裡，媒體政治社會化的作用，幾乎與人一生相伴。從政治的角度來說，最具影響力的媒介便是電視、報紙、廣播、雜誌、電影，還有新興流行的網路。與其他政治社會化媒介相比，媒體的特點是運用現代高科技，使資訊快速傳播和高度普及。其另一顯著的特點在於，資訊技術源頭控制在少數人手裡，對話的機會也明顯減少。例如，公開的聚會能提供面對面的對話機會，儘管目前Call-in節目普遍流行，大部分的觀眾其實沒有太多機會與電視節目裡的人直接交流。

(一)政治人物的影響

首先，政治人物如何使用媒體？很明顯，媒體與廣大觀眾接觸的能力，給政治家提供了極有宣傳價值及影響力的管道，因此，政治人物總是試圖影響、拉攏或掌握媒體。就算在英國這類國家裡，主要政黨之間對於政治廣播時間的分配，依然會明爭暗鬥。然而，媒體是否真的有如此大的政治影響力？雖然政治人物確實可以透過媒體而接觸到民眾，但是，政治人物並不容易達成以下目標：在訊息裡傳達預期中的政治意圖、確保其意圖被人民恰當的理解。在當代的選舉裡，各政黨普遍競相追逐電視的主導權，這也意味著，各政黨將主要的精力放在宣傳一些高度簡化的訊息，這些訊息有助於美化該政黨及候選人的形象，或是醜化

他黨的形象，相反地，細膩的政策辯論，反而不是競選活動的主軸。由於政治信息很容易被不感興趣的閱聽者所拒絕。故所有的信息必須經由一個概念框架的過濾，以特殊的方法進行事前處理，使閱聽者能理解這些信息的意涵。閱讀報紙時，這種情形更容易發生，因為讀者往往選擇自己想看的內容。但當觀眾對電視上的節目不感興趣時，卻不易自動地將政治訊息排除掉，除非他（她）選擇不看電視。在先進國家裡，參選人往往充分利用十五秒或三十秒內的電視廣告，塑造自身清廉、為民服務、令人放心的正面形象。另外，政治人物如何讓媒體報導自己？舉例而言，在英美有許多職業的政治公關（spin-doctors），他們的任務是在總統或總理講完話之後，與記者私下交談，促使媒體能「正確」理解政治人物的意圖。有時，這還能修正政治人物的不當發言。整體而言，這都反映著政治人物傾向於操控訊息傳播的過程。

(二)媒體的控制權

今日，幾乎沒有人會認為媒體是絕對客觀的。然而，問題的重點在於，「誰」能夠且應該控制媒體，並使其服務於社會的最佳利益？這取決於我們用什麼樣的判斷標準來衡量全體社會的利益，另一方面，也取決於我們願意在多大的程度上，與特定的利益團體妥協。許多人都已指出，目前的新聞業反映了報業財團與記者的偏見，而廣播和電視也受到很多專業經營人士的控制，而且社會大眾往往不能清楚掌握這群人的實際背景為何。民間社團常常建議政府應該改變媒體的管理政策與開放傳播媒體，給個人和社會團體提供更大的參與空間，但這些建議目前只得到象徵性的認可。如果人們企圖對傳媒的控制結構進行根本的改革，或是企圖去改善媒體與社會大眾的關係，通常會遇到極大的阻礙。因為，既得利益團體對於媒體的控制，往往是精心策劃的，而且對於新技術的運用，大都也為特定的政社壓力團體所壟斷。各種新技術，例如頻道的擴充，雖然有助於改善民主的品質，但是這些機會該如何被運用，到目前尚未有一致的共識。另外，在謀求大眾利益方面，各種通訊技術的發

展（例如網路），似乎能降低國家操控輿論的能力，然而這也意味著市場開始逐漸侵蝕媒體。

(三)國家監控

　　前蘇聯可以算是國家嚴密監控媒體的最佳實例（Ponton & Gill, 1993: 283-284）。首先，共黨的領導頭子，只把媒體當作黨政的宣傳工具，而不是把媒體當作新聞傳遞或評論時政的事業。廣播、報紙和雜誌形成一個組織嚴密的體系，覆蓋了廣大的統治區。按西方的標準來看，蘇聯媒體每日所輸出的大量信息中，只要是有關於政治態度的部分，都會受到審查機構層層監控，這些新聞素材都必須經上級機關檢閱、審查，以保證和官方政策及立場一致。在報紙上，雖然允許評論政府的特定施政，但是，全面性的負面批判是不被允許的；對政府的負面批判，只能在小範圍發行的學術雜誌上間接抒發。另一方面，蘇聯官方對通訊設施的管制，有利於將社會中的成員加以孤立化（atomization），而限制人民的結社自由，被視為是社會及政治控制的重要工具。任何人如果想要躲避國家的廣泛監控，那麼，他（她）就必須找到發行及出版「違禁品」的方法，訴諸私下印刷等非法手段，而不是官方或正式的出版品。當然，「違禁品」的行銷及傳播並非易事，但其影響力有時超乎想像。

　　我們不能只從西方言論自由的觀點來觀察前蘇聯的媒體。在進行媒體的開放改革（glasnost）之前，蘇聯媒體被限制不能報導災難性事件（例如墜機事件），此作法不必然是一種錯誤，或許是出於對「什麼才能構成新聞」的不同認知。在蘇聯媒體所肩負的任務裡，其中之一，便是要塑造蘇維埃社會正面及樂觀的形象，不適合這一目標的新聞和信息，則由審查機構進行「適當」的處理，使其不能向外界流傳。蘇聯的家醜向來不准外揚，所以媒體必須小心維護傳播秩序與團結的形象。值得注意的是，這種極端偏向政府的「無雜質」新聞與信息，無法使人民真正認可政府的權威與作為。畢竟，媒體所散布的「正面」形象，與日常生活現實間的差異過大。

事實上，蘇聯的審查機關並不特別需要把官方的意見強加於報紙或電視。因為，媒體的編輯通常知道官方的期待為何。如果編輯或製作人對政治風向感到懷疑的話，他們有時會碰碰運氣。在大部分的情況裡，他們會先等待黨的公開講話，或《真理報》（Pravda）所刊載的聲明，接著則是黨報的通道。《真理報》上所刊載的內容，被視為是黨的全國性官方政策。該報的社論，是全國的媒體編輯者詮釋官方政策的重要依據；當上層領導者發生重大分歧而不能解決時，領導高層可能會利用不同的雜誌或報紙來支持自己的路線方針。細心的讀者往往能從不同渠道信息中的微妙差異，發現上層領導者政策路線的分歧。

四、宗教組織

　　在台灣，宗教信仰在政治社會化方面的效果似乎較不顯著，地方氏族或宗族的作用反而較具感染力。但在西歐，圍繞著教會的社會化作用而起的紛爭，卻是過去一百多年來政治衝突的重要因素。十九世紀，技術發展的成果以及法國大革命的影響，使得建國者開始關注平民教育。特別是在天主教國家裡，實施平民教育的問題，成為教會與國家鬥爭的舞台。部分原因在於：教會自認為必須保持對教育體系的控制，以便使青年人瞭解「恰當」的宗教價值觀；但另一方面，自由主義與社會主義改革者卻認為，青年人的頭腦應該要擺脫宗教教條的束縛。儘管這一場紛爭，大多於二十世紀初已平息，但舊的宗教衝突仍影響後來西歐各政黨的合縱連橫。即使是二十世紀後半葉的義大利，教會在教育中的作用依然引起社會大眾的激烈討論。

　　當然，教會在社會化過程中的影響，並不限於教會學校而已。相反，教會組織往往不斷地向兒童與成年人傳播一套普遍的價值觀，每週的禮拜儀式上的佈道內容，就是一套觀念提示。天主教或伊斯蘭教的組織活動，遠遠超過任何一種單一類型的接觸。這些組織還建立了附屬的娛樂、學習和職業團體，這些團體在個人生活中廣泛產生啟示作用。某

些啓示具有政治方面的重要意義，這些意義可能是直接的，例如，義大利的天主教教會敦促人們在投票中抵制共產黨；有些啓示也可能是間接的，例如，它們的教義可能影響特定的政治觀，促成人們對政治信條、政策和政府的感情依附。雖然，當代的世俗化以及訊息的高速傳遞，大大削弱了宗教組織在政治社會化方面的作用，但仍有研究顯示，就算在高度工業化的西歐國家內，公民的宗教聯繫與宗教活動，對於預測政黨的得票率依然有很高的準確度。而且，在美國遭受九一一恐怖攻擊事件之後，也再一次說明宗教組織在形塑人們的政治行動上有很強的作用力，尤其在回教國家裡特別明顯。

五、同儕團體

大部分的人在離開教育體系之後，才真正經歷人生中大部分的政治社會化過程，然而學習是無止盡的，隨著父母影響力的降低，以及學校教育的結束，同儕團體（peer groups）在人們政治社會化過程中的重要性越來越強。同儕團體包含身處於各類工作場合、俱樂部或組織中的朋友、同伴和同事。

一般而言，一個人的思想與行動，如果能與其同儕團體相一致，那麼，此人就較容易被其同儕所接納。同樣地，人們往往容易受到「想法與我相近的人」的影響。許多經驗研究都顯示，一個人所處的社會脈絡（例如同儕團體等等），確實能影響一個人的政治行為。在許多案例中，同儕團體對於個人政治觀點的影響，會透過溝通過程來進行。首先，那些對政治有興趣並熟知政治的人，通常會透過許多管道來獲取新知識。繼而將他們所知的信息傳遞給其他人，尤其是傳給那些政治信仰較不成熟或不明顯的人。同儕之間進行直接溝通時，也會相互交換豐富的政治資訊，而且在這種面對面的互動中，政治訊息往往具有立即性、可信度與影響力。

舉例而言，中國大陸在毛澤東主政時期，就充分運用同儕團體作為

政治社會化的重要機制。許多集體農場、工廠及其他類型的工作場所，都被要求組成許多小團體，這些小團體的成員，必須討論並反省自身的政治信仰與行動，而其政治行動也因此受到監控。如果發現思想及行動偏差，或偏離了「群眾路線」，那麼這種小團體就會以各種手段，來幫助（或壓迫）人們承認及修正自己的錯誤，以重回「正確的」政治立場。如果這種壓迫沒有奏效，那麼同儕壓力就會以其他更激烈的手法來表現（例如批鬥或監禁），以強迫人們修正其政治立場。到了一九六〇年代晚期的文化大革命，中國境內同儕團體的影響力達到顛峰，毛主席思想的忠誠信仰者組成著名的「紅衛兵」，並對那些不恪守毛思想的中國同儕，施予壓力、脅迫，甚至是暴力。

六、事件

上述已概括地提到各種媒介對政治信仰及行動所造成的影響。我們每天的生活過程也顯示，某些特殊事件亦能產生政治社會化的作用，事件雖然帶有突發性，但卻能對一個人的政治行為造成深遠的影響。舉例而言，紐約的九一一恐怖攻擊事件，使美國人民更加支持政府的反恐政策，甚至支持對伊拉克用兵，然而，這同時也激起更多和平運動人士的反彈。此外，台灣的歷史學者也經常指出，國民政府播遷來台之後所發生的二二八事件，對於島內台獨意識的確立有巨大作用。另一個例子是，二次世界大戰期間，侵華日軍在中國南京進行的大屠殺事件，對中國民族主義的發展及仇日情結，有難以抹去的影響力。

除特殊事件能夠改變一個人的政治行為外，在某一時期內所積累的事件潮流，同樣也能影響人們的政治傾向。舉例而言，美國在一九六〇年代後期所捲入的越戰、嬉皮文化、尼克森主政等事件的綜合，對於當時美國年輕人的政治文化產生了深遠的影響。在歐洲，法西斯主義曾於一九三〇年代崛起，許多曾經歷此過程的人，對於德國及法西斯主義都有很強烈的情緒，對政治強人及強國的企圖有很深的警戒感。

第三節 馬克思主義的觀點

　　人們的政治態度（傾向）是如何形成的？對於這一問題，馬克思主義者的看法往往不同於主流政治學家。在這裡，至少可以指出三個不同之處。第一、馬克思主義者作品的哲學意涵較強，而傳統政治學者的研究較偏向行為主義與經驗主義。第二、馬克思主義者較注意經濟因素對於人類意識的影響，而傳統政治學者較不會去探討經濟與政治從屬關係的起源。第三、在價值關懷上，馬克思主義者關注於如何取代資本主義體系，而傳統政治學者較關心社會團結與政治穩定。因此，雖然馬克思主義者也談論人們的政治意識及其背後的權力關係，但是他們卻運用著完全不同的理論術語。

　　馬克思與恩格斯在《德意志意識型態》一書中曾言：「在每個時代中，統治階級的觀念就是主流的觀念，而控制社會上主要物質力量的階級，同時也掌握了主要的知識動力」。馬克思想要強調，支配階級有能力傳播一些主導性觀念，用以正當化其支配地位。而且，那些由統治階級所傳播的、看似具有普遍價值的理念，往往只是一部分階級利益的表現。另一方面，在馬克思的看法中，觀念和文化皆是「上層建築」的一部分，它受到經濟的「下層建築」（即生產方式）的決定。那麼，在人類的發展過程裡，文化（觀念）到底起著多大的作用？馬克思本人並沒有精確回答這個問題，或者說，對他而言這不是問題，因為主體（社會中的人）與客體（物質的世界）之間的辯證關係，才是他思想的焦點。然而，這也使馬克思本人的思想很容易被曲解為「經濟決定論」。於是，後來的西方馬克思主義者，花了很多心力進一步探討文化、階級和支配之間的關係，並強調「觀念」（idea）對於維持資本主義的重要性。以下將介紹四位西方著名馬克思主義者：葛蘭西（Antonio Gramsci）、阿多諾（Matthew Adorno）、霍克海默（Max Horkheimer）、阿圖塞（Louis

Althusser），對於文化、媒體及教育等這些社會化機制的看法。

一、霸權

在馬克思主義的陣營裡，葛蘭西的重要性在於他指出了政治、文化與社會主義策略之間的關連。在《獄中札記》（*Prison Letters*）一書裡，他認為支配不只是源於經濟領域的不平等，政治與文化也是支配關係的主要成分，而且，由此才可以解釋為何無產階級革命常常遭受抑制。為此，他提出了一個重要的概念：霸權（hegemony）。霸權是指國家和統治階級有能力去控制市民社會裡的信念。霸權信念是位居支配地位的文化主題（dominant cultural motifs），它強化了不平等，且截斷了批評思考的可能性。它可以減少維持社會秩序所須的武力需求，讓支配階級更有效地統治。

葛蘭西認為，傳播霸權信念極度仰賴有機知識分子（organic intellectuals）的活動。有機知識分子如牧師和記者這些人，他們能以日常語言表達複雜的哲學和政治議題，也能指導群眾應如何行動。知識分子對於霸權集團（bloc）的建立也很重要。霸權集團是指社會上的支配力量，像工業家、貴族和小資產階級所構成的聯盟（alliance）。葛蘭西認為，這些群體主要是因為共享一個霸權意識型態，才會結合在一起。這個霸權意識型態，綜合了了國族主義思想和常識的層次，藉此掩蓋群體內部的利益和階級位置差異。相對地，葛蘭西認為如果無產階級革命要成功，那麼破壞霸權，就是動員社會主義潛能與啓迪革命意識的基本前提。

二、文化工業

在《啓蒙的辯證法》（*Dialectic of Enlightment*）一書中，阿多諾和霍克海默認為，啓蒙計畫已經走進了死胡同。啓蒙的理想原本是要給人們

自由並且鼓勵批判性思考。然而，理性（rationality, reason）和科學知識，卻使得社會生活屈從於工具性的控制之下。啓蒙並未使社會變得更加知性，也無助於人與人之間的相互關懷，相反地卻造就了一個被狹隘的實用理性所主宰的世界。科層體制、技術和意識型態的力量限制了人們的自由，並且製造出大眾社會（mass society），這種社會由被動、同質的消費者所組成的。在這種轉變之下，社會菁英卻更加鞏固了他們的權力。

他們兩人認爲，在文化工業（cultural industry）裡，韋伯所說的「目的理性」，已經和資本主義結合起來[1]。「文化工業」一詞，主要是指娛樂和媒體公司。在阿多諾寫作期間，美國的文化工業計有米高梅（Metro-Goldwyn-Mayer）、二十世紀福斯（Twentieth Century Fox）和美國無線電話（Radio Corporation of America）等。他們指出，這些組織之所以生產產品，目的是爲了追求利潤極大化，而不是爲了增進人類的自由及批判性思考。爲了追求利潤，這些公司被狹隘的手段——目的理性驅使著，並採取科層體制和工業複合體的形式，因此創造力並不是他們經營的重點。他們寫道：「啓蒙已退化成意識型態，這在電影和廣播裡表現得最明顯。在這些產品中，啓蒙所代表的，主要只是效率的計算，以及生產和傳播的技術而已。」在上述過程裡，文化變成了生產線，電影、音樂等等就像其他的製品一樣，由工人負責組合各個已被設定好的標準化程序。最終的產品不過是公式化的老套，缺乏眞實的意義，這些產品只要能符合大眾品味的最小公分母就可以了。

阿多諾及霍克海默強調文化工業對於資本主義再生產的重要性，因爲文化工業製造出了一群愚昧且缺乏批判能力的消費者。他們認爲：「我們不要期待閱聽人有什麼獨立思考。」這個過程的重點在於，是文化

---

1 韋伯認爲，在「目的理性」（purposively rational）的行爲裡，個人依據手段—目的的計算結果，來理性地估量某一行動所可能導致的後果。爲達成某一目的，通常有許多種可供選擇的手段，在面對這些選項時，個人會衡量每一手段的相對效果，並衡量這些手段可能會對其他目標造成何種影響。相對地，韋伯則區分了另一種「價值理性」行爲，這種行爲指向一種高於一切的理想，而完全不顧及其他的考慮，亦即，行動的本身即是目的。

工業製造了膚淺的消遣和樂趣，這會使閱聽人彷彿能從不幸的現實裡逃脫，因而阻礙了抵抗的可能性。在他們眼裡，文化工業除了製造出只注重娛樂的（如行屍走肉式般）大眾社會之外，它還積極地傳播親資本主義的意識型態。文化工業產品的一個典型特徵，在於提倡一種注重順從、消費、努力工作和個人成就的觀念，這往往會阻礙集體的行動，也使得人們更難以去推翻資本主義。

三、意識型態國家機器

在《列寧與哲學和其他論文》（Lenin and Philosophy and Other Essays）這本文集裡，阿圖塞指出，國家利用了兩套系統來維繫資本主義的再生產。其一是「壓制的國家機器」（repressive state apparatus, RSA），這是指用具有威迫（coercive）力量的組織，例如警察、軍隊、監獄等等，來打擊街頭的示威抗議，並破壞罷工行動以及壓制左翼的武裝叛變。另一則是「意識型態國家機器」（ideological state apparatus, ISA），它是指一些特定的機構，會傳播假象並使人「誤認」（看不清）社會的內在性質與組織，這些機構包括媒體、教會等，而最重要的是學校。在前資本主義社會裡，教會是最重要的意識型態國家機器；在今天教會的角色則被教育體系取代。教育體系養成很多訓練有素、被動、「順從」的工人，而這正是資本主義所需的。

阿圖塞強調，意識型態的再生產，須透過上述的方式與國家的運作相連結，在其著作中還指出了意識型態生產的特殊地點。從這個角度來看，他和葛蘭西的作品，都為馬克思式的想法增添了明確性，因為馬克思本人並沒有精確定位「支配的意識型態」這個概念。意識型態國家這個概念，則可以讓我們把意識型態與具體的機構和過程聯繫起來。阿圖塞指出，意識型態國家機器的作用，是使人們對於社會及自己的社會位置有「錯誤」的想像。他認為，行動者並不瞭解自己在社會中的真正角色，也不明瞭資本主義體系的本質；人們活在一個錯誤的主體世界裡。

在〈意識型態與意識型態國家機器〉（Ideology and Ideological State Apparatuses）這一篇文章裡，他說：「意識型態是一種再現（representation），它再現了個人（individuals）和他們存在的真實條件（their real conditions of existence）之間的想像關係（imaginary relationship）。」因此，當人們從事工作活動時，他們與其他人及資本主義之間的關係是虛假的，人們對於真正發生的事情，無法有真正科學性的瞭解。阿圖塞進一步指出，自我的身分認同，在意識型態發生作用的過程裡扮演重要的角色。他認為，經濟的基礎需求，決定了個人必須滿足一些社會要求，例如成為一個工人或管理者等等。但人們一般並未意識到自己的客觀身分，不過是資本主義體系裡的一個職務而已。相反地，由意識型態國家機器所宣傳、分配的虛幻主體位置（subject positions）與身分認同，反而是被人們所接受（認可）了。他說：「所有的意識型態都有一個功能，……那就是把具體的個人建構成主體。」

他探討人們如何自願地認可這些特別的身分，也強調他們怎樣去符合資本主義系統再生產的客觀需求。人們所具有的主體性，看起來是那麼的「自然」，因此意識型態不會被人們認為是意識型態。

進階讀物

Dawson, R. E., Prewitt, K., & Dawson, K. S. (1977) *Political Socialization : An Analytic Study* (Boston, Little, Brown).

Hayhoe, Ruth. (1992) *Education and Modernization*: The Chinese Experience (New York, Pergamon Press).

Langton, K. E. (1969) *Political Socialization* (New York, Oxford University).

Sigel, R. (ed.)(1989) *Political Learning in Adulthood: A Sourcebook of Theory and Research* (Chicago, University of Chicago Press).

 相關網站

National Geographic

　　http://www.nationalgeographic.com/

The Pew Research Center for the People and the Press

　　http://www.people-press.org/

問題與思考

一、何謂政治社會化？試以台灣的政治現象為例說明之。

二、請以自身之成長經驗為例，說明何謂「指導性社會化」與「自發性社會化」。

三、政治社會化有哪些重要的機構？試說明之。

四、試以自身之政治取向為例，說明這些政治取向經由哪些媒介所塑造？

五、在人們學習政治觀念的過程中，經濟關係是否發生作用？試舉例說明之。

Political Science

◆第7章　利益團體

在民主國家中，一般人民除透過民意代表選舉、聽證程序與請願、示威活動等來表達政治意見外，更可基於共同利益、共同目標組成各種型態的「利益團體」（interest group，或稱壓力團體，pressure group）進行遊說活動，以促使政府或國會採取某種政治主張或改變政府的決策。學者格林沃德（Carol S. Greenwald）曾說，在美國「遊說活動和立法一樣古老，而利益團體也和政治一樣古老」，顯見利益團體在各個國家政治發展的過程中，占有重要的角色與功能。本章將介紹利益團體的相關概念，並探討利益團體在政治過程中的運作情形。

第一節 利益團體的概念

利益團體出現於第一次世界大戰後的美國政治界，至1960年代利益團體成為政治學者研究的主要對象之一。

一、利益團體的定義

利益團體究竟如何產生？我們又該如何界定利益團體？政治學者凱伊（V. O. Key）指出，由於民選產生的國會議員，無法兼顧多數選區並關切其諸多利益，遂有利益團體組織的出現，來補其地域代表性的不足。因此，利益團體必須明確表明其團體之特殊利益和立場，透過各種直接或間接的方式施加壓力於行政或立法機關，以期其團體利益能夠落實在公共政策之中（Key, 1958: 3）。也因此，英國政治學者即以「壓力團體」一詞代表利益團體，以展現利益團體「施加壓力」的特殊屬性。[1]

---

[1] 事實上，利益團體有時和壓力團體指的是一樣的事物；但有時候利益團體指的是較不正式的利益（less formal interests），諸如教會的利益等，而壓力團體則一定和立法行動有關。也因此，藍尼（Austin Ranny）給壓力團體下的定義是：一個有組織的利益團體，他們以影響政府官員和公共政策的方式，來達成他們的目標。引自高永光，〈美國州憲之研究：利益團體的分析〉，參見：www.npf.org.tw/PUBLI-CATION/CL/092/CL-R-092-035.htm。

至於利益團體的定義與概念，則隨著學者所採取的觀點不一而有所不同，較爲狹義的概念認爲：「凡是具有政治目的，從事政治活動，或透過政治程序，以爭取團體或成員利益的組織團體，不論其性質爲純政治性或混合性，都可稱爲利益團體」；亦有學者廣義地認爲利益團體是「人民企圖透過集體的行動，影響政府的施政計畫」；然而，這些定義與概念，都只是爲了便於分析及歸類而使用。從最廣義的角度來看，利益團體可以說是個人的集合體，目的是影響政府政策，達到特定目的。事實上，現代政治的運作，不僅政府的政治行動會影響到人民的生活，相對地，人民的政治行動也會影響到政府，然而在現實的政治運作中，人民幾乎不可能以「個人」的身分去影響政府，而有組織性的集體行動，才有可能撼動政府的決策過程，從而有利益團體的出現。因此，利益團體可說是人民參與政治活動，影響政府決策過程的重要機制之一。總之，利益團體有以下幾層涵義：第一、共同的利益要求或相似的思想觀點是利益團體產生和存在的基礎。第二、維護和實現自身的利益是利益團體存在和發展的根本目的。第三、參與政治過程以影響公共政策的制訂和執行是利益團體達到其自身目的之基本手段。第四、利益團體本質上是一種民衆性的社會組織，因而不同於政黨，也不同於政府。

二、利益團體的發展

　　事實上，在所有西方以及工業化社會中，利益團體作爲爭取利益的組織已超過了一個世紀。然而，當代意義上的組織與運作型態，直到十九世紀末才開始成形。快速發展的工業經濟，產生許多商業和科學的專業活動，爲市場經濟和專業社會奠定基礎。這些新的發展有助於改善無紀律的競爭，使資訊傳遞更爲迅速，互動更爲專業化，人民更容易向國會議員或政府官員爭取其利益。此類團體隨著經濟發展的起伏而有所消長，戰爭中或戰爭剛結束時，常會有急速的成長。於是政府與人民間出現一個新的橋樑，它與工業社會中快速成長的職業結構息息相關。

　　一九六○年代之前，許多研究團體的學者就曾指出，一旦公民開始察覺社會或經濟上的問題，漸漸瞭解到自己和其他人都有同樣的困難時，就會很自然地組成正式團體，一起向政府施壓，以爭取其共同利益。一般人可能因為太貧窮或彼此缺乏聯繫，也可能因為尚未受到足夠的刺激，不容易產生共同的行動。但是，如果情況有所改變，公共議題能吸引更多人的關心，人與人之間的互動也更加頻繁且便捷，那麼，正式組織或利益團體可能出現，其影響力也會越來越強。

　　一九八○年代以來，西方民主社會中，自稱代表弱勢族群、婦女、心智殘障、兒童、或是老年人的團體，其數量大幅度的增加；另一特點是利益團體日益深入到基層社會的政治生活，在地方和社區的社會政治生活中發揮重要作用，與此同時，利益團體及遊說活動開始進入國際領域，出現了跨國利益團體、國際遊說活動，近年來我國政府透過卡西迪公關公司（Cassidy & Associates）在美國進行遊說，便是一個著名的事例。

三、利益團體的類型

　　利益團體為一有組織的社團，其目的在於影響政府的政策或行動；進一步言，典型的利益團體，具有特定的議題焦點，其關切的是某特定團體的特殊利益或活動，而較少有廣泛的計畫或意識型態主張。即使如此，為了便於區分不同利益團體的性質，學者乃將利益團體進行分類，大致有下列幾種方式（冉伯恭，2000：51）：

(一)以利益團體的代表方式和範圍分類

■限制式的利益團體

　　限制式的利益團體（restricted interest group）主要是為了替團體會員

爭取某種特定利益。例如一般常見的「某某權益促進會」，主要目的就是在於促進該會會員的特定權益。

■單一議題的利益團體

不同於限制式的利益團體，單一議題的利益團體（single-issue interest group）關切的是某一特定社會事項，而不侷限在固定的會員利益。例如反戰利益團體、反菸害利益團體、反核利益團體等等。

■多議題的利益團體

多議題的利益團體（multi-issue interest group）特徵在於其有超過一個以上的主張。美國許多大型工會組織，不只是謀求工會成員的福利，甚至會進一步針對美國政府的外交、人權、經濟等重大政策表示立場和意見。

■促進式的利益團體

促進式的利益團體（promotional interest group）目的多元，但並不是爲了團體自身的利益，而是爲社會公益發聲，並且致力於特定理念的推動。例如人權組織、環保團體、野生動物保護組織等均屬之。

(二)以利益團體影響政府政策的方式分類

此種分類方式係源自於美國學者艾爾蒙和包威爾合著的《比較政治：系統、過程與政治》（*Comparative Politics: System, Process, and Policy*）一書中，其主要是以「利益團體如何影響政府的決策過程」，來作爲分類標準，準此，利益團體可以分成下列幾類：

■不軌的利益團體

不軌的利益團體（anomic interest group）是短暫、任意組成的一群人，他們共同享有一種政治關懷，這種團體可分爲二：一是組織嚴密的

抗議團體，這類團體往往使用示威暴動等不合法或不合憲政常軌的手段來訴求[2]，另一是在自發性群眾中形成的團體，通常是由重大政治事件或危機引發的，有的團體支持政府，有的則是反政府。

■非組織的利益團體

非組織的利益團體（non-associational interest group）的特徵在於其並非特別組織而成，而是自然存在的，例如社會經濟階級、種族、性別的特定組織團體。此類利益團體毋需特別組織行動，即能發揮其政治影響力，例如婦女爭取女權、老年人爭取老人社會福利等。

■機構的利益團體

機構的利益團體（institutional interest group）指涉政府機制內的一部分，試圖在政府內透過機構組織的力量發揮其影響力，官僚體系和軍隊就是機構性利益團體最明顯的例子。雖然機構本身並無獨立性和自主性，機構的成立也不是為了其自身的利益，但由於不同機構之間隱含了相互競爭的利益分配，久而久之，該機構就會逐漸成為一個為爭取自身利益的團體組織，並試圖影響政府決策。

■組織的利益團體

組織的利益團體（associational interest group）才是一般所指稱的利益團體，是專門為影響政府決策、促進自身利益而設立的利益團體。它們不但有完善的組織、專業的工作人員，也有經常性的經費和固定的團體活動，並透過恆常的運作來影響政府的政策制訂，一般常見的工會、商會或各種專業組織（如醫師公會、教師協會）均屬之。

---

2 對艾爾蒙而言，暴動是這一類團體最好的例子。

四、利益團體的功能

　　利益團體是多元民主政治運作中非常重要的一環，雖然它們僅僅代表了社會中部分人的特定利益，但畢竟仍是人民與政府的中介組織之一。對於利益團體在政治過程中的功能，學者或持正負不同意見，此係由於利益團體代表的特殊利益屬性所致，茲簡單歸納如下：

(一)利益團體的正功能

■反映社會多元意見

　　利益團體係在個別的政策上有其特定立場和主張，如無利益團體，政府和政黨在決策過程中恐會閉門造車而難切合社會實際需要，因此利益團體最重要的功能就是反映社會的多元意見，以補代議政治的不足。

■展現多元民主精神

　　在民主政治運作過程中，不同的利益團體可以充分發揮其影響力，甚至在同一議題上，也會有不同立場的利益團體相互牽制以平衡多元意見，既可防止政治權力的過分集中，也提供多元的意見管道，因而讓民主的市民社會蓬勃發展。

■擴大政治參與範圍

　　利益團體有別於政黨政治，其可能只是為了單一特定的團體利益而運作，因目標明確能夠更有效地擴大特定議題的民眾參與，也由於利益團體對於單一議題的關注遠大於政黨和政府，更能夠提供有效的政策管道。

■維持政策品質和政治穩定

　　透過利益團體的辯論，特定政策的資訊將更為透明化，也讓決策品質大幅提升；此外，由於利益團體提供了政府和人民溝通的管道，讓民眾能夠用合法且有效的方式將其立場輸入決策過程，有助於人民對於政治系統的支持，而維持政治穩定。

(二)利益團體的負功能

1. 由於利益團體爭取的是特定人民或團體的部分利益，不一定真正符合大多數人的公共利益，長期而言，反而可能造成國家發展的負面影響。
2. 並非社會上的各種多元意見，皆能夠透過利益團體的組織表達出來。當有能力組織利益團體的人越能夠表達意見、影響決策時，相對地，無能力組織的人也就越來越不具影響力，而政治和社會的不公平也就可能越見嚴重。
3. 利益團體在政治過程中的運作，有可能變成一種不受社會公眾監督的談判和交易方式，造成政治過程運作的不透明，甚至有可能對特定政策進行利益輸送。

第二節　利益團體與政治

　　利益團體與政府之間的互動關係，是當代民主政治運行的關鍵。本節將依序探討利益團體如何影響政府的施政，利益團體的影響力受到哪些因素的限制，最後則介紹利益團體的理論與模型。

一、 利益團體的政治運作

　　利益團體在政治過程中，若要影響決策，不外乎是透過「直接」和「間接」兩種管道。前者是指直接接觸政府機關和行政官員，表明政治需求；後者則是透過政黨、大眾傳播媒體等媒介，展現訴求主張，爭取社會支持，進而形成影響決策的壓力。在民主國家，利益團體採取的政治運作策略有下列幾種：

(一)遊說

　　利益團體可以派代表直接遊說（lobbying）政府官員，如總統、內閣官員或國會議員，以及其他具有影響力的政府行政官僚。在利益團體最為發達的美國，國會與利益團體的角色基本上是錯綜糾葛的，利益團體早已經成為美國生活的一部分，「遊說者」這個名詞早在一八二〇年代後期便被廣泛的使用，從一八三〇年代起，遊說團體及其代表在華盛頓地區已經有常設且固定的組織，而到了一九六〇年代以後，由於美國政治制度發生許多變化，特別是在國會內部，小組委員會急速增加所形成的分權、國會議事的公開化與民主化，使得利益團體的設立與活動也開始激增。根據美國國會的統計，截至二〇〇〇年為止，正式向國會登記的「遊說者」已超過兩萬五千人，而這還不包括法律公司和貿易協會辦公室約二萬名說客和工作人員。事實上，許多國會議員和政府官員不但不排斥利益團體，甚至樂於與利益團體溝通，因為透過利益團體的說客，政府官員和國會議員更能夠得到完整的政策訊息，對其決策絕對有正面的幫助。

(二)影響政黨

利益團體影響政黨最爲直接且有效的辦法，就是捐款（donate）——不僅在選舉時對候選人捐款，在平時則向政黨捐款，甚至爲了保證對於政府有絕對的影響力，也有許多利益團體會在選舉期間同時捐款給不同的政黨和不同的候選人，以確保其後政策溝通管道的暢通。更有甚者，有些利益團體會試圖聯合政黨，安置其團體成員在政黨的各級委員會之中，甚至協助其成爲黨代表，進一步直接發揮影響政黨的力量。

(三)草根式壓力

利益團體影響國會議員的另一種方式，是透過更爲直接的草根式壓力（grass-root pressure）。所謂草根式壓力，係指利益團體透過該選區具影響力的重要人士或國會議員之主要政治捐獻來源、親朋好友等管道來影響議員，也可以動員選區選民，利用寫信、電話、甚至電子郵件向議員及服務處施壓，讓國會議員支持該利益團體的主張。

(四)民意造勢活動

利益團體透過民意造勢活動（public opinion campaigns）來影響決策過程可說是不勝枚舉，從請願、示威抗議到「公民不服從」[3]均屬之。利

---

3 現代憲政民主的運作並非是完美無瑕的，在實踐上有其複雜性，有時一些公民無法接受自己認爲有問題的法律或措施，遂以象徵性的行動，公開的、非暴力的來對抗法律，挑戰政治體系，以達到修正法律、促成政策的改變，糾正不義的目的；如果必要他們也將在不得已之下突破法律的界線，而甘願接受懲罰，以把問題推到公衆面前，迫使公衆正視問題，或讓政府知道民之所欲，是公民表達異議的一種方式，此即謂之「公民不服從」。事實上，「公民不服從」的行爲有時違法，但卻是基於對法律的忠誠，並珍視法律精神使其免受侵凌，所以在代議政治中，「公民不服從」有其正當性，歷史上曾促成許多改革，它可以填補民主、法治所留下的社會防禦隙縫，其已經成爲憲政運作制衡機制的組成部分，使自由民主更加鞏固；對於維護和穩定憲政體制，也有著不可代替的作用。參見：http://blog.sina.com.tw/archive.php?blog_id=4121&md=entry&id=832。

益團體採取這些方式，基本上有兩種可能性：一是由於利益團體無法直接接近決策核心，例如大陸新娘的示威遊行；另一則是，該團體本身刻意訴諸於特定意識型態來作為其行動基礎，例如工會罷工等抗議活動、反核團體的抵制政府行動等等。但自一九六〇年代以來，大量宣傳性和運動性的利益團體，則是選擇透過大眾傳媒來鼓動造勢活動，利用大眾傳媒來吸引民眾的注意，進一步刺激公共意識的覺醒與關注，形成具一定程度影響的公眾輿論，例如反戰與和平運動者、環保團體、保護動物團體等等，使得政府決策過程中不得不正視此類利益團體的主張和訴求。

二、利益團體的影響力

事實上，每個利益團體影響政府的能力並不相同。這種影響力的差異，可由兩方面來解釋。第一、每個利益團體接近政府的機會有所不同。第二、每個利益團體本身的力量並不均等，這種力量上的差異，可能是更關鍵的因素。那麼，問題便在於是什麼因素決定了利益團體本身的力量？此可以由四個方面來思考：制裁（sanctions）、正當性、成員數量、資源。

(一)制裁

每個利益團體本身所擁有的制裁能力，往往是與政府協議（談判）的重要籌碼。勞工組織可以透過罷工來威脅政府，跨國企業也可以選擇將資金轉移到他國，來左右政府的財經政策。一般而言，自利型的利益團體（企業協會）往往比公益類團體（生態保護運動），更具有制裁能力。

(二)正當性

每一利益團體正當性的高低，也是另一個關鍵因素。在美國，就流傳著一句諺語：「只要對通用汽車（企業）而言是好的，那麼，對全美國而言也會是好的」。擁有高聲望的利益團體，往往較能主導某些特殊議題。舉例而言，當某些職業團體追求其社會尊嚴時，常會引來社會異樣的眼光，這往往會限制其影響力，例如我國的公娼問題，以及大陸新娘的權益問題。然而，當教師或醫生走向街頭爭取他們的權益時，卻不容易遭致異樣的眼光。

(三)成員數量

一個利益團體的影響力，也與其成員數量有關。一個利益團體的成員密度，可能很高（代表性高），但也可能很稀疏（代表性低）。組織緊密的利益團體，例如醫師公會或律師協會，在操作上有很強的影響力。相反地，低密度利益團體的影響力就差些，尤其當同一個範疇的民間組織再分裂為好幾個利益團體時，影響力就越是分散。舉例而言，美國的農業組織由於過於鬆散（分裂），其影響力就明顯低於英國的農業組織（較集中）。總之，一個單一性的全國性組織，其影響力大於一個鬆散分裂的集團。在歐盟裡，一個遊說組織的影響力，往往與其成員的涵蓋度有關，亦即，一個利益團體如果能得到多數成員國的全國性協會的支持，那麼這一利益團體的訴求，常能獲得歐盟決策者的關注。

(四)資源

利益團體本身所擁有的資源，也是個關鍵因素。一般而言，金錢是最重要的有形資本，然而金錢並非萬靈丹，有錢的團體，不見得能得到社會大眾的青睞。有些利益團體雖然較窮，但由於整個經營團隊的努

力，再加上擁有較多的無形資源，照樣也可以打響知名度，並且得到社會大眾的支持。

三、利益團體的理論與模型

一九七〇年代中期以後，政治學者開始對於國家和社會關係進行分析，同時也對利益團體提出不同於以往的理論層次思考，並進一步區分英美、西歐和第三世界國家的團體政治，而提出「多元主義」（pluralism）和「統合主義」（corporatism）的分類模式。簡言之，「多元主義」指涉社會多元化的發展、團體政治由下而上的政治過程，以及國家機關力量相對地邊緣化，這以美國社會為典型；而「統合主義」則是指國家機關主動介入不同程度的團體衝突，透過由上而下的層級化協調，進行團體利益的分配。

(一)多元主義

對團體政治持最正面觀點者為多元主義模型，其核心主張為，利益團體可以使個人免於政府侵害，並促進民主責任感。多元主義模型的中心論點認為，權力是割裂（fragmented）且廣為分散的，而政府政策的制訂係匯集各個團體所提出的不同意見和利益，決定的過程是經由協議（bargaining）的方式，是一種互動繁複的過程。從多元主義的觀點來看，利益團體是民主政治過程中多變的一部分，這理論的中心假設前提是，所有的團體和利益，都具有接近政府的潛力，在此情況之下，領導者可以強烈表達其成員的利益與價值，而政治影響力也與團體大小和支持強度有關，這些影響因素往往能對利益團體產生巨大影響。其原因在於政治權力是分散且割裂的，以致於沒有團體或利益能在任一時期獲得支配性的地位。

多元主義的利益團體型式多出現在英美等國。在英美兩國，每個利

益團體原則上是自主的，並無類似於官僚組織的層級系統。在多元主義模型下，對於利益團體的運作是高度樂觀的，並認為多元主義下的利益團體，不只讓權力廣泛平均分布，保障了人民參與政治的權力，同時也降低了利益團體的官僚化程度。

(二)統合主義

主張統合主義（corporatism）的人認為，政府在政策過程中多能扮演更積極的角色，而且，利益團體與政治之間的關係，不見得都符合多元主義的原先設想。首先，政府能夠決定到底要讓哪一個組織來代表某特定範疇的利益。有些國家的政府，可能會要求某些職業必須組成自治團體（或行會），尤其是較特殊的商業或貿易組織。政府也會刻意讓某些特殊團體擁有特殊的地位，最典型的是工會、農會或商會。政府經常讓這些利益團體參與整個決策過程，並且和這些團體達成政策協議（妥協），政府這麼做，主要是了交換這些團體的承諾：保證其成員都能遵守這些政策協議。因此，這些特殊的利益團體，也能在政策的執行過程中扮演重要的角色。

這種統合主義式的協定，最常出現在小型的歐洲國家，例如奧地利、荷蘭和瑞典。由於小國比較難以抵抗國際經濟力量的波動，因此，小國比較需要統合主義。英國的統合主義就較不發達，只在一九六○年代及一九七○年代短暫形成過，這是因為英國的工會組織較為鬆散，往往難以有效代表全英國工人向政府協商。

(三)公共選擇理論

公共選擇理論源自於經濟學理論，討論的對象是「個人行為」，因此，嚴格而言，公共選擇理論並不是探討「團體行為」的理論。公共選擇理論，向來就不贊成政府對於經濟事務的干預。對於公共選擇理論學者而言，政府干預經濟活動，無疑就是在破壞市場經濟的效率與運作規

則。由於「團體政治」（group politics）的運作，主要是以集體行動爲前提，因此大部分的公共選擇理論學者都質疑團體政治的可行性。他們有時也被歸類爲新右派，往往鄙視利益團體的作用，同時也懷疑集體的命運。前述這些觀點，後來受到許多政治領袖的歡迎，著名者有前英國首相佘契爾夫人及前美國總統雷根。雖然公共選擇理論遭到多股勢力的反抗，但各國政府的採納度依然相當高，這也標誌著新自由主義經濟學的強大勢力。舉例而言，二〇〇二年四月，由於義大利總理承諾要改革該國的就業法（讓業主可以更輕易地解散受雇員，而不會受到嚴格的處分），這使得義大利的工會組織隨即走向街頭，並強烈抨擊首相的政策承諾。然而，對義大利總理而言，如果不改革既有的就業法（過分保護工會的利益），將會破壞該國產業在全球市場上的競爭力。

第三節　利益團體與其他政治團體

　　政黨、派系、抗議團體雖然不是正式的利益團體，但它們的作用與利益團體卻有不少重疊之處，茲分述如下：

一、利益團體與政黨

　　利益團體與政黨的確有諸多相同之處，特別是在政治過程之中，利益團體與政黨均可視爲代表民意輸入的重要機制，目的都是要影響政策的形成與制訂。然而，利益團體與政黨最大的差異在於，利益團體可以置身於選舉之外，其決策也無須對選民負責。此外，利益團體和政黨在本質上有三項不同：

(一)追求的目標不同

政黨的目標是經由選舉取得執政權力,而利益團體只關心特定的議題,甚少直接加入政府的政治運作。利益團體試圖透過影響政黨和政府傾向支持特定政策,通常也會設法遊說並影響每一個政黨來換取支持。

(二)成員的性質不同

大多數的政黨都希望爭取更廣泛的支持以贏得選舉、取得執政,因此其成員必然比特定利益團體更為廣泛且多元,才能涵括社會大多數選民的代表性。而利益團體的成員大多經過篩選,成員的同質性必然較政黨為高,例如工會成員之間,可能會有相似的工作和生活環境,也會有類同的教育和文化背景。

(三)數量不同

基於政治制度的制約,政黨的數目自然十分有限,相形之下,利益團體的數目就顯得十分驚人,特別是在多元主義模型下的國家,利益團體的蓬勃發展,更是到了只要有議題,就會有利益團體的程度,毫無數量上的限制。

二、利益團體和準利益團體

與正規利益團體不同,非組織性的「準」利益團體,主要是指非正規性的人群集合。準利益團體雖然各國均有之,但仍以在正規利益團體較不普遍的開發中國家較為常見。而在形形色色的準利益團體之中,以下二種最為常見:

(一)派系

　　所謂派系，可以是政黨、利益團體、政府機關、甚至國會議員內部成員經常性的非正式聚會，也可以是地方政治上以某大家族為核心所組成的非正式組織。派系不僅在正規利益團體不發達或政黨政治不健全的開發中國家十分普遍，即使在邁入民主化的國家，如日本、台灣等，派系的傳統政治文化仍在政治運作中扮演著重要的角色。派系的組成，往往是基於組成分子共同的私益，並不如政黨有著明確的政見或意識型態取向，也不如利益團體有著特定的政策主張或團體利益，但在政黨政治和利益團體不能充分發揮作用的國家，派系的存在，可以一定程度整合意見，負擔起政治需求輸入的工作。

(二)組織嚴密的抗議團體

　　相較於正規利益團體利用示威遊行、群眾抗議、公民不服從等體制內手段爭取權益，組織嚴密的抗議團體則是透過反對憲法的違法行動來展現其訴求。不同於正規利益團體以壓力政治的方式來表達意見，組織嚴密的抗議團體，例如在和平協定未簽訂之前的北愛爾蘭共和軍，則是更進一步地希望透過「直接行動」的激進手段來根本重建政治體系。

三、小結

　　利益團體不論是活躍於草根階層以影響輿論，還是直接接觸國會議員，都擔負著許多重要且不可或缺的功能，例如，幫助國會及民眾瞭解問題與爭執點，激起公眾的辯論，為受害者或貧困之人開啓國會的溝通管道，使國會明白法案的實際面等。這種互動關係不但為利益團體建立其正、負功能的指標，亦可相對地形成國會與政黨之外的另一種「制衡」

功能，使政府的公共政策更具周延性、正當性與民意基礎。但也因為利
益團體在數量上和遊說內容的五花八門與日俱增，已經產生政府政策在
輸入過程中「負荷過重」的現象，而形成學者所謂「多元化民主的困
境」，因此在無法抵擋利益團體日益滋長、遊說活動日趨茁壯龐大的情況
下，如何順應潮流發展並防範可能形成的流弊，制訂一套合理健全的遊
戲規則，以導正利益團體可能引發的金權政治和貪瀆弊端，已成為所有
民主法治國家必須面對的課題。此外，如何保障大眾利益免於受到某些
狹隘、強勢利益團體的主導，也是民主政治急待解決的問題之一。

進階讀物

Thomas, C. S. (2001) *Political Parties and Interest Groups: Shaping Democratic Governance* (Boulder, Colo., Lynne Rienner Publishers).

Baumgartner, F. R., & Leech, B. L. (1998) *Basic Interests : the Importance of Groups in Politics and in Political Science* (Princeton, N.J., Princeton University Press).

Zeigler, H. (1988) *Pluralism, Corporatism, and Confucianism : Political Associations and Conflict Regulation in the United States, Europe, and Taiwan* (Philadelphia, Temple University Press).

Kollman, K.(1998) *Outside Lobbying: Public Opinion and Interest Group Strategies* (Princeton, N.J., Princeton University Press).

Goldstein, K. M. (1999) *Interest Groups, Lobbing, and Participation in America* (Cambridge University Press).

彭錦鵬主編（1994）。《美國政黨與利益團體》。台北：中央研究院歐美所。

楊泰順（1994）。《利益團體政治》。台北：民主基金會。

劉青雷（1988）。《衝突與妥協：美國利益團體與遊說活動》。台北：時報文化出版公司。

 相關網站

國家政策研究基金會
    http://www.npf.org.tw/
美國政治學會（APSA）
    http://www.apsanet.org/
台灣人公共事務會（FAPA）
    http://www.fapa.org/
維基百科全書
    http://zh.wikipedia.org/

問題與思考

一、何謂利益團體？其在政治過程中有何種功能？試析論之。

二、利益團體在政治過程中如何運作？試說明之。

三、利益團體影響力的大小可由哪些因素決定？試析論之。

四、政黨與利益團體均有代表民意的功能，請思考並分析二者之間的差異何在？

五、「多元主義」和「統合主義」分別如何看待利益團體的定位與功能？試舉例比較說明之。

六、從「公共選擇理論」的角度，利益團體將如何被看待？試析論之。

七、你認為台灣利益團體的發展，較切合何種利益團體的理論與模型？

Political Science

◆第8章　政黨

「民主政治就是政黨政治」，無庸置疑，政黨（political party）是現代政治運作中不可或缺的一環。政黨在現代政治中扮演著重要的角色，其卻是相當新近的產物，直到十九世紀初，政黨作為選舉運作和政府執政的政治機制時，才算嶄露頭角；也由於政黨出現的時間並不算太長，迄今仍在發展階段，學者對於政黨的研究尚無一致定見。在本章中，將從政黨的基本概念出發，討論政黨體系的分類與運作，並檢視政黨的變遷與發展。

第一節　政黨與政黨政治

本節首先說明何謂政黨，進而對政黨進行分類，之後再列舉政黨的各項功能。

一、政黨的定義

根據政治學者藍尼的看法，政黨具有以下特徵：政黨是由人們所組成的團體，有各種的「名稱」（labels），例如共和黨、共產黨、自由黨，他們以此自稱，別人也如此稱呼；有些人會「組織」（organized）起來，亦即，他們刻意一起行動，以追求共同的目標；政黨有權利去組織及推動他們的運動，而且社會認為這種權利是「正當的」（legitimate）；政黨在追求某些目標時，會運用一些「代議政府的機制」（mechanisms of representative goverment），例如提名與選舉；因此，政黨的核心活動便是「挑選候選人」（selecting candidates）以競選公職（Ranney, 2001: 206）。我們可以說政黨是一群為了掌握執政權力的人所組織而成的團體，並透過選舉或其他手段達成此一目的。政黨的英文稱之為 party，指涉了「部分」（a part of all）的意義，因此，政黨並不代表全體國民，而只是部分

公民的集合。政黨的定義，簡單而言，就是自主且有組織的政治團體，透過「合法的選舉過程」，從事候選人的提名與競選，以期獲得對於政府和政策的控制。

　　然而，綜觀世界各國，真正符合前述定義的政黨政治並不普遍，相反地，在大部分的第三世界國家及共產國家中，比較常見的卻是「一黨獨大」，直接否定政黨競爭之民主價值，不然就是嚴厲的「一黨專政」，根本不容許反對黨存在。這些國家的執政黨其實就是威權當局，以黨治國，壟斷了政治權力，而和前述政黨的原義相去甚遠。雖然政黨間的競爭活動很重要，但這並不意味著，我們只重視民主國家的政黨政治，而忽略共產主義或威權體系國家也存在政黨這一事實。

　　因此，廣泛而言，政黨是一種特定的組織，這一組織提出其預想中的領導者，並支持這些領導者來爭取政府公職。民主國家的政黨，經由提名其預想中的候選人參與選舉並競爭公職。但在非民主國家裡，情況就有些不同，因為執政黨通常會刻意把持權力，防止任何競爭對手的奪權，此時，政黨（執政黨）反而會刻意阻礙「競爭性選舉」的舉行。歷史上，不論是民主國家或非民主國家，都有可能出現顛覆性政黨，這種政黨往往企圖以暴力方式，使其預想中的領導者能奪得大位。歸納起來，各種政黨爭取政府公職的途徑有三種，第一種是競爭（競爭性選舉），這是民主國家的常態；第二種是減少競爭，這是威權體制的慣用手法；第三種則是革命，直接以「槍桿子」奪取政權。

　　大部分的政黨通常具備哪些組成要素？一般而言，能成為一個政黨，至少要有黨員、黨綱、黨紀及黨組織。茲分述如下：

(一)黨員

　　政黨的構成要素第一為黨員，黨員之加入有以個人身分直接入黨，也有因其具某一組織成員的身分而變為黨員。黨員之質與量深深影響著政黨的選票及動員性，也關係到一個政黨的持久性，實為政黨最重要的構成要素。

(二)黨綱

黨綱乃政黨之政治綱領，亦名政綱。係發乎主義、成乎政策，故主義、黨綱、政策即三位一體，且先後有序。黨綱在現代民主政黨中甚為重要，對內為黨人指出政黨所走的方向，對外為全民標示其施政之藍圖。

(三)黨紀

黨紀係指導黨員發展自律、自制、品性與能力的一種綱紀，能帶來整齊、嚴肅與服從的效果。政黨如欲健全組織，謀求政治戰與選舉戰的勝利，則每位黨員就必須嚴守紀律。

(四)黨組織

政黨必須要有一定的組織以貫徹其行動與目標。政黨之組織型態不一，有的實行民主集中制，有的則採取多元分立原則，政黨的地域組織與國會組織互不相謀，各行其事。

二、政黨的類型

(一)依政黨發展的形式區分

第一大類型是「綱領黨」或「目標理想黨」：每一個政黨在建立時，總會有它自己的綱領、目標、理想，這是一個政黨的立黨基礎。所以，新建的政黨一般都屬這一類型的政黨。

　　第二大類型則是所謂的「權力黨」、「利益黨」或「統治黨」。作爲一個獨立的政黨，一定有它自己獨立的權力和利益。但是，此處所謂的「權力」，不是指政黨自己應有的獨立的權力，而是指國家的權力；此處所講的「利益」，也不是指政黨自己應有的獨立的利益，而是指政黨權力集團的個人利益。因此，「權力黨」指涉的是掌握著國家權力的政黨。世界上許多國家的政黨都是從戰爭中逐漸成長茁壯；在戰爭中，維護和發展政黨自我的政治勢力，不僅需要維持對社會的治理，而且還需要加強政治活動和戰爭活動的一致性。因此會出現兩種方式，一是國家權力的封建「金字塔式」的個人專制；另一是以政黨「領導」國家政權的黨國體制。黨國體制的基礎，就是一個掌握國家權力的強大政黨。當一個政黨成爲「權力黨」後，必然會採用壟斷的方式來占有國家權力，而政黨對國家權力的壟斷，也就是黨員個人對國家權力的壟斷，因此，黨員的個人利益，永遠都與政黨掌握的國家權力緊密聯繫在一起。是故，「權力黨」和「利益黨」往往是一體的，如果一個政黨掌握了國家權力之後，只顧於爭取黨員的個人權力和利益，此時，這個政黨就變成了「統治黨」，這種政黨爲了維持既得權力和利益，將統治、剝削和壓迫其人民。

　　第三大類型可稱之爲「選舉黨」或「競爭黨」。選舉黨的存在需要兩個必要條件：一是政黨與國家政權的分離；二是民主的政黨競爭體制。選舉黨存在的目的就是爲了選舉，使本黨的候選人能夠獲得集中多數的選票。選舉黨不是爲國家服務的，也不是爲政治服務的，選舉黨的眞正作用，在於幫助黨員個人爭取成爲國家公職人員，從而掌握國家權力。

(二)依政黨組成的形式區分

　　依政黨組成的形式區分，有下列三種類型（Heywood, 2002: 249-250）：

■幹部型政黨

幹部型政黨（cadre parties）一詞最初是指「由顯赫人士所組成的政黨」，是由少數政治菁英所領導控制的政黨，並不尋求大量吸收黨員，平時亦無重大政治活動。此外，「幹部」一詞更指涉訓練有素的專業黨工，其具有高度堅定的政治信念，並為群眾提供意識型態上的指導。以此觀之，前蘇聯共產黨、義大利的法西斯黨，甚至中國共產黨都可說是幹部型政黨。

■群眾型政黨

群眾型政黨（mass parties）則是以發展大量黨員為主，希望在選舉時能得到更多的選票。這類政黨對於人員的甄補與組織的重視，遠勝於意識型態和政治教條的強調；然而，儘管群眾型政黨在外觀上類似於民主組織，但除了少數政治活躍者外，黨員通常並不積極參與活動，而只是表達一般性的支持。此類政黨可以英國的工黨、德國的社會民主黨為代表。

■全民政黨

全民政黨（catch-all parties）亦是走群眾路線，但更進一步減輕了意識型態的包袱，以爭取最大可能的選票支持，可說是「去意識型態化」（de-ideology）的政黨。此類政黨不同於群眾型政黨之處，在於其更強調政黨領導權和團結的重要性，並降低黨員個別的角色，嘗試建立最廣泛的支持者聯盟來贏得選舉，而不是單靠特定的社會階級或團體支持。現代民主國家一般的政黨多屬於此類政黨。

(三)依政黨形成的原因區分

法國著名政治學者杜瓦傑，以「形成原因」和「權力來源」作為標準，提出了「內造政黨」和「外造政黨」的分類：

所謂的內造政黨，係指透過議會政治，在議會內的聯盟關係逐漸形成的政黨。內造政黨的權力菁英即為國會議員，其決策也是透過政黨在議會內的政治菁英所達成，例如英國的保守黨、自由黨，即是由過去的托利黨（the Tories）、輝格黨（the Whigs）所衍生出來。

　　相反地，外造政黨則是指透過社會運動，逐漸定型化發展的政黨組織，也因此，外造政黨的權力核心並不完全在國會之中，而在國會外的政黨組織領導人手上，這些人可能包括了行政菁英和社會菁英等等。相對於保守黨，英國的工黨就是從工會運動和社會主義知識分子支持所逐步發展起來的外造政黨。

三、政黨的功能

　　政黨在民主國家中執行多種不同的功能，但因為各國政治制度互異，所以政黨的功能也不盡相同。但整體來說，符合現代民主政治要求的政黨，基本上即是在選舉競爭的脈絡之下運作，因此吾人依舊能由民主選舉的運作邏輯，歸納出下列幾項政黨的功能（Heywood, 2002: 251-255）：

(一) 代表民意

　　「代表」被視為是政黨的主要功能，係指政黨有回應和表達民眾與黨員意見的能力。以系統論的角度來看，政黨是主要的「輸入項」之一，即是指政黨有明顯的民意匯集功能。在民主競爭的社會中，政黨最能履行的功能，就是代表民意，回應一般大眾的偏好，並且確保政府能夠注意社會的期望和要求。

(二)甄補菁英

所有類型的政黨都能夠提供國家甄補政治菁英的途徑。政治人才通常是藉由政黨來發掘,並在政黨有計畫的栽培下,透過提名參與選舉,進入政府組織。由於大多數民主國家的選民只能就政黨提名的候選人中選擇,候選人的甄選遂成為國家政治菁英甄補最為重要的因素,而政黨也因此成為民主政治運作的主要機制。

(三)利益的表達和匯集

在民主多元社會,各種利益的表達和匯集,必須要能夠進入政治決策過程,才能正確反映,而此種功能能除可由利益團體來運作,亦可由政黨來擔負,藉以擴大選民的基礎。不同的政黨會代表不同的民意,供社會大眾透過選舉進行選擇,獲勝的政黨則可組織政府,也可以將其匯集代表的民意正式付諸行動。

(四)政治的動員與社會化

透過政黨內部的辯論與討論,以及定期選舉的活動和競爭,政黨成為民主國家政治教育和社會化的重要機制。此外,政黨對於政治議題的設定、政治價值的表達、意識型態的宣揚等,不僅扮演著政治社會化的媒介角色,也有可能形成政治文化的一部分。

(五)政策目標的擬定

社會透過政黨機制匯集並設定集體目標,並企圖透過政黨付諸實行。而政黨亦著眼於為了勝選執政,來擬定政見和政綱,企圖爭取大多數選民的認同和支持,使得政黨成為政策創設的源頭之一。換言之,政

黨可謂為社會實踐目標的工具，倘若獲得執政，政黨則可將政治目標付諸實現，促進政策目標的擬定和執行。

(六)政府的組成

民主國家政府之組成，即是透過政黨競爭（選舉），將政治菁英帶入政府組織進行治理。在內閣制國家，政府在一定程度上，可被稱為「政黨主導的政府」；而在總統制國家，政黨則是行政和立法部門溝通的重要橋梁。事實上，在現代國家中，人民欲直接控制政府確有困難，政黨則肩負起經常性政治組織的中介責任，組織並控制政府運作，可見政黨確為政府組成的重要成分。

(七)政治的監督

在競爭性的民主體制中，政黨成為提供政府內部和外部、反對和批評意見的重要來源，也是政府運作和政策執行的主要監督者；換言之，藉由政治辯論和選舉競爭，可以確保政府政策接受政黨監督，並促使政府運作得當。

第二節　政黨與政黨制度

政黨之所以重要，不僅是其具有代表民意、甄補菁英、利益匯集和表達等功能，更為重要的，則是政黨在實際政治體系運作中所扮演的重要角色；然而，不同的政黨體系，將可能帶來完全不同的政治運作面貌。以下進一步對政黨體系作較完整的討論與分析。

一、政黨體系的分類

對於各國政黨類型的區分，學者多以「政黨數目」作為區分的標準，可分為「一黨」（one-party）、「兩黨」（two-party）和「多黨」（multiparty）制。然而，單單以「政黨數目」的分類方式，容易將政黨體系化約成「數字遊戲」式的分類，而無法真正掌握到政黨體系運作的真諦。因此，我們援引政治學者薩托里（G. Sartori）的分類方式，以「政黨數目」及「政黨競爭相關性」兩項為政黨分類的標準：所謂的「政黨數目」，薩托里提出應以計算那些在國會有議席，而且其議席數目俱有組閣潛力，或對政策形成構成潛在的勒索能力（blackmail potential）的政黨，而非所有存在的政黨都納入計算。而所謂的「政黨競爭相關性」，即以一國政黨競爭的程度及政黨間競爭的性質來區別，主要是指涉該政黨在組成政黨時的影響力，特別是該政黨的規模能否帶來組織政府或分享政府權力的機會。依此區分，吾人可先將政黨體系區分為「非競爭性政黨制度」和「競爭性政黨制度」，再去討論「政黨數目」的分類與政黨運作的相關性（葛永光，1996: 108-119）。另外，再介紹政黨制度的一種變型——無黨制度（no party system）。

(一)非競爭性政黨制度

即只有一個政黨能真正從事政治活動，其餘政黨不能從事合法競爭活動的政黨體系。換言之，「非競爭性政黨制度」必然為「一黨制」，由某一政黨壟斷政治權力，並將其他的政黨排除於權力之外，然而，依其壟斷政治權力的程度，還可以區分為：

■一黨極權制

在新興國家和共產國家，一黨極權制（one party totalitarian system）

是最為普遍的政黨型態，只有單一政黨可以公開活動，並獨占壟斷政治權力，又可稱為「一黨專政」；其特點是不允許其他政黨存在、高度集權、實行軍事獨裁統治等，而非民主競爭的政治結構，其典型是德國納粹黨的統治、義大利法西斯黨的統治、前蘇聯和中國共產黨均屬於此類。

■一黨威權制

一黨威權制（one party authoritarian system）即國家政治權力被一個獨占性並有意識型態取向的政黨所掌握，該黨內部的統治是威權的體制，領袖有絕對的權威。該國雖有小黨存在，但活動有限，不能威脅執政者；換言之，一黨威權制的控制有所放鬆，顯示出較為溫和的特點，第二次世界大戰後至一九七〇年代中期的西班牙一黨制就屬這種類型。

■一黨多元制

一黨多元制（one party pluralistic system）即一黨獨享政治權力，但該黨在組織上是多元的，政治見解也較實際，並採容忍的態度與其他政治團體相處。薩托里即稱此類的政黨制度為「霸權一黨制」（hegemony one-party system），並以墨西哥的革命制度黨為例說明，其雖然占據了一切的政治職位，但黨內組織運作是根據多元原則建立，各類利益都可在政黨架構內公開競爭，或許也可以稱為「一黨民主制」。

(二)競爭性政黨制度

相較於「非競爭性政黨制度」，「競爭性政黨制度」最主要的特點在於政府權力的掌握是透過公平、公正、公開的選舉方式來決定，而政黨之間的競爭也是公開且合法的。其有下列幾種類型：

■一黨優勢制

在一黨優勢制（one dominant party system）中，有一大黨「長期」

贏得國會過半數席位而執政。雖然其他政黨有合法存在與競爭的機會，也有建立政黨的完全自由，其意識型態或黨綱政策也不受官方的壓制，也有等同的機會參與並贏得選舉，但由於不同的歷史背景或政治結構，能夠上台執政的政黨只有一個，而其他政黨都處於弱小的反對黨地位。一九九二年之前日本的自民黨、一九九一年之前台灣的中國國民黨和新加坡的人民行動黨都是這種「一黨優勢制」的典型。此類優勢政黨的內部，不僅派系林立，甚至各派系有自己的政綱、政策和紀律，也有自己的宣傳機構、內務機構，實際上就是黨內之黨，即一黨制名稱下的多黨制。

此類政黨制度，主要存在於若干亞、非、拉丁美洲開發中國家，對其而言，一黨優勢制主要的優點為：

1.人事安定性：長期執政可使政府人事安定；無反對黨強力挑戰，黨爭和權力傾軋現象可避免，有助政治穩定。

2.有利培育人才：一黨優勢有助於將人才吸收到黨政體系內，使人才蔚為國用，有助於提升行政效能和決策品質。

3.政策穩定性：一黨長期執政，有助於政策之連慣性和延續性，尤其是在經濟政策和計畫民主的政策實踐上。

4.行政效率高：政府權力集中，在政策的籌劃和執行上較快速。

但一黨優勢制也有其缺點：

1.民主性低：決策缺乏民意的輸入，民主性不足。

2.政治易腐化：缺乏在野黨的強力監督，易造成政治腐化，導致政治效能衰退。

3.改革不易：人事雖穩定，但易於老化，新陳代謝緩慢，組織日趨僵固，使政治改革不易。

■兩黨制

兩黨制（two-party system）是指一個國家有兩個主要政黨大致享有贏得政府權力的平等機會，亦即這兩黨之一往往會在國會中占據二分之

一以上的席次，兩黨的實力互有消長，但始終維持「一黨在朝，一黨在野」的情況，至於其他政黨則很少有機會取得國家權力。因此，就兩黨制的基本形式來說，具有以下三項特徵：

1. 兩黨輪流執政。即使會有一些「小」黨存在，但是僅有兩個「主要的政黨有充分的能力和機會去從事競爭和贏得選舉，也只有兩個「主要」政黨有機會輪流執政。

2. 在兩黨制情況下，一黨在競選獲勝就能全部掌握行政權，並單獨組閣，以本黨的名義向選民負責。這樣，執政黨就能在行政機構中比較一致地推行黨和政府的政策，使政府明顯地體現出該黨的意向。

3. 兩黨制中的一個政黨在競選中獲勝成為執政黨，通過政府工作來實現政黨的綱領和政策；另一落選的黨作為在野黨和反對黨，監督政府的各項工作，並伺機取代其執政地位。即兩黨均有「贏得選舉、取得執政」的機會。

兩黨制的優點則在於：

1. 政治穩定：兩黨制係由席位過半數的政黨單獨執政，無須和其他小黨組成聯合內閣，內閣及政府較穩定。

2. 責任分明：兩黨制為一黨在朝執政，一黨在野監督，執政黨須力求績效，否則下次選舉就會下台；在野黨強力監督，代表人民防止政府腐化，並提出與執政黨不同的政策主張供人民選擇，角色清楚，責任分明。

3. 制度民主：兩黨輪替執政，不但制度上較民主，且因權力更迭、分享，有助政治安定。

兩黨制也有下列缺點：

1. 易出現政治僵局：兩黨制中，由於制衡性強，如果在野黨為反對而反對，容易造成政治上的僵局（deadlock）。

2.政策不易一貫：由於交替執政的結果，政府政策容易缺乏一貫性與連續性，換黨換人執政後政策也可能完全改變，如此，有些必須長期推行才能奏效的政策（如經濟政策），不易推行成功。

3.行政效率受牽制：在政黨相互牽制下，可能造成立法效率不彰及行政效能不足。

支持兩黨體系的學者認為，兩黨體系是政治發展的一種「自然法則」：這種政治的「自然法則」，係指人們的政治意見傾向往贊成和反對的兩極發展；在政治意見上並無所謂中間立場，即使有，也可屬贊成或反對陣營中的一部分。如果我們從意識型態的左派和右派立場來分，所謂的中間派，不過是左派陣營中的右派，或是右派陣營中的左派，因此，中間派即使存在，往往也具有一種短暫性質，只有對立的兩個陣營才是長期的。這種政治意見趨向二元主義（daulism）的情形，剛好構成了兩黨體系的社會基礎，英國和美國的兩黨體系就是一個最好的例子。不過，兩黨制的政黨體系似乎是較適合於在民主文化較成熟的國家實施，因為，這種國家在面臨政治僵局時，才有較為成熟的能力去化解政治對立。

■多黨制

多黨制（multi-party system）指的是一國之政府由幾個政黨所聯合組成，且為經常現象者。在標準的多黨體系下，並沒有任何一個政黨能獲得過半數的席位，因此必須透過政黨協商談判，來組成聯合政府。西方國家大多數都是多黨制，例如法、德、義都是典型的多黨制國家。多黨制比較突出的特點有：

1.聯合執政：這是因為政黨眾多，選票分散，一黨通常難以單獨取得絕對多數選票，各主要政黨會在大選之前或之後組成跨黨派聯盟，聯合成多數，藉此勝選或得到執政權。

2.政黨對政府的控制力弱：由於政府由幾個政黨聯合組成，而這些政黨代表的利益又不盡相同，所以政府內部會出現各種不同意

見。由於任何政策都不能由一黨決定，須經各黨協商，因而決策時間長，效率比較低。這些都說明政黨對政府的控制能力較低。

3. 政府往往不穩定：由於政府成員不是來自一個政黨，成員內部的爭吵是不可避免的。有時爭吵會造成各黨互不妥協、讓步，有一些黨就會退出政府，使執政黨變成少數黨而垮台。當然也並非所有的多黨制都有不穩定的特點。例如，德國的多黨制一直相當穩固，冰島的多黨制也很穩定。

多黨體系的優點是：

1. 較爲民主：人民有更多參與管道和政治選擇的機會。
2. 制衡性強：因爲沒有任何一黨可以取得過半數席位單獨執政，必須由兩個或兩個以上的政黨組織聯合政府，因而政府政策制訂過程是在討價還價中彼此互相妥協達成的。多黨體系不但是在朝的政黨和在野黨間相互制衡，即使在聯合政府中的政黨，也可達到相互制衡的作用。

多黨體系最大的缺點乃是：

1. 政治易不穩定：由於聯合內閣中各黨意識型態、政策主張和利益均有所不同，很容易造成內閣更迭頻仍，政府人事不安，政治不易安定。
2. 政策缺乏一貫性：由於內閣經常更換，使得政府政策缺乏一貫性與連續性。
3. 政治效能不易發揮：由於內閣中政黨相互牽制，使得行政效能不易發揮。
4. 政治責任不明：由於聯合內閣政策常常是多個政黨妥協的產品，施政的成敗不易由特定政黨負起責任，使責任政治不夠分明。

一般而言，對開發中國家而言，多黨體系並不是一種值得鼓勵的制度。因爲相對而言，多黨體系比兩黨體系和一黨優勢體系還要不穩定。義大利在二次大戰後迄今，聯合內閣不斷垮台，政權更換超過了五十次

以上。日本在一九九三年自民黨下台迄今，聯合政府不斷更迭，首相也不停的更換，使日本政局呈現不穩狀態，經濟也受影響，行政效能亦開始衰退。 根據杭廷頓的研究，多黨體系尤其不利於正在經歷現代化的開發中國家，因為對這些國家而言，多黨體系比「一黨優勢體系」或「兩黨體系」更易遭受軍人干政，多黨體系與政治安定不相容，而且也不利於高度的政治制度化。換言之，對開發中國家而言，多黨體系是一種軟弱的政黨體系；當然，這並不是說多黨體系就必然帶來不安定。薩托里也認定，只要議會中具有一定實力之政黨，其數目能控制在五個或五個以下，政局的穩定應不致有太大問題。[1]

(三)無黨制

無黨制是指政治體系之內，沒有任何政黨存在。如前所述，政黨的機制通常被認為是現代政治體系的一個重要的元素。然而在歷史上，許多政治體系並不存在有組織的政黨，此外，一些現代政治體系也不容許政黨的存在。例如巴林（Bahrain）和史瓦濟蘭（Swaziland）的統治者就因為不願反對者有了組織的基礎，也不願見到政黨隔絕了臣民對社會的忠誠，所以禁止成立政黨。而「直接向同鄉負責」也是美國許多地方政府公共職位的無黨籍候選人，為自己不參加政黨而加以合理化的主要藉口。

---

1 薩托里提出「向心競爭」和「離心競爭」的政策模型，假設政黨可依意識型態取向，在同一向度的光譜上加以排列，而只要體系中的主要政黨數目為二、三或四個，各政黨均會向中間修正政策，以爭取最大多數的選民，這種黨際競爭的移動方向即謂為「向心競爭」；相反地，當政黨數目多於五個以上，會有所謂的「極化多黨」或「分歧多黨」出現。其中「向心競爭」將可導致政局的穩定，反之，「離心競爭」則有可能造成政治對立與撕裂。可參見：薩托里著，雷飛龍譯，《最新政黨與政黨制度》，台北：韋伯出版社，2002年，頁147-166。

二、政黨體系與選舉制度

　　影響政黨體系和政黨制度的因素很多，但毫無疑問地，選舉制度的影響力是最明顯且直接的。選舉制度的改變往往會影響候選人的參選動機、競選方式、選舉策略、選民的投票行爲，甚至形塑出不同類型的政黨體系。有關選舉制度與政黨體系之間的關係研究，首推法國政治學者杜瓦傑在一九五一年出版的《政黨概論》（*Les Parties Politiques*）一書中所歸納的三個法則：第一、比例代表制趨向形成一個多數目的、嚴格的、獨立的和穩定的政黨體系。第二、絕對多數兩輪投票制，趨向形成一個多數目的、鬆散的、依賴性的和相對穩定的政黨體系。第三、一輪投票多數選舉制趨向形成一個兩元的、具有獨立大黨交替的政黨體系。更進一步言，所謂的「杜瓦傑定律」，可以更簡單地歸納爲單一選區制與比例代表制兩種選舉制度對政黨體系的影響，分述如下：

(一)單一選區選舉制度，趨向形成兩黨制

　　單一選區制之所以易形成兩黨制，主因是在此選制之下，每一選區只能選出一席次，選民從事投票行爲時會考慮投給「有希望當選」的候選人，從而逐漸形成一對一的對決型態，獨立候選人因無政黨奧援，將難以生存，進而有利於兩黨制的穩定運作。

　　在英、美等國，社會不同集團間的「共識」程度相當高，且政教分離較歐陸諸國順利而徹底，皆有助於限制政黨的數目。其由於歷史和社會的因素，採取單一選區制，在一個選區內，僅有一名候選人當選，而且當選所需票數，只要超過其他候選人就可，不必達到全額的半數以上。這種制度對小黨甚爲不利，其候選人甚難當選，久而久之，小黨的一些核心分子必會因無法滿足政治慾望而求去，而大黨的勢力會越來越鞏固，造成兩黨制牢不可破。

(二)比例代表制選舉制度，趨向形成多黨制

比例代表制會趨向形成多黨制的原因，是由於其乃依照各政黨得票比例來分配議席，故只要一個政黨在選舉中獲得若干選票，便有機會分配席次，而不需要與其他政黨合併來贏得選舉，小黨也因此得以生存，自然就容易出現多黨制。多黨制的存在，是採用比例代表選舉制的必然結果。

在歐洲大陸，由於長期的歷史和社會因素，政治社會把不同階級、宗教、地區的人民，在意識上納入同一政治社區的能力頗為薄弱，許多重疊的社會與文化的分歧，都構成組織不同政黨的理由。而且，由於若干分歧是情感性的，社會上各類人之間互相溝通與容忍遂比較困難，歷史上每一次重大的社會衝突與危機，都可能加重政治社會的割裂，此亦使其易於建立多黨制，且一旦建立不易改變。由於使用比例代表制的選舉制度，每一選區可選出若干名議員，而每一政黨當選的議員名額，必須按其所獲得的選票在全數選票中之比例而分配。這種制度會鼓勵小黨的產生，並維持其存在，因為任何小黨，只要能在選區中得到某一數額的選票，就必然可在議會中獲得若干席次，而有所代表性。

第三節　政黨與政黨變遷

政黨是十九世紀和二十世紀社會現代化的產物，迄今刺激大眾政黨出現的大規模政治動亂和社會撕裂，都已經遠逝。現在人類文明走過或即使還停留在後現代，那些不需透過政黨的政治動員、溝通、治理，越來越被強化了。政黨的重組與解組成為普遍的政治現象，甚至有人疾呼政黨衰微了。

一、政黨重組與解組

(一)政黨重組

政黨重組（party realignment）是指政黨間的社會團體的支持力量，發生重大且持久的重新組合。政黨重組的概念，首先由美國學者學者凱伊所提出，自後亦有學者用「重組性選舉」或「關鍵性重組」的概念來指稱政黨重組。其所提出的政黨重組，包括了幾個要素：

1.一次關鍵性選舉（critical election）。
2.此關鍵性選舉造成支持政黨的選民結構改變。
3.選民結構的改變非常尖銳且持久的，並不是一次偶發的事件。

根據學者研究及歸納，政黨重組的特性有四（葛永光，1996：264）：

1.就強度言：政黨重組多因高度緊張引起，其強度足以改變傳統的投票行為模式，使少數黨變為多數黨，多數黨變為少數黨。
2.就持久性言：政黨重組造成某些社會團體對某一政黨持續性的支持，使該政黨得以在行政或立法部門維持一段優勢。
3.就敏感性言：政黨重組的發生係受重大危機的刺激，使選舉結果產生異常突變，亦可能因人口遷移等因素，而緩慢地引起改變。
4.就選民心理取向言：政黨重組即選民政黨認同方向改變，因而使選民的「投票常模」（normal vote）發生變化。

而政黨重組發生的原因，也可歸結為下列幾項：

■有重大的國家危機

重大的國家危機易引起緊張局勢，而誘發政黨重組。因為重大的國家危機，往往讓各政黨有機會去對政治資源進行再分配，危機造成政黨意識型態尖銳化，拉大政黨間的議題差距，此時選民會選擇較能解決危機的政黨。例如一八六〇年美國因黑奴問題引發內戰，而導致政黨重組。但國家危機並不必然會造成政黨重組，必須再視危機的深度與廣度，及選民對該危機的心理認知而定。

■議題的對立

因受到國家危機的刺激，公民對政策有新的要求，此時政黨所提出政策選項和議題訴求出現南轅北轍的現象，公民因而對政黨的認同和支持發生改變。

■第三黨的出現

政黨重組前，選民投票行為呈現極大浮動性，對原有政黨的認同度減弱，致有分裂投票和跨黨投票的情形，此時若有第三黨的出現，選民將可能為了宣洩對兩大黨的不滿，而將部分選票轉移給第三黨，從而發生政黨重組的現象。

■投票參與的增加

政黨重組前，因選民對舊執政黨處理危機的能力普遍不滿，使選民對政黨的認同與支持方向改變，此時，反對黨分別一方面爭取既有不滿者的認同，一方面加強選舉動員能力，選民參與投票的增加，使反對黨逐漸變成全國性的多數黨。

(二)政黨解組

傳統上，民主國家的選民往往有很高的政黨認同，這種認同的根

源，可以由選民的各種社會背景來追溯，例如階級、宗教、種族（或族群）。然而，隨著選民的認知日漸成熟（越來越理性），以及選舉技術的日益發達，越來越多的選民不再認為自己屬於某一特定政黨，而視自己為所謂的「獨立選民」或「中間選民」，並喊出「選人不選黨」的選舉口號[2]。此種現象的發生，已不再是「政黨重組」的政黨認同板塊移動所可以解釋，進一步地，這是一種「政黨解組」（partisan dealignment）的現象。

「政黨解組」這個概念意指，人民對於政黨的認同出現長期而重大的衰退，在選戰過程中，選民的偏好變得難以捉摸。另一方面，這也表示政黨在政治過程中，包括組織輔選、決策、執行、監督、黨紀維持等方面，出現了組織功能弱化，或稱「政黨衰退」。其原因主要有三方面：

■選民投票行為的改變

即選民對政黨認同的減弱，獨立選民增加，選民依政見投票，此時出現策略性投票或分裂投票（split-ticket voting）現象，即選舉時，選民將票投給不同政黨的候選人。例如，某位選民可能在2004年的總統大選投票給陳水扁，但對陳水扁總統交付公民投票的「強化國防」和「對等談判」二案卻投下反對票。這或許意味著選民比以往更重視「選擇」，而不是被「認同」所限制。

■選舉技術的改變

因初選制度的興起，競選以候選人為中心，削弱政黨輔選的重要性。此外，傳播科技、電子媒體的發達、單一議題團體（環保、消費者保護、反核）的出現，選舉公關公司和民意調查技術的運用，都使政黨功能弱化。

---

2 值得注意的是，這些年以來，雖然政黨解組是民主國家常見的現象，但政黨解組的實際「程度」，卻一直是學界爭論不休的話題。例如，很多學者已經指出，當前美國政黨認同的下降趨勢，似乎已經停止。

■政黨功能的改變

　　政黨在選舉中逐漸喪失了提名和輔選的功能，使選戰走向「候選人中心」的競選型態，而非黨對黨的對決，結果是國會議員對政黨的認同、忠誠度減弱，黨紀很難強力維持，政黨淪為提名的旁觀者、輔選的配合者。

二、政黨式微了嗎

　　在東歐發生巨變、蘇聯開始解體前後，西方自由世界的主要國家，大都是由積極反共的保守政黨執政，例如美國是共和黨的老布希、英國是保守黨的佘契爾、梅傑，德國是右翼執政聯盟的柯爾（Helmut Kohl）、日本是自民黨的海部俊樹、宮澤喜一。這些政黨在蘇、東、波的骨牌傾倒效應的過程中頻頻立功，扮演了推波助瀾的角色，然而好景不常，這些保守主義的執政黨並沒有因政績突出而達到長期執政的目的。

　　先是一九九二年的美國大選，民主黨的柯林頓當選，共和黨下台，直到二○○○年，小布希（George W. Bush）才以「法律途徑」擊敗高爾，重新掌握政權。其次是一九九三年，日本的自民黨失去了長達三十八年的執政權，再次是歐洲的保守黨在一九九○年代中期以後，幾乎全都退出了執政的舞台。最特別的是英國的保守黨，自一九七九年以後執政了十八年，卻在一九九七年也被信奉民主社會主義的新工黨擊垮。至於在台灣執政長達五十年的中國國民黨，於二○○○年敗給成立僅十三年的民主進步黨之手，更是國人耳熟能詳的史實。

　　從上述各國執政黨的遞嬗與變遷，似乎間接證實了自一九八○年以來的一種說法，即政黨正在式微（decline）之中。各個政黨之式微，不僅表現在黨員人數減少（如表8-1所示）、活動減少，更重要的是人民對於政治人物的不信任，連帶使得政黨難以贏得民心，人們並不認為政黨是政治整合與合法化的主要工具。近年來，政黨在政府中扮演的角色也

看似不夠，新興的政治勢力層出不窮，如環保與人權的新社會運動、單一議題的訴求等。因此反政治（anti-politics）或反政黨政治現象的出現不足爲奇。

　　二○○五年五月十四日我國任務型國民大會代表選舉，23.35%的超低投票率，是否可以解讀爲台灣人民對政黨政治的厭惡，雖然尚待觀察，但民主聯盟張亞中教授等一五○人，挺身而起，號召人民拒絕民主進步黨和中國國民黨兩大黨的聯手修憲，卻令人印象深刻。一般認爲，「單一選區兩票制」修憲案複決通過後，有利於兩黨制的發展，然若是藍綠兩大陣營依舊惡鬥不止，則台灣政黨政治的前途堪慮。

表8-1 各國政黨黨員數變化表

國家	時間	1990年代後期全體選民中具黨員身分的百分比	變化率	黨員數的變化	黨員數的變化率
法國（France）	1978-1999	1.6	-3.48	-1,122,128	-64.59
義大利（Italy）	1980-1998	4.0	-5.61	-2,091,887	-51.54
美國（USA）	1980-1998	1.9	-2.20	-853,156	-50.39
挪威（Norway）	1980-1997	7.3	-8.04	-218,891	-47.49
捷克（Czech Republic）	1993-1999	3.9	-3.10	-225,220	-41.32
芬蘭（Finland）	1990-1998	9.6	-6.09	-206,646	-34.03
荷蘭（Netherlands）	1980-2000	2.5	-1.78	-136,459	-31.67
澳大利亞（Austria）	1980-1999	17.7	-10.82	-446,209	-30.21
瑞士（Switzerland）	1977-1997	6.4	-4.28	-118,800	-28.85
瑞典（Sweden）	1980-1998	5.5	-2.87	-142,533	-28.05
丹麥（Denmark）	1980-1998	5.2	-2.16	-70,385	-25.52
愛爾蘭（Ireland）	1980-1998	3.1	-1.86	-27,856	-24.47
比利時（Belgium）	1980-1999	6.5	-2.42	-136,382	-22.10
德國（Germany）	1980-1999	2.9	-1.59	-174,967	-8.95
匈牙利（Hungary）	1980-2000	2.1	+0.04	+8,300	+5.02
葡萄牙（Portugal）	1980-2000	3.9	-0.29	+50,381	+17.01
斯洛伐克（Slovakia）	1994-2000	4.1	+0.82	+37,777	+29.63
希臘（Greece）	1980-1998	6.8	+3.58	+375,000	+166.67
西班牙（Spain）	1980-2000	3.4	+2.22	+808,705	+250.73

轉引自：Axford et al., 2002, p.365. 表中黨員人數增加的國家，皆有其獨特的政經背景，不妨礙政黨人數普遍下降的趨勢。

進階讀物

Downs, A (1957) *An Economic & Theory of Democracy* (New York, Harper & Row).

Thomas, C. S (2001) *Political Parties and Interest Groups: Shaping Democratic Governance* (Boulder, Colo., Lynne Rienner Publishers).

Duverger, M (1986) "Duverger's Law: Forty Years Later", in B. Grofman and A. Lijphart(eds.). *Electoral Laws and Their Political Consequences* (New York, Agathon Press), pp. 69-84.

Aldrich, J. H (1995). *Why Parties? The Origin and Transformation of Party Politics in America*(Chicago, The University of Chicago Press).

Diamond, L., & Gunther, R. (2001) *Political Parties and Democracy* (Baltimore, Md., Johns Hopkins University Press).

Nelson, P., & Wildavsky, A (eds) (1988) *Presidential Elections: Strategies and Structures of American Politics*(New Jersey, Chatham House Publishers Inc).

Mair, P (1997) *Party System Change: Approached and Interpretations* (Oxford, Clarendon Press).

Arend Lijphart, Carlos H. Waisman著，蔡熊山、陳駿德、陳景堯譯，（1999）。《新興民主國家的憲政選擇》。台北：韋伯文化事業出版社。

Moshe Maor著，高千雯譯（2005）。《政黨制度的比較分析》。台北：韋伯文化事業出版社。

相關網站

中國國民黨

http://www.kmt.org.tw/

民主進步黨

　　http://www.dpp.org.tw/

親民黨

　　http://www.pfp.org.tw/

台灣團結聯盟

　　http://www.tsu.org.tw/

國家政策研究基金會

　　http://www.npf.org.tw/

麻省理工學院的「開放式課程網頁」

　　http://www.twocw.net/mit/index.htm

部落格化的台灣政治法律學院

　　http://blog.sina.com.tw/weblog.php?blog_id=423

International Institute for Democracy and Electoral Assistance （IDEA）

　　http://www.idea.int/index.cfm

一、何謂「政黨」？何謂「杜瓦傑定律」？試說明之。

二、政黨有哪些類型？並進一步說明中國國民黨與民主進步黨分別屬於哪一種類型？

三、試從「政黨體系分類」的角度分析台灣政黨政治的發展。

四、政黨與派系均為政治系統中利益匯集和表達的團體，請思考並說明兩者之間的差異何在？

五、試說明政黨體系與選舉制度的關係。

六、您認為台灣是否有發生「政黨重組」或「政黨解組」的現象？若有，試舉例說明之。

七、 政黨已經式微（decline）了嗎？試從正反面提出己見。

Political Science

◆第9章　選舉

選舉一直被認爲是民主政治運作的核心，熊彼得（J. A. Schumpeter）在一九四二年出版的《資本主義、社會主義與民主》（*Capitalism, Socialism and Democracy*）一書中即指出：「所謂的民主秩序就是達成政治決定的制度性安排，透過競爭人民選票的努力，個人得以獲得決定的權力」。而杭廷頓更是直陳：「民主政治最主要的程序便是由被統治的人民經由競爭性的選舉來選擇領袖」。上述的觀點，深刻說明了選舉是民主政治的核心要素，在常態民主國家之中，選舉的作用，是定期提供選民表達他們對現任政府及政府領導人施政表現良窳評價的機會，並且讓各政黨有機會以政見和施政能力爲號召，來爭取選民支持，選舉的結果會影響政府政策的走向、政府的更迭，或甚至政黨制度的重組，惟較少涉及政治結構或國家結構的調整。但在政體轉型中的國家，選舉所帶來的政黨競爭，往往環繞著政治結構或國家結構正當性等問題，而選舉結果對政體結構所可能產生的衝擊，也是相當的強烈。是故，選舉研究確爲政治學領域重要的一環，本章將討論民主選舉的兩大議題：選舉制度和選民投票行爲，但在此之前，首先說明民主選舉的要素和功能。

第一節　民主選舉的要素和功能

從某種程度上來看，選民投票的過程，也是一種表達民意的過程。在常態運作下，當選者永遠都必須面對下一次的選舉，這意味著候選人必須持續考量民眾的意見，否則就有可能失去政權。因此，選舉政治蘊涵著責任政治的理想。換言之，勝選者在連任的壓力下，必須使其法律及政策能夠合乎民意。選舉是當代民主政治的重要機制，在選戰的過程中，人民（投票者）的權力得到實質展現（雖然選民沒有直接進行統治）。正是經由選舉，人民透過選票選出代議士，代議式民主才有可能運作。然而，選舉不直接等於民主，因爲並非所有的選舉都是競爭性選舉。大部分的威權國家都會把立法機構保留下來，並且透過操控選舉來

增補新的國會議員。因此,指出民主選舉的要素就變得非常重要。

一、民主選舉的要素

(一)選舉的要素

選舉是民主國家最爲重要的政治活動和機制之一,但要符合民主國家的選舉,根據政治學者藍尼的見解,則可以歸納出下列幾項要素(Ranny, 2001: 161-162):

1.定期改選:民主選舉必須有制度化的定期改選,執政者不得因個人好惡而任意調整選舉間隔。

2.有意義的選舉:選舉有兩位以上的候選人參與競爭,提供民眾不同的選擇空間。威權國家或共產國家單一候選人的「同額競選」,自然不符合此一要素。

3.有推舉候選人和參選的自由:任何人皆有權力組織政黨、推舉候選人,或自行積極參與選舉的權利。

4.公開競選和討論選舉的自由:候選人及其陣營均有公開發表政見、公平競爭的權利,而選民亦有自由討論選舉的權利。

5.每人一票、票票等值:民主政治的本質在求統治權歸全民所有,每位選民不僅應具有同等的投票機會,更應具有相同價值的一票,以維持民主選舉的政治平等原則。

6.秘密投票:民主選舉應透過秘密投票,保障選舉人自由選舉的意志,能夠在毫無障礙和不受任何脅迫的前提下進行投票。

7.正確計票:選舉計票過程應秉持公平、公正、公開的原則;此外,選舉公告程序也必須確實無誤地宣布選舉計票結果,以正視聽。

8.普選權：所有的成年公民均有投票權。

(二)投票的資格

自由選舉的基本要求，被稱為「普遍選舉權」（universal suffrage）：即要求所有的成年人必須享有平等的投票機會。進一步分析，在現代的民主政治運作中，藍尼將可投票選民的基本資格列舉出下列幾項（Ranny, 2001: 163）：

■公民身分

每個國家都只允許該國公民享有投票的權利。此項要求是因為確信只有忠於國家的人，才具有在該國內選舉中參與投票的資格；而公民權正可說是判斷「國家忠誠」最為正式而明確的指標。

■年齡限制

幾乎每個社會都會要求其成員必須先達到某最低年齡標準，才能擁有權利去參與公共社群事務；同樣地，現代民主國家也都會要求其公民必須達到某些年齡門檻，才具有投票的權利。這個門檻並無一定標準，但一般常見的要求，多在十八歲到二十一歲之間。

■居住期間

大部分的民主國家，亦會要求選民在投票之前，必須在其國家及特定選區內住滿一定期間。舉例而言，美國伊利諾（Illinois）州的選民，在參與投票之前，必須在該州先住滿三十天。

■登記制度

為了防止選舉舞弊，民主國家的選舉都會在每一選區提供一份完整的選舉人名冊。而選民在選舉人名冊的登記制度，某些國家是必須由選民主動向主管機關登記，例如美國，而有些國家則是由選務機關負責編

造修訂選舉人名冊，例如英國以及我國。

二、選舉的功能

民主選舉具有兩項主要的目的：一是讓選民能選擇代表和決定公共事務的處理方式；二是迫使民選執政官員（或代議士）必須對社會大眾負責。但若仔細分析，選舉的功能則可以包括下列幾項：

1. 挑選代議士或民意代表：「代表」（representative）這個觀念，一直是西方民主理論的核心。哲學家霍布斯、洛克、盧梭、彌爾等人，都曾討論過這個概念。雖然挑選代議士的方法有很多種，但最能被民主理論家接受的方式，還是選舉。

2. 組成政府：在內閣制的國家之中，人民無法直接決定由誰來組成政府，然而，透過選舉這一機制，便能產生國會多數黨（或多數聯盟），進而決定誰來組成政府。在總統制國家，選舉則是更為直接的決定總統與行政權的歸屬，並進而組成政府。

3. 影響政黨：一個不斷敗選的政黨，可能就意味著該黨的路線及黨綱已不合時宜，無法獲得選民的青睞。因此，該黨若要重生，就必須調整其路線或放棄其原先的黨綱。一般認為，二十世紀末英國工黨之所以能重新贏得政權，就是因為該黨能放棄其舊左派路線，適時轉向「第三條路」。

4. 影響政府決策：由於選舉結果能決定最後是由誰來執政，如是，勝選者的政見將較有可能被落實，而落選者的政見，在某種程度上將遭到淘汰。

5. 教育的功能：選戰的過程裡，各黨候選人之間的政策辯論，往往可以提供選民各種訊息或知識，這些議題的範圍通常涵蓋了內政、外交及經濟事務。平常這些議題的能見度可能不高，但經由激烈的選戰過程，選民可以更瞭解各種公共事務。

6. 為政府提供正當性：一個具有正當性的政府，必須是個負責任又能回應民意的政府，且其統治過程也必須符合各種正當程序。亦即，一個有權力的政府，必須得到人民的真實授權。正是經由競爭性選舉，人民將權力委託給政府。因此，一個缺乏選舉的政權，通常也是個正當性較低的政權。同理，選舉過程的爭議越大，當選者的正當性就越容易受到質疑，二〇〇四年我國的總統大選，便屬一例。

7. 提供政策選擇：在選戰過程中，各個對立的政黨和候選人，都會對當前的重大議題發表不同的政見。在民主國家裡，選民可以在這些不同的政見中，找到自己想要的政策願景。因此，部分製造社會分歧的議題，有時可以透過選舉來解決。

三、選舉的實施範圍

大部分的民主國家，實際上將多少公職付諸於選舉？比較性的觀點，或許可以提供不少資訊。最獨特的國家便是美國，該國廣泛地運用選舉，從全國性的「總統」到地方性的「補狗隊」，都是經由選舉產生。總計起來，美國大約有超過五十萬個公職都是經由選舉產生，這反映著美國悠久的地方自治傳統。如果英國想要達到和美國相同的水準，那麼，就必須讓國內十萬個以上的公職付諸選舉（這個數字已考慮了美英兩國人口總數的比例差距）。然而，事實上，英國以及許多歐盟成員國（尤其是那些採用非聯邦制的民主國家），大多將選舉限於歐盟議會、國會及地方議會。另一方面，澳洲政府公職付諸於選舉的比例，也高於紐西蘭。

第二節　選舉制度

　　所謂「選舉制度」，主要是指通過民主選舉機制，將選票轉換成公職的方式。而各國的選舉制度不但五花八門，同時也是政治競爭的主要焦點，一般而言，我們可以根據投票方式、選區大小、當選名額多寡，以及選票換算公式等層面將選舉制度區分為各種不同的種類。

一、選舉制度的分類

　　最普遍的分類方式，是以選票如何轉換成席次加以區隔，有「單一選區制」、「複數選區單記不可讓渡制」、「比例代表制」和「混合制」等（Heywood, 2002: 232-239），以下分別討論之：

(一)單一選區制

　　單一選區制（single-member district plurality electoral system）主要指每個選區只能選出一名代表，每位選民只能投一票，由選區內得票最高的人當選。其中又可以細分為：

■相對多數制

　　單一選區相對多數決制，一般又稱之為「小選區制」，即每個選區只能選出一名代表，每位選民投一票，由選區內得票最高的人當選，得票數無須超過半數。大多數的英語系國家，例如英國、美國在國會議員選舉上均採取此一制度。

　　相對多數決制主要有兩大特色：一是如杜瓦傑定律所言，容易走向

兩黨競爭及兩黨制，而小黨在「贏者全拿」（winner-take-all）的遊戲規則下，先天上就不容易生存，而選民為了不浪費選票，一般都會把票投給當選機會較大的黨，以防止自己最不喜歡的政黨上台。二是各政黨政見訴求比較溫和，為的是爭取絕大多數中間選民而非特定選民的支持，政黨或候選人如欲獲勝，在政見訴求上就不能太偏激或太保守，而趨向以多數選民較關切的公共政策、福利政策作為主要選舉訴求。

相對多數決制的優點在於：

1. 由於當選者係依賴選區民眾支持而當選，與選區具有密切而明顯的聯繫，較能全面兼顧各地利益。
2. 可防止極端主義的滋生，因為激進的小黨或政見並不容易獲得選民的支持。
3. 兩大黨的競爭，往往會有單一政黨贏得過半數的國會席次，亦促成單一政府的產生，形成穩定的政府。

而其缺點則包括了：

1. 極可能出現政黨得票率與所得議席不成比例，代表性有所不足，無法彰顯現代社會的多元政治文化，而削弱了政府統治的正當性。
2. 會出現「浪費」選票的現象，各敗選候選人選票的總和，極有可能超過當選者的選票。
3. 由於具有兩黨政治的傾向，對選民而言，這僅能提供相當有限的選擇空間。

■絕對多數制

絕對多數制與相對多數制最大的差異，在於候選人必須獲得過半的選票支持。與相對多數制一樣，當選名額只有一名，且每位選民只能圈選一位候選人；而不同之處在於，假設第一次投票沒有候選人獲得過半的選票，則其中前二名的候選人要進行第二輪決勝性的投票，因此也被稱為「兩輪投票制」。實施此一制度的代表國家為法國。

絕對多數制的特色基本上與相對多數制差異不大，其優點為：

1.擴大了選舉的選擇性。選民可以在第一輪時根據心中的偏好進行投票，而在第二輪時再圈選「最不討厭」的候選人。
2.由於候選人必須過半才能贏得選舉，會試圖更擴大其政治訴求範圍。
3.與相對多數制相同，可形成穩定的政府，而執政的正當性也因為有絕對過半的民意基礎而提升。

但絕對多數制仍有其缺點：

1.代表性只比相對多數制略高，依舊會排擠小黨的生存空間。
2.參與第二輪決勝的候選人，可能會為求過半而尋求政治聯盟，而在政見上有所妥協或退讓，甚至出現與第一輪落選的候選人協議分配政治利益的現象。

■選擇性投票制

選擇性投票制（alternative vote）可以說是絕對多數制的變形，主要的實施國家是澳洲。其特點在於只需要一次的投票，但運作方式卻較為複雜，簡述如下：

1.選民進行「偏好投票」（preferential vote），依據偏好來對候選人進行排序。
2.計算選票仍必須以超過半數者為當選。
3.選票的計算，是根據第一偏好的數目。若無候選人獲得50％以上的第一偏好選票，則先剔除最後一名候選人，並依據該名候選人的選票中的第二偏好再行分配。此過程將持續到有一候選人分配到過半數的選票為止。

對於選擇性投票，學者認為其優點在於：

1.比起相對多數制，選擇性投票較不會有選票浪費的現象。

2.比起絕對多數制，選擇性投票不會出現候選人之間協議分配政治
利益的現象。

其缺點則是：

1.代表性並無眞正的提高，依舊會出現有利於大黨的投票偏差。
2.獲勝的候選人並不一定代表確實是選民希望產生的代議士，而有
可能只是「最不討厭」的候選人而已。

(二)複數選區單記不可讓渡制

複數選區單記不可讓渡制（multi-member district, single non-transfer-
able vote，簡稱SNTV）的選舉制度，係指每個選區都可產生一名以上的
當選名額，每個選區的名額則視人口多寡而定，每位選民只能投一票，
且選票不能在候選人之間轉移，由得票數最高的幾個人當選。這種選制
過去主要有日本、南韓、台灣三個地方實施，但自南韓、日本分別於一
九八八年、一九九四年廢除後，目前只有台灣仍採這種選舉方式[1]。根據
學者的看法（謝復生，1996：2-4），SNTV制的主要特點是：

1.應選名額爲多席位的選區。每個選區通常有三至五席當選名額，
而三至五名獲勝的候選人，是根據相對多數的基礎加以選出。
2.選票進行「單記」，即不論選區應選名額爲多少，每位選民只享有
投一票的權利，每個候選人的得票都單獨計算。
3.選票「不可讓渡」，意指不管當選者超過當選所需票數的多餘選
票，還是落選者所獲得的選票，均不能轉移給同黨或同聯盟的其
他候選人，而形同廢票。

台灣實施的SNTV制度，其優點爲：

---

1 2005年6月7日任務型國民大會複決通過立法院所提憲法修正案，之後立法委員選
制改為單一選區兩票制。至於地方民意代表（如直轄市議會議員和縣市議會議員
等）的產生方式，目前仍採SNTV制。

1.該制度對小型政黨較公平,透過只推出一名候選人以集中支持選票,將可以改善他們贏得勝利的機會。
2.來自同一政黨候選人之間的競爭,擴大了選民的選擇性,並提供候選人發展個人訴求的強烈誘因。
3.當選民有任何冤屈而欲獲得補償時,將有數個代議士可提供申訴管道。

但SNTV的缺點則有:

1.雖然本制度比絕對多數制較具比例性,但仍只屬於一種準比例代表制,因此無法滿足眾多比例代表制的支持者。
2.助長派系文化與鼓勵偏激(極端)政治的產生,而且由於候選人強調個人特色,同黨候選人之間的黨內競爭(intra-party competition)經常凌駕不同政黨候選人之間的黨際競爭(inter-party competition),使得政黨角色在選舉中經常居於次要的地位,不僅對責任政治的建立有所妨害,也常造成金錢與暴力的介入。

此外,由於台灣長期實施SNTV選制,其對於台灣的選舉政治文化影響可謂既深且遠,大致分析如下:

1.競爭激烈:由於SNTV在於每個選區可產生多名的代表,因而,各黨候選人,都必須同時面臨黨內候選人以及敵對政黨候選人的雙重競爭壓力。在這種情形下,善於組織配票的政黨,自然取得絕對的優勢。
2.政治極端:由於SNTV僅需極低比例的票數即可當選,因而促使部分候選人可以鎖定特定的族群、甚至偏激的議題,來掌握基本數額的選票,為國會秩序投下不穩定的變數。
3.黨內失和:由於同黨候選人之間也必須相互競爭,因此候選人成立後援會以動員宗族及相關人脈關係鞏固票源的現象十分普遍,這種動員逐漸發展成派系,而國會政黨派閥化的現象,也導致了

黨紀的渙散。

4.黑金政治：採SNTV選民傾向選人不選黨，在技術上也有利於地方派系操縱樁腳進行賄選與計票，造成選舉文化品質低落。近年來台灣選舉文化瀰漫濃厚的金權、黑道與派系的陰影，實導因於此。

(三)比例代表制

政黨比例代表制（proportional representational system）意指根據各個政黨的總得票率來分配國會席次的制度，除以色列和荷蘭等小型國家是以全國為一選區外，大多數施行此制的國家都會依其歷史、政治、種族、地理環境等條件，將全國劃分為數個複數選區，如瑞典、瑞士、比利時等歐洲國家。比例代表制的基本假設是一個民意機關中，應充分容納反映各種社會利益的分配與多元的政治文化，其原理是將當選的席次依選票的分布作等比例分配，每一政黨得到的席次，約等同於其在選民中獲得的得票率支持。

在某些程度上，各國所實施的比例代表制，在內容上不盡相同，但基本的典型多是「政黨名單比例代表制」，即將一張印有各黨各派候選人姓名的「名單」交予選民，選民的投票則是投給政黨而非候選人，且選民不得改變政黨名單上的候選人排序（當然，也有選民可自行決定政黨名單排序的國家，例如比利時），政黨是依其得票率直接分配席位，且是以政黨名單上的順序決定當選的候選人。此外，大部分實施此制的國家，均會設有最低「門檻」（threshold）的限制，排除以極端主義為訴求的小黨有分配席次的可能。

比例代表制的主要特色，一是小黨的生存空間比較大，只要在選舉中得到一定的選票（超過「門檻」），便有可能在國會分得若干席位，但也因此容易導致小黨林立；二是在競選活動中，候選人個人的聲望與魅力比較淡化，政黨所代表的意識型態、政綱、政見才是選民投票時的主要考慮因素。

而該選制的優點則可歸納為：

1.議席的分配較能正確反映社會中政治意見的實情，具有充分的代表性。

2.所有的選票都能獲得完全的轉換，不致有浪費的現象，對各政黨（特別是小黨）皆具公平性。

3.讓婦女和弱勢團體有更多的當選機會，可以彰顯現代社會的多元政治文化及區域特殊性。

但其缺點也從此而生：

1.比例代表制下的政黨必然眾多，而著重狹隘利益的政黨亦能獲得議席；小黨林立的結果可能導致政治過程割裂甚劇，形成弱勢和不穩定的政府。

2.由於政黨決定了名單上候選人的排序，政黨領袖變得大權在握；且依政黨名單當選的候選人，並無法以罷免機制使其去職。

3.候選人與選區之間的聯繫因為政黨名單而不復存在，選區利益不如政黨利益來得受重視。

(四)混合制──單一選區兩票制

　　自德國於一九五三年開始實施兼採單一選區相對多數制與政黨比例代表制混合的「單一選區兩票制」後，這種混合的選制成為許多國家仿效的對象，目前已有德國、日本、紐西蘭等國採取，而台灣近年來也一直有著廢除SNTV制、改採「單一選區兩票制」的呼聲。二〇〇五年六月七日任務型國民代表大會依職權複決立法院所提憲法修正案，從此我國國會選舉乃實施「單一選區兩票制」。

　　所謂「單一選區兩票制」係指國會議員選舉，有部分名額由單一名額的小選區產生，其他名額由政黨比例方式產生；每一選民可投兩張票，一票投小選區的候選人，一票投政黨。國會議員選舉採「單一選區兩票制」的國家，其運作的特徵為[2]：

---

2 參閱謝相慶：〈淺談立法委員選舉制度改革：單一選區兩票制〉，資料來源：http://www.npf.org.tw/PUBLICATION/IA/091/IA-091-029.htm。

1. 有一定比例的席位,利用單一選區相對多數制選舉產生。
2. 剩下的席位則利用政黨名單比例代表制產生,但亦設有「門檻」。
3. 選民可投兩票:一票投給一名選區中的候選人,另一票則是投給
   政黨。

「單一選區兩票制」之所以會蔚爲潮流,自然有其優點:

1. 具有綜合性的本質,可兼顧選區代表性和選舉公平性的需要。政
   黨名單程序可確保整個國會具有一定程度的比例代表性。
2. 從選舉結果的觀點來看,雖然此制具有廣泛的比例性,但也具備
   了維持單一政黨政府存活的可能性。
3. 允許選民可從一個政黨中選擇一位選區代表,但支持另一政黨組
   成政府(即分裂投票)的行爲。
4. 考慮到選民代表和擔任內閣職務是兩種非常不同的工作,兩者需
   要非常不同的才能與經驗。

但此制也有其缺點:

1. 維持單一選區制,而阻止了「眞正」高度比例代表的達成。
2. 單一選區兩票制產生的兩類代議士,一類背負不安定性與選區義
   務,另一類擁有較高地位,以及擔任部會首長職務的機會,地位
   和選舉代價並不均等。
3. 在該制度下,政黨變得更加集權,也更有權力。政黨不僅可以決
   定誰能進入安全名單中,以及誰必須在選區裡面奮戰,而且可決
   定候選人被放在名單中的哪一位置上。

在席次換算上,單一選區兩票制又分爲德式的「聯立式兩票制」和
日式的「並立式兩票制」兩種。所謂「聯立式兩票制」,就是在一張選票
上,同時有區域候選人及政黨兩個選項,選民投區域候選人一票,投政
黨一票;但在分配席位時,先依政黨得票數分配各黨的總席次,扣掉區
域當選席次後,剩下的再由政黨名單來補足。而所謂的「並立式兩票
制」,則是選民眞的拿到兩張選票,且區域席次與政黨席次分開計算。試

分別說明如下：

■德式「聯立式兩票制」

1. 定義：所謂「聯立式兩票制」，即在一張選票上，同時有區域候選人及政黨兩個選項，選民投區域候選人一票、投政黨一票。
2. 分配：在分配席位上，先計算各政黨得票數，以分配各黨應得的總席次，扣掉其區域當選席次後，剩下的再由政黨名單來補足。即兩票之間是緊密連結的，選民投給政黨的選票之總和決定了政黨所能獲得的席次數。
3. 舉例：甲黨按政黨得票率計算可分得三十席，但該黨已贏得十六個區域席次，則甲黨在實際只能再分得十四個政黨名額。
4. 精神：德國聯立制是以比例代表制為基礎精神，強調政黨之得票率與席次率相符，有利於小黨生存。

■日式「並立式兩票制」

1. 定義：所謂「並立式兩票制」，則就是選民「真的」拿到兩張選票，分別投票給區域席次與政黨席次。
2. 分配：小選區候選人以得最高票者當選，比例部分則是各政黨依其得票比例分配議席，兩者分開計算，沒有關連。即區域代表之計算與政黨代表相互獨立。
3. 舉例：如甲黨在區域中得到三十席，按政黨比例分得二十席，則總席次為五十席。
4. 精神：日本是以區域代表為主，輔以政黨比例代表，有利於大黨的生存。

二、選舉制度的優劣

何種選舉制度才是最好的制度？這是一個見仁見智的問題。正如同

圖 9-1 政黨數目、代表性與政府效能關係圖

薩托里在《比較憲政工程》（Comparative Constitutional Engineering: An Inquiry into structures, incentives, and outcomes）一書中提到，每種選舉制度都有其優缺點：單一選區制比較容易形成兩黨制，從而較易出現一黨政府或有效能的政府；至於比例代表制則強調議會及政府的公平代表性，重視結果的公平性，亦即政黨得票及席次分配的比例性；而混合制的目的，也正是試圖吸納單一選區制和比例代表制的優點，創造出能夠平衡的選舉制度。但事實上，選舉制度的優劣選擇，並沒有一個絕對的衡量標準，而必須放在該國的歷史、社會、文化等脈絡下去設計，才能真正滿足各國不同的需求。但若一定要提出一個相對性的檢驗標準，則可由兩個面向來看：一是有關於代表性的品質，另一則是有關於政府的效能。

由前面對於各種選制的分析可以明顯的看出：越傾向單一選區制的制度，代表性品質越低，但越可能形成穩定的單一政府，政府的效能也就越高；相反地，越接近比例代表制的設計，越有完整的代表性，但小黨林立可能性也高，伴隨而來的，則可能是極不穩定的政府運作和低落的政府效能。透過圖9-1，或許更能掌握這種分際。

但是，我們仍必須強調，民主國家選舉制度的重要性常被過分高估。事實上，選舉制度只是影響政治過程的眾多因素之一，而且不一定是最重要的那一個因素；制度本身如何運作，還受到特定政治體系的制約

，並必須放在政治文化、歷史發展、社經背景等脈絡下去檢視，才能夠評判選舉制度是優是劣。

第三節　選舉與投票行為

選舉研究另一項重要的領域則是選民投票行為，而對於投票行為的研究，又可區分為許多不同的理論和學派。接著介紹其中幾個比較重要的學派模型（Heywood, 2002: 242-243；葛永光，1996: 177-187）：

一、政黨認同模型

政黨認同模型（party-identification model），可說是最早的投票行為理論模型。該模型以選民在心理上對政黨的偏好和認同作為基礎，亦即，選民將他們所認同的政黨，視為是「我們的」政黨，而內化成為長期的政黨支持者。因此，政黨認同模型認為，投票行為是一種對於黨派意識的展現，而非受到政策、政治人物、競選活動和媒體報導等因素影響的產物。在這個模式的理論假設中，選民對於政策和領導者的態度，以及對於團體和個人政治利益的認知，皆是以政黨認同作為發展的基礎，而此種政黨情感也容易產生持續性和穩定性，進一步出現習慣性的投票行為，甚至終其一生保持下去。

政黨認同模式或許可以解釋部分政黨死忠支持者的既定投票行為模式，例如長期以來支持國民黨的眷村選民。但隨著現代國家出現越來越多的「政黨重組」和「政黨解組」現象，長期的政黨認同，已經不再是一個固定的現象，而選民習慣性投票的比例也逐漸降低，政黨認同模型的解釋效力亦受到侷限。

二、社會學模型

　　社會學模型（sociological model），認為投票行為和團體成員的身分是有所關連的。該模型認為選民的社會經濟地位（教育、收入和社會階級）、宗教、居住地區（鄉村或城市）等，都會影響選民的投票態度，此模式指出，選民的投票傾向會反映出其所屬團體的社經地位，亦即，個人在社會脈絡下的位置，會決定政治傾向和投票態度。社會學模型的理論焦點在於社會團體的緊張性和區隔性，其中最為顯著的區隔，不外是階級、性別、民族、宗教、地區等，而在台灣，省籍可能是個較突出的因素。

　　社會學模型將社會身分作為分析選民投票行為的指標，但卻可能忽略了個人自利的傾向以及獨特的心理因素。社會學模型也許可以推論出投票行為的一般性趨勢，例如居住於中南部的閩南人傾向支持泛綠陣營，而居住於北部的外省人則傾向支持泛藍陣營，但這不意味著，能將所有選民的投票行為，都納入分析架構之中。事實上，也有越來越多的研究證據顯示，對立的社會因素在現代民主社會中已趨於衰退，特別是在西方社會裡，「政黨解組」的「階級解組」（class dealignment）現象正在蔓延。

三、社會心理學模型

　　社會心理學模型（social-psychological model）為美國選舉研究的重鎮密西根大學所提出，因此又被稱為「密西根模型」。和社會學模型不同的是，「密西根模型」不再將研究焦點置於投票行為的選民團體特徵之上，而提出「政黨認同取向」（party-orientation）、「政見認同取向」（issue-orientation）和「候選人認同取向」（candidate-orientation），作為社

會心理學分析的三個變項，對投票行為的研究產生了巨大的影響。換言之，社會心理學模型認為，選民可能是基於其政黨認同，或是因為對於某位特定候選人或某項特定政見訴求的支持，而從事投票行為。而社會心理學的引入，則在相當程度上解釋了所謂「選人不選黨」、「看政績決定投票」等無法歸類為政黨認同的選民投票行為。

著名的「漏斗模型」（funnel of causality），則是將「密西根模型」的三個社會心理學變項與前述社會學模型相結合。所謂的「漏斗模型」，係認為選民的社經地位變項和其政黨、政見；候選人認同等社會心理學變項，具有高度相關，意即選民的階級、教育、族群、區域等社經背景，會影響其對政黨的心理認同取向，從而進一步影響到對政見的認同和對候選人的態度。例如，在白色恐怖時期受到打壓的選民，可能在其政治社會化過程裡，自始至終就無法認同國民黨，從而排斥其候選人和相關政見；另外，長期生活在北部都會地區的中產階級，可能就無法接受民進黨的草根性格，而影響其對該黨候選人的認同程度。

不論是「密西根模型」，或是後來的「漏斗模型」，都將「政黨取向」視為是影響選民投票行為的長期因素，受到社經地位的社會學變項影響，而難以改變，而「候選人取向」和「政見取向」則是短期因素，會受到選民「政黨取向」的制約，可知「政黨認同」在該理論中仍扮演著關鍵性的角色。然而，誠如我們先前所介紹的，強大的「政黨重組」和「政黨解組」現象不斷地在現實政治世界中上演，政黨究竟在選民投票行為中還具有多大的影響力，也越來越受到質疑。

四、理性選擇模型

前述的三種投票行為模型，均較注重社會團體（例如政黨）和社會化過程（例如選民社經地位）的影響，而理性選擇模型（rational choice model）的出現，則可以說是對此類研究取向的反思。理性選擇的基本假設是，選民以個人「自利」（self-interest）為基礎，來形成其政黨偏好，

並進行投票的行為。與前述三種投票行為模型所描繪的不同，理性選擇模型主張，選民身上並「沒有」長期的政黨忠誠感，也不以慣性來進行投票。理性選擇模型認為投票只是一種「工具」，目的是要滿足選民理性的自利判斷。理性選擇模型主張，投票就是一種「回溯性的評判」，亦即，選民會依據過去執政黨的施政績效和反對黨的表現來判斷其投票取向，例如，假設某一政黨執政期間的失業率不斷攀升，可能會使得那些失業的選民改變對該黨的施政評價，而在下一次選舉中轉移政黨支持。理性選擇的另一種觀點，則是援引自「成本利益分析」：選民就像是消費者，而投票行為也可以類比為消費行為，消費者在眾多產品中選擇最能滿足其效能感的產品，而選民則是在眾多政策中選擇對其最為有利的政策，例如，老年選民會去比較各政黨所提出的老人年金和社會福利政策，來決定其投票選擇。

　　理性選擇模式，在相當程度上，解釋了現代社會在歷經「政黨解組」和「社會團體解組」之後，選民為何會如此投票，對於「選人不選黨」、「看政績決定投票」、「看牛肉（政見）在哪裡」的選舉現象，也較前三種模型更具解釋力。然而，相對地，理性選擇模型將選民的個人主義推至極致，徹底地將選民從其所處的社會文化脈絡中抽離出來，而只強調個別「自利」的理性計算，也正是該理論最大的缺點。換言之，選民必然處於既定的政經社結構之下，選民對政黨或社會團體的感情，以及長期政治社會化的心理因素，並不是那麼容易地可以「自利」的理性計算加以消抹。而且，在激烈的選舉過程當中，人們激發出的情感，常常會超越理性的自利算計。

進階讀物

Farrell, D. M. (1997) *Comparing Electoral Systems* (New York, Prentice Hall).

Riley, M. (1988) *Power, Politics and Voting Behaviour : An Introduction to The Sociology of Politics*(New York , Harvester-Wheatsheaf).

Lavrakas, P. J., & Holley, J. K. (1991) *Polling and Presidential Election Coverage* (Newbury Park, Calif , Sage Publications).

Norris, P. (2004) *Electoral Engineering: Voting Rules and Political Behavior* (New York , Cambridge University Press).

Katz, R. S. (1997) *Democracy and Elections*(Oxford,Oxford University Press).

Shelley, R. (1999) *Politics in Taiwan : Voting for Democracy*(New York, Routledge).

Arend Lijphart著，張慧芝譯。（2003）。《選舉制度與政黨體系》。台北：桂冠出版社。

Arend Lijphart, Carlos H. Waisman著，蔡熊山、陳駿德、陳景堯譯。（1999）。《新興民主國家的憲政選擇》。台北：韋伯文化事業出版社。

Maija Setala著，廖揆祥、陳永芳、鄧若玲譯。（2003）。《公民投票與民主政府》。台北：韋伯文化事業出版社。

胡佛著（1998）。《政治學的科學探究三──政治參與與選舉行為》。台北：三民書局。

蔡學儀（2003）《解析單一選區兩票制》。台北：五南圖書公司。

 相關網站

國立政治大學選舉研究中心
　　http://www2.nccu.edu.tw/~s00/
中央研究院調查研究專題中心

http://www.sinica.edu.tw/as/survey/

台灣政治學會

http://tpsa.ccu.edu.tw/

國家政策研究基金會

http://www.npf.org.tw/

Comparative Study of Electoral Systems

http://www.umich.edu/%7Ecses/

Elections around the world

http://www.electionworld.org/

一、在民主政治中，選舉是極為重要的一環，試析論民主制度與選舉的關係。

二、何謂「單一選區制」？何謂「比例代表制」？試比較這兩種制度的優缺點。

三、SNTV選制有何優缺點？其對於台灣民主政治的發展產生了哪些影響？

四、選舉制度與政府效能和代表性的關係分別為何？試析論之。

五、「單一選區兩票制」主要有德式「聯立制」和日式「並立制」兩種，未來台灣選舉制度改革，應朝哪一種方向推動較佳？試抒己見。

六、據你觀察台灣選民的投票行為，本章所介紹的各種理論模型，何者較具有解釋力？為什麼？

Political Science

◆第10章 政治溝通與

民意

任何一個社會及其政治活動，若要自我創新、維持及調整，必然需要透過人與人之間頻繁的溝通。一個社會內部的訊息、態度與價值，如果沒有得到持續交流，那麼，不論是社會或政治活動均將難以持續。畢竟，人類社會的結構不單只是政經制度網絡而已，人類社會本身也是個不斷學習與溝通的過程。當代德國著名學者哈伯馬斯（Jurgen Habermas）在其名著《認識與旨趣》（*Knowledge and Human Interests*）中便曾指出，我們最好把民主理解為一種溝通方式（a form of communication），公民藉由溝通來傳達信息並自我養成，並且在達成意見集體一致的過程中，公民之間的看法也相互調和。對於哈伯馬斯而言，民主就是一種政治溝通方式，這也是許多當代學者均認同的看法。

既然溝通處於政治活動的核心，那麼，一個政府如果有能力控制溝通的內容、類型與流動，便意味著該政府掌握著重要的權力資源，雖然這種權力資源可能是間接的。如果人民皆願意聽從領導人的意見，那麼，這可能會是統治者最重要的籌碼。對於一個尋求激進改革的政治人物而言，必然希望他所關切的議題能排上議事日程，並且持續處於議程的核心。正如法國著名學者傅柯（Michel Foucault）在其名著《規訓與懲罰：監獄的誕生》（*Discipline and Punish: The Birth of the Prison*）中所指出的，設定議題的能力（決定議題如何被討論的能力），將能導致進一步的影響力，畢竟，設定議題的人就是藉由掌握議題的狀況來控制問題。

政治人物所從事的事務，有很大一部分就是溝通；政治人物的任務，就是在政治競賽中，將議程、政策、策略傳達給其他人。事實上，政治人物對於公共事務往往說得很多，但做得很少。舉例而言，中共通過反分裂國家法之後，雖未採取任何非和平的舉動，但卻在美中台三邊角力中，重新奪回兩岸關係的議題主導權，也造成台灣內部極大的震撼，並引起國際社會的高度關注。因此，政治人物所傳遞的訊息，往往與該訊息所預示的行動一樣重要。

甚至當政治人物只是單純行動時，他們的舉動也往往傳達著各種意義，這些行動所內含的意義，將行為進一步轉化為溝通。舉例而言，二戰期間，當美國總統杜魯門授權美軍用原子彈轟炸日本的長崎與廣島

時，杜魯門同時也是在向日本軍閥展現其意志，亦即，美軍將繼續使用這種毀滅性武器來傷害其他廣大的日本人民。日本感受到這一訊息後，便隨即投降。簡而言之，政治行動必然也是一種溝通形式，而政治分析的首要目的，便是去詮釋（解碼）這些訊息，將這些訊息的深層意涵（subtexts）明示出來。

傳統的傳播模型（transmission model），為研究政治溝通提供了一個有用的指引。這一傳播模型所處理的核心問題為：什麼人對誰說了什麼？藉由什麼媒體？造成什麼影響？因此，該模型將溝通過程分解成五個要素：傳播者（是誰？）、訊息（說了什麼？）、管道（如何傳播？）、接收者（是誰？）、預期影響（造成什麼影響？）。舉例而言，北市某黨的地方黨部（傳播者）可能會藉由散布傳單（管道），來告知其選民（接收者）在立委選舉時應該要如何配票（訊息），以達到該黨在選區中的最大當選席次（影響）。然而，前述這一傳播模型，卻常被批評為流於單向，亦即，該模型未能注意到，大部分的政治溝通都涉及參與者之間的持續互動。而且，此一模型也沒有充分注意大部分政治溝通裡所蘊涵的多重意義。雖然有這些缺陷，但傳播模型還是能幫助我們理解溝通過程所包含的要素。

第一節　大眾傳媒的發展

從定義上來說，大眾傳媒（mass media）指的是能同時將訊息傳給龐大人口（或無限多人）的溝通方法。電視及報紙是最好的例子，收音機、海報、書籍、雜誌、電影均屬之。準此，寫信給某位友人便屬於私人性的溝通，而非大眾性的溝通，然而，如果透過電子郵件將信息傳達給「好友名單」中的眾多友人，那麼，這就屬於大眾性的溝通。

為了瞭解溝通媒體的當代趨勢，必須先將大眾傳媒置於歷史的脈絡之中（Hague & Harrop, 2004: 106）。大眾傳媒的興起有其政治上的因

素，事實上，大眾溝通的擴張與國家的興起密切相關，尤其是在十九世紀與二十世紀。人類政治活動的歷史，就某部分而言，也必然是溝通的歷史。

有兩個要點必須先特別注意。第一、從書寫到印刷再到電視，各種新傳播媒介的影響，都是帶來比較多的紛爭，而不是帶來比較多的共識。由於我們難以單一地評估傳媒的純粹影響力，因此，比較有意義的提問是，某一特定的傳媒如何影響政治，而不是該傳媒有多大的影響力。第二、我們必須避免陷入技術決定論。溝通方式的創新，很難單由技術創新來解釋。新媒體的誕生，通常是爲了回應某種特定的社會需求。舉例而言，電報、電話及網路的發行，都是有意識地爲了改善遠距離的溝通。如果溝通技術確實已經改變了我們的社會及政治世界，那也是因爲社會本身就尋求改變。

人類溝通媒體的第一次重大突破，便是書寫體系的發明。學者們便常指出，近東於公元前五世紀所發明的書寫體系，改變了世間的一切。藉由記錄已知的知識，書寫允許人們發展抽象的觀念，並且累積更精細的知識。長期而言，書寫所造成的政治影響，是非常深遠的。書寫讓紀錄的保存成爲可能，這也正是現代國家的基礎；但國家對於社會的滲透程度將會大爲減弱。書寫也讓訊息及價值的傳播，可以跨越遙遠的距離。正如歐洲早期的基督教，透過修道院與教會學校才能將其教義保存並向外傳播。十五世紀古騰堡所發明的活版印刷術，則將溝通媒體帶進現代時期。活版印刷術使得被書寫下來的知識，能延伸至更廣泛的市場。然而，書寫與印刷術並非現代溝通的標誌，反而廣大人口讀寫能力的提升，才眞正是標誌著現代溝通與國家的到來。廣大人口的書讀能力（運用同一種語言），對於當代國家的成功發展具有重大意義，不只有助於大範圍的行政管理，還刺激了國家認同（state identity）的發展。十八世紀末的瑞典，其人民的「簽名讀寫能力」（signing literacy）已達80%。伴隨著推行初級義務教育，到了十九世紀時，其他的歐洲國家及新英格蘭的大眾讀寫能力已有一定的水準。提升大眾讀寫能力，既是現代國家的成就與功能，也是現代國家興起的確證。因此，今日許多發展中國家

均希望能提升其人民的讀寫能力。

人民讀寫能力的廣泛提升，再加上共同運用同一種語言，促成了報紙的流行，這也是十九世紀、二十世紀初期政治溝通的重大發展。起初，報紙只是一種發行量很小的政黨期刊（journals），刊載著冗長的社論，或報導政治人物的沈悶演說。然而，隨著印刷術（蒸汽印刷）及通路（鐵路）的改良，推動了俗民報紙的發展，而且藉由刊登廣告，也使得經營報紙變得有利可圖。弔詭的是，當報紙的發展不再以政黨為根基之後，報紙不僅變得更廣為流傳，對於政治活動的影響力也越來越大。

在今日，像英國或日本這種人口較為密集的國家，每日的報紙發行量依然相當驚人，報業的經營者在政治上的影響力也相當巨大。舉例而言，兩次世界大戰期間的英國，其境內四大報的發行量便超過十三億。然而，這四大報的業主，主要是受到銷售量的約束，而不是受他們所支持的政黨的約束；在同業競爭的壓力之下，各大報在其出版物中往往限制政治新聞的篇幅，以利於銷售。然而，各大報的業主，通常也會利用媒體來宣傳某種特定的（受到偏好的）政治立場，舉例而言，台灣聯合報與自由時報的社論，便常對同一政治事件抒發不同的政治價值觀。不論是好是壞，控制大眾溝通工具，已經成為（且現在仍是）一項重大的政治手段。

雖然報紙仍然是重要的政治溝通管道，但其地位在二十世紀則被一種新的主導性媒體所取代，這一媒體就是廣播（broadcasting）。電影中的新聞短片、收音機與電視，使得大眾之間的溝通發生於一種新的形式之中：言談而非書寫、私人而非抽象、偶發且即時的（live）而非記載的（reported）。口語溝通再次生效，然而，今日的口語溝通不再限於小團體之間。

最好的例子，也許就是二十世紀共產主義與法西斯主義的興起，這兩大意識型態有意識地利用廣播來動員廣大百姓的支持。當整個廣播工具被有效掌握之後，人民很難避免政治菁英的影響。雖然人民並不總是活在政治菁英所編織的神話之中，然而，傳播媒體就像較早前的報紙一樣，對國家整合起了重大的作用。在大部分的國家裡，數量不多的國家

頻道在一開始時就已經掌握了整個無線電波，國家因此可以藉由廣播向廣大的民眾提供（製造）一些共同的經驗，不論是重大的國家事件或是娛樂節目。

　　廣播的政治影響力是立即且直接的，因此，政治人物必須學習新的溝通技術。政治人物在公開演講時往往需要激動的口吻與誇張的手勢，然而，如果要透過廣播將訊息傳給居家中的民眾，則較溫和的表達方式可能是必須的。畢竟進行廣播時，政治人物所對談的對象是未曾謀面的聽眾與觀眾，而不是在某一特定地點中對特定人群進行演講。這是一種溝通藝術，因為進行廣播時，雖然是在對千萬人同時進行演說，但卻是用一種像是在對某個人談話的方式來進行。這種新的、非正式的溝通方式，最有名的例子，也許是美國前總統羅斯福（Franklin Roosevelt），在1930年代透過收音機向美國人民直播的「爐邊談話」（fireside chats）。羅斯福總統自然純樸的演說方式的感染力，是世人所公認的。羅斯福的爐邊談話給美國聽眾的感覺，彷彿不是在對「全體人民」談話，而比較像是與「某個人」對話，因此，反而能得到整個社會的信任。總之，廣播方式的轉變，不僅改變了政治溝通的影響力，也改變了政治溝通的方式。

第二節　媒體的當代趨勢

　　在二十一世紀的頭十年裡，溝通的三大發展趨勢分別是：商業化、零碎化（fragmentation）、全球化。從定義上來說，溝通的商業化指的是公共廣播的下降與營利媒體的興起；溝通的零碎化指的是溝通頻道的增加，以及市場越來越有能力根據自身的需求去消費各種節目；溝通的全球化指的是在地球村之中，人們越來越能夠知曉海外事件並接觸到外國媒體的訊息。這三項趨勢對於政治所產生的綜合影響，便是國家對傳媒的政治控制能力降低，並允許消費者自己去選擇他們所喜歡的政治節

目，消費者甚至擁有遠離政治的空間（例如拒看政治類節目只看娛樂或財經節目）。如果大眾傳媒在二十世紀發揮著國族建構的重要功能，那麼，在二十一世紀，大眾傳媒所發揮的作用，越來越像是在分裂傳統的國民觀眾（national audience），以及粉碎共同的經驗，甚至是降低政治參與。

一、商業化

與過去一樣，溝通越來越被視為是一項重要的產業。根據美國聯邦溝通委員會的估計，自一九九〇年代開始，全球大眾傳媒的總收入每年均超過一兆美元；而且這個數字每年都在增加。商業化也造就了新媒體大亨的誕生，這些媒體大亨往往有能力建立跨國的廣播網，這種成就的規模是全球的，相形之下，十九世紀報業業主的經營規模只達到國家的水準。

在美洲（加拿大除外）傳播產業向來是商業導向的，但在西歐，其商業化則是個有爭議的政治發展。歷史上，歐洲的第一個電視台便是國有的（公有的）。國際知名媒體BBC（British Broadcasting Corporation）即是著名的例子。廣播電視台都必須受到公共管理委員會的控制；在經費上受到特別的財政補助；在經營上則負有公益使命，必須承擔起教育與傳訊功能，而不僅是娛樂而已。然而，到了一九七〇年代及一九八〇年代，商業頻道開始興起，廣告也開始進入到許多公共電視台中。

這種發展趨勢威脅了以往在政黨與廣播業經營者之間的密切關係，並且意味著不再以較濃厚的政治色彩來對待視聽者，亦即，把視聽者視為是消費者而不是公民。在一個越來越商業化的環境裡，有一些學者便感嘆道，公益節目越來越像是一具「離開墓園的屍體」。就連BBC現在都變得越來越商業化，開始建立許多專業頻道，而且還建立起全球知名網站。

在《富媒體，窮民主》（*Rich Media, Poor Democracies*）一書中，作

者麥克奇奈（Robert McChesney）便指出，商業化已經壓縮到了公共空間，而正是有這種空間才讓公民能充分討論政治議題。營利頻道只會花很少的精力來處理嚴肅的政治議題，往往只報導具有娛樂價值的訊息。營利媒體通常沒有動機去提供公共財，也不會想去塑造一個成熟的公民社會。如果我們將民主視為是一種集體討論形式，而且，在這種討論過程中，大部分的市民可以一起參與公共事務，那麼，媒體的商業化便是在挑戰民主。

與前者相反，媒體的經營者卻常指出，比較可行的是向普遍的觀眾提供有限但卻重要的政治報導，而不是去提供大量卻乏味的政治節目，因為，廣大人口中，只有小部分對於公共事務有強烈興趣的人，才會去收看這種政治節目。

二、零碎化

事實上，今日的消費者，越來越有能力依據自身的需求，去選擇他們要看什麼、要聽什麼、要讀什麼，這些都不再是給定的。長久以來，美國觀眾只能接觸到三大主流媒體（ABC, CBS, NBC），而英國觀眾只能在公共性的 BBC 與商業性的 ITV 之間作選擇。然而，有線電視與小耳朵的興起，則讓消費者能夠選擇更多樣的節目，這些節目的內容包羅萬象，可能是地方性的也可能是國家性的，甚至可能是海外節目。而錄影帶在1980年代的興起，也增加了一個新的溝通管道：影帶出租店。網路的通行，則讓世界各地的公民能夠接觸到各種報紙、收音機與電視節目。各種非正式的私人站台則讓這個景象更形複雜，正如同手機與電子郵件的興起，均屬於各種新的溝通管道一樣。前述這些發展的結果，便是觀眾變得越來越分散。舉例而言，1990年代美國三大電視網的收視戶便下降了三分之一。

從廣播到有限傳播（narrowcasting）的轉變，其政治意涵是實質性的。媒體不再是國族整合的工具，相反的，媒體的作用，反而是把各種

具有特殊興趣的團體聚集起來，這些團體可能在國家之內，但也可能是跨國的。來自各種媒體的言論，尤其是來自網路的各種聲音，在現實上往往難以管理，這也促成了言論自由，不論這些言論是來自何種種族觀點或性別立場。當觀眾越來越能用遙控器與錄影帶（或VCD、DVD）來保護自己的立場時，政府與政治人物就越來越難以接觸到社會大眾。政黨越來越不容易接觸到選民，這也迫使政黨必須採取較為細密的市場策略，這包括使用較為個人化的宣傳技術，例如直接郵寄競選廣告（direct mail）。

在一個更加零碎化的環境裡，政治人物必須更加學會從選民的立場來進行溝通。政治人物必須把戰線從電視新聞延伸到脫口秀節目裡。當政治人物已經學會在三十秒的廣告中清楚表達自己的政見之後，政治人物在廣電節目中的片段性談話（sound-bite）也變得越來越關鍵。總之，當整個媒體產業從公益導向轉變為營利導向之後，政治溝通的重心也從政黨轉移到投票者身上。在二十世紀裡，政治人物曾利用廣播事業的興起，而獲得許多成功，然而，在新的世紀裡，他們將會發現情況將變得艱難許多。

三、全球化

在一個地球村之中，整個世界似乎就濃縮在電視螢幕裡。一七七六年時，英國人對於「美國獨立宣言」的回應，花了五十天才傳到美國。在一九五〇年代，英國對於越戰爆發所做的回應，在二十四小時內就透過廣播傳到美洲。到了二〇〇三年，英國觀眾與美國觀眾已能同步觀看美國攻打伊拉克的新聞。今日，我們已經理所當然地認為，只要是有新聞價值的事件，幾乎都能立即傳遍全世界。

再者，大眾傳媒的普及，也不再是已開發國家所特有的。今日開發中國家已有過半數的人口都能接觸到電視；中國大陸的電視機數已比美國還多。就連在印度較為貧窮的城市裡，有線電視的從業人員也能在屋

頂上加裝小耳朵,並在鄰近區域違法安裝線路,還能向地方居民索取收視費。即使是在電視普及率較低的非洲,很多村莊也已經開始擁有共享的收音機。接受訊息的能力是全球性的,其廣播速度遠快於其他類型的產品或服務。

某部分而言,甚至就連戰爭也成為溝通戰(battles of communication)。例如二〇〇三年的伊拉克戰爭,各國記者就幾乎內化為盟軍的一分子,向世界各地(伊拉克除外)的觀眾播報即時新聞(有時甚至是煽動性的報導)。

地球村所帶來的首要影響,在於激勵一個更開放且信息更加充分的社會。今日的政府,將越來越難以將其人民從各種國際脈動中孤立出來,就連共產國家也發覺越來越難去干擾外國廣播節目對於其社會的入侵。許多學者已經指出,東歐與蘇聯的變天,不只意味著共產主義的變遷,也意味著溝通的勝利。晚近各種通訊技術的發展,也為反威權政體者提供了各種潛在的發展空間。任何擁有傳真機與網路的小團體,現在皆有潛力揭發各種政治醜聞來吸引世界的目光,並為機敏的記者提供各種報導素材。長久以來,各種海外團體就是以前述方式來批判緬甸的軍事統治、中國的共產政權,以及沙烏地阿拉伯的家族統治。

網路溝通也讓各種激進組織可以跨越國界進行溝通。各種自殺炸彈團體便是透過這種方式向全球召募自願軍。網路溝通甚至能將兩個天南地北的組織聯繫在一起,例如西方的反猶組織與伊斯蘭的基本教義派(反以色列)。總之,在一個網路時代裡,不論是民主政府或獨裁政權都無法控制全球的資訊流通。

第三節　民主國家中的媒體

在民主較為鞏固的國家,媒體通常能維持充沛的活力,因為言論自由是受到法律所明確保障的。本節首先將闡明,在建立民主政治的過程

裡，記者與政治人物之間所進行的政治競賽。接著再闡明電視與報紙所具有的截然不同的特質之後，然後才會去深入探討一個較為複雜的問題：媒體對於投票行為的影響為何？

一、媒體與政府間的競賽

在溝通頻繁的當代民主國家裡，政治人物與記者之間的關係，對於菁英政治具有重大的意義。由於認知到媒體所具有的強大影響力，政府與政黨莫不投入許多精力去影響媒體的報導。通常而言，執政黨特別願意花大量心思去跟記者應酬或打交道，全國性知名媒體尤其會受到特別的「籠絡」。看似不起眼的政府新聞辦公室（主要由坐領高薪的政治公關專家所占據），往往能發揮許多關鍵性的作用。

這裡的重點在於政府（例如白宮發言人）與記者（例如某媒體的白宮特派員）之間的媒體競賽。這二者之間的競賽關係是典型的政治事務，他們混雜著各種相同卻又相互競爭的目標。政府需要正面的報導來維護其形象，而媒體也需要新聞來填滿版面，因此，媒體與政府對於新聞有著共同的利益。但記者追逐的畢竟是大消息（big story），因此，政府與媒體的目標很少能夠相互協調，畢竟，對大部分的記者而言，好消息很少能成為頭條新聞。而記者之間的內部競爭，又使得政府與記者之間的競賽變得更加複雜，政府往往透過把新聞釋放給立場較「偏政府」的記者，而從中發揮槓桿作用。

雖然充滿錯綜的政治關係，政府與媒體之間的競賽畢竟每日均會發生，長久下來，政府與媒體之間自然會發展出一套行為準則。一個政府發言人如果給出誤導性的訊息，或是對於重大議題不能給出有意義的訊息，那麼，該發言人將會失去媒體的信任。因此，發布新聞的人往往會遵守下述規則：消息是可靠的，而且必須如實地發布消息；這些消息如果不是完整的，那麼，至少也必須是正確的。同樣的，由於媒體學會了集體追蹤新聞，這也會減少同業之間的競爭。大部分的特派員都知道，

他們的首要任務是不要漏掉其他同業者均有報導的大新聞。獲得獨家新聞通常是可遇而不可求。

因此,在實踐上,由於一些穩定的慣例每天都在發生,這也將媒體與政府之間的競賽關係,化約為幾項基本的規則(心照不宣的規則)。其後果是,它們之間的關係與其說是共謀,還不如說是有限的競爭。由於處於一種各取所需的關係之中,政治人物與記者發現他們陷入一種永恆的(或不時的)尷尬共生關係之中。

當然,在占據媒體版面上,執政黨總是比在野黨具有優勢。總統或政府首長的發言,總是比反對黨的發言有新聞價值。即使記者往往很清楚在某個時間點所發布的新聞一定暗藏著某種政黨政治的動機,但記者無可避免地必須以政府首長的發言來當作新聞資料。接近大選時,大部分的政府首長都喜歡安排一些出訪外國的行程,藉此攻占媒體版面,執政黨往往喜歡利用美國總統與外國首長之間的握手照片來拉抬選情。對於媒體而言,反對黨的新聞無可避免地只具有較低的優先性,但有時也會出現例外,例如二○○五年四月國民黨主席連戰訪中的新聞,當時便成為全球關注的重大事件,同時期陳總統出訪外國的新聞,反而受到媒體的冷落。不過,享有執政優勢的陳總統,隨後也刻意密集接受有線頻道的專訪,以此奪回兩岸議題的主導權。

二、電視與報紙

幾乎在所有的民主國家裡,電視已經成為最重要的大眾媒介。電視屬於視覺性的媒體,不只可信度高,釋放訊息的方式很精簡,普及率也是最高的,因此也是政治訊息最主要的提供來源。舉例而言,在大選期間,各大政論及新聞節目總是成為兵家必爭之地。各政黨候選人喜歡透過接受採訪、辯論與參加談話性節目,來爭取電視曝光率,提高曝光率往往也能提升知名度。某種程度而言,選民是透過觀看電視來「消費」選舉。地方性的政黨熱心分子,在過去通常是選戰的重要戰力,然而,

現在卻再也無法發揮關鍵性作用。簡而言之，電視雖沒有取代選戰，但電視本身卻成為選戰的重點。

當然，電視的政治意涵（political significance）並不僅限於選舉。大部分的人口都會看晚間新聞，透過決定要播什麼及不播什麼新聞，電視發揮了最大的影響力。一般而言，大部分的記者，常會透過下述標準來決定一則消息的新聞價值：「這則消息對觀眾是否有影響力？這則消息是否有暴力？這則消息是平常的還是新奇的？這則消息是否牽涉到知名人物？這則消息是否與觀眾有關？」透過電視台對新聞價值的預設標準，新聞編輯者將當日世界上所發生的重要事件，濃縮成（過濾成）三十到六十分鐘的晚間新聞。

由於新聞總是關注不尋常的事物，因此新聞的內容幾乎均屬於事件的非代表性樣本（unrepresentative sample）。比如說，失敗的政策總是比成功的政策受到更多的關注。同樣地，政府的貪污事件是新聞，但廉潔的政府卻不算新聞。因此，電視新聞必然是這個世界的歪曲寫照。一則新聞越是精簡（濃縮），就越不可能是這個世界的真實寫照。

雖然電視的政治意義是最強的，但我們也不能低估報紙的影響力。即使在今日，優質的報紙依然具有歷久不衰的權威性。或許，最重要的原因可能是因為出版業受到的管制往往比廣播業來得低。幾乎在所有的民主國家裡，出版業所享有的言論自由都大於電視。在一個主要由廣播業提供即時新聞的時代裡，出版業的工作進度相形之下較為寬鬆，並且有時間讓專欄作家或專家學者對新聞提供各種詮釋與評論。

電視往往只是告訴我們發生了什麼，但是報紙卻能提供整個新聞事件的來龍去脈。廣播新聞只能在某些特定時間點播報新聞，但是報紙卻能夠讓讀者根據自己的興趣找尋相關的版頁，而且只要個人的時間方便隨時均可閱讀報紙。報紙提供了電視所無法提供的愉悅：反思的空間。因此，優質的報紙依然是重要的政治出版品，而且政治人物本身往往是最熱誠的讀者。

在大部分的民主國家裡，報紙的發行量依然相當龐大。在日本、英國與北歐，大部分的成年人均會閱讀日報。而且在日本，大多數的人口

依然相當依賴全國性報紙所提供的資訊（而不是電視），部分研究甚至指出，日本報紙的影響力甚至大過候選人的政見。

在英國與北歐，部分報紙對於某些政黨（通常是該報原先支持的政黨），仍保有相當程度的忠誠。當一份全國性的英國報紙轉換其政黨忠誠時（例如一九九七年太陽報對工黨所做的那樣），就會立即招來其他媒體的高度關注。這一例子顯示，報紙本身依然發揮著重要的政治影響力。

不僅如此，報紙大多能影響電視新聞的議程，很多晚間新聞的報導其實都是源於日報的新聞。而且候選人都知道，一則新聞若能同時攻占電視與報紙的版面，則其綜合影響力，便容易超越單類媒體的報導。一個國家的出版業，如果長期都充滿了活力，那麼，報紙所能發揮的政治影響力，往往會超越其發售量。

三、媒體的影響力

媒體所揭露的消息到底有何影響力？由於這種影響力是多樣的，所以學界目前也沒有一致的答案。然而，媒體的作用，以及引發這些作用的機制，依然是學界熱門的探索焦點，值得我們加以理解。

在一九五〇年代，當電視尚未風行時，「強化說」是最流行的看法，這一說法認為，媒體的主要影響力在於強化人們既有的觀點。其論點是，政黨忠誠主要是經由家庭一代傳給一代，因此，只要這種政黨認同一旦建立起來，就會具有像「隔離霜」一樣的作用，可以抵擋他黨攻擊性的政治宣傳。因此，人們只會去聽他們想聽的東西，只會去記得他們想記得的事情，甚至會忘記與他們「信念」不符的消息。舉例而言，很多政治立場偏向台獨的人士向來只看自由時報，而政治立場偏向藍營的人只會去買聯合報。透過讀者這種自我篩選作用，大部分出版品能發揮的作用，似乎就只是強化讀者原先的政治立場。

這種強化論在半個世紀以前似乎是言之成理，然而，許多研究則認為這種觀點的解釋力，在今天是相當有限的。從今天的觀點來看，強化

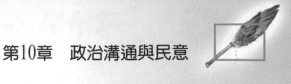

說太過於窄化媒體的影響力了。和一九五〇年代相比，今日人們的政黨忠誠下降很多，而且電視也高度普及。基於前述理由，關於媒體影響力的「議程設定說」開始興起。

「議程設定說」主張，媒體（尤其是電視）雖不必然能左右我們的思考，但卻能影響我們思考的內容。由於電視新聞的報導內容總是高度的濃縮（與現實世界相比），那麼，這也意味著新聞必然具有的高度選擇性。能夠被報導的事件總是能得到大眾高度的討論，相反地，沒有被報導的事件就會喪失能見度。當媒體用一些標題與鏡頭來設定議程時，也就意味著把其他事件排除於人們的視線之外。很多學者便指出，當我們思考媒體對於觀眾的影響力時，與其說重點是媒體讓觀眾看到什麼，還不如說是媒體刻意不讓觀眾看到什麼。舉例而言，在選戰的過程，電視新聞總是直接將我們的視線放在候選人與選情或「口水」上，而政見反而不是最重要的焦點。

表達新聞的方式也具有很大的影響力，亦即，一個記者的敘事方式（將一個事件編織成首尾融貫的情節）會帶來完全不同的效果，尤其當這一敘事被不斷傳送時更是如此。舉例而言，陳總統槍擊案是自導自演以此操控選情，還是單純的意外事件？外國移民應該被報導為經濟的推動者還是社會秩序的威脅者？一個戰爭是該正面報導還是負面報導（是維護世界和平還是干涉他國主權）？一個罪犯被判死刑是符合正義還是矯枉過正？總之，事件本身並不會顯現「意義」，必須透過記者的加工敘述，才能將事件編織成一則情節或故事，而將「意義」傳給觀眾。

因此，記者的文字，就像攝影師的鏡頭，幫助我們去架構新聞情節，並提供了一種包含特定觀點的敘事，這也會影響讀者用同一種方式來看待新聞事件。這種影響具有潛移默化的效果，通常並不容易查覺。

第四節　新興民主國家中的媒體

　　採用比較的觀點，將有助於理解媒體在新興民主國家中的地位。當我們以新興民主國家與舊政權相比較時，媒體的獨立性通常是一個重要的尺度。在告別了某種共產政權或軍事統治之後，新聞檢查制度經常隨之崩解，各種新興出版品出籠，從各種新聞週刊到色情雜誌都開始沿街販賣。老一代人可能會感到茫然，但年輕人卻會覺得這是一種解放，不論如何，大家都會察覺潮流正在改變。事實上，媒體冒險精神的昂揚，常常是威權政體崩解的重要訊號，而當威權政權開始不穩時，也正是記者大顯身手的好時機。

　　然而，在新興民主國家建立後的頭幾年裡，其媒體的力量與地位往往還是低於老牌民主國家中的媒體。與西方民主國家相比，新興民主國家媒體的自主性依然有其限度。執政黨往往持續影響著廣播媒體，而政治企業家（political entrepreneurs）往往透過其報業所有權來極大化其勢力。大部分新興民主國家中的媒體遠不是我們所謂的「第四權」，反而比較像是政治競賽中任人把玩的「棋子」。

　　俄羅斯便是一個後共產而半民主國家的例子，在那裡，商業鉅子與政治人物仍然能夠對媒體施加強大的壓力。這種影響力從電視台中央向外延伸到整個國內的政治溝通。俄羅斯和許多比較貧困的國家一樣，主要是透過廣播來將訊息傳給廣大的民眾，因為對大部分的人民而言，免付費的電視節目比需要付費的報紙來的有吸引力。根據學者的調查，許多俄羅斯人確實都會收看晚間新聞，而且觀眾人數甚至可以與美國收看超級盃的人數相匹敵。

　　基於一些正當的理由，莫斯科的政治菁英們願意容許一個控制較鬆的電視體系，但他們卻不想建立一個真正獨立的電視體系。在這場殘酷的角力裡，政府中的政治人物通常能處在優勢地位。總計有超過一百條

的立法被政府用來規範大眾傳媒，因此這讓統治者擁有許多「合法空間」來「整治」那些對政府不友善的媒體。俄羅斯的公共電視台（ORT及RTR），依然遭受到政治力的直接干涉。然而，與共產時期相比，俄羅斯政府不再獨攬整個媒體。政治人物熱中於取得屬於他們自己的報紙與廣播頻道，並且用這些媒體來樹立自己的政治實力。許多俄羅斯的龍頭銀行都擁有自己的專屬電視台，這些電視台也忠實地為老闆增加利潤。

在這樣的背景之下，媒體自身的某種自我檢查制度依然能發生作用，亦即，一位新聞主編可能會在腦中這樣問自己：「我是不是應該冒險發布這則新聞？」俄羅斯的經驗告訴我們，即使媒體沒有受到政府的直接掌控，也不能保證媒體擁有完整的新聞自由。在許多專家眼裡，俄羅斯的出版自由雖然高於中國大陸，但在全球排名中依然是遙遙落後於西方國家。

有些學者甚至指出，普丁（Vladimir Putin）在二〇〇〇年的總統大選中之所以能勝選，主要是因為他掌握了公共電視，在選戰的最後幾天，電視新聞將其競爭對手描述為同性戀與猶太人的同情者。然而，就在數個月之後，俄羅斯潛艇庫爾斯克號（Kursk）的爆炸案奪走了一百多條人命，媒體對此強烈批判，甚至總統也無法壓制這股撻伐聲浪。雖然普丁總統的勝選，說明了俄羅斯媒體依然臣服於政治力之下，政治菁英甚至可以藉此左右選情，但潛艇的災難事件則說明了，俄羅斯政府對於媒體的控制已不再像共產時期那樣全面。

後共產時期的歐洲國家，其新聞水準依舊不高，這反映了共黨執政數十年裡所聘用的記者，大多只是在重複黨機器的陳腔濫調。較為辛苦的新聞採訪工作往往沒有受到重視，相反地，比較容易寫的社論性文章反而被看得比較重要。共黨執政時期，並沒有重視媒體安全的傳統，因此，在後共時期也沒有任何維護媒體安全的規則可以遵循。在一些國家裡，所謂的媒體自由，其實就是記者有機會能勒索政府官員。舉例而言，在貧困的羅馬尼亞，報社常常向政治人物勒索遮口費，否則他們就要報導不利於其形象的新聞。

新興民主國家，若要鞏固媒體自由，並且讓媒體可以去批判與追查

公眾人物的言行舉止，無可避免需要一個漸進的過程。這不只需要政府自制，還需要媒體的專業素養，以及一個真正公正獨立的法庭。雖然在表面上總是願意承諾言論自由，但大部分的政治領袖都有一股想要去控制與操控媒體的衝動。

第五節　威權國家中的媒體

如果民主的繁榮有賴於信息的高度流通，那麼，威權統治者的存活，則有賴於限制言論自由，這也導致新聞業的萎縮。威權國家的媒體完全稱不上是第四權，更不用說是要揭發政府的弊病，只能臣服於政治力之下。缺乏資源的媒體部門，在面對政治壓力時，大多非常脆弱。公營的電視台與官方的報業只能重複當政者的觀點，透過新聞自我檢查制度，具有批判性的記者通常會遭到封殺，而整個媒體部門也發展出一種「自保」的風氣。

透過研究自由化之前的次撒哈拉非洲（sub-Saharan Africa），學者布爾高特（Louise M. Bourgault）在其著作《次撒哈拉非洲的大眾媒體》（*Mass Media in Sub-Saharan Africa*）中指出，威權政體下的領導者限制新聞業的獨立性，有七項常用的手法：誹謗法特別嚴厲、運用各種緊急狀態、出版及記者均需要執照、對印刷設備課以重稅、嚴格限制使用新聞用紙、威脅取消政府資助、新的出版品發行前必須先繳納保證金。

次撒哈拉非洲的例子也顯示出，資源的缺乏，大大限制住了媒體的發展空間，同時，威權政體特別容易在貧困的地區滋長。物資的缺乏，也限制了媒體的主動性，使其在面對政治壓力時更形脆弱。部分貧困的記者，甚至只好無奈地播報政府喜歡的新聞，以換取生活費。

會對媒體施壓的威權領導者，絕不只限於非洲而已。在後共產時期的中亞，許多記者繼續發揮巧妙的生存本領，與非民主的統治者共存。大部分的媒體，包括了新聞機構與印刷機構，都掌握在政府手裡，讓威

權政府有許多發揮空間。大部分的電視頻道都屬於政府所有，曾有西方記者如此形容二十世紀末的中亞：「從哈薩斯坦到吉爾吉斯坦、塔吉克斯坦、白俄羅斯、烏克蘭，情況都一樣的淒慘：稅法被用來干擾金融、一大堆法律被用來禁止批評上位者、對媒體進行嚴格的管制。亞塞拜然與白俄羅斯一樣，在那裡個人沒有任何言論自由的空間」（Foley, 1999）。

威權政體在限制媒體自由時，爲了正當化其行徑，經常會拿出國家大義作爲理由，如社會安定、經濟發展、建國大業。並且常常將出版自由類比爲政黨競爭體系，說它們只會帶來失和與分裂。當然，這些正當化的說詞，只是其用來延續非民主統治的藉口。即使如此，我們也不應當理所當然地預設，西式的媒體自由觀具有普世的吸引力。尤其是在伊斯蘭國家裡，媒體的角色被定位在鞏固宗教價值與社會規範，在他們眼裡，所謂的出版自由只是一種放縱的藉口；他們常會問道：「如果自由的觀念，到頭來只是帶來狗仔隊與色情氾濫，我們有必要吸取西式的、尤其是美式的自由觀嗎？」因此，很多觀察家指出，在伊斯蘭社會裡，電視節目會出現一種奇特的混合，那就是，沈悶的宗教節目與無趣的美國電影同時並存。

相形之下，極權主義國家對於媒體的控制就更加細微。政治菁英刻意操弄大眾溝通來進行政治文化轉型。因此，媒體體系所受到的控制，比威權統治還要緊密。大眾溝通嚴密地滲透到日常生活的每個角落，正是極權統治的核心。希特勒的宣傳部長戈培爾（Joseph Goebbels）便曾明言：「國家擁有絕對的權力可以去指揮民意的形成」。重要的是，不論是法西斯政權或是共產主義國家本身，都認爲媒體是意識型態控制的有效工具。共產政權常在進行政治宣傳時，同時在人群聚集的地方進行學習運動；法西斯主義則是偏愛透過公眾聚會直接進行控制，而非透過媒體進行一般的廣播。

在共產主義國家裡，政治溝通主要有兩個面向：一個是政治宣傳（propaganda），另一個是激進言論（agitation）。政治宣傳可以用來解釋黨的使命，並且讓菁英與大眾熟知馬克思、恩格斯及列寧的思想。爲了達

到他們的宣傳目標，共產黨往往發展出精密的媒體網絡，交互運用各種工具：收音機、海報、電影、電視。就連藝術也必須是社會藝術，必須發揮心靈革命的作用。共產社會常常缺乏很多東西，但永遠不缺政治宣傳。

政治宣傳主要是透過媒體來操作，而學習運動主要是在地方進行。鼓吹運動被用來動員群眾去支持某些特定政策，例如增加生產。在每個部門裡都必須進行學習運動，不論是軍事或農業部門。政治宣傳與學習運動結合起來控制資訊的流動。這兩者的綜合影響力往往相當強大，因為，極權統治的本質就是不允許有任何「雜音」。

利用媒體來影響群眾，共產國家的經驗提供了一個寶貴的「眞人實驗」。然而，這種政治宣傳到底有什麼效果？表面上看來，透過掩飾地方性的問題（意外事件、貧困），不讓其他地區的人知道這些醜聞，似乎有助於議程的設定。另外，這也有助於表彰一些重大的成就，例如工業化。民主國家的政黨，喜歡透過政治廣告，來把焦點放在自己的活動之上，共產黨與他們沒什麼不同，所以共黨的政治宣傳，可能也有助於維持其黨員的政治信仰。

然而，共產黨的經驗也說明了媒體的力量有其限制。聰明的群眾並不總是會被愚弄。對於國家進步現況的浮誇宣傳，經常會與日常生活的可怕經驗相互矛盾。雖然共黨官方所報導的西方城市形象，總是充滿了醉漢與無賴，然而，百姓很容易透過畫面看到商店櫥窗裡難以想像的奢華。在大部分的例子裡，共黨政府最後都走向僵化，因此政治宣傳也變成了空洞的儀式，或僅是一種權力的象徵。然而，值得注意的是，那些僅存的共產國家（至少在口頭上仍信守共產主義），依然嚴密掌握各種大眾溝通工具。在中國，傳統上人們對於資訊的使用權，往往只限於「有必要知道」的範圍。今日的中國政府依然急於限制各種政治雜音，雖然中國共產黨已經漸漸願意容忍各種非政治類的爭論。

第六節　民意

在民主國家，所謂政治，很大一部分的意涵就是一場影響民意（public opinion）的鬥爭。政府、政黨以及利益團體都想要影響民意，希望能夠說服社會大眾去支持他們的議題、政策偏好以及信念。民意雖然很重要，卻總是不太確切，就連民意這個概念本身也帶有模糊性。

一、民意的定義

一種比較實用的（pragmatic）定義方式是：民意就是公眾對一個特定事件的意見，僅此而已。這種務實的定義，反映的正是十九世紀英國首相皮爾（Robert Peel）的定義方式，他說：「民意就像一個巨大混合物，這裡面包含了愚蠢、軟弱、偏見、錯覺、洞見、頑固與報紙的評論。」（Green, 1994: 213）

另外一種定義民意的方式比較模糊，因爲民意的英文中的第一單字「公共」（public）這一概念，被限定解釋爲：一個有見地的社群，且其成員能夠共同遵守一些政治原則。此一精緻的定義方式的代表人物是李普曼（W. Lippman）。李普曼在其著作《民意》（*Public Opinion*）一書中寫道：「一群人若要形成政治上的民意，就必須對政府的目標達成意見一致，而且，對於那些有助於達成政府目標的原則（the princeples by which those ends shall be attained），眾人也必須達成意見一致。」顯然，民意在此被詮釋爲一個高度凝聚的團體的意志，而且還是深思熟慮的意志。這種觀點其實源自於一種共和自治的理想，絕非只是把民意當成民調測驗裡的數字。與前述不同，這種定義民意的方式，賦予民意某種程度的道德力量與規範性，亦即，該社群中的任何少數分子都必須接受公眾的判

斷（public's verdict）。

在民主國家，民意所涉及的範圍幾乎包含整個成年人口。幾乎所有的成年人都可以投票，他們的觀點，大部分反映在頻繁的民調測驗裡，尋求連任的政治人物大都有很強的動機去研究這些民調。然而，就算在民主國家裡，也存在著少數的貧困階層，他們從不投票，不理會政治，而民調訪員也很少涉足他們的居住地。反之，在威權國家，政事常是少部分人的事務，民意自然不彰。

二、民意的作用與限制

既然民意是民主政治的核心要素，那麼，民意到底能發揮多少作用？某種程度上，所有的決策都會參考民意。政治人物的整個工作環境，幾乎都被民意所包圍。民意在政府的會議之中永遠都「占有一席之地」，雖然民意從未「出席」過。在政府工作會議的討論過程裡，民意經常扮演兩種角色：驅使或否決。「民意要求我們儘速開放三通」便是一個「驅使」的例子；「民意明顯反對政府調漲健保費用」便是一個「否決」的例子。很多學者都承認，民意雖然從沒有直接處理政務，但民意確實對政府的作為設下了限制。

然而，即使在民主國家，民意也從不是全能的。有四項因素能限制民意的影響力（Hague & Harrop, 2004: 117）：

1. 當議題的討論越來越細緻時，民意所能發揮的作用就會開始下降。投票者關心的是結果而不是手段，重要的是目標而不是政策。選民的心態大多是：「政治人物要採取什麼政策是他們的事；但政治人物最後要達成什麼目標則是選民的事」。少數幾個重大的目標就已經能占據大眾的目光，而大部分的政策都有慣例可循，也沒有什麼好爭論的。在較為細微的決策過程裡，專家以及專業社團的看法，通常比民意更有影響力。

2. 民意的知識水準是有限的，這也限制了民意的影響力。舉例而

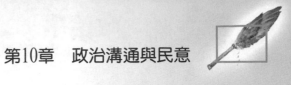

言，很多美國人說不出其國會議員的名字。其他民主國家的例子也顯示，為數不少的公眾都是無知的，當牽涉到比較冷門的外交政策時，尤其如此。民眾的知識有限，說明了為何民意所起的作用，比較像是議程設定者（agenda-setter），而不是政策制定者。

3.民意可以跳過交易（trade-off）的過程，但政府卻不可以，雖然政府有時試著如此。公眾很有可能想要同時享有低稅率與高公共支出，但決策者卻必須在這二者之間作一個抉擇。再者，公眾不太會去衡量某一政策的風險，但決策者卻必須高度重視所有可能的後果。

4.政治人物是透過理解民意來作出回應，然而，政治人物對於民意的詮釋可能是個誤判，這種誤判有時是源自於媒體或利益團體的誤導。政治人物通常是對「被塑造的意見」（mobilized opinion）作出回應，而不是對真正的「民意」作出回應。

所以，在大部分的民主國家裡，依照民意來治理，似乎仍是個遙遠的夢想，甚至可能是惡夢。雖然如此，民意是個越來越流行的概念，因為各種民調技術、焦點團體及市民評委會（citizen juries）越來越成熟，這都助於民意的研究。事實上，在政治學領域裡，很少有像民意這個概念一樣，如此講究測量的方法。今日的民主國家，民意的測量，主要由各種調查報告所組成。

三、民意的測量方法

民調與抽樣調查是測量民意最準確的方法。雖然社會大眾經常對抽樣表示質疑，然而在老牌民主國家，其正確性大多已被證實，至少在預測選舉結果時，往往是有效的。在戰後美國歷次的全國性大選中，民調在預測大黨的得票率時，平均錯誤率大多維持在一點五個百分點。在選舉之夜裡，雖然美國各大電視網並不總是能準確預測誰是勝選者，但其準確度依然令人印象深刻。其他民主國家民調的準確度，通常也不差。

雖然與我們的直觀有些相左，然而，在抽樣的過程裡只要能小心謹慎，大約只要一千個樣本就已經能準確代表全部人口的意見（一千個抽樣樣本，能代表約 95% 的母體推估）。

　　就以對民意的掌握來說，一個好的抽樣準確度往往高於雜誌裡的讀者投書，也高於政論節目裡觀眾的 call-in 意見，甚至也高於選民與民代之間對於特殊議題的討論。事實上，一些有效的民調，通常能捕捉到那些不熱中於政治的選民的意見，因為，沈默的多數的意見，往往不容易直接浮現在政治爭論裡。

　　民調以三種方式促進民主政治的進行。第一、民調將人民的聲音帶入公領域之中，缺少了民調，部分聲音可能完全無人理會。除了投票之外，民調是唯一一種「全部皆有、人人等值」的參與方式。第二、民調是以民調訪員與公眾之間的直接接觸為基礎，這能牽制那些宣稱「民之所欲，常在我心」的政治人物。第三、民調可以使政治人物能隨時接觸到民眾的意見，這往往能左右最後的選舉結果。總之，民調就像民主政治的潤滑劑。

　　當然，我們不應過分強調民調捕捉民意的能力。就像學生參加考試一樣，受訪人總是在某種特殊場合之下接受調查。民調的操作者並不是一般人，而是大城市裡的特定黨工或記者。其結果便是，人們經常是從接受訪問的那一刻起，才開始思考某些特定問題。人們常常在無意見的情形下，因為受到誘導而作出某些回答，或者故意跳過一些比較複雜的選項，而挑出一個比較容易的答案。因此，有些學者便認為，政治菁英往往利用民調來安撫與馴服民意，因為菁英將公民窄化為被動的回應者，人民的聲音其實只是回應了有限範圍的議題，而這些議題甚至是由菁英自己所設定。無可否認的是，當民調測量民意時，民調可能也反過來建構及塑造了民意。再者，民調在讓受訪者回答之前，並沒有給受訪者討論的機會。這一技術上的問題，常常受到批評。那些採用激進觀點來詮釋民意的人，對此尤其不滿。特別是當一個社群在評判某一違反公共利益的議題時，此時的民意往往無法藉由民調來呈現。缺乏有效的討論與批判，其實對於決策沒有任何幫助。因此，許多持著共和理想的人

認為，要形成一個有用的民意，就必須透過集體討論的方式，而不是個人問卷調查的加總。

　　鑑於前述爭論，有些學者發展出一種審議式民調（deliberative opinion pool），或是像市民評委會這種形式。先挑幾個有代表性的選民，然後讓他們接觸到某些特定議題的特定觀點，這些觀點也可能是源自於某些專家或政治人物的看法。在受訪者已經熟知這些問題之後，才讓他們進行討論與評判；必須在這些議題都被充分討論之後，才會開始測量受訪者的意見。學者對此解釋道，一般的民調只是去掌握公眾的想法，而不論公眾對這些問題是否知之甚少，然而，審議式民調卻能掌握民眾「可能的想法」，尤其是民眾對問題做過適當思考之後的可能想法。

　　因此，審議式民調可以用來預測民意對新議題的未來走向。審議式民調尤其適用在一些技術性較高的議題，例如核能發電與基因測試。審議式民調至今雖然沒有被廣泛採用，但是在克服一般民調的膚淺性上，仍然是個有效方法。

　　最後，所謂的焦點團體（focus group），則與審議式民調有些類似。召集者集合八到十個人組合成一個小團體，並對大家均有興趣的問題，作廣泛的討論，這種小團體有可能是沒有投票權的未成年人或中輟生。焦點團體屬於一種質性的調查方式，用來探索人們表面態度背後的情緒與想法。由於這種技術可以不斷反覆進行，因此，特別受到許多政黨謀略家的喜愛。焦點團體的優勢是，它能使受訪者之間的想法相互激盪，因此能得到比一般民調更豐富的訊息。然而，由於訪談結果是質性的，而不是數量化的，因此代表性較有限。

 進階讀物

Bartle, J., & Griffiths, D. (eds.). (2001) *Political Communications Transformed: Form Morrison to Mandelson* (London, Palgrave).

Fiske, J. (1995) *Media Matters: Everyday Culture and Political Change* (Minneapolis, University of Minnesota Press).

Glynn, C. (1998) *Public Opinion* (Boulder, CO and Oxford, Westview Press).

Norris, P. (2000) *A virtuous Circle; Political Communications in Post-industrial Democracies* (New York: Cambridge University Press).

Philo, G. (ed.). (1999) *Message Received* (London, Longman).

 相關網站

政大選舉研究中心

　　http://www2.nccu.edu.tw/~s00/

CNN

　　http://www.cnn.com/POLITICS/

Votelink

　　http://www.votelink.com/

National Election Studies

　　http://www.umich.edu/~nes/

The Gallup Organization

　　http://www.gallup.com/

問題與思考

一、何謂民意？民意通常會受到哪些因素的限制？民意對政府的施政產生哪些作用？

二、民意在民主國家中扮演之角色為何？何謂民意調查？除了民意調查之外，政府還有沒有其他瞭解民意的方式？與這些方式相比，民意調查在瞭解民意上有哪些優勢？

三、試以台灣的政治現象為例，說明媒體是在塑造民意還是反映民意？

四、試以戒嚴前後為例，比較我國政府與媒體之間的關係。

五、媒體對於民主政治有何利弊？試以台灣的政治現象說明之。

Political Science

◆第11章　憲法

　　一般而言，憲法這一概念充滿了多義性與複雜性，例如「任何國家皆有憲法」、「英國沒有憲法」、「英國為憲法的祖國」，這三項命題看似衝突，但卻都是「真」命題。再由民主與極權政體的光譜分類來看，最不相同的政治制度都有憲法。憲法涉及理念與實踐的問題，某種程度上它反映著現實情況，但也無法完全反映。憲法具有普遍性與歷史性，各種憲法中的規定都具有一定的形式，並以技術性的法律語言來規定和表述，它提供的資料有一部分涉及同樣的領域，例如政體結構、法律制度等。憲法也與一國的歷史息息相關，而近代國家的憲法多少皆受英國一二一五年的「大憲章」（Magna Carta）、一六二八年「權利請願書」（Petition of Rights）、一六八八年「權利法案」（the Bill of Rights）和美國一七七六年「獨立宣言」（the Declaration of Independence）、法國一七八九年「人權宣言」（the Declaration of the Rights of Man and of the Citizen）的影響。

第一節　憲法的意義和分類

　　每一位憲法學者幾乎都有一套對憲法的定義，或者他個人對憲法概念的理解。這些定義或理解通常受學者本身理念與其所處時代的影響，這類源自個人的理念，也可能成為某依時期，客觀上普遍性的憲法理解（Verfassungsverstandnis）（吳庚，2003: 7）。「憲」及「憲法」一詞早見於我國古籍中，然其所謂「憲」或「憲法」，在古代皆作「法度」、「典章」解釋，均含有國家一般法令與刑律之意，而與今日所稱，包含人民基本權利之「憲法」的意義不盡相同。直到英國於中世紀末建立了代議制度，確立國王未得到議會的同意，不得徵稅和立法的原則後，英國學者將這種規定代議制度的法律稱為 "Constitution"，才確立了近代意義的「憲法」一詞。日本學者首譯 "Constitution" 為「建國法」、「政規典範」，或「國家法」，後參考我國古典，改譯為「憲法」，中國繼受其譯

詞。

一、憲法的意義

「憲法」一詞的意義，通常有「廣義」與「狹義」之分。廣義的憲法係指某一個國家的整個政府組織，亦即指建立及規範政府的所有法規的總稱。狹義的憲法是指規定國家的基本組織及其權限、人民權利義務及基本國策等之根本大法，以一種「公文書」的形式表現，亦可謂爲規範該國政府的法律。狹義的憲法爲最通用的憲法的意義，世界上的國家，除了英國之外，大多數的憲法均係狹義的意義。此外，在憲法中，國家、國民、主權、國民代表、立法、行政、司法、預算、地方自治等概念，以及平等、公共福利等用詞都被頻繁地使用。這些基本詞彙概念在近、現代憲法演變的歷史中形成並得到發展。儘管各種憲法都在使用這些用語，但以此爲前提，在憲法中積極地對這些用語概念加以明確者卻很少（杉原泰雄，2000: 15）。

法實證主義普遍主張憲法是基本大法（leges fundamentales），在形如金字塔的國家法制體系頂端便是憲法，憲法成爲「國家法人」的構成法，也提供法律產生的程序和內容，法律又提供命令產生的程序和內容，下位規範不得牴觸上位規範，上位規範有「擊破」下位規範的效力。何以形成這種規範秩序？則非實證法理論所能解說，故克爾生（H. Kelsen）訴諸超實證法的基本規範。今天採成文憲法的西方民主國家，在憲法適用層次，相當程度是基於前述這種純粹從實用觀點，而不含其他因素的實證主義之立場，各國憲法法院的態度也是如此（吳庚，2003: 7）。

憲法主要的定義方式，約有下列數種：

1.固有意義的憲法：亦爲本質意義的憲法，即「任何國家皆有憲法」

之意，爲「規範之規範」。

2. 近代意義的憲法：亦爲立憲主義[1]的憲法，爲了追求立憲主義的政治理想，以限制國家權力、保障人民權利爲目的，始於十七世紀的英國。英國爲不成文憲法，所謂「英國爲憲法之祖國」，此「憲法」特指近代意義的憲法而言。

3. 實質意義的憲法：即固有意義的憲法，只是觀察角度不同，其可以是成文法或不成文法由習慣、判例及實質存在等事實所建構者。其內容主要是規定國家基本組織與權限之法、規定人民權利和義務之法、規定國家基本國策等。

4. 形式意義的憲法：係指成文憲法而言，將有關國家之基本規範以條文集合而成的法典。

二、憲法的分類

依觀察角度的不同，憲法可作多種分類：

(一)傳統（古典）分類

■成文憲法與不成文憲法

實質意義之憲法由法典存在之形式爲分類標準，從法律形式上來分類，也是最傳統的分類方式。一般而言憲法都是成文的，而第一部成文憲法典是美國一七八七年費城制憲會議通過的「美利堅合眾國憲法」。

1. 成文憲法：成文憲法（written constitutions）係指凡將人民權利義

---

1 所謂立憲主義（constitutionalism） 指的是一種制度形式，藉此得以對政府權威決策者施加有組織之約束，故憲政制度即為法律主治的政府，或有限政府（limited government），而有異於專制統治。

務、國家根本組織等有關事項，以一種文書（如我國憲法）或數種文書（如法國第三共和國憲法）規定者。

2.不成文憲法：不成文憲法（unwritten constitution）指凡人民權利義務、國家根本組織等有關事項，僅散見於各種單行法規，以及習慣法中。因其大部分係由歷史上各時期的習慣、風俗及法庭判例等匯集而成，故又稱「匯集的憲法」，最有名的例子是英國憲法。

■剛性憲法與柔性憲法

本分類由白賚士（J. Bryce）首創，係以憲法修改程序之難易爲區分標準。憲法之修改程序，凡經特別規定，而較一般法律嚴格、愼重者（例如必須召開修改憲法會議、表決時要有三分之二或四分之三的多數票通過，或交由公民複決通過等），稱作剛性憲法（rigid constitution），例如美國和日本的憲法。凡是和一般法律一樣，由國家的立法機關按照普通的立法程序來進行修改的憲法，稱作柔性憲法（flexible constitution），例如英國的憲法。

■欽定憲法、協定憲法與民定憲法

此係以制定憲法之主體爲分類標準：

1.欽定憲法：由君主以單獨之權力，制定憲法，頒布施行者。例如現行最古老的欽定憲法是一八一四年五月制憲會議公布的「挪威王國憲法」。

2.協定憲法：非由君主以其獨斷之權力制定，而是依君主與人民，或與人民之代表機關雙方協議而制定。如：一二一五年之英國「大憲章」。亦有謂因政治權力上政治集團間相互協調妥協形成之憲法，亦屬協定憲法。最古老的協定憲法是一八〇九年六月由四級會議通過，以國王的名義公布的瑞典王國「政府組織法」，亦爲歐洲現行憲法中最早的一部，採納孟德斯鳩的三權分立原則，全

文分為憲法的基本原則、基本自由和權利、國會、國會規程、國家元首、內閣、內閣事務、法律和其他法規、財政權、國際關係、司法及行政、監督權、戰爭及戰爭威脅等十三章,以及過渡性規定若干條。

3. 民定憲法:由人民直接或由其選出之代表間接制定之憲法。民定憲法係以國家之存在為前提而制定,因此在理論上雖係基於國民主權說,但不一定以天賦人權為前提。其形式有:第一、由普通議會制定,如法國第二共和、第三共和憲法。第二、由人民選出之特別制憲機關制定,如一九一九年特別召集國民議會所制定的德國「威瑪憲法」、一九四六年我國之制憲國民大會。第三、由公民直接投票表決,如一九五八年之「法蘭西第五共和憲法」和一九八七年「菲律賓共和國憲法」等均屬之。

將憲法依制憲主體不同而分為傳統欽定、協定或民定憲法,是值得商榷的。例如我國憲法通說認為係屬民定憲法,然亦有學者持不同看法[2]。再例如,關於「日本國憲法」的類型,更是眾說紛紜,有欽定、協定與民定等說法及不同主張。

(二)新式(現代)分類

除了以上分類外,當今又有許多憲法學者提出了新的分類標準,例如:

■規範憲法、名目憲法及詭譎憲法

魯汶斯坦(K. Loewenstein)曾提出應將憲法分類成原始憲法與派生憲法;意識型態上之綱領性的憲法與實用主義的憲法等。之後,其又提出了「存在論分類法」,企圖對現存的憲法,以政治社會學觀點加以分

---

2 例如,謝瀛洲先生認為我國憲法係由各黨派組成之政治協商會議議定之十二項制憲原則而制定,故亦屬於協定憲法。

析，他認為憲法依權力者與相對人對憲法規範之遵守程度，可區分為規範憲法（normative constitution）、名目憲法（nominal constitution）與詭譎（語意）憲法（semantic constitution）三種（Loewenstein,1957: 134-140）。規範憲法是指憲法的各種規範支配著政治權力形成的過程，即政治權力形成的過程，應適應並服從憲法的規範，他認為歐美多數國家的憲法屬於此類型。名目憲法是指從歐美輸入「憲法製成品」，但實際上又缺乏其精神實質的憲法，換言之，憲法雖有法的效力，但是欠缺實際效果，即空有成文憲法典，卻未能實現規範作用，他認為亞、非、拉丁美洲等開發中國家的憲法多屬於此類型。詭譎憲法是指憲法制定之目的僅在維護權力者之利益，而非保障人民之權利和自由，只是把憲法作為掌控權力的宣傳手段，他認為過去的蘇聯及其衛星國的憲法屬於此類型。

■社會主義憲法與資本主義憲法

憲法的作用不僅是確認某個政權的合法性，保障政權穩定和社會安定，更重要的還在於其能促進經濟基礎的鞏固，以利經濟文化的建設。不可諱言地，生產、所有與分配之經濟結構，直接影響國民生活、權力構造及政治基礎。當今各國憲法，依其經濟社會體制之不同，可以分為資本主義憲法和社會主義憲法兩大類。此兩種不同類型的憲法對於經濟基礎，特別是對生產資料歸誰占有這一根本問題作了明確的規定。資本主義憲法規定「私有財產神聖不可侵犯」的原則，竭力保護資本主義的私有制，從而推動資本主義經濟的發展和繁榮。在社會主義國家，憲法在確立社會主義公共財產神聖不可侵犯的同時，還具體規定了以生產資料公有制為基礎的社會主義經濟制度，從而推動相關經濟建設。

古典形式的資本主義制度的主要特點是私有財產至上、以利潤動機為動力、自由市場及自由競爭之存在。資本主義本質上是一種經濟制度，而非政治制度。但是資本主義在演進時，與之相輔相成的政治觀念也隨之興起[3]。西方民主國家憲法的特點，是對資本主義私有制的確認，

---

3 這些與資本主義有關的政治觀念有：一、由於私有財產是個人促進自己與社會之經濟利益的手段，因此進而推論私有財產不應受節制。二、經濟權力的分散被認為最能防止經濟權力的濫用。三、財富的不平等被視為是正常而令人滿意的事態。四、市場制度被認為是最民主的組織經濟秩序的方式。這些概念，並非都是在近代資本主義興起時才出現，但這些概念，在十九世紀時，卻普遍地為受過教育的人所接受，在學校中則被傳授有加，而報紙亦加以倡導。

宣布「私有財產神聖不可侵犯」的原則。在此原則下所衍生制定的憲法條款，始初主要是為了維護資本家利益，以利資本主義經濟有秩序地發展。然而，隨著資本主義經濟的發展，資本主義國家對經濟干預日益增加，十九世紀有些資本主義憲法就規定了「為公共利益」或「公平原則」，可以有償徵用私有財產。此外，資本主義憲法還提倡「主權在民」。一八六〇年代，美國總統林肯（Abraham Lincoln）提出了「民有、民治、民享」的口號，意即指美國的權力屬於人民，權利由人民享受，國家由人民管理。一九五八年「法國第五共和憲法」第二條宣稱：「共和國之信條為：『自由、平等、博愛』。共和國之原則為：民有、民治、民享之政府」；第三條規定：「國家主權屬於人民；人民通過自己的代表及通過人民投票來行使國家主權。」

社會主義公有制是社會主義經濟制度的基礎。例如「中華人民共和國憲法」第一條明確規定：「社會主義制度是中華人民共和國的根本制度。禁止任何組織或個人破壞社會主義制度。」此外，該部憲法從第六條至十八條全面規定其社會主義經濟制度的基本內容。其中第六條規定：「中華人民共和國的社會主義經濟制度的基礎是生產資料的社會主義公有制，即全民所有制和勞動群眾集體所有制。」第十二條規定：「社會主義的公共財產神聖不可侵犯。國家保護社會主義的公共財產。禁止任何組織或者個人用任何手段侵占或者破壞國家的和集體的財產。」中國大陸目前各地區、各層次、各企業間的生產發展仍極不平衡，這種狀況也使其不得不發展多種經濟所有制，改革開放以來在「社會主義市場經濟體制」的運作下，勞動者個體經濟、私營經濟、外商投資企業（包括中外合資經濟、中外合作經濟和外商獨資經濟等）交互作用下，造就了不少「新富階級」，要求保護私有財產的聲浪也不斷出現。二〇〇四年三月十四日最新通過的憲法修正案，即考量整體社會經濟發展的現實問題，入憲保障「公民的合法的私有財產不受侵犯」；「國家依照法律規定保護公民的私有財產權和繼承權」等。

■近代憲法與現代憲法

以憲法之歷史演進為分類之標準：可將憲法分為近代憲法與現代憲

法：

1. 近代憲法：近代憲法係指十八、十九世紀制定之憲法。其之所以產生，大抵受到下列各項因素之影響：第一、個人主義思想：社會應尊重個人之思想，以達成個人之需要爲目的。第二、自由主義思想：認爲「最好政府，最少統治」，「政府之任務只限於：1.保衛國土，不受他國侵略；在國內維持正義，安定秩序。2.舉辦私人不願舉辦之事業」。第三、民主政治思想：「人權宣言」第三條曰：「主權之淵源，在於國民，不論任何團體或個人，均不能行使國民所未賦與之權力。」第四、法治主義思想：制定法律，一方面以法律規範政府施政之範圍及人民應負之義務，另一方面以法律保障人民之權利。第五、權力分立思想：將國家政治作用區分爲行政、立法、司法三權，使權力間相互制衡，以防專制。第六、立法至上思想：行政與司法機關以立法機關所制定之法律爲施政之依據。

   近代憲法的主要內容有：第一、保障人民之自由權利：美國獨立宣言、法國人權宣言等均揭此旨。第二、私有財產制度之確立：人權宣言第十七條規定：所有權爲神聖不可侵犯之權利，用以鼓勵產業之發展。第三、門閥政治之禁止，職業自由之承認：廢止世襲相傳之門閥政治，憲法保障任何人都有選擇職業之自由。第四、選舉制度之規定。第五、議會政治：以個人之自由與平等思想爲前提，在選舉制度下，由國民選出之代表所組成之立法機關，以決定國民之意志。

2. 現代憲法：現代憲法係指二十世紀以後所制定之憲法。現代憲法，除在政治上、經濟上，有自由平等之保障外，爲推行社會福利政策，並對經濟制度及社會安全皆有積極之規定。現代憲法對於教育文化，均特設規定，以爲政府努力的目標。

除上述分類外，尚可將憲法分爲附有意識型態之憲法與不附有意識型態之憲法，前者如我國憲法（基於三民主義）；後者如法國第三共和國憲法及第四共和國憲法。亦有國內學者將憲法分爲戰時憲法與平時憲

法，認為戰時憲法為平時憲法之特別法，具有優先效力，其主張此說之立論目的，係為解決民國三十七年「動員戡亂時期臨時條款」與「中華民國憲法」間之矛盾現象。

第二節　憲法的基本原則與制定

在人類的歷史進程中有個特點，即不斷地為共同生活制定規則，特別是近代以國家為單位，經常是通過憲法來制定為克服困難所需的新規則，與確定新的政治和社會的基本型態，從而進入新的發展階段。於是，在憲法中如何制定政治的及社會的規則，以及憲法條文的意義和與之相關的憲政是否可行之問題，便需探討清楚，而憲法既然作為一種規則，規範著政治和社會的基本型態，就必將在很大的程度上影響國民的生活。換言之，由誰來制定憲法和制憲者秉持的憲法基本原則為何，在在影響著憲政的成效。

一、憲法的基本原則

憲法的基本原則簡單的介說，就是憲法所含蘊的具有本質意義之原理或法則。憲法基本原則有時直接表現於憲法條文之中，更多的情形則須從憲法法典的精神或文本的詮釋中予以發現。討論憲法原則無疑是受到德國威瑪共和憲法學家史密特（Carl Schmitt）的影響。史密特將憲法分為兩部分：憲法與憲法法規（這二詞也分別譯作憲章與憲律）。他認為，憲法是掌握制定憲法權力者，對一個政治實體存在的形式及屬性，所作的政治決定，這並不包含於法條或規範之中；至於憲法法規，則指憲法法典或具有憲法效力的法規中之各個條款而言；其倡言憲法與憲法法規的區別，目的在得出一項結論：憲法法規（憲律）可修改，「憲法」

（憲章）是不能依修憲程序加以變更，一旦憲法法規變更涉及憲法（即核心的憲章），則不在是修憲，而為重新制憲或者政變。以一九一九年的威瑪憲法而論，史密特認為屬於「憲法」（憲章）成分者，不外「民主」、「國家之權力來自國民」、「德意志為共和國」、「聯邦國結構」、「立法機關與政府之關係為國會代議型態」以及「市民階級法治國」等項而已，其餘部分則屬於不具政治決定性質之憲法法規（憲律）。而史密特所謂的「憲法」（憲章），與一般所指涉的「憲法之基本原則」，在概念上極為接近。當然，並非所有的憲法學者都贊成在實證的憲法法規之外，還有基本原則的存在；而接受或明顯受史密特前述理論影響的各國學者也不乏其人（吳庚，2003: 17-21）。

二、憲法制定的權力

在近代憲法發展史上，法國大革命時期的著名學者薛士（E. J. Sieyes）最早提出了制憲權的學說，將憲法制定的權力予以體系化闡明。他在《第三等級是什麼？》（Q'uest-ce gue le Tier Etat ?）一書中指出：「在所有自由國家中——所有國家均應當自由，結束憲法之種種分歧的方法只有一種，那就是要求助於自己的國家，而不是求助於那些顯貴。如果我們沒有憲法，那就必須制定一部：惟有國民擁有制憲權。」其制憲權理論要點有三：第一、制憲權的主體是國民，國民的制憲權是單一不可分的，在實質內容與程序上不受一切法律的限制。第二、制憲權由制憲會議具體行使。第三、制憲權不需要任何實定法上的依據，是具有法創造效力的「始原性的權力」，即制憲權存在於自然狀態之中 （莫紀宏，2001: 41）。簡言之，薛士融合盧梭之國民主權論與孟德斯鳩之權力分立論，而認為憲法制定權力為人民所擁有，並將「憲法制定權力」與「被憲法制定之權力」兩者加以區分，認為國民是憲法制定權力之唯一主體，立法機關之國會是依據憲法而產生者，蓋國民本身因無法直接行使憲法制定權，當需委由特別代表團行使之，此特別代表團即為憲法制定

會議。因此，國民是優先所有事物而存在，在國民之上只有一種，那就是自然法。

在什麼情況下，憲法才具有法律的效力呢？通常的答案是：憲法必須由具有制定法律資格的機關所制定，或經其批准，或由其公布。第一次世界大戰後，由於德、俄及奧匈帝國戰敗而制定的各國新憲法，均宣稱其法律的效力來自「人民」。例如德國「威瑪憲法」開宗明義謂：「德意志人民……茲制定本憲法。」「捷克憲法」規定：「吾捷克國民……茲為捷克共和國制定本憲法。」第二次世界大戰之後，對於人民制定憲法的權力雖不如前時期之強調，但關於使憲法生效的部分，大多規定「由人民批准之。」然而弔詭的是，在所謂「人民」一詞中，其包含的意義甚廣，甚至彼此間互為衝突者。而所謂的「人民」或「人民全體」對憲法的制定或施行，實可謂「無所事事」，畢竟人民或全民從未一起制定過一部憲法，實際上也不可能一致制定出一部憲法[4]。

每一個國家制定新憲法的原因都不同，大抵有下列三種型態：一是一國內部的政治發展或民主改革力量興起，使其原有的憲法體制已無法順利運作，而必須另行制定一部符合現狀的新憲法。二是戰爭動亂的因素，使國家在稍微回歸和平狀態時，必須考慮制憲，以建立憲法新秩序，集結全民力量重建國家。三是新的獨立主權國家誕生，也必須制憲以建立獨自的憲法秩序。在一次世界大戰後，許多新興國家相繼成立，憲法也經常扮演著「國家出生證明書」的角色，而憲法為「國家性」文件，經常被濫用為各種政體和政治觀念服務的工具，此種情形在共產國家甚為普遍，在新興國家亦屢見不鮮。

---

4 傳統的歷史學家，慣於敘述美國的憲法乃人民所制定，迨1913年俾爾德（A. Beard）博士著《美國憲法的經濟觀》（An Economic Interpretation of the Constitution of the United States）一書，認為美國憲法實乃一批其經濟利益深受1777年美國聯邦條款（Articles of Confederation）壓迫的人民，為保護並擴張其利益而制定，距離所謂由全民制定者，故甚遙遠。該書甚至結論：「費城制憲會議的各代表，除極少數的幾個人外，均可自新憲法建立的制度中，立即獲得個人的直接的經濟利益。」；「憲法經人民表決通過的人數，可能不及成年男子的六分之一。」

第三節　憲法變遷的途徑

　　所謂憲法的變遷乃是通過習慣或政府公權力之解釋的運用，逐漸使憲法之正文或憲法之原意內容產生變化之情形。憲法為其時代的產物，已是陳腔濫調，然時代為變動不居，亦屬一項真理，如是推論，憲法是否隨時代而有所變動？其變革的速度和程序為何？而憲法與其所欲加以規範的政治、社會、經濟等面向的進程，是否常發生重大的不協調？憲法制定之後，確實會因政治社會環境的變化，致使原有條文不足以應對，因此而有許多的變革。表現憲法變遷的途徑是多元的，歸納言之，約有下列四種：

一、國會立法

　　因關係法規或締結條約之結果而產生的變遷。例如：美國憲法於一七八七年制定時，賦予聯邦國會「規範數州之間的貿易之權」。當時，十三州人口稀少，主要為農業社會，故少有「州際貿易」（interstate commerce）的情形。但面對十九世紀以來所發生的各種科技、交通、通訊、經濟、社會等重大變遷，使州際貿易的項目及重要性大增。美國憲法並未因而修正任何一個字，但其國會卻藉憲法中規範州際貿易之權的規定，經由各項立法，獲致廣泛的權力，也使得聯邦與各邦之間的權力均衡發生相對的變革。

二、憲法解釋

　　所謂憲法解釋指的是，依據立國、立法精神等原則，對憲法規範之內涵和外延及詞與用意，加以詮釋或說明。溫默（Wimmer）認為憲法規範在解釋時有多種可能的意義，除藉助解釋方法之外，唯有與憲法原則相一致的解釋，才具有正當性（吳庚，2003: 25）。各國實施憲政的過程，經常運用憲法解釋的手段，因其可以在保持社會穩定的情況下，在具體內容上逐漸地將新的社會要求充實到憲法之中，從而更加靈活地促進憲法的成長。

　　世界各國憲法之解釋主體、方式各不相同。從解釋的主體來看，主要可分為三種：第一、立法機關解釋憲法，例如一八三一年「比利時憲法」規定：「憲法解釋權屬於立法機關」。第二、普通法院解釋憲法，這一制度通行於實行司法審查制度的國家，如美國、日本等。第三、專門機關解釋憲法，例如在普遍法院系統之外，另設立專門的憲法法院或憲法委員會以負責解釋憲法，如法國、德國等。

三、憲法習慣

　　所謂憲法習慣是指憲法未作明文規定，而在長期的實際政治運作中所形成的習慣和傳統，這些習慣經由公眾的認可而具有一定約束力，且通常涉及社會制度的根本問題。有時憲法習慣被稱為「活的憲法」，國內政治學者一般多稱之為「憲政例規」。憲法習慣是由行憲經驗中逐漸形成的，在實際政治運作中，由先例繼而蕭規曹隨地形成的憲法性政治程序或制度。行憲的歷史越久，則憲法習慣的內容可能越豐富，而憲法習慣的作用，不但可以使憲法上的規定成為具文，且憲法所未規定的，可成為憲政上新的原則或制度，這些都構成了憲法變遷成長的重要因素之

一。

　　憲法習慣可以由多元的途徑逐漸形成，就美國的憲政經驗來說，其憲法習慣是圍繞著成文憲法並在成文憲法的基礎上發展起來的。例如，有的是出之於政黨的運作，由政黨全國代表大會決定總統候選人；有的是由於政府三大部門的個別措施所形成，例如閣員之不能列席國會院會；有的憲政習慣則源之於殖民地時代的政治傳統，例如眾議員之必須為其選區的居民等。

　　從英國來看，憲法習慣是英國憲法的重要組成部分之一，甚至可說它們比法律本身更重要。例如，一六八九年英國確立了「議會至上」原則，議會享有最高的權力，但議會本身並不處理行政事務，管理國家的職能是由國王和國王所任命的大臣與官吏行使的，依這種法律關係產生了一系列的憲法習慣，使政府能夠有效運作，結果產生了「內閣制」。在內閣制下，大臣由國王任命，而由國王任命的大臣依照慣例必須在下議院中擁有足夠多數的議員支持。而在政黨政治益趨成熟時，這種支持即是多數黨的支持，因而首相就須由執政黨的領袖擔任。

　　一般而言，憲法習慣要成為法律規範而發生效力，必須具有下列要件：

1. 必須是反覆為同一行為之事實，如果只有一、二次的事實只能算是先例。例如：英國議會政治的發展過程中，一七一四年，根據「王位繼承法」，德國漢諾威選侯登上英國王位為喬治一世。喬治一世並不懂英文，也不熟悉英國事務，且經常不參加會議。從一七一七年開始，內閣會議由一位大臣主持，自此開創了內閣首席大臣（後來才稱為首相）領導內閣，而英王不得參加內閣會議的先例，迄今英國政治仍嚴格遵守此憲政慣例。

2. 反覆、長期且持續發生之行為，必須保持同一意義。例如，一七二一年英國輝格黨（自由黨的前身）在國會下議院中占多數席位，輝格黨的領袖華爾波（Sir Robert Walpole）領導的內閣，名義上對下議院負責，實際上下議院受其控制。此時，內閣已發展成

爲一個以首相爲決策中心的機制，華爾波內閣可算是英國第一任責任內閣。一七四二年，輝格黨發生內鬨，華爾波和其所領導的內閣集體辭職，於是開創了「內閣必須集體對下議院負責」和「下議院對內閣的施政方針不予支持時，內閣必須集體辭職」的先例。又例如，一七八三年英國托利黨（保守黨的前身）的庇特（William Pitt）出任首相，第二年因得不到下議院的支持，遂下令解散下議院，重新選舉，庇特所領導的托利黨在新的選舉中獲勝，從而又開創了「內閣在得不到下議院支持時，可以解散下議院，重新選舉」的先例。

3. 對於此種行爲，多數國民認爲具有同一意義規範的價值。例如，美國第一任總統華盛頓（George Washington）兩屆任滿後，堅持拒絕再任一屆，其後第三、四任總統傑佛遜（Thomas Jefferson）、麥迪遜（James Madison）兩位總統亦從之，如此樹立了「美國總統不三連任」的憲政習慣；直至一九四七年，美國憲法才透過修憲的方式，於一九五一年通過憲法增修條款第二十二條，除現任總統杜魯門（Harry S. Truman）外，憲法規定：「任何人被選爲總統者，不得超過二任」。

四、憲法的修改

大多數的憲法均宣稱其具有法律效力，而且具有「最高的法律效力」，依據憲法學理論，惟有超越憲法而存在的「憲法制定權力」才能更動憲法，此一權力依人民主權原理應屬於人民全體，所以人民才是國家最高權力的泉源，擁有更動憲法的權力。嚴格言之，修改憲法是憲法變遷唯一的正式途徑，但其他憲法變遷途徑（立法、解釋及習慣），若能符合民主原則和精神，也能滿足社會之需要，那麼，「修憲」應要儘量避免，因爲維持憲法之固定性，將較能保持政治的安定與憲法的尊嚴。基於政治上的必要性，國家權力若不行使亦會造成憲法的變遷。

　　憲法之變遷應有其界限，宜嚴肅處理。如前所述，憲法與憲法基本原則區別的最大效應，就是建立一個不得透過通常修憲程序來更改的憲法核心領域，事實上，這種理論已經條文化表現於「西德基本法」。除德國外，憲法明文規定有不得修改條款者，尚有義大利、法國、葡萄牙、土耳其等國。其中「葡萄牙憲法」規定不得修改的內容最爲廣泛，多達十六項；其餘義、法等國都僅止於共和國體不得變更。在憲法定有禁止修改的條文下，很容易獲致修憲有界限的結論，一旦發生修憲是否逾越界限時，作爲憲法守護神的憲法法院有權予以審查，較無爭議。反之，憲法沒有禁止修改的條款或者修改的條文雖然涉及基本原則，但卻不屬於禁止的事項（例如共和國體），則憲法法院或類似的司法機關是否也有審查權，便成爲一項難題。所謂違憲的憲法規範，不是單指修憲條文與憲法本文規定的內容不同，而是指新制定的憲法條文悖離憲法原本的精神或基本原則，當修憲機關以正常修憲程序制定這類憲法條文時，便是所謂的「憲法破毀」（吳庚，2003: 26-27）。

第四節　當代憲法的發展趨勢

　　第二次世界大戰以後，國際、國內的情勢變化使得許多國家的憲法也發生了重大的變化。戰後，英國和紐西蘭增加了新的憲法法規，而西班牙、法國、丹麥、西德、希臘、義大利、日本、荷蘭、瑞典、西班牙、葡萄牙等國都制定了新憲法；至於其他國家，通過或制定新的憲法法規以及對憲法本文進行修訂者，爲數更多。概言之，當代憲法的發展具有以下特性：重視基本人權、防止或放棄戰爭、社會權的入憲、憲法審判權的發達和傳統國家主權概念的鬆動。

一、重視基本人權

目前世界各國的成文憲法大抵由兩部分構成，一為有關國家統治機構組織的規定；另一為有關人民基本權利之保障。在第二次世界大戰以前，憲法中基本人權的規定多屬政治口號與宣言的性質，第二次世界大戰之後，基本人權的保障始落實於民主國家中，逐漸為國際所重視，且成為各國憲法的核心部分。而國際間也努力想使各國政府在對待本國國民時，也像對待外國人一樣，遵守一些「最低國際標準」，希望藉由國際法使「人權」的保護能夠推及全世界所有公民。傳統上，國際法規定各國政府給予外國國民的待遇，就某些方面而言應有別於本國國民，特別是當一國政府恣意獨裁，拒絕給予本國國民享受正當法律程序和公平審判的時候，外國國民不見得也要忍受同等的待遇。它的本國政府可以為他主張「最低國際標準」的司法待遇，如果當地國仍不理會的話，該國政府得要求予以補償。

一九四八年聯合國大會一致通過了「世界人權宣言」。基本上，「世界人權宣言」是一項道德性的宣示，不是一種有法律約束力的文件。但它的誕生卻促進各國政府重視人權，包括民權、政治權利、經濟權利和社會權利；此後，聯合國及其他國際組織也就人權問題草擬了各項條約，且對批准的國家產生拘束力。在西歐各國即共同設立了歐洲人權法院，各國人民如果對政府的施政有所不滿，可以向這個超國家的法庭尋求救濟。

二、防止或放棄戰爭

第二次世界大戰之後，在憲法中明確規定不以戰爭為解決國際爭端手段或不參與侵略戰爭的國家有日本、法國、西德、義大利等。一九四

五年八月十五日，日本接受「波茨坦宣言」，宣告無條件投降，翌年制定了一部新憲法，政體由絕對權限的天皇制改爲君主立憲制。該憲法第九條明文規定：「日本國民誠意希望以正義與秩序爲基礎之國際和平，永久放棄發動國之權、以武力威嚇戰爭或行使武力，爲解決國際紛爭之手段。爲達到前項之目的，不保持陸海空軍或其他戰力，不承認國家交戰權。」因此之故，該部憲法被稱爲「和平憲法」。[5]

　　一九四六年的「法國第四共和憲法」序言宣布：「法蘭西共和國忠於其傳統，尊重國際公法之規範，不參與任何以侵略爲目的之戰爭。並永不使其武力對抗任何民族之自由。」一九四九年的「德意志聯邦共和國基本法」（簡稱「西德基本法」）第二十六條第一款規定：「擾亂國際和平共存之活動，或以擾亂爲目的之活動，尤其準備侵略戰爭之活動，概爲違憲。此等活動應受處罰。」一九四七年的「義大利共和國憲法」第十一條宣稱：「義大利不以戰爭爲侵犯他國自由之工具，亦不以戰爭爲解決國際紛爭之手段。」一九八七年的「菲律賓共和國憲法」第二條第二項聲明：「菲律賓放棄以戰爭作爲國家政策之工具。」

三、社會權的入憲

　　第二次世界大戰以後，各國憲法除了加強對自由權利的保障外，更進一步保障人民的社會權與經濟權，此可稱爲憲法的「社會化」或「民生化」。提倡社會權的目的，是基於社會安全保障之理念，在合乎社會正義的前提下，使人民擁有「實質」而非「形式」上的法的自由，使其得以發展能力與人格，擁有合乎人性尊嚴的生活。一些已開發國家，挾其

---

5 在美國的扶植下，日本政府從一九五〇年建立警察預備隊爲起點開始重建軍隊，至一九五四年設立防衛廳，新建陸海空自衛隊，組成聯合幕僚會議(參謀長聯席會議)，軍隊編制重新完備。一九五七年日本國防會議確立日本國防方針，即日本在適應國力國情和自衛所必須的限度內逐步擴充軍備，從一九五八年至一九七七年，經過四期擴軍計畫，日本總兵力已達近三十萬人，恢復到了戰前的水平。日本擴充軍備是否違反「和平憲法」，在日本國內一直有爭議。

優勢的經濟力，積極介入以形成正當的社會秩序，保障所有個人符合人性尊嚴的最低生活條件，以達成社會正義，成為所謂的積極性、福利性的國家。經歷多年的實踐，「福利國家」於一九七○年代中期開始顯露疲態，新的理念與構思不斷的提出，有者主張應引入非政府部門的力量，以補足或替代政府部門的社會角色。於是政府由福利的提供者，轉變為輔助者的角色，鼓勵自由市場參與福利事業，使服務民營化，強調個人與家庭的責任，推動慈善團體與志願服務的功能。時至今日，仍有學者還是強調個人應享有充分的社會權，包括最低薪資、住房、健康照護和受教育；而這些權利應牢固確立於民主國家的憲法之中（Fabre, 2000: 4）。

四、憲法審判權的發達

有些國家憲政制度的規劃，為了防止立法機關和行政機關違憲，實行司法審查（judicial review）制度；審查和裁決均由最高司法機關進行，凡經審查而定為違憲之法律、法令或行政行為，均不能生效或實施。審查是否違憲的制度起源於十九世紀的美國，但這種制度在美國憲法中並無規定。一八○三年聯邦最高法院在一項判決中宣稱：「違憲的法律不是法律」、「闡明法律的意義是法院的職權」，自此之後，聯邦最高法院實際上就有了審查國會立法和行政命令是否違憲的權力，司法機關也因此才能與立法機關、行政機關相抗衡，完備三權分立制度。

第二次世界大戰之後，不少國家（包括某些傳統的議會制國家）均設違憲審查制度。例如「西德基本法」第九十三條第一項賦予聯邦憲法法院得以審判下列案件，例如「遇有聯邦最高機關或本基本法或聯邦最高機關處務規程賦予獨立權利之其他關係人之權利義務範圍發生爭議時，解釋此基本法」；「關於聯邦法律或各邦法律與本基本法在形式上及實質上有無牴觸或各邦法律與其他聯邦法律有無牴觸、發生歧見或疑義時，經聯邦政府、邦政府或聯邦議會議員三分之一之請求受理之案件」

等。一九七八年「西班牙王國憲法」有「憲法法院」專章，其第一六一條規定：「憲法法院管轄西班牙全國，有權審理：一、法律與具有法律效力之法規違憲性之聲請案。……」南韓原學德國設憲法委員會，後來改設「憲法裁判所」。依一九八七年「大韓民國憲法」規定：「憲法裁判所掌管下列事項：一、法院提請法律是否違憲之審判……。」一九九三年「俄羅斯聯邦憲法」亦設有「憲法法院」。這種趨勢說明了可以通過司法途徑來適用憲法，以適應社會的需要。南非原是採英國制的憲法體系，在一九九四年修正的「南非共和國憲法」也改設「憲法法院」。

五、傳統國家主權概念的鬆動

(一)國家主權受到國際規約的限制

第二次世界大戰之後，國際形勢巨變，不少國家的憲法均宣布遵守國際公法。國際法從其性質而言，它規範的是「國家」，而不能直接約束各國的國家機關與人民，如果在憲法中有遵守國際公法的原則規定，國家機關就必須執行國際法。有的承認國際法是國內法的一部分，例如，「西德基本法」第二十五條規定：「國際法之一般規則構成為聯邦法之一部分。此等一般規則之效力在聯邦法律之上，並對聯邦境內之住民直接發生權利及義務。」有的憲法宣布同意限制或轉讓本國主權。例如一九四七年的「義大利共和國憲法」第十一條宣稱：「……在與他國相同條件下，同意限制主權，以保障國際和平與正義之秩序。」一九八七年的「菲律賓共和國憲法」第二條第二項規定：「菲律賓……採納被普遍接受的國際法原則作為本國法律的一部分。」

除各國憲法聲明遵守國際規約外，在國際上各國亦受國際人權規約的規範。例如聯合國體系下的各項國際人權公約：一九四五年的「聯合國憲章」、一九四八年的「世界人權宣言」、一九七六年的「經濟、社

會、文化權利國際公約」與「公民權利與政治權利國際公約」；區域性
的人權公約：一九五三年的「歐洲人權公約」、一九七八年的「美洲人權
公約」、一九八六年的「非洲人權與民族權憲章」等，均直接或間接影響
一國之憲政內容和國與國之間的互動關係。

(二)區域整合下主權國家憲法重組

夢想家夢想「團結的歐洲」已有百年歷史之久。第二次世界大戰之
後，歐洲若干國家亟欲建立新的和平與秩序，先是由法國的兩位政治家
莫內（Jean Monnet）和舒曼（Robert Schuman）於一九五○年提議，
法、德等歐洲國家簽署一項「煤鋼資源共管的經濟協定」，以共同控管煤
鋼兩項重要戰略物質，達到遏止各國輕啓戰爭的目標。一九五一年四月
十八日，法、德、義、荷、比、盧等六國，以舒曼所提計畫爲基礎，於
巴黎共同簽訂「歐洲煤鋼共同體條約」（Treaty Establishing the European
Coal and Steel Community；又稱「巴黎條約」），創立煤鋼共同體，可算
是歐盟的最早前身。一九五七年三月二十五日，此六國又於羅馬簽訂
「羅馬條約」（Treaty of Rome），並成立歐洲原子能共同體，以及歐洲經
濟共同體。事實上自一九五八年一月一日「羅馬條約」生效日起，歐洲
共同體即已存在，但一直到一九六五年簽訂之合併條約（The Merger
Treaty），歐洲煤鋼共同體、歐洲經濟共同體及歐洲原子能共同體之行政
機關合併，才正式稱爲「歐洲共同體」（European Communities）。一九七
六年通過「歐洲議會議員直接普選法」，一九七九年歐洲議會改由直接民
選。雖然此普選只限於會員國的國民，且選出的代表大多無實際權力，
其發揮的作用與享有的職權，雖比不上一般國家的國會，但仍具有高度
象徵意義。

一九九二年二月七日，歐洲共同體十二個國家（法、德、義、荷、
比、盧；英國、丹麥、愛爾蘭、希臘、葡萄牙、西班牙）於荷蘭的馬斯
垂克（Maastricht）簽署「歐洲聯盟條約」（The Treaty on European
Union；又稱「馬斯垂克條約」）。自一九九三年一月一日「馬斯垂克條約」

生效起，「歐洲聯盟」正式概括承受歐洲共同體，擴大爲更廣泛的超國家或準國家之政治體系。簡言之，歐洲聯盟主要的目標爲：第一、透過建立單一內部市場，加強經社合作，建立經濟暨財政同盟，包括最後的單一貨幣，以促進經濟和社會的進步。第二、透過實施共同外交和安全政策，甚至建立共同的國防力量，在國際舞台上扮演同一角色。第三、打造「歐洲公民」的概念，建立歐洲公民的認同感，加強歐洲公民權益的保障。第四、推動司法體系和各國內政的密切合作。

　　法國政府爲避免與歐盟法律發生潛在性的衝突，曾於「馬斯垂克條約中」加入一項義務，提出「未來會員國遇條約變動時，須因應修法以使會員國法律與歐盟一致」。例如德國、法國、義大利、西班牙、比利時、盧森堡、愛爾蘭等國皆透過修憲方式，以解決「馬斯垂克條約」所造成的主權讓渡問題。爲了加入歐洲聯盟，德國、法國、西班牙等國之憲法審判機關，皆曾就「馬斯垂克條約」之合憲性加以審查。其中德國、法國更引起修憲有無界線的爭議。爲了加入歐洲聯盟，德國修改其憲法第二十條和第二十八條（原先德國憲法第七十九條禁止第二十條和第二十八條的修改）。

　　一九九七年十月二日，歐盟之十五個會員國（除上述歐洲共同體的十二國外，再加上一九九五年加入的奧地利、瑞典和芬蘭）共同簽署「阿姆斯特丹條約」（The Amsterdam Treaty）以協助歐盟解決當下所面臨的問題。條約重點包括對歐盟主要機構間的權力定位、外交政策效力，增加就業，以及擴大歐盟組織。

　　一九九九年一月一日，歐洲單一貨幣（「歐元」Euro；貨幣代號EUR）正式發行，歐洲中央銀行（European Central Bank）肩負統合歐盟各成員國貨幣政策的使命，致力於歐元的穩定運作，在歐洲聯盟積極地朝更深更廣的區域整合之路前進時，除了傳統之國家主權概念的鬆動外，勢必連帶要求國家憲法的修改，甚至放棄或讓渡部分國家的主權。隨之而來的問題是歐盟到底要不要制定新憲法？贊成與反對的雙方論戰不休。

　　二〇〇三年六月歐洲聯盟高峰會在希臘召開三天，會中討論有關歐洲憲法的制定。二〇〇四年五月一日十個新會員國加入歐盟。二〇〇四

年六月十九日歐盟各國領袖在布魯塞爾開會審議「歐洲憲法」，大約一個小時就通過。最後定案的「歐洲憲法」載明歐盟的理念和目標並規定推動機構改革，以確保擴張後的歐盟能有效運作。最高決策機關歐洲理事會將新設一相當於總統的常任主席，另設一負責外交、安全政策的外長，強化歐盟在國際間的發言力量。在投票表決制度方面，這部憲法規定採取雙重多數決方式，贊成的會員國必須達到55％以上，也就是至少要獲得十五個國家支持；而且贊成國家的人口必須占歐盟四億四千五百萬人口的65％以上。這種多數決方式適用範圍很廣，原則上只有社會福利、稅制及外交的一部分除外。多數決適用範圍擴大，各國行使否決權的空間就受到壓縮。否決權的規定是至少四個國家，代表歐盟人口的35％。

「歐洲憲法」必須在兩年內獲得歐盟二十五國批准通過才能生效。英國等國的反對派擔心，歐盟統合會導致本國主權受到壓縮，這些國家已決定將這部憲法付諸公民投票，如果無法過關，擴張後的歐盟將面臨大難題。

第11章　憲法

 進階讀物

Amar, A. R., & Hirsch, A. (1998) *For the PeopleL: What the Constitution Really Says about Your Rights*(New York, Free Press).

King, A. (2001) *Does the United Kingdom Still Have a Constitution ?* (London, Sweet & Maxwell).

Forsyth, C. (ed.). (2000) *Judicial Review and the Constitution*(Oxford, Portland, Or Hart Pub)

Richards, D. A. (1998) *Women, Gays, and the Constitution: the Grounds for Feminism and Gay Rights in Culture and Law*(Chicago, University of Chicago Press).

Jowell, J., & Oliver, D. (ed.). (2000) *The Changing Constitution*(Oxford, Oxford University Press).

Bailey, M. J. (2001) *Constitution for a Future Country*(Chippenham, Antony Rowe)

Dorsen, N. (ed.). (2002) *The Unpredictable Constitution*(New York, New York University Press).

Catterall, P., Kaiser, W., & Ulrike Walton-Jordan(eds.). (2000) *Reforming the Constitution: Debates in Twentieth-Century Britain*(Portland, OR ,Frank Cass).

Cooter, R. D. (2000) *The Strategic Constitution*(Princeton, Princeton University Press).

Newman, R. K.(editor in chief)(1999) *The Constitution and its Amendments*(New York, Macmillan Reference USA).

Smith, S. D. (1998) *The Constitution & the Pride of Reason* (New York, Oxford University Press).

亨利‧馬爾賽文、格爾‧范德唐合著，陳云生譯（1990）。《成文憲法的比較研究》。台北：桂冠圖書股份有限公司。

林子儀、葉俊榮、黃昭元、張文貞（2003）。《憲法：權力分立》。台北：學林文化事業有限公司。

麥迪遜（James Madison）、漢彌爾頓（Alexander Hamilton）等著，謝淑斐譯（2000）。《聯邦論》（The Federalist papers）。台北：貓頭鷹。

蘇永欽（1999）。《違憲審查》。台北：學林文化事業有限公司。

 相關網站

網路上的憲法與法律資訊

　　http://www.nknu.edu.tw/~lib/subject/law.htm

憲法專業頻道

　　http://home.kimo.com.tw/jyfd1103/

憲法相關法規

　　http://www.6law.idv.tw/bb-7n1.htm

維基百科

　　http://zh.wikipedia.org/

歐洲聯盟研究協會

　　http://eusa-taiwan.org/index.htm

淡江大學歐盟文獻中心

　　http://www.lib.tku.edu.tw/libeu/libeu_ch.htm

一、何謂「憲法」（Constitution）？何謂「憲法的基本原則」？試說明之。

二、請從各種不同的觀察角度，為「中華民國憲法」進行分類。

三、表現憲法變遷的途徑是多元的，試歸納並分析之。

四、試說明當代憲法發展的趨勢。

五、在討論憲法議題時，人們常使用Constitution與Constitutional Law這兩個名詞。試問此二詞之意義是否相同？倘若不同，則它們各自所指者為何？而二者的關係又為何？

六、政治學者多謂憲法為政治生活之規範，依據此意，何謂政治生活？憲法所規定者為何？

Political Science

◆第12章　立法

「代議民主制」（representative democracy）是今天西方民主政治的主要形式，即人民並不直接參與國家決策，而是選舉「代議士」（即議員或代表）或行政首長，來代表他們組成議會或內閣，為國家大政作出決策。因此，運作良好的代議制度及立法過程，可以說是當代民主政治的重要環節也是必要條件。

第一節　代議制度的意涵

在制度層次上，代議制度可說是現代民主制度運行的核心和主要標誌。在代議民主制中，人民透過選舉，推舉出「代表」來掌握和行使立法及統治權，而代議制度的核心，就是由經普選產生的代表所組成的議會，它是民主政體的中樞和支配力量，享有立法權、預算權與行政監督權等，而成為民主制度中重要的部門。

代議士在議會中如何代表選舉人或選民的意志？這是代議制理論一直爭論不休的問題。在我們探討立法部門的運作制度之前，的確也有必要對代議制度的意涵加以理解。對於代議制度的見解，各國學界的意見約可歸納為兩種：一種意見認為，代表必須按照選舉人或選民的意見行事；另一種意見認為，代表有權判斷自己的行為是否符合選民的意志，並依據這種判斷行事。前一種意見通常被稱為「委任說」（delegate model），強調選舉人或選民隨時都可以罷免已當選的人民代表，並以此來監督代表；後一種意見，一般稱為「託付說」（mandate model），強調代議士在代議機關裡，應該根據自己的判斷行事，避免受制於原選區選民或原選舉單位。

代議制度的形成，意味著「選民」（國家權力所有者）與「代議士」（國家權力行使者）之間，構成一種特殊關係，這種特殊關係主要涉及兩個具體問題：

1.代議士在行使職權過程中，應當受選區選民特殊指令的約束，抑

或有權自由決斷？

2.代議士在其代議機關中，是應當代表所有選區的「整體利益」，還是應該代表自己選區的「特殊利益」？

這兩個問題基本上就成為「委任說」和「託付說」爭論的焦點，不同的回答構成雙方理論以及實踐模式上的根本差異。

一、委任說

委任說的基本主張，是在代表與選民之間建立嚴格的「私權委託」關係。按照這種主張，代表透過選舉獲得選民的合法授權與委託，並因此在法律上負有執行選民意志的義務，代表只能根據委託或准許行事，而其本人則不享有未明確授予的權力，所以代表無須也無權代表原選區以外的意志和利益。從實際情況看，依據委任說形成的代議制度；通常具有如下基本特徵：

1.命令委任特徵：代表是選民派駐在議會的「傳聲筒」，對於選民的指令必須無條件地遵照執行，在選民的經常監督下行使職權。

2.地域責任特徵：代表必須完全符合於原選區的利益，其任務是促使原選區的意志和利益得以實現。

3.直接罷免特徵：為保證代表對選民的義務得以忠實履行，選民享有直接罷免本選區代表的權利。

從理論的層面分析，委任說側重選民參與程度，展現了直接民主的要求；但從實踐的層面上看，委任說的論點則可能產生一些弊端，其中主要表現在以下幾個方面：

第一、過度的選民參與造成社會生活的結構失衡。過多的民主有可能帶來政治的無孔不入和經濟生活的萎縮貧困，高度情感化的集體政治行為，往往會占據社會生活的全部；從技術的角度來看，大範圍的民主

政治中，對具體公共事務廣泛、直接的參與，迄今為止還不可能具有制度上的持續性。第二、由於代表缺乏共同的利益基礎，各自偏執於本選區的特定利益，難免使代議機關在利益抉擇過程中不得不面對過於分散且難以調和的利益關係。第三、國家政治生活缺乏整體意識和共同目標，必定滋長地方主義，危及國家整體的運作。由於代議機關陷於各種地方利益的糾葛之中，從而造成國家的共同意志根本無法形成，直接影響中央其他國家機關職能的正常行使。

二、託付說

與委任說不同，託付說基於社會分工原則，主張在代表與選民之間建立「信任關係」，代議士在政治原則上忠於選民，在具體政治事務方面則有權自由決斷。按照此說，由於現代社會不具備實行直接民主制的條件，人民必須通過代議士來處理政治事務，使人民的普遍利益得以實現。依循託付說所建立的代議制度，其基本特徵如下：

1. 自由決斷：代議士本身有充分自由，「能夠且應該堅持依據自身的判斷，來作出決定」，憑藉著個人的學識經驗，代表選民作出決斷。
2. 集中代表所有選區選民：在此制下，選區僅僅只是選舉單位而非主權單位，代議士本人不是特定選區選民的受託人，而是超越原選區局部利益，集中代表全體選民整體意志與利益之人。
3. 集體負責：代議士一旦當選，就成為代議機關的組成部分，個人行為不直接對選民負責，而是由全體代表共同對全體選民負責。

託付說基本上反映了現代政治生活的現實運作，可說是對委任說的修正。託付說基於社會分工原理來理解代議制度，主張經濟生產的日益複雜化、多樣化和專門化，必然會造成社會分工的加深。而代議士與選民之間的不同政治身分及其相互關係，本質上就符合分工原則。託付說

有兩個思想基礎：其一是堅持主權在民；其二是主張代議士與選民之間形成分工合作關係。託付說採用社會分工的原則，來理解代議士與選民之間的關係，希望形成國家權力的合理配置。託付說除了強調代議士的政治素質和專業能力，同時也強調選舉制度的公正性和競爭性，以及代議機關議事規則的完善程度，而且貫徹了社會分工原則，比起委任說的高度理想性，託付說具有較高的現實可行性。

第二節　立法部門的功能

立法部門所扮演的角色，因各國制度的不同而有差異。歸納起來，立法部門的功能主要有五種：立法、監督、代表、政治甄補以及正當性。在實際運作上，因國家而異，有些能充分發揮各項功能，有些僅能執行少許功能，有些則只有象徵或裝飾作用。

一、立法

為了維護社會秩序以及順應時代的需要，現代國家必須針對新生事務，適時制訂或修訂法律。立法機關之所以被認為具有立法權，因其是由代表社會各界的代議士所組成，能代表人民來討論決定，並代表人民來制定法律。在實際上，各國法律均須經立法機關議決通過，至少在形式上，絕大多數都是如此，君王的聖旨就是法律的時代，幾已不存在了。

立法機關雖擁有立法權，但這不意謂著壟斷了立法權。即使在民主先進國家，立法權往往亦由其他機關分享或主導。例如美國總統有法案否決權（veto power），且實際上約有50%至80%的法案由行政機關起草，並在總統的影響與領導下，由國會通過，被稱為「行政立法」；英國則

是由內閣主導立法，議會很少積極主導立法，主因在於現代國家的問題錯綜複雜，需要專家來協助解決，且行政部門擁有龐大的文官體系、掌握充分的資訊、有各種專家可以起草法案，相對地，立法部門則缺少足夠的專家與資源來進行專業的立法程序。

二、監督

雖然立法部門的「立法」與「代表」功能有式微的現象，但其監督（scrutiny or oversight）功能則依舊受人重視。廣義的國會監督，除了運用調查權、質詢權、彈劾權、倒閣權來制衡行政部門之外，尚包括對行政部門的政策法案以及經費預算的審查權、主要行政官員任用的同意權等等。國會在決定是否准許政策執行的辯論過程中，可使政策的各種選擇方案受到公評與鑑定，使人民瞭解執政內容的利弊得失，進而影響輿論與選民的支持方向，促使執政者或想取代執政地位者，更加認真負責地工作。

行政部門擁有龐大人力、雄厚財力和掌握資訊的優勢，成為主導國家決策立法的要角，已無庸置疑。但一般民主國家國會亦有調查聽證或質詢等職權，使行政首長或部會首長必須向國會解釋其決策原委與過程，說明其施政狀況與進度。此項日常監督政府決策與施政的權力，倘能有效行使，足可揭發政府缺失，使行政部門的施政更為謹慎，必須思考決策的後果與責任。為了追究政府違法或失策的責任，除了司法機關與選民選票之外，一般民主國家的立法部門均有彈劾或倒閣權。例如美國國會對違法失職的總統或高官均可彈劾，使其去職；英國議會對內閣可通過不信任案，迫使內閣總辭下台。這些監督雖不經常行使，但有此致命武器，卻可使行政部門受到威脅，不敢違法或濫權，足可發揮實質的監督效果。

儘管如此，並非所有國家的立法部門均能夠發揮監督的功能，例如中共的全國人民代表大會，雖然也是立法部門，但受到共產黨一黨專政

的制約，往往只是徒具宣傳功能，不僅無法發揮監督效果，政府的政策幾乎是無異議投票通過。

三、代表

在代議民主政治中，立法機關是代表人民、反映民意、決定利益分配的主要機制，是溝通政府與人民的主要橋樑。從歷史的角色觀察，十九世紀以前，立法機關的代表原則是階級利益，故法國曾有三級會議分別代表貴族、教士與平民的階級利益；英國有權力相近的貴族院與平民院分別代表貴族與平民的利益；美國有參議院與眾議院分別代表各州與全民利益，在實際運作中，美國國會議員尚有代表選區選民或利益團體的作用。十九世紀以後，人們認為代議士的代表範圍應該涵蓋全民，立法者的權力源自於人民的信託或委任，整個國會代表全民。美國參議員於1913年由州議會間接選舉改為由選民直接選出，亦顯示代表全民的原則抬頭。

至於立法者該如何扮演代表的角色？誠如前述，有「委任說」和「託付說」等不同的代議理論，「託付說」認為，立法者受選民之信託，有權為被代理人之利益作獨立思考的最佳抉擇，除了定期改選，不需受選民太多控制；「委任說」則認為，立法者由民選產生，應如鏡子般反映選民之意見，不應以個人主觀意見為決定基礎。兩者立論各有優劣，因而有「混合說」（mixed theory）的興起。這一說法認為，代議士應發揮智慧，視議題而定，有時扮演代理人，有時扮演代表人，有時還需扮演政黨的代表（representative of party）。此外，因為各國選舉和政黨制度的國情差異，代議士扮演的角色自然也會有所調整，例如在黨紀嚴格且選民政黨認同度較強的國家（如英國），代議士均由政黨提名及助選而當選，往往迫使代議士必須站在黨的立場，貫徹黨的決策，以免遭黨紀處分或失去下次被提名機會；然而，美國的情況就不同，由於黨紀鬆散且選舉過程有賴於個人的基層實力，因此，代議士自然較重視地方利益和

意見,而較不重視黨的立場。

四、政治甄補

　　立法部門也是民主國家政治人才的甄補管道,不過這種情形特別容易見諸於內閣制的國家。因爲在威權或極權國家,立法部門多爲橡皮圖章,眞正的權力核心源自於威權統治的政黨;而在總統制的民主國家中,由於權力分立制衡之制度設計,使得國會議員無法擔任行政職務,其必須在兩者之間取捨,不一定能夠達到政治甄補的效果,例如總統制貫徹最爲成功的美國,儘管亦有國會議員出身的甘迺迪和尼克森(Richard M. Nixon)擔任總統,但最近的趨勢顯現美國總統多具有州長的行政歷練背景,如柯林頓和小布希等。而在內閣制中,在立法部門擔任議員的經歷,往往是通往部會首長和首相的不二途徑,因爲擔任行政職務的官員,同時也保存著國會議員的席位。另外,在許多開發中或邁向民主化國家,進入立法部門,提供了政治人物政治辯論和政策分析的重要經驗,成爲政治人才甄補最重要的管道,台灣的政治發展就是一個最爲明顯的例證,不但民進黨枱面上的政治人物多經歷立法院的洗禮與訓練,就連國民黨龐大的黨務機器,立法委員擔任中常委的比例也節節升高,成爲政治運作的核心力量。

五、正當性

　　前已言及,立法機關成員由選舉產生,具有代表人民的性質。因而經國會通過的政策法案或議案,無異表示得到人民的同意。由於有立法部門以人民的名義爲政府背書,可以讓政府的決策、立法、施政均具有正當性。這也就是爲何大部分的威權甚至極權國家,願意容許立法部門的存在,即使立法部門並不具備任何法律制訂權或政策監督權。

彌爾曾指出，國會允許各種意見與利益有表達的機會，縱使自己的意見被否決，亦會因爲意見表達權受到尊重，而感到滿意，進而擱置自己的主觀意志，認爲自己應該以更崇高的理性，代表全國多數的民意。故國會有調和不同意見，形成共識，消除街頭抗爭，使政府決策具有正當性或合法性之功能。

　　要使政府政策合法化，法律具有正當性，不僅是民主國家立法部門的功能，更是極權或獨裁國家立法部門的主要功能（或唯一功能）。例如史達林極權統治的蘇聯，即使缺乏公平選舉和政黨競爭，亦創造出了「最高蘇維埃」會議（Supreme Soviet）扮演代表人民，使政策合法化的象徵性功能。

第三節　國會制度的結構

　　一國的國會制度結構，總是會與整個中央政府體制環環相扣。因此，總統制國家的國會結構，便會與內閣制國家不同；採行一院制的國家，其國會結構也與兩院制國家不同。茲分述如下：

一、內閣制與總統制

(一)權力集中的內閣制國家

　　內閣制最爲基本的特徵在於「行政與立法合一」，也就是依據「權力融合」（fusion of power）的原理設計政府體制。內閣制「行政與立法的合一」，主要展現在首相和其閣員必然具備國會議員身分，國會多數黨的領袖即爲首相，故國會與內閣雙方意見能夠溝通，無論是政策或議案，

均能夠在國會獲得過半的支持。可見，內閣制的「權力融合」，乃是將政府的權力集中由國會多數進行分配，並透過下列兩種機制加以落實：

■人事的重疊

除了極為少數的例外，內閣制國家行政部門的各首長，不但由立法部門的國會議員甄補擔任，在擔任政務官員的同時，依然擁有國會議員的身分。此種人士重疊的設計，使得內閣與各個部會成為「國會中負責相關行政事務的各個委員會」，也讓權力集中在立法部門之上。在英國，為數約一百位的執政黨國會議員，也同時在政府部門裡擔任不同層級的職位。因此，這種人事重疊的制度設計，可說是將內閣視為國會用來指揮行政部門運作的機制。

■國會至上

既然內閣制國家政府組成的權力源自於國會多數的授予，自然必須落實國會多數政黨的政策與議案，而使得權力充分集中在國會之上，其行政與立法關係如圖12-1：

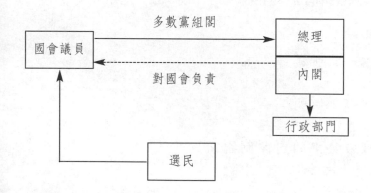

圖12-1 國會至上之行政與立法關係

在內閣制運作之下，在任何時刻，只要國會通過「不信任案」（a vote of "no confidence"），即有可能推翻內閣或迫使閣員下台。不信任案一旦獲得通過，內閣就必須總辭，再由國會重新同意任命新的內閣接替，或者解散國會重新選舉出新的國會，並由新國會決定內閣的任命（當然，這時候國會有可能繼續任命原有內閣，也可能重新任命新內閣）。由此更清楚可知，內閣的去留與任命，均操之在國會之手，正是「國會至上」的最佳表徵。

(二)權力分立的總統制國家

相對於內閣制，總統制國家的基本原則是「行政與立法分立」，也就是依循「權力分立」（separation of power）的原理設計政府體制。總統制「權力分立」的精神，展現在制度設計上，則有「人事分立」和「權力制衡」（check and balance）兩個機制：

■人事分立

總統是由人民選舉產生、直接向人民負責，並由其掌握行政權、任命閣員組成內閣。內閣則為總統的幕僚，直接向總統負責。國會議員也是由人民直接選舉產生，但兩者之間並無關連。此外，在總統制國家中，不會出現有人同時具備行政官員和國會議員身分的現象，美國憲法即明文規定：「凡於美國政府任職的人員，於其任期內不得擔任參議員或眾議員」。如要說的更精準些，在總統制下，任何人均不得同時在行政、立法、司法三個部門下擔任重疊的職務，此種人事分立的機制設計，基本上即服膺在「權力分立」之下。

■權力制衡

總統制國家的總統與國會議員皆是由人民分別直選而來，總統無權解散國會，國會也不能對總統提出不信任案。兩者皆直接對人民負責，只有選舉時，人民藉表達意見的機會，決定其去留。其行政立法關係則

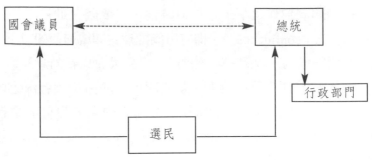

圖12-2 權力制衡之行政與立法關係

可以描繪如圖12-2：

在總統制的設計之下，國會監督總統及行政部門的方式，主要是透過法案審查權（審議總統所要求通過的法案）、預算審查權（保留行政部門的預算）、人事同意權（審查總統所任命的行政官員或最高法院大法官），以及針對總統提出的彈劾權等等，來制衡總統。然而，總統也可以運用否決權來牽制國會，當總統認為國會所制定的法律難以施行，或認為執行上有困難時，總統可以動用否決權。此種權力制衡的設計，為總統制國家最重要的機制。

二、一院制與兩院制

立法部門本身的外顯結構，在歷史發展過程中也逐步形成了兩大基本類型：「一院制」和「兩院制」。「一院制」是指國家議會以一個單一的議院行使議會職權的制度；而「兩院制」自然就是議會由兩個議院（一般稱「上議院、下議院」或「參議院、眾議院」）組成，共同行使議會職權。當然，在代議機構的發展史上，「多院制」也曾經存在過，如一七九九年的拿破崙憲法就規定法國實行由參政院、評議院、立法院和參議院組成的四院制，南非在實施種族隔離制時，也曾建立由白人院、有色人院和印度人院組成的三院制，而我國在未修憲前的憲法制度設計

中，國民大會、立法院、監察院也都享有部分的立法權。不過，實行過多院制議會的國家畢竟是少數，而且目前也已經幾乎不存在。「一院制」和「兩院制」就成為國會結構的兩大典型。有「議會之母」之稱的英國議會的產生和其最初的演變，拉開了民主國家現代國會結構發展的序幕，「一院制」源於西元一二六五年至一三四三年的英國封建制度下的「議會」，在十八世紀和十九世紀初期，「一院制」曾在資本主義國家中盛極一時，而二次世界大戰後獨立的新興民族國家也大多實行「一院制」。相對地，「兩院制」最早產生於十四世紀的英格蘭，當時貴族和教會領袖共組貴族院，騎士和平民則共組平民院，這種「兩院制」安排一直延續至今。在西方國家，「兩院制」的名稱各有不同，如英國始稱貴族院和平民院，後改稱上議院和下議院；美國、日本為參議院和眾議院；法國為參議院和國民議會；荷蘭則為第一院和第二院等。

(一)「一院制」的特色

　　「一院制」的理論基礎主要源自盧梭的「人民主權」思想。盧梭堅持認為主權是人民全體公意的運用，屬於人民，是不可轉讓、不可分割的。代議機構作為人民實現主權的組織，其權力和機構當然也是不可分割的。盧梭的政治法律學說為當時行將到來的法國大革命提供了理論武器，也促成法國最早選擇了「一院制」的議會結構。主張實行「一院制」的人還認為，基於分權思想而建立的「兩院制」，可能會造成相互拖延、相互制肘，甚至影響代議機構的工作效率。但若採用「一院制」議會，則不會造成前述兩院制的缺陷，且能保證代議機構的工作成效，避免議會的內部糾紛與衝突。

(二)「兩院制」的特色

　　「兩院制」的理論基礎是分權思想在議會內部的延伸。按照分權制約的思想，一切掌握權力的人都容易濫用權力，因此，要防止濫用權力，

保障人民的自由，就必須以權力制約權力。爲防止議會的專擅和濫權，也需要組成兩個議院，彼此相互制約。另外，「兩院制」的支持者還認爲，兩院透過不同的選舉原則產生議員，可以保障更廣泛的代表性，以利於代表不同地域、民族、職業、階層的利益；法案由兩個議院共同審議，也可以防止立法工作的草率；從「議行關係」的角度考慮，議會內部兩院的互相牽制，也可以減少立法機關與行政機關的衝突。

除了最明顯的兩院制結構、議會權力分立以及複雜的工作程序之外，兩院制在與其他憲政制度耦合聯動的過程中，也形成了其他特色：

1. 「兩院制」與聯邦制的國家結構形式緊密相連。根據一九八○年代的一項統計，在十七個聯邦制國家中有十六個實行兩院制，而五十六個單一制國家中有五十四個實行一院制。在聯邦制的國家結構形式下，兩院制有利於實現聯邦政府和地方政府的平衡與整合。例如，美國的兩院制議會就實行參議院由每州不按人口規模一律選舉二名議員組成、眾議院則按照人口原則產生的制度安排。

2. 「兩院制」一般實行更多樣的選舉制度。一院制議會和兩院制議會的下院議員一般多是採取由選民通過直接或間接選舉產生，而上院議員的產生方式則明顯不同，有的由選舉產生，有的多數或全部由國家元首任命（如馬來西亞、加拿大等國），還有的實行「當然原則」或世襲制度（如在二○○○年之前的英國，貴族是當然的上院議員）。即使是經由選舉來產生議員，各個國家上議院的具體實施方式也各不相同，如美國、阿根廷等國基於地域原則產生，挪威則由普選產生的一百五十五名議員互選產生三十六名上院議員，其餘人則組成下院；愛爾蘭的參議院議員則是多數由五個代表職業利益的選舉單位選出，部分參議員由各大學選出。這些多種多樣的產生方式，除了各國不同的國情因素外，一般是爲了追求更廣泛的代表性。

「一院制」和「兩院制」究竟孰優孰劣，一直是學者爭論不休的問

題，不論是理論上的論證或實際的運作經驗，雙方都展現出各自的合理性。根據各國議會聯盟在一九八六年對八十三個國家的統計，實行一院制的國家有五十五個，實行兩院制的國家則有二十八個。如果進行更深入的思考，則一個國家選擇哪種院制，雖然不免依托理論的上論證，但更離不開各國的政治生態現實，以及社會文化等歷史背景。例如，英國對兩院制的選擇，固然受到了分權思想的影響，但如果拋開英國自身民主化的歷史背景，也不可能得以充分理解；對此，有的學者甚至指出，英國兩院制的產生，本來就是一種源自於光榮革命的歷史偶然，其直接原因就是為了調和英國貴族和平民之間的利益分配。因而，只有從歷史和邏輯相統一的角度出發，才能更全面、準確、深刻地理解一國的政治體制和制度安排的現實選擇。反觀美國和德國所實施的兩院制，則是由於其建國的基礎乃得自於各「邦」交出部分的政治權力，才能夠整合成一個「聯邦」型的大國，而為了充分展現出各邦在國家事務的參與性與重要性，才設計出「兩院制」。「兩院制」比「一院制」更能充分代表各種不同的利益要求，不論這些利益是源於不同地區、不同人口或不同職業。

　　至於台灣的國會結構究竟屬於何種制度？在憲改之前，大法官會議曾於一九五七年作出解釋：「國民大會、立法院、監察院共同相當於民主國家之國會」，使得我國的國會結構被定位成「三院制」。但在歷經六次修憲的制度調整後，國民大會從具有實質權力的常設機構，轉變為「任務型國大」，二〇〇四年立法院的修憲委員會，則更進一步提出修憲案將其「廢除」；二〇〇五年五月三十日經由選黨不選人產生的三百名任務型國大代表在陽明山中山樓報到集會，並於六月八日複決通過立法院所提憲法修正案，國民大會從此走入歷史。至於監察委員的產生方式在一九九二年五月第二次修憲後有重大變化，現改由總統提名經立法院行使同意權，不再由人民間接選舉產生，監察院的屬性也被調整為「準司法機關」。因此，目前我國的立法機關為立法院，朝向「一院制」發展。

第四節 立法過程及運作

本節將依序介紹立法的細部過程，包括：法案的提出、委員會審查、院會審議、聯席委員會的審查、法案的通過和生效。最後則是介紹委員會制度。

一、立法過程

為了防止草率立法，對議會的立法程序通常有嚴格的規定。根據英國議會的傳統，國會制定法律須經過「三讀」程序，即議案在全院會議中提出時宣讀標題算「一讀」，在全院或各委員會審議開始時進行議案全文的「二讀」，最後表決前進行宣讀標題的「三讀」。在今天，雖然立法程序稍有不同，但民主國家的立法部門，大多是根據本身制訂的組織法來開會。雖然各國立法部門的組織和法案制訂過程不免有些差異，但大體上仍具有相當程度的相似性，其法案處理的制度過程包括了：

(一)法案的提出

民主國家法案提出的來源，主要來自三大方面：

■政府提案

政府機關會依組織調整或政策執行需要而草擬法案，送交國會審議或備查。事實上，由於現代社會立法之複雜性與專門技術性，故大部分的重要提案多來自政府單位。

■議員提案

通常係因選民陳情、選區壓力、利益團體遊說、特定選票需求或與行政部門持不同專業觀點等因素之考量，國會議員會主動針對不合時宜或窒礙難行之法案條文提案修法，或針對行政部門的草案提出對照法案。甚至亦有因行政部門不便主動提案，而委請國會議員提案的特殊考量。

■黨團提案

在黨團功能運作完善的國家中，各政黨的國會黨團，亦可依據其政黨利益、選票取向或意識型態等政治立場，提出黨團提案。

(二)委員會審查

法案在送到院會進行審查和辯論之前，一定會先交付委員會進行審查。委員會的功能和性質各有差異，但基本上均可以針對法案進行修改與討論。在英國，法案事先送到院會進行辯論和審議，大致獲致結論之後才送交委員會審查，因此英國國會委員會的權力就變得十分有限，主要是負責法案的細部修改，此種制度被稱為「院會中心主義」。相反地，在美國及大部分的歐洲國家，均賦予委員會較大的權力，法案是經過委員會充分的討論和審查之後，才提交院會進行辯論，法案審查的實質重心和決定權在委員會，委員會通過的法案決議，院會雖然可以進行討論審議，但不得任意推翻，而讓委員會在法案審查過程中占有決定性的地位，因此也被喻為「委員會中心主義」。

在台灣，委員會審查也是在院會一讀後直接進行，根據立法院各委員會組織法第二條之規定，各常設委員會主要功能就是審議一讀會交付審查之議案。立法院目前共有十二個常設委員會，大致按行政院現制之八部二會而設置；每一個委員會參加人數以二十一人為上限，每位委員亦以參加一個委員會為限。各常設委員會設置召集委員三人，由委員互

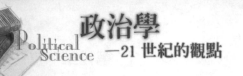

選產生,輪流擔任會議主席,並得議決委員會議程;委員會對於院會交付審查之法案,須由輪值召委安排審查議程。會議的主要程序包括了聽取提案報告、詢答、大體討論、逐條審查等,在在可見委員會在法案審議過程中的重要性。

(三)院會審議

院會審議的過程即是所謂的「三讀」,其中包括了:

■一讀會

一讀會(first reading)係指議案介紹之宣讀,均在委員會審查之前,通常只要由主席將議案宣付朗讀完畢,一讀程序即告完成,即可交付相關委員會審查。

■二讀會

二讀會(second reading)即為真正於院會中討論各委員會審查完畢之法案的審議過程。在院會二讀階段,一般均將法案朗讀並參照委員會審查或原案要旨,依次或逐條提付討論,並仍得針對條文內容提出修正動議。二讀會將可決議法案通過二讀、交付三讀,或將法案重新交付委員會審查,甚至可以撤銷法案審議。

■三讀會

三讀會(third reading)主要功能在於議決二讀會已通過之法案。在一般情形下,三讀程序除非法案條文內容互相牴觸,或與憲法及其他法律相牴觸,否則僅能作文字修正,而不得再為實質問題辯論,表決通過即代表完成立法程序。

(四)聯席委員會的審查

在兩院制的部分國家中，對於下議院通過的法案，上議院只有提出修正案或延擱法案生效的權力，一旦下議院再就上議院的修正案作成決議，或是法案延擱效期終了，上議院即無任何干預的空間，法案也將自動生效，此為不平等的兩院制中會出現的情形。但若採用平等的兩院制度，例如美國及德國，則兩院的權力大致相等，因此一項法案必須同時獲得兩院的通過才算數，如果兩院對於法案的內容有不同的見解，而又不肯互相退讓之時，就會有一透過協商消除歧見的機制出現，此一機制即稱之為「聯席委員會」（conference committee）。兩院可以在聯席委員會中更進一步地折衝協商出一個新的法案版本，且當聯席委員會作成決議之後，各院則不得再對法案提出異議，而讓法案順利完成審查。由此可知，聯席委員會此一特殊的制度，在兩院制的國家確有其重要地位。

(五)法案的通過和生效

法案經過院會三讀程序即告正式通過，但若要正式生效，則還要有「公布實施」的程序要完成，雖然法案的公布實施均是由國家元首為之，但在內閣制國家與總統制國家，情況仍有不同。在內閣制國家，國家虛位元首（可能是國王或總統）只能接受立法部門所通過的法案，並正式宣布其生效成為法律；但在總統制國家，總統則有權針對立法部門通過的法案再提出「覆議」，亦即總統對於法案享有否決權。以美國為例，如果總統動用否決權提出覆議，參眾兩院必須要各再以超過三分之二的多數決議維持原議，法案才能夠生效；而在台灣，總統有覆議核可的權力，但只要經立法院全體立法委員二分之一以上決議維持原案，行政部門則必須接受該法案，並交付總統公布。

二、委員會制度

民主國家的立法部門，將眾多的國會議員分別編入不同的委員會，分化為不同的功能單位來處理議題。簡言之，委員會大抵是基於下列的功能需要而產生：

第一、由於國會人數眾多，無法有效地處理細節問題或斟酌的法條字句。多數國家的國會均有好幾百位議員，他們在院會階段只能處理政策問題，若要處理法案細節問題，則需有委員會的設置來對個別議案仔細審理。

第二、立法部門要處理的法案數量龐大、內容繁雜，例如，美國國會每個會期平均要處理一萬個法案，遠遠超過其所能負荷的數量，因此必須有委員會的機制協助過濾出重要而有意義的法案來認真處理。

第三、立法部門擁有監督行政部門運作的調查權和聽證權，也有關心或推動社會公眾事物的權力。此些功能的運作亦不可能由全院共同執行，而交由特定的委員會來深入瞭解。

(一)委員會的組織

在美國與大多數的歐洲民主國家，大部分過濾法案、詳細審議的工作均是由立法部門的委員會來進行。例如，美國的參眾議院都根據重要的政策議題而設立了所謂的「常設委員會」（standing committee），其範圍涵括了農業、外交、國防、教育、勞工等等，每個常設委員會的委員人數大約九至十五位之間，並依據各政黨在國會中席次比例來分配。名義上，各委員會參加的議員是由全院推選，但實際上卻會依循一些重要的不成文規則來運作，例如，「資深委員制」就允許某委員會的資深委員，有權先選擇留任該委員會；如出現委員會席次爭議時，則是由各黨國會領袖出面協調，以維持委員會運作的順暢。

　　相較於權力龐大的美國常設委員會，內閣制的英國議會中，委員會的角色就顯得弱化許多。英國下議院僅設置了八個以「英文字母」為代稱的常設委員會，這些委員會只是處理在院會「二讀」確認過後的法案內容，並針對法條的文字用詞等細節作修正或補充。由於英國的常設委員會並非按照法案的實質內容而分工，因此也不會出現常設委員會的資深或專業制度，復以各委員會的成員必須服從極為嚴格的黨紀，在在都使得英國的常設委員會，在立法過程中的權力遠不如其他民主國家的委員會。

　　當然，除了常設委員會之外，民主國家的立法部門時常為因應不同的需求成立特別委員會（select committee），針對特別的問題進行調查並提出建議，例如為了調查台灣在二〇〇四年總統大選前的槍擊事件，立法院就成立了所謂的「三一九真相調查委員會」。另外，在兩院制的國家中，「兩院聯席委員會」（joint committee）也是監督政府重要事務的機制之一，特別是在重要而敏感的政策問題上，例如美國國會為了監督行政部門的核能事務所成立的「美國國會原子能聯席委員會」。

(二)委員會的活動

　　常設委員會最為重要的功能，在於審查院會交付審議的法案。強勢的委員會制度設計，對於法案的審議擁有重大的決定權。委員會可以選擇擱置法案，可以詳細而縝密的進行審查，也可以直接將議案原封不動地再提交院會並建議院會「照案通過」。為了法案的審議，委員會可以召開公聽會，邀請各方利益團體和學者專家進行聽證。對於法案的內容，委員會從一字不改、略加修訂、大幅翻修到重新提案，均有其權限，足見常設委員會在法案審議過程中舉足輕重的地位。尤有甚者，常設委員會的活動，不僅僅限於審理院會交付的法案，也可以主動擬定法案，並提交委員會進行審議。此外，某些國家的常設委員會，也有權主動調查行政部門的違法失職行為，以實踐「國會調查權制度」。

　　事實上，大部分民主國家的立法部門，其委員會制度的權限多介於

強勢的美國委員會制度和弱勢的英國委員會制度之間。以台灣為例，立法院各委員會的審查意見，往往會成為院會討論和表決的依據，其雖然擁有相當程度的法案審議和修正權，但各黨黨團對於黨籍委員仍具有一定程度的控制。最為特別的是，台灣的立法部門中，有一項特殊的「朝野協商」機制，其權力足以凌駕委員會及院會，朝野協商機制設立的主要目的，是為了讓朝野各黨派能在平等、尊重及和諧的氣氛之中溝通，凝聚並達成共識，以利議案圓融順利；其主要功能即在於：委員會審查議案遇有爭議時，主席得裁決進行黨團協商，藉以協商議案或解決爭議事項。議案經各黨團代表進行協商達成共識後，即於院會二讀時宣讀並作成決議。黨團協商結論的效力，除非經二讀會出席委員提議，十五人以上之連署或附議，始得提出異議，否則將不得改變。朝野協商機制的設立，也讓台灣的立法過程多了一份折衝妥協的政治藝術。但是，朝野協商機制也有缺點，特別是法案冷凍期四個月的制度設計，使得若干法案容易被綁架，甚至導致重大法案遭到擱置。

第五節　立法部門的式微

自十九世紀以來，就有學者擔憂行政部門權力將不斷擴大，而立法機關則有立法萎縮的現象。隨著現代政府不斷地擴充，此種趨勢更加明顯。究其原因，主要有五：紀律性政黨之興起、行政權擴大、國會之結構性弱點、利益團體具代表性和公民投票意識的興起。茲分述如下：

一、紀律性政黨之興起

十九世紀末，自群眾黨（mass party）興起開始，政黨結構由鬆散轉趨紀律嚴明，議員不再根據良知判斷，也不再積極代表選民。政黨取代

國會成爲民意的主要代理者。由於議員必須效忠於政黨，且政黨能支配議員的投票，國會作爲辯論殿堂的功能也開始下降。內閣制尤其明顯，國會多數黨議員對政黨效忠，就是對政府效忠，因爲政府是由多數黨之領袖及議員所組成。因而國會的多數黨議員，扮演著政府護航者的角色，整個國會在實際上所起到的作用，絕非主動立法或積極監督制衡。

二、行政權擴大

　　十九世紀中葉以前，個人自由主義、經濟放任主義思想流行，經濟問題應由個人解決，政府應少干涉，因而政府的任務應限於保護私產，維持治安，抵禦外侮，提供人民自由競爭的環境，扮演有限政府的角色。

　　但是二十世紀，隨著工業化與都市化的發展，國家面臨許多複雜的經濟問題與社會問題，諸如能源危機、環境污染、經濟不景氣、失業問題、貧富不均、治安惡化，均非個人獨力所能解決，需要大有爲的政府代爲解決，政府因而須採一些經濟措施、社會福利政策以爲因應。這些施政有高度專業性與技術性，行政機關擁有龐大的文官體系，具備專業知識，能提出政策方案，供行政首長抉擇。而國會議員多爲通才，又缺乏足夠助手，相對而言，專業能力不足，不易提出解決問題的具體方案，更無法提出完整的立法計畫，而只能針對行政機關的決策與施政進行批評、審查與監督。

三、國會之結構性弱點

　　各國國會通常由數百位議員所組成，每位議員有平等發言與表決權，國會組織扁平化，缺乏命令與服從的指揮系統。這種平等與分化的特質，常使國會群龍無首，無法展現協調與領導決策的能力。此外，國

會還受到任期、會期、程序等限制，不易掌握時效。而行政部門有專業的分工、龐大的組織，且由總統或總理統一領導，因此比起國會更能及時有效地回應環境的變遷及社會需要。雖然美國國會議長，如眾議院議長金瑞契（Newt Gingrich）於一九九五年至一九九七年亦曾展現領導立法的能力，並曾因拒絕通過某些預算案，導致部分聯邦機構兩次關閉。當然，這種議長領導立法的權力，與其說來自國會結構，不如說來自政黨競爭。因為一九九五年國會選舉，共和黨在參眾兩院成為多數黨，結束了民主黨在眾議院四十年的多數地位。共和黨議員有改革國會及主導立法的強大企圖心，使得金瑞契能團結黨籍議員，展現領導立法的作用。但是金瑞契告別眾議院，哈斯特（J. Dennis Hastert）接任議長之後，議長領導立法的模式亦隨之消失。

四、利益團體具代表性

民主國家憲法均保障人民有意見自由、集會結社自由，並有權向政府請願陳情。但一般個人意見往往人微言輕，團體的意見較受人重視，故現代民主國家均有各種利益團體，且數量龐大。

很多利益團體，為了讓有利於自身的政策法案能通過，並設法扭轉不利於己身的法案，因而常透過遊說等各種方法，影響行政、立法，甚至司法機關的決定。在政策的形成過程中，如果國會的影響力開始下降，則組織化的利益團體，往往能為民眾提供替代性的代表機制，它們比國會更願意受理民眾的抱怨，而且感同身受地代為向相關部門反映意見，或在政府舉辦的公聽會中，提供專業建言與資訊，或在學術研討會中提出論述，進行公共辯論，其效果比拘泥於形式的國會政策討論更加顯著，有人認為民眾對利益團體的期待與支持，有超越國會之勢。

五、公民投票意識的興起

　　以公民投票（plebiscite 或 referendum）取代「代議組織」（legislative organization）的立法過程，近幾年逐漸成為不容忽視的角色，尤其在西方民主國家的實踐經驗中，公民投票逐漸被用來解決重大的公共政策爭議（如核電），因應國際整合的趨勢（如加入歐盟與歐元），在後冷戰時代建立憲政體制（中東歐國家）。其中，政黨與政治菁英是公民投票重要的發動者，在公民投票的實踐過程中，政治菁英乃至政黨，扮演議題設定、發動與宣傳的角色，因此公民投票對代議民主最重要的影響，不單單是在立法過程中排除了代議士與政黨的影響，而是透過政治菁英再次引進選民的角色（bring the voter back in），讓民意直接形成，成為新型態的「直接民主」（direct democracy）。公民投票設計最原始的目的，並不是要排除代議士、政黨與立法部門在政策制訂過程中的影響，而是要建立民意直接表達的管道，與「代議士及代議組織」進行競爭，並讓民意在定期選舉之外，有參與立法的空間。隨著公民投票意識的高漲，立法部門在代表民意的作用上，也越發受到質疑與削弱。

　　實際上，立法機關在民主政治中仍扮演重要角色，因為立法機關具有憲法所賦予的制定法律的正式權力，行政部門想要通過的政策及預算仍需立法機關同意。雖然內閣制政府能透過多數黨控制國會，但後排議員（Backbenchers）與反對黨的批評與修正意見，仍不能掉以輕心，否則像前英國首相柴契爾夫人（政治強人），亦可能被迫下台。美國總統雖能主導重大決策立法，但多數政府法案仍會遭到國會修正。被視為近年來最有影響力的雷根總統，其援助尼加拉瓜叛軍案及禁止墮胎憲法修正案均遭國會否決。而尼克森總統更因涉及水門案，擔心國會通過彈劾案，主動辭職下台，更凸顯國會監督權之威力。現代立法機關對行政機關的監督制衡；對民主政治健全運作的貢獻，其重要性絕不亞於對決策立法的主導作用。最後要特別強調的是，立法部門的立法功能雖有式微的現象，但其監督制衡行政部門的功能，卻仍是彰顯民主政治運作的核心表現。

進階讀物

Manley, J. F. (1997) *Congressional Staffs and Policy Making*(N.Y., Random)

Copeland, H. G., & Patterson, S. (1994) *Parliaments in the Modern World*(The University of Michigan Press).

Jacobson, G. (1992) *The Politics of Congressional Elections*(HarperCollins Publishers).

Rush, M. (ed.). (1990) *Parliament and Pressure Politics*(Oxford University Press).

Shugart, M. S., & Carey, J. M. (1992) *Presidents and Assemblies: Constitutional Design and Electoral Dynamics*(Cambridge, Cambridge University Press).

Schroedel, J. R. (1994) *Congress, the President and Policymaking*(Armonk, New York, M. E. Sharpe).

Arend Lijphart著，高德源譯（2001）。《民主類型：三十六個現代民主國家的政府類型與表現》。台北：桂冠圖書股份有限公司。

Giovenni Sartori著，雷飛龍譯（2001）。《比較憲改工程：結構、動機、後果之研究》。台北：韋伯文化事業出版社。

David C. Kozak & John D. Macartney著，林博文譯（1994）。《權力遊戲規則——國會與公共政策》。台北：五南圖書公司。

田麗虹（2001）。《國會助理工作手冊——國會生態地圖導覽》。台北：新自然主義出版社。

羅傳賢（2004）。《國會與立法技術》。台北：五南圖書公司。

 相關網站

中華民國立法院全球資訊網

http://www.ly.gov.tw/index.jsp

國家政策研究基金會

　　http://www.npf.org.tw/

美國政治學會（APSA）

　　http://www.apsanet.org/

政治學研究網

　　http://www.pssw.net/index.asp

Center for Voting and Democracy

　　http://www.fairvote.org/index.php

Library of Congress Research Tools　（Library of Congress）

　　http://www.loc.gov/rr/tools.html

一、現代代議民主制度有各種的理論基礎，請分別說明之。又，你認為哪一種學說較具有解釋力？

二、立法部門在政治過程的運作中，可以發揮哪些功能或作用？試析論之。

三、試從「行政與立法運作關係」的面向，剖析總統制與內閣制的異同，並舉例說明之。

四、立法機關有所謂的「一院制」和「兩院制」，兩者各有何優劣之處？

五、台灣民主政治發展的過程中，立法機關的結構出現了什麼樣的變遷與發展？試說明之。

六、近年來，立法部門在民主政治運作上有逐漸式微的趨勢，請說明為何會有此種現象產生？

七、「解散國會權」與「否決權」分別為內閣制和總統制特殊的制度設計，請思考此二種制度設計的精神與異同。又，從個人的角度來看，內閣制和總統制何者較符合民主政治中「責任政治」的精神？

Political Science

◆第13章　行政

一般而言，所謂的行政（executive），指的是政治系統的權力頂點，經由這一權力頂點，政策得以形成及實行，例如美國的總統及英國的首相。在今日世界裡，隨著國家職能的擴大，政府需要管理的事情越來越多，而這些職能大多數是由行政機關來完成，因此，行政機關已成為國家的核心部分。由於「行政機關」、「國家」、「政府」這些概念交替使用，通常產生了某種程度的混淆，我們必須在此對其作一定程度的區分。國家是個最具包容性的概念，涵蓋了政治制度中所有主要的制度及機構，也包括司法、警察和軍隊。政府則用來描述「當朝政府」（government of the day）的作為，指的主要是暫時掌管行政部門職位的政務官。而行政機關和「政府」之間的差別在於，行政機關不僅包括政務官員，也包括事務官員所組成的官僚，他們參與基礎性的決策，並提出各種建議及決策目標。以上是對於「國家」、「政府」、「行政機關」的簡要說明，接下來則對於行政機關的結構、特徵、功能、未來發展趨勢等作進一步的分析。

第一節　行政機關的結構

一般說來，行政機關的結構因其所屬政體的不同而有差異：

第一、總統制國家的最高行政機關，是由選舉產生總統，其他成員由總統依法律程序任命，總統向選民和憲法負責。在此，行政結構在形式和實際上都是金字塔式的，總統是唯一對國家所有事務負責的行政官員，部長們獨自掌管自己的部門，並且在這方面對總統負責。由於這個原因，具有自由主義色彩的總統制，與更加獨裁的總統制模式相比，甚至與軍人政權的行政結構模式（事實上被當作總統制設立）相比，都沒有很大的區別。在這些模式中，政府首長把政府成員看作某一職能部門的負責人，並對在這些部門中所採納和執行的政策負責。

第二、委員制國家的最高行政機構的成員由議會選舉產生，並向議

會負責。這種行政機構的成員往往形成一個緊密結合的團體，它們之間即使不是完全平等的，也是相當平等的，至少大部分最重要的決策是共同作出的。在這種情形下，政府首長充其量不過是一個行動委員會的主席，雖然這種模式相當少，但無論如何在理論上是成立的，瑞士聯邦委員會即接近這種模式。

第三、內閣制國家的最高行政機構，由議會中占多數席位的政黨或政黨聯盟所組成，其首長內閣總理（首相）由國家元首任命或經國家元首提名由議會選舉產生。內閣在其總理（首相）的領導下，決定並執行國家內外政策，集體對議會負責。在這裡，儘管總理（首相）被官方當作「同儕中第一」，但地位顯然高於行政機構的其他成員，後者只以有限的方式參與集體決策。

第四、雙首長制國家的政府向議會負責，政府總理由總統任命，其他成員由總理提名，提請總統任命。誰能居於行政機關首長地位，端視誰能掌握國會多數，如果總統為國會多數黨領袖，自然有權自由任命總理、並掌握行政機構，但如果總理為國會多數黨領袖，總統則不能干涉總理任命內閣、組織行政機關的權力。

不少國家都設有內閣作為高級行政機構，但是各國內閣的具體結構與功能不盡相同，尤以議會內閣制中的內閣與總統制的內閣這兩者為典型。在實行內閣制的國家，內閣掌握著國家實際權力，通常由一批來自議會多數黨或幾個黨派的大臣（或部長）們所組成，實行集體決策制，集體責任原則明確要求大臣（或部長）必須公開支持內閣所作出的所有決定，並對議會負責，內閣負有行政與議會之間的政治連接作用。在實行總統制的國家，總統是國家行政權力的中心，內閣則是總統領導下的高級官員會議名稱，內閣成員由總統決定，通常各部部長都是內閣成員（均由總統任命）。內閣不是集體決策機構，僅僅是總統的集體顧問，只對總統提供建議，由於總統是最終決定的負責人，因此內閣不必對決策負責，而是對總統負責。如內閣成員不同意總統的政策，可自動辭職或由總統解除其職務。

總體來看，任何國家的行政機構都呈現典型的金字塔式結構，存在

嚴格的層級關係，各層級之間是領導與服從的關係，貫徹統一指揮的原則，下級必須嚴格執行上級下達的命令。這種典型的官僚制結構以其理性、常規、客觀、效率、統一等特點著稱，但也因其機構龐雜、層次過多、機械僵化而受到批評。於是，在現今各國機構改革中，出現了扁平化、靈活化、人性化等的新趨勢。

第二節　行政機關的具體類型

　　根據行政管理總體目標和行政管理實踐的需要，行政機關的機構大體可分為以下四類，茲分述如下：

一、領導機構

　　行政機關的首長負責指揮整個政府組織，在政府履行職責時，政府首長處於領導地位，並就政府的政策向國家元首或議會負責，各國行政機關首長的稱謂也有所不同，一般稱為總統、總理、首相、總理大臣。在台灣，根據「中華民國憲法」第三十六條規定，「行政院長為全國最高行政首長」。

二、辦事機構

　　其主要任務是協助政府首長就有關政治、經濟、國防、外交等重大問題進行決策，負責處理政府首長交辦的日常公務，幫助政府與外界其他政權機關溝通、協調政府各部門、聯繫督導各社會團體。辦事機構在政府組織結構中地位顯赫，有的甚至被冠以「真正的政府」之稱。在組

織稱謂上，總統府、總理府等可說是最直接的形式。

三、職能機構

職能機構能具體完成行政管理的各項職能任務，是行政機構的主要部門。職能機構一般被稱爲「部」，外交、國防、財政部等是職能部門中最普遍、最古老，而且也是地位最重要的部門。

四、直屬機構

它是政府爲管理某項特定的公共事務而設置的一種機構類型。目前，美國政府設有州際商務委員會、聯邦電訊委員會等六十多個直屬機構；德國政府設有聯邦審計院、聯邦銀行等六個直屬機構。與政府中的辦事機構、職能機構相比，直屬機構的內在構成最爲複雜、組成方式也沒有固定形式。

第三節　行政機關的職權

行政機關的權力由憲法和法律規定，受到憲法的限制，並受到議會和司法機關的制約。其職權主要有：

一、執行法律和政策

這是行政機構的基本權力，即維護憲法、執行法律和政策。由議會

制訂的法律和政策，通常只規定有關事務的一般規範，而授權行政機關補充必要的細則，爲此，行政機關有權制訂相應的規章、規則和辦法，這些文件一般與法律有同等的效力，這種權力被稱爲「委託立法權」。

二、管理全國的公共事務和行政事務

地方政府一般只管理內部事務，沒有外交與軍事方面的權力，中央政府所管理的範圍則涉及國家的內政、外交、軍事等各方面，管理全國的重大和全局性行政事務。行政機關在行使管理權時，有權制訂政策和決策，發布行政命令，採取相應的行政措施，甚至實施戒嚴和動用警察、軍隊，但在行使限制公民權力措施時，必須經過議會的監督與授權方可行使。

三、處理對外關係

即外交權，屬於行政管理權的一個重要方面，包括制訂外交戰略和政策、與外國建立外交關係、談判和締結條約和協定、參加國際會議和國際組織、指導和領導外交機構及駐外使節的活動等。但行政機構的這些權力，通常要與國家元首共同行使，並受到議會的制約。如在締約問題上，通常由行政機關負責談判條約的具體內容，磋商條約的細節和文字，而由國家元首代表國家簽署，並需經過議會的批准。

四、軍事指揮權

作爲行政機關管理的一個方面，具體包括領導國家武裝力量的建設和其他的軍事行動，包括制訂軍隊的編制、組織軍隊的訓練和裝備，進

行武器的研製、製造和採購，實施軍隊的調遣指揮等等。雖然各國憲法多載明國家元首是三軍統帥，但在內閣制，實際指揮權則屬於內閣首長所有。但無論是哪種制度，行政機關在行使這些權力時也要受到議會的制約，如軍隊編制和軍事預算要獲得議會通過。而在戰爭問題上，各國一般區分了宣戰權和軍事指揮權，宣戰權賦予議會，即由議會通過決定戰爭，有的還要經過國家元首宣布，然後再由行政首長實施，調動軍隊和指揮軍事行動。

五、準立法和司法權

　　行政機關不是僅限於單純執行立法機關所制訂和頒布的法律，其自身還擁有一種與立法機關密切聯繫、具有立法意義的權限，擁有法律的提案權、法律的覆議權和法規的制訂權。為使立法機關所制訂的法律更能夠符合行政管理的實際需要，行政機關有權提出法律議案。內閣制政府可以直接提出法律議案要求議會通過；總統制政府可以通過向國會進行國情咨文、經濟咨文以及附加法案等形式，行使立法創議權。對於立法機關制訂的法律，行政機關如果認為有窒礙難行之處，有權諮請立法機關覆議，以期對此有所修正或停止生效。行政機關根據行政職權的界定，基於法律的授權，有權制訂行政法規。行政機關還擁有與司法機關密切聯繫、並具有司法意義的權力，在國家元首實施赦免權力的過程中，行政機關實際上發揮著重要作用。另外，對於違犯行政法規的組織和人員，行政機關具有行政處罰權。

第四節　行政機關的功能

　　行政是政治的執行，是國家意志的具體實現。總括上述，行政機關

的法定職權主要包括以下四方面：第一、執行憲法和法律，參與國家立法（即行政立法）。第二、決定並實施內政和外交政策，任免政府官員。第三、組織和管理國家公共事務。第四、編制並向立法機構提出預算，調節和干預社會經濟。通過這些職權的履行，行政機構實現其執行和貫徹國家意志，對社會公共事務進行管理的功能。值得指出的是，儘管忠實地執行憲法和法律是行政機關必須履行的基本職責，但我們不可忽視其行政立法功能，和在執法過程中不可避免的自由裁量權。因此，切不可將行政簡化為純粹的「執行」，這不僅與現實不符，在理論觀念上也是錯誤的。可惜的是，這種簡單化的、狹隘的、與現實不符的界定，卻被人當作常識。譬如，有學者就這樣界定行政機關的功能：「它是行使國家行政權力的機關，……它執行代議機關制定的法律和決定，管理國家內政、外交、軍事等方面的行政事務。」按照這種定義，行政機關的功能僅僅是「執行」。自十八世紀以來，人們一直在努力確保行政機關能服從於立法機構，限制行政機關的職能僅在於「執行」這些法律。

然而，在政治實際中，行政機關常常超出「執行」論者所劃定的功能範圍，甚至在那些典型的法治國家裡，也是如此。雖然各國憲法均設立各種條文防止行政權的擴張，但很少獲得成功。行政力量之所以受到限制，往往是源於財政問題和管理上的侷限，或者是利益團體干預的結果。當然，有些行政機關是軟弱的，但多數不僅是強大的，而且具有難以監控的權力。這種差別更多地取決於政治制度的運行特點和社會勢力的組合，而較少取決於法律障礙的有無。

行政機關不僅實施政策，而且提出政策，並協調各部門的行動。無論其法定權力為何，國家行政機關都能夠並被要求制定國家的重要政策，同時還參與執行政策。實際上在有些國家，行政機關幾乎成了國家的決策中心。在不少國家，行政機關已經大大地超越了其「執行」（由立法機構制定的法律）這一功能定位，實際上成了主要的立法者。議案由行政機關準備，並經部長們一定程度的審查，然後由他們提交議會通過。儘管立法機構，特別是它們的委員會能夠進行討論，並在某種意義上批准這些議案，但是作重大變動的情況極其少見。因而行政機關實際

上履行著起草法律的權力。雖然議案還要經過公開辯論，並且在細節上確實經過商討，但是黨紀的加強和現代立法的複雜性，使得行政機關的創議作用日益加強。舉例而言，雖然美國國會的力量一直不小，但一位平庸的總統也能發揮很大的影響力。

再者，立法之外的政策制定也加大了行政機關的權力。在古典政治理論家們所認為的特別領域，即外交事務領域中，這已經確定無疑，而在經濟領域裡也出現類似的發展。在經濟領域中，許多日常管理所採取的形式，表現為調節利率、增加或減少貸款，或控制貨幣的價值。甚至在某種程度上，社會領域裡也是如此，在社會領域中，由行政機關單獨發布的各類行政規則，至少和正式的立法一樣，對公民的生活有著重要影響。

此外，現代行政機關在執行「管理」方面的功能也不斷地擴張。在傳統社會中，政府行政部門往往並不滲入社會深層，「國王的法律到門口就止步了」，進入社會基層和村莊收稅的不是國家稅收官員，而是那些從半自治社會實體取得薪俸的仲介性管理人員。傳統國家對臣民個人的直接影響力，相對於現代政府來說，顯得非常有限，其主要功能是禮儀、判決、宗教和軍事等方面的。這種相對簡單的行政職能設置是與當時相對簡單的政治和社會事務相聯繫的，隨著社會的日益發展，國際競爭的日趨激烈，政府行政部門必須承擔起日益複雜化和專門化的社會管理和政治統治職能；而戰爭往往極需強大的人力、物力的支持，因此，無論是為了適應和促進社會發展還是對戰爭的需要，都成了政府行政部門擴大權力和加強對社會的管理和控制的最重要理由，以致於行政機關功能的不斷擴大、專業化和精緻化，這些都是行政現代化的標誌。概括起來，現代行政機關功能的擴大主要表現在以下五個方面：

一、管　制

政府擴大了它對經濟的控制，特別是在國家經濟命脈已經不是農業

而是商業和工業的現代社會。此時，企業經營的方法、資金和信貸的提供、價格和利率、工資和工時、房租和利潤、進口和出口等等，都可能受到政府行政部門某種程度的控制。

二、分配

政府通過公共事業開支和其他手段在利益分配方面發揮作用，甚至直接干涉社會價值的分配。這種分配功能在任何政府身上都可以找到，但是隨著國家和政府的向前發展，分配的規模、其合法性和接受者的人數和多樣性都將大大增加。譬如，現代「福利國家」的標識性特徵，就是在社會價值的分配方面發揮著史無前例的重大作用。

三、生產

政府在經濟方面以各種方式發揮著生產功能。在社會主義國家的計劃經濟體制中，政府機構管理和經營絕大部分社會經濟活動。即便是西方市場經濟中，政府也是極為重要的投資者，而且是通訊、運輸、能源、冶金、建築和軍備等方面的主要「供應商」。

四、資源汲取

政府為了實現其龐雜的社會管理和政治管理功能，就必須加強它從社會獲取行政資源（包括金錢、物資，有時還包括勞動力等）的能力。可以說，徵稅的權力就是進行現代化的權力。稅收對國民收入的比率幾乎總是隨著現代化的進程而提高，稅收的形式也不時發生變化。在傳統社會，稅收的主要形式是土地稅，之後土地稅的重要性就被貿易稅取代

（特別是進出口貿易稅），而後者的重要性，最後又爲所得稅所取代。

五、防禦

　　政府的軍事防禦能力往往隨著社會經濟的發展而增強，且其發展速度常常超過國民經濟發展的速度。據統計，從一九六一年到一九七〇年，九十三個發展中國家的軍事費用開支，年平均增長率爲8.5%，而國民生產總值年增長率爲4.7%，人均國民生產總值的年增長率只有2.4%；參加武裝力量的人數每年增加3.3%，而整個人口增長爲2.4%。總體上可以說，後現代化國家之軍事部門發展的相對速度，較之那些在十九世紀發達起來的國家要快得多。當然，軍事防禦能力的發展，與所處國際、國內局勢的緊張程度以及國家對外政策等因素，有著直接的聯繫。

　　導致行政機關功能擴張的原因，除了社會發展的客觀需要以外，還有一個極其重要的因素，即行政機關自身利益的自主傾向。行政機關在發展過程中，都會相應地形成自身的官僚利益集團，在行使行政權力的過程中，官僚利益集團傾向於將行政權力擴大，以謀求自身利益最大化，從而導致行政權力及其機構的擴張。

　　不過，在現代國家，行政權力的擴張往往受到各方面的制約。首先，在現代國家，對政府行政權力的制約機制，正在日趨完善。立法機構的專業化和委員會建制、司法機構對行政機關的監督程序和手段，也不斷得到發展和完善。

　　其次，通訊和資訊的發展，雖使得行政機關能更深入地干預社會，但技術的提高，也使公民及公民團體監督政府活動成爲可能。現代國家的行政機關往往受到來自公民社會各個方面的壓力，現代電子通訊技術和資訊網路的迅速發展，不僅有利於推行政務公開，提高政府的透明性，強化對行政權的監督。而且，通過這種草根性的民主實踐，還可以逐步提高人民的參政意識、能力和積極性，通過發展民主而從根本上規範公共行政權力的運作。簡言之，現代政府的權力制約機制有兩大特

點:第一、人民有更多機會發揮政治影響力。第二、政府的行政權受到各種機制的制約。

第五節　行政機關的更迭

　　一般說來,行政機關的更迭主要有三種方式:選舉、菁英合謀和武力(Ponton & Gill, 1993: 151)。後者是既古老又普遍的方式,在蘇聯成立之初,政權接替是統治菁英內部之間的一場鬥爭,例如一九二四年列寧逝世和一九五三年史達林逝世,就歷經了持久的鬥爭,政權交替的時期由於沒有憲法條款的保證,容易變成動亂時期。

　　菁英之間的鬥爭可以通過多種方式進行,最普遍的就是軍事方式。通過軍事政變實現政治更迭的發生率非常高,政治菁英們代表著不同的宗教、民族、部落和思想信念,對工業化的速度及方向也持不同的觀點,這使他們容易捲入高度危險的奪位之爭。其他秘密更替的方式可能較爲平和,但並不表示政府的穩定性更大,例如:義大利政府從一九四五年以來就沒有所謂的軍事政變,但仍舊常常更換政府,這些政府的組成很少透過選舉產生,大部分的情形是,各政黨(及政治人物)之間通過協商的方式,對政府職位進行分配。

　　選舉則提供了一種相對穩定的政權更替方式,尤其是在自由民主國家。這些選舉可能是固定的,也可能具有可變性。在美國,依據憲法,總統選舉每四年一次,然依一九五一年生效的憲法修正案規定,在杜魯門(Harry. S. Truman)總統以後,個別總統任期不能超過兩任。在英國,政府是從下議院產生的,一九一一年之後下議院議員的選舉必須至少每五年舉行一次,但選舉可以在五年中的任何時候舉行,例如,一九七四年間的兩次選舉只隔了八個月;平均每屆議會的任期長度大約是四年。在議會具有明顯多數的條件下,選擇什麼時候進行選舉由首相決定。

另一種行政領導更替的形式就是彈劾，這種形式晚近才受到注目。在美國總統制下，由於存在著定期的選舉，行政領導不會因為受到立法機關的影響而被迫去職，唯一的例外就是彈劾，通過彈劾，官員可能受到眾議院的指控，接受參議院的審判。一九七四年，針對尼克森總統在「水門案」中的諸多違法行為國會提出彈劾程序，不過，尼克森採取了辭職的方式而避開了這一個程序，他也是第一位在任內辭職的美國總統。

第六節　行政長官與行政部門的權力

　　行政部門的運作和互動，均圍繞著一個核心人物，這一核心人物是這個部門的領導，也就是行政長官。行政長官在行政管理活動中居於主導地位，其權力作用的發揮程度、優劣和效率，決定行政機關職能表現和管理成效。

一、行政長官

　　行政部門的最高層，可能是一個人或一個群體。這意味著最後決策的職責或是集中於一人，或是集中於一個群體，有可能是一個委員會，如同英國的內閣。平心而論，要對實際運作制度進行準確的分類，並非易事。例如，美國總統雖然身為行政機關的最高權力者，但為了避免權力過度集中於一人之手，美國國會分擔了行政部門所執行的部分任務，如締約和聯邦法官的任命。

　　英國內閣提供了一個很好的集體行政的例子。行政部門所有的決策都要徵得內閣成員的同意。政府保密制和集體負責制（單一內閣成員不得公開反對整體內閣的決策）的結合，使得人民不容易知道內閣集體決策的程度。

從職責的集中程度來對行政長官進行分類，往往會產生一些困難，英國首相這個職位便是個例子。在十九世紀乃至於整個二十世紀，英國首相被描述爲「同儕中第一」，至第二次大戰以來，隨著權力集中於個人及現代社會越來越需要具高效率的行政部門影響，有學者認爲首相變得越來越具有支配性。當然英國政策決策的集體特點，在某一程度上，取決於當時首相的態度和人格。第二次大戰時期的邱吉爾（Winston Churchill）和一九八〇年代的佘契爾夫人都屬於強勢人物，而邱吉爾和佘契爾的繼任者艾登（Robert A. Eden）與梅傑（John Major）等首相，他們經營內閣的方式則較接近於集體決策。

二、行政部門的權力

如果行政、議會之間的關係基本上可以看作是爲了對決策過程施加影響而進行的鬥爭，那麼各方所用的武器是什麼？在英國體制中，行政控制立法機關的基本條件是議員對政黨的忠誠度。下議院議員的政黨忠誠度通常較高，因爲各政黨會在議會中派任一位黨鞭（whip），黨鞭會要求該黨議員遵守黨的政策，貫徹黨的意志。因爲如果一個政黨成員不能擁護其所屬的政黨，那麼，在下一次選舉中就很難得到黨機器的支持，也很難再得到續任。更有甚者，成員們相信，只要是其所屬政黨在執政，不管該內閣是否有負於人民及支持者的期許，也總比讓反對黨接任政權要好些。從這個基本事實中可以看到行政控制的其他表現形式，例如，對下議院的議事日程、委員會成員資格以及允許委員會進行審議的時機和議會辯論時間的控制。

在美國國會裡，忠於政黨的力量不致於那麼強大，但也確實存在。歸結起來，其區別是，在英國，所有相關人員，不論是領導、黨鞭和同事，都期望議會議員對所屬政黨表示忠誠。在美國則不然，大家一致公認，來自於選區和既得利益集團的壓力（一些是眞實存在的，一些是想像中的），大量集中於候選人身上，使得政黨不易完全控制其候選人。

　　另一種掌握在行政部門手中的有力武器是資訊，因爲「資訊就是力量」。行政部門一般壟斷著議會工作所需的資訊，議會如果要實現其對法律的批准和對官僚機構進行監督的作用，就需要這些資訊。在英國，資訊的控制權幾乎完全掌握在行政部門手裡，姑且不論其他的因素，單是這一點就給予行政部門巨大的權力來決定什麼是可以或不可以進行爭論的，因此這也超越了議會的權力範圍。這種情形曾有過些許的改進，結果像是小型特別委員會的成立，但保密仍然是英國行政部門的一個重要特點，尤其是同美國相比。一九九二年，英國首相梅傑指出，他的政府將發布更多的資訊，但仍然由行政部門決定什麼資訊該發布、什麼資訊不該發布。

　　再看看美國的情況，其行政支配的能力要弱些。圍繞著獲取資訊的問題始終存在著爭論，行政部門在這個問題上雖然占上風，但美國國會近年來取得了重要的進展。這主要是行政機關樹敵過多的結果，例如，在情報蒐集領域以及諸如中央情報局（CIA）和聯邦調查局（FBI）等機構的運作方面，多年以來，這些機構的運作一直不受國會的監督，當許多國會議員明確提出他們不知道這些機構在做什麼時，任何查明眞相的嘗試都被斷然拒絕。一九七二年聯邦調查局長胡佛（J. Edgar Hoover）的去世、聯邦調查局捲入於「水門案」醜聞（該案導致尼克森總統辭職），以及在一九七五年至一九七六年間中央情報局刺殺外國元首陰謀等事件的敗露，都是通過國會對這些機構的徹底調查而發現的，這也是史無前例的（Ponton and Gill, 1993: 168）。

　　迄今爲止，英國與此較類似的事件，是一九八四年至一九八五年間，下議院內務小型委員會對警察特別分局進行的調查。然而，該委員會最終由於各政黨之間的路線分歧而分裂。其實，該委員會的職權範圍一開始就界定的太窄，以致在實際上，使其難以發現事實的眞相，也難以對員警的瀆職行爲作出判斷。一般說來，不管是開發自己的資訊來源還是迫使行政部門透露資訊，在這些方面，英國下議院並不如美國國會成功。

政治學
—21 世紀的觀點

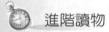 進階讀物

Elgie, R. (ed.). (1999) *Semi-Presidentialism in Europe* (Oxford and New York, Oxford University Press).

Rhodes, R., & Dunleavey, P (eds.). (1995) *Prime Minister, Cabinet and Core Executives*(Basingstoke, Palgrave).

Rose, R. (2000) *The Post-modern Presiden*(Chatham NJ, Chatham House).

Wright, V., Peters, B. G., & Rhodes, R. (2000) *Administering the Summit: Administration of the Core Executive in Developing Countries* (Basingstoke, Palgrave).

 相關網站

行政院

　　http://www.ey.gov.tw/

英國首相辦公室

　　http://www.open.gov.uk/

白宮

　　http://www.whitehouse.gov/

CIA

　　http://www.cia.gov/

Political Reference Almanac

　　http://www.polisci.com/

一、 請說明「國家」、「政府」與「行政機關」的不同。

二、 請分述西方國家行政最高首長產生方式。

三、 行政機關可分為哪幾類？

四、 試說明行政機構的職權和功能。

五、 行政機關的更迭有哪些方式？試舉例說明之。

Political Science

◆第14章　司法

　　本章的核心主題是法律、法院與政治之間的關連性，並進一步將法官放在政治脈絡裡進行考察。將司法放在政治過程中來考察有其必要性，因爲一度有人認爲：法律有別於政治，甚至凌駕於政治之上。雖然法院在運作方式上，確實有別於行政、官僚機構和議會，然而，如果無法認識到法律在政治過程中的關鍵作用，那麼，我們將難以理解現實世界中的政治。

第一節　　何謂司法？

　　首先必須區分不同類型的糾紛，這些糾紛由法院來處理，並或多或少與政治有關。第一類在私人個體之間或組織之間的糾紛。個人相互之間的權利和義務，在盎格魯—撒克遜國家裡，一併被視爲私法（private laws），如英國與美國，許多私法源於習慣，隨著時間的推移，法官將其融入於不成文法或習慣法（common law）中。今天，這種不成文法漸漸被成文法（議會制訂的法律）取代或擴充。第二類屬於個人與國家之間的糾紛。這類法律有些也源於習慣法，但大部分是成文法。這種法律的主要體現就是刑法，國家透過刑法中的行爲標準來規範人民。同樣屬於這一範疇的還有行政法，國家在行政過程中（介入社會的過程中）與人民所發生的眾多關係，都必須透過行政法來調節。一般說來，與行政有關的領域被認爲是公法或行政法。第三類則涉及到政府各部門之間的糾紛，這屬於公法的一部分，但一般被放在憲法的名下，這也是政治學最常討論的部分。

　　如何解決這些糾紛？簡單地說，在英美法系中，人們必須將案件提呈給法官（或陪審團），並將法律原則和法規運用到該案例的特定事實之上。法律原則（legal principles）一般反映著該法律體系所堅持的基本價值。在大多數的國家，這些原則都在成文憲法中奉爲圭臬，如美國；而在英國，則體現在多種來源中：習慣法、成文法和慣例。此外，其他的

法律原則經年累月地由法官的判例或在立法中確立。然而，即使法律原則被載入於憲法文件、法典之中，且長期由法官所運用，但這些原則通常高度模稜兩可，只有在特定情況下，這些原則的實際價值才得以體現，亦即，某一天有人（法官）在作出判決時，對這些法律原則進行解釋並遵從，而另外一些人（行政部門）也願意確實執行這些判決。

　　法律規則是在實踐過程中適用性較高的具體規章，它們有多種淵源。在英國，議會的成文法及隨之而來的輔助立法（或者美國相應的立法）是今天法律規則的主要淵源。值得指出的是，在憲法或法典中奉為圭臬的一套特定價值標準，其實反映了當時制憲者的偏好。例如，「美國憲法」與「蘇聯憲法」對私人財產的態度，便完全不同。「美國憲法」第五條修正案，清楚標示著洛克的名言：「未經正當法律程序，不得剝奪任何人的生命、自由和財產權；非有適當的補償，私人財產不得收為公有。」在另一方面，一九七七年「蘇聯憲法」第十條則寫道：「蘇聯經濟體制的基礎，是生產工具的社會主義所有制，這種所有制的形式是國有財產（屬於全體人民）、集體農場和共有財產（cooperative property）。」英美國家和前蘇聯之間的價值衝突，可以由下面這一例子來說明：在英國和美國，金融投機行為不僅能積累巨額財富，有時候還可能受到公眾的讚譽，但同樣的行為在前蘇聯則有可能成為犯罪，甚至判死刑。

　　將一些抽象原則寫進憲法之中，並不表示這些條文在實踐上將得到尊重。例如，「蘇聯憲法」第二十五條不僅保證公民言論、出版、集會和遊行的自由，而且規定印刷機、紙張、建築、街道和通訊設施等，可讓人民在行使這些權利時使用，但蘇共似乎並未遵守這一規範；相對地，美國雖然特別強調民主，但這不代表法律與執法不會產生落差。檢視歷經波折的「美國憲法」第一條修正案，其部分內容如下：「國會不可制定法律……剝奪言論自由權。」但在一九四〇年，美國國會卻通過「史密斯法」（Smith Act），該法將「鼓吹推翻美國政府」視為犯罪。第二次世界大戰之後，正值冷戰高峰期，美共總書記丹尼斯（Eugene Dennis）和美共主席等十一人，於一九四八年七月被捕。丹尼斯等十一人均被控

告陰謀煽動以暴力推翻美國政府，依據「史密斯法」，他們被判有罪。此案曾向最高法院提出上訴，主張依據憲法第一條修正案，「史密斯法」已明顯違憲，但上訴被駁回。美國法院似乎「自動」對第一修正案的精神作出了「限定」（Ponton & Gill, 1993: 184）。

若以英國為例，由於缺乏單一的憲法權威文件，這也意味著，要指出英國政府的違憲行為，相對較難。然而，基於議會對行政的控制權，以及議會凌駕於法院之上的至高性，這也意味著，政府有較大的空間來詮釋憲法。其他國家如要更改其憲法的根本原則和制度，將會導致嚴重的政治問題。當然，憲法的更改幅度，通常取決於當時的政治條件。但帶有憲法特性的政治問題（例如加入歐盟或立委席次減半等議題），也會因其性質特殊，而引起人們的廣泛關注（甚至可能交由公民投票表決）。

美國丹尼斯的案例顯示，司法機關對於法律的詮釋，有可能會背離憲法原則。作為第一道也是最後一道社會防線，法律、所有法院和法官，大部分都會致力於維持現有的社會、經濟和政治秩序，而不會支持任何威脅這種秩序的活動。這點同樣適用於美國、英國和前蘇聯及後來的各加盟共和國。它們共同的目標就是使政治制度合法化，且使各種制度得以維持。

各國的司法部門雖然都傾向於保護該國的政治制度，但不同的國家，又有重要的區別。在前蘇聯，憲法原則和政治實踐之間的鴻溝，則是透過讓蘇共擔任「政治核心」來獲得解套。一九三六年的憲法並沒有明確指出誰是「政治核心」，但一九七七年的憲法第六條明確規定：「蘇聯共產黨是蘇聯社會的領導和指導力量，是蘇聯社會政治制度的核心以及一切國家機關和社會團體的核心」。因此，法院顯然從屬於共產黨的控制，儘管法院的獨立程度隨著時間不斷變化：在一九三○年代最小，一九五六年之後則越來越大。雖然如此，民主國家所堅持的司法獨立觀念（政治人物不直接干涉法院活動），並不是前蘇聯所堅持的原則。西方國家較強調「個人優先原則」，在前蘇聯卻特別強調「社會主義合法性」（socialist legality），個人的具體利益必須讓位於社會總體利益，且政黨和政府掌握了社會總體利益的詮釋權。

在美國，司法機關往往能發揮強大的政治影響力，而且在相當程度上獨立於政府其他部門之外，甚至曾經最高法院執行了與總統及國會完全不一致的政策。在一九三四年和一九三七年間，法院還使得羅斯福總統的一連串措施無效，這些措施由國會所通過，目的是爲了應付當時的經濟大蕭條。一九五四年和一九六三年間，法院又作出了一系列的判決，其對黑人權利的認定，遠遠超前了當時美國總統和國會所能支持的範圍，最高法院的獨立性在此達到了頂點。但上述這些情形並不常見，大部分來說，法院與政府其他部門經常保持步調一致，在緊急情況下，例如戰爭，法院會非常公開地順從它們，尤其順從於行政機關。

　　英國的司法獨立程度，則介於美國和前蘇聯之間，但更接近前者而不是後者。英國的最高法院是上院，但是作爲法庭開庭時，上院議員則只包括一個專門小組，其成員由議員組成，這些議員或是具有長期的專業經驗，或是已經被任命去執掌司法部門。由於奉行議會至上，這也意味著英國的法院難以宣稱立法無效。在美國，最高法院之所以能參與政治過程，則是因爲法院早在十九世紀就聲稱自己擁有司法審查的權力，亦即，法院有權審查行政和立法之法令是否合乎憲法。英國的上議院就沒有這樣的權力。

　　迄今英國法院也並非完全從屬於行政部門和議會。與其他國家一樣，許多法律的措辭都不明確，甚至模稜兩可；因此，當一個案子牽涉到某法律條文內容的意義認定時，法官其實擁有很大裁量空間，這完全有賴於法官對法律的詮釋。當然法官在進行詮釋時必須遵守許多規則，這些規則防止法律在使用過程中出現任意性（arbitrariness），但事實上，相互衝突的規則如此之多，以致法官可以有效地「選擇性遵循」。自一八六〇年代以來，英國法官對政治的干涉程度不斷增大，而且集中於對特定程序進行司法審查。不過，這只是基於程序之上，而不是像美國那樣，針對實質決策進行干涉，亦即，檢查政府的決策是否符合憲法的要求。因此，公眾經常認爲，英國的司法審查缺乏合法性（illegality）及程序上的恰當性（Ponton & Gill, 1993: 187）。

第二節 司法機關的職權

在國家機關的分工體系中，一般都規定司法權屬於法院，此主要是指審判權和法律解釋權，檢察機關則歸屬行政領導，總檢察長通常為內閣成員，充當政府的法律顧問，並代表政府出庭參加訴訟。檢察官受總檢察長領導，但在對案件進行調查時享有獨立性和保障。司法機關的職權主要表現為以下幾方面：

一、審理各種訴訟案件

包括刑事案件、民事案件、行政案件、選舉案件等。在各件訴訟中，司法機關的職能就是適用法律，即按法律規定的程序通過審理認定案件的事實，並依據法律作出裁決。這種審判權是司法機關所獨有的，其他任何國家機關都不得侵犯。

二、處理某些非訴訟性的事務

這主要是指某些民事法律關係要由法院執行、保證、監督和公證，如登記財產、公證結婚、檢驗遺囑、處理遺產、公布失蹤和死亡、指定監護人和保護人等。

三、違憲審查

違憲審查（judicial review）即由司法機關審查和裁決國家機關的行為是否違反憲法。審查的具體物件包括立法機關所制定的法律、法令以及政府根據法律所頒布的行政法規、發布的行政命令，以及所採取的一切行政措施等。違憲審查制度起源於美國，雖然美國聯邦憲法中並沒有直接規定最高法院擁有這一權力，但在一八〇三年的馬伯里控告麥森案（Marbury V. Madison）中，美國最高法院宣告一七八九年國會制定的「司法條例」違反了憲法為無效，從而形成了法院行使違憲審查權的制度。後來其他國家也仿效美國建立了違憲審查制度。

現在國家行使違憲審查權，規定審查的機構有兩種類型：一種是由審理一般的民事、刑事案件的普通法院進行，此制度行使於英、美等國。另一種是設立專門的憲法法院進行審查，此法院不審理民事、刑事案件，這種制度實行於義大利、德國、法國、奧地利等國家。各國司法機關行使違憲審查權的方式也不同，一種為「事後審查」，以美國為典型，即法院不主動審查議會通過的法律、法令和政府的命令、法規，法律生效後，如果沒有遇到具體的訴訟案件，法院也不能主動審查，而只能審理具體的訴訟案件，就其所適用的法律是否違憲作出裁決。如果法院認為有關法律違憲，也不直接宣告撤銷或廢除違反憲法的有關法律，而只是宣布「不執行」或「拒絕執行」，換言之，法律本身仍然存在，但不為法院所適用了。另一種為「事前審查」，又稱為「預防性審查」，這種方式以法國為典型，法國的憲法法院稱為憲法委員會，依「法國憲法」規定，各項組織法在頒布以前、議會兩院的內部規則在執行以前，均應提交憲法委員會審查，裁決其是否符合憲法，而不論是否發生了爭議。至於議會的其他立法，在頒布以前如果發生爭議，也可以由總統、總理、議會兩院議長或六十名議員提交憲法委員會審議；憲法委員會裁決違憲的法律不得公布。

第三節　司法活動的主要原則和制度

司法機關在行使權力時與立法機關、行政機關有很大的不同,在司法活動和行使職權過程中遵循的主要原則和制度,簡述如下:

一、不告不理原則

即法院不受當事人請求,不得主動審判。無論民事或刑事案件,未經正式起訴,法院都不得自行審理。按照西方學者的說法,法院的活動和立法機關和行政機關不同。立法機關的議事和活動,不待案件的發生和案情的告發,而行政機關和司法機關雖然都執行法律,但前者是主動性執行,而法院是被動性執行。因此法院的活動是被動的,只是消極地保護公民的正當權利、維護社會秩序。只有當事人的告發,法院才能被動地接受案件審理。

二、司法獨立原則

所謂司法獨立是指法院和法官只服從法律,獨立行使司法權。如「義大利憲法」規定,「司法權以人民名義行使之,法官只服從法律」,「司法權為獨立體制,不從屬於其他任何權力權關」,根據憲法和法律以及學者的解釋,司法獨立有以下幾層涵義:第一、司法權由法院和法官獨立行使,不受行政和立法機關的干涉,法院和法官的審判活動只服從憲法和法律。第二、一個法院的審判活動也不受另一法院的干涉,上級法院對下級法院也不能在其進行具體審判時進行干涉,只能在審理過程

中堅持獨立，不受各方意見及檢察官起訴之影響，法官按「自由心證」的原則辦案，也就是法官依自己的「良心」審理案件、行使權力。

三、無罪推定原則

西方國家的刑事審判普遍實行所謂「無罪推定」原則，即在法庭判決之前，被告都被假定爲無罪，法院和法官在審理案件時，在沒有證據的情況下，首先應從無罪方面考慮，只有在掌握充分證據足以證明被告有罪後，才能判決有罪。未經合法的適當手續，任何機關和個人都不得對任何人施行逮捕和審訊。

四、辯護制度

司法制度中都規定了被告有「取得律師幫助爲其辯護」的權利。在刑事訴訟的任何重要階段，被告都可以由其律師辯護。如果被告自己不能聘請律師，法庭應爲他指定律師，費用由政府支付。除非被告自己完全瞭解自己行爲的性質，放棄這一權利，否則，無律師參與的刑事訴訟是違反憲法的，由此作出的定罪裁決也將是無效的。

五、法官保障制度

現行多數國家普遍實行法官保障制度，具體措施包括：法官的不可更換制、終身制、專職制和高薪制等。採用這些制度和措施的目的，是爲了在制度上保證司法獨立，保證法官能「公正」和「無私」地審判。

所謂法官的不可更換制，是指法官在任期屆滿之前，非經彈劾不得被免職、撤職或令其提前退休。有的西方國家實行法官終身制，即法官

一經任命，如無過失，終身任職。法官專職制，則是指法官不得兼任其他職務。西方國家普遍規定法官不得兼任政府官員、議員、營利性機構的負責人，也不得以政黨的身分從事政治活動。對法官任職的這些限制，體現了國家機關權力分立原則，可以保證法官不受其他任何國家機關、團體、企業、政黨和個人的控制、干涉和影響，保證法院和法官的獨立和政治上的「中立」。法官高薪制是指多數西方國家都規定了給予法官高薪待遇，如英國大法官的年薪與首相相同；日本最高法院院長的薪俸與首相相同，其他法官與國務大臣相同；美國聯邦最高法院的首席法官的年薪與副總統相同。西方國家認為，實行法官的高薪待遇，可以使法官的生活安定富裕，就不會發生賄賂、營私和舞弊現象，可以保證法官公正無私。「美國憲法」第二條第一款還規定，聯邦法官「應在規定的時間得到服務報酬，此項報酬在他們繼續任職期間不得減少」。因此，法官任職期間的薪金可以增加，但不能減少。

第四節　司法體系

　　司法機構是各國政府機構中最為參差不齊、紛繁複雜的系統。僅僅就英國的司法體系而言，雖經近百年來的多次改革、簡化司法機構的結構，但仍使歐洲大陸的法學家們摸索不著頭腦。比較法學家一般將世界主要法系概括為：英美普通法系、羅馬法系、德意志法系、北歐大陸法系、社會主義法系、遠東法系，以及以宗教為基礎的印度法系等。本節將以具代表性的英國、法國的司法機構為例，對司法體系予以介紹。

一、英國的司法體系

　　各級各類法院是英國司法權的行使機構。英國現行的法院組織系統

是由一九七一年制定和實施的「法院法」確定的。

(一)從上下級關係來看

從上下級關係來看，可以分為中央和地方兩級法院。中央法院包括最高法院（高等法院和上訴法院）、樞密院司法委員會和上議院。地方法院則包括治安法院和郡法院等。

(二)從審理案件的性質來說

從審理案件的性質來說，分為民事和刑事兩類法院或法庭。郡法院、高等法院、民事上訴法院和上議院都屬於民事法院系列；刑事法院則包括治安法院、皇家法院、刑事上訴法院和上議院。此外，英國還有特設的專門法院，如軍事法院、少年法院、勞資關係法院和行政裁判所等。

(三)地域

從地域上講，英國只有英格蘭和威爾斯完全實行普通法，而蘇格蘭和北愛爾蘭都不適用「英國法」，而是有其自己的司法體系。上議院是英國的最高司法機構。在理論上，每個上議院議員都是當然法官，但實際上只有大法官和常任法官上議院議員（或稱上訴審貴族）行使司法審判權為最終判決。

英國的司法行政機構不同於其他西方國家，它沒有司法部。在英格蘭和威爾斯，司法行政事務由大法官和內政大臣負責，在蘇格蘭則由蘇格蘭事務大臣和蘇格蘭檢察長負責。英國的法官均由委任產生，按照規定，大法官、常任法官、上院議員和上訴法院法官由首相提名，英王任命。高等法院法官則由英王根據大法官提名任命，其餘法官由大法官任命。法官一經任命，很難免職。專職法官（大法官除外）一般都保持

「政治中立」。大法官是上議院議長、內閣閣員,又是最高司法機關的首長,他擁有很大的司法人員任免權,具有很大的司法行政權力,並領取與首相同樣的薪金。英國的律師大致分爲兩種:大律師(出庭律師)和初級律師。另外,英國法律規定,在審理某些案件時必須有由普通公民組成的陪審團參加。陪審團裁決有關事實方面的問題,確定被告是否犯有被指控的罪行。

在英國,不存在與法院並行的檢察機關,也沒有完整的檢察制度。但是,其警察當局卻經常起訴一些案件。而且英國中央政府設有在檢察總長領導下的檢察機關,往往由內政大臣任命一位出庭律師和訴狀律師擔任檢察官。就其行政司法而言,與歐洲大陸相比,具有兩個特點:1.英國沒有專門的行政法,也沒有獨立的行政法院系統。普通法院和行政裁判所都依據普通法共同行使行政司法權。2.沒有全國統一的最高行政司法機構。

二、法國的司法體系

在法國的司法系統中,占據主要地位的是司法行政機構和司法機關。相對而言,法國行政對司法的控制較嚴。第二次世界大戰後,法國首先設立了最高司法會議,行使最高司法行政權。最高司法會議由總統擔任主席,司法部長擔任當然副主席,有時也可代替總統任主席。其下是司法部。最高司法會議和司法部掌管著法院組織系統的組織、設置、撤銷、人事調動和經費等司法行政權。法國的法院系統與英國不同,它分普通法院和行政法院兩個不同的系統,二者各自獨立行使司法權,互不隸屬。普通法院主要由基層法院、中級法院和最高法院組成。基層法院主要包括初審法院、大審法院、違警罪法院和各種專門法院,中級法院主要指重罪法院和上訴法院。行政法院系統主要包括中央的最高行政法院和各級地方設的行政法庭,另外,還包括一些專門行政法庭,如審計法庭和處理國家補助金糾紛的法庭等。

法國沒有獨立的檢察機關，而是附設在各法院內。法國的檢察院可分為大審檢察院、上訴檢察院和最高檢察院三級，一般具有立案偵查、提起公訴和上訴、監視判決的執行和服刑、對法院的某些監督權等職能。律師和陪審團也是法國司法系統的組成部分。

第五節　司法積極主義

　　從定義上來說，「司法積極主義」（judicial activism）指的是，法官願意冒險超越狹隘的法律決策，以致於能影響公共政策。司法積極主義的反義詞是「司法自制」（judicial restraint），這是一種較為保守的哲學，主張法官應該僅限於運用法律（包含憲法），而且不應該理會政策後果，法官本身的價值觀也不應涉入。這一對概念源自於美國最高法院，但也適用於其他各國的司法政治（Hague & Harrop, 2004: 217）。在大部分的西方世界裡，司法對於公共政策的干預越來越明顯，這也推動了由「政府」向「治理」的轉變，亦即，在集體決策活動中，政府機構不再扮演主導性的角色。法官越來越願意進入到政治領域裡，而這些領域以往大多是由政治人物與國會議員所主導。舉例而言，「荷蘭憲法」雖然明確排除司法審查，但國會難以處理的一些議題，荷蘭最高法院還是作出了重要的判例法（case-law），最著名的就是安樂死的合法化。澳洲高等法院也曾大膽地揭示暗含於憲法中的權利，而以往的法官並沒有察覺到這些權利。

　　我們如何才能解釋越來越明顯的政治司法化？關鍵似乎在於政治本質的轉變，而不在於司法本身的發展。第一、當人們對於法規的依賴，逐漸成為一種治理模式時，法院對於政治的介入就會受到人們的鼓勵。舉例而言，同性戀者是否有權利擁有與異性戀者一樣的婚姻？如果政治人物對這一問題作出否定的政治決定，勢必會引起激烈的司法爭議，然而，關於戰爭或徵稅的政治決定卻不見得會如此。有些學者便指出，在

缺乏民主控制機制的情形下，法規如何獲得合法性，將成為政治司法化進步的關鍵。

第二、左翼意識型態的衰微，擴大了司法發揮影響力的空間。以往的社會主義者大多對法官感到質疑，認為法官是私有財產的捍衛者，而且法官的產生未經人民選舉。舉例而言，在瑞典，隨著社會民主派部分教條的衰微，傳統上受到較多限制的司法機關，因此有了較大的發揮空間。

第三、國際慣例提供法官另外一個施力槓桿，讓他們得以突破傳統的束縛。舉例而言，一九四八年的「聯合國人權宣言」以及一九五〇年的「歐洲人權公約」，都讓法官在判決時擁有另外的準司法根據。當然，在歐盟之內，國家級的法院必須遵從歐洲法的優先性，這也對國家級的政府造成了重擊。正是由於歐洲法高於國家法，才讓荷蘭的法院得以突破「荷蘭憲法」對於司法審查的限制。

在大部分的民主國家裡，司法權威的擴張，已經成為了一種自我強化（self-reinforcing）的現象。很多學者便指出，當憲法擴充到越來越多的政策領域裡，而且當其勢力範圍越來越大時，那麼，司法爭議的可能性就越高，而且這個過程將會自我強化。人們似乎感受到，法官越來越有自信對廣泛的政治議題發表意見，這也使得利益團體、政黨以及具有權利意識的公民，願意在司法領域裡不斷進行改革。當司法的地位變得越來越高，而人民對政治人物的信任越來越低時，法官在未來似乎會有更強的意願，來作出更多的政治決策。

當然，司法積極主義只有在部分的民主國家中比較成熟。據西方學者的調查顯示（Holland, 1991），在幾個民主國家中，司法的積極程度由高到低的排序分別是：美國、加拿大、澳洲、德國、義大利、以色列、日本、法國、英國、瑞典。美國向來是司法積極主義最活躍的國家。美國之立國是建立在憲法的契約之上，因此，所有的美國律師將會持續爭辯憲法中的字字句句。司法積極主義的一切特徵，在美國都找得到，這包括：成文憲法、聯邦主義、司法獨立、不另外設行政法院、容易運用法院來解決爭端、法律體系以法官之判例法為基礎並高度尊重法官。

上述這些司法積極主義的要素，英國只擁有少部分，英國也是少部分沒有司法審查的民主國家。然而，即使在英國，由於受到歐洲的影響，司法積極主義也越來越明顯。歐洲法院企圖建立一套適用於所有成員國的法律秩序，而英國的法院也願意成為其中的一分子。英國於一九九八年正式接受「歐洲人權公約」，再加上英國王權的衰微（王權讓國家擁有高於法律的地位），這些都鼓舞了英國司法權的自主性。英國於二○○三年便曾倡議建立新的最高法院（作為最終法院），這無疑將會壯大英國司法權的聲勢。

　　正式的權利宣言，也鼓舞了其他英語系國家的司法擴張。最好的例子就是加拿大、澳洲與紐西蘭。在加拿大，「權利與自由憲章」於一九八二年增添於憲法之中，這讓法官在捍衛個人權利時能發揮更重大的作用。基於此憲章，澳洲法院特別著力於發展人民免於被控犯罪的權利。紐西蘭於一九九○年也引入了「權利法案」，用來保護人們的安全與生活，並確立了先前未法典化的民主權利與公民權利。

　　對於擁有議會主權傳統的國家來說（例如英國與紐西蘭），這些憲章帶來了許多難題。這些國家必須想辦法把這些「人權宣言」整合入國會主權之中。國會的權威性如何與權利憲章的特殊地位相調和？幸運的是，紐西蘭想出了一個明智的解決之道。在國會議員進行立法提案時，該國的司法部部長會事先讓議員知道他們的提案是否有違背宣言中的基本權利。於是，國會至少在技術上保有了協調法案的獨特權利與責任。英國在吸納「歐洲人權公約」的過程，也採用了類似的折衷辦法。在理論上，立法部門依然享有最高地位，然而，在實踐上，當立法議案與公約中的基本權利相衝突時，國會議員的意志就未必能凌駕於司法裁判。總之，在這些過程之中，主權雖然得到了捍衛，但也遭到削弱。

第六節　司法獨立性與法官的任用

　　鑑於司法的政治權威正不斷增長，那麼，如何維持司法的獨立性，就成爲重大的課題。在所有的自由民主國家中，司法的自主性可以說是法制（rule of law）的基石。爲了維持司法的自主性，法官的任期通常會受到保護。在英國以及美國，只要法官「潔身自愛」（good manner），那麼其任期將會是終身職。歐陸國家則對此施加較緊密的控制，這反映著一種觀點，亦即，歐陸人普遍將司法視爲國家的代理者（agent of the state），即使司法在國家的控制下能保持自主運作。不論如何，歐陸國家法官的任期還是受到相當程度的保護。此外，法官要如何任用？問題在於，如果法官的挑選、升遷、解職，是由政府來主導，那麼，法官將會對政治權威非常恭順。研究顯示，日本的低階法官在判決時，若較能服從於執政黨的意志，那麼，未來獲得升遷的機會將較大。

　　一般而言，法官的錄用主要有四種方式，第一種是交由公民選舉（美國的部分州）；第二種是由議會選舉（美國的部分州及部分的拉丁美洲國家）；第三種是由行政部門派任（英國及美國最高法院的法官）；第四種則由司法人員自行選舉（義大利）。法官的錄用，若是交由司法人員自行選舉產生，將能保障司法的獨立性。但若能透過公民的民主選舉來挑選法官，似乎更能回應民衆的關懷。總之，各種不同的任用方式，都必須在司法的獨立性與尊重民意（或黨意）之間作出權衡。在實踐上，政治標準與專業標準是能相結合的。各國政府經常是在一群具有專業資歷的司法候選人中，挑選出他們想要法官。舉例而言，南非的總統在聘用高等法官時，會事先諮詢司法機關委員會，該委員會的成員包含了專業的法律人員與國會的代表。

　　由於法院必須負責司法審查的任務，因此，法官的挑選必然充滿了政治考量。在美國，由於最高法院具有極高的聲望，因此，最高法院法

官的聘用（由總統指派，但須參議院的同意），就變得非常關鍵。參議院的批准過程，通常都會牽扯到「總統的友人」與「總統的敵手」之間的角力戰。在這些角力過程裡，意識型態、政黨關係及私交的考量，可能會高過於被提名者的司法經歷與專業能力。然而，也有人認為，既然法官已經是終身職，那麼，交由政府來任命法官似乎是合於民主的。在歐洲的許多國家裡，則由國會來挑選憲法法庭的成員。所以，不論是歐洲或美國，政治因素都會影響到法官的任用，想要在政治與法律之間畫出一道明確的界線，似乎是不可能的。

然而，法官的判決意向，很難在任命時就百分之百預知。法官往往能在自己的崗位上發展出自己的觀點。最好的例子是華倫（Earl Warren），華倫原是加州州長，後於一九五三年至一九六九年間，由艾森豪（D. D. Eisenhower）總統任命擔任美國最高法院的首席法官。這位法官具有強烈的自由主義傾向，他對於消除校園種族歧視所作出的判決，令艾森豪總統大為吃驚，關於任用華倫這段往事，艾森豪後來就曾明言：「這是我一生最愚蠢的錯誤」。

許多問題的關鍵在於任期。美國法官的任期是終身制，對法官的唯一要求是「潔身自愛」，因此，這給予法官很長的時間去發展他們自己的法律觀點。與美國不同，歐陸法官的任期通常被限制在七年到九年之間，這種強制性的更替，反映著歐洲的司法環境較受到政治的影響：不讓任何一位法官能發揮長遠的影響力，而且讓憲法法庭具有獨占地位。

 進階讀物

Criffiths, J. A. G. (1997) *The Politics of the Judiciary*(London, Fontana).

Guarnieri, C., & Pederzoli, P. (2002) *The Power of Judges: A Comparative Study of Court and Democracy* (Oxford, Cambridge University Press).

Stone Sweet, A. (2002) *Governing with Judges: Constitutional Politics in Europe* (Oxford, Oxford University Press).

 相關網站

司法院

http://www.judicial.gov.tw/

Find Law

http://www.findlaw.com/

美國聯邦司法部

http://www.usdoj.gov/

一、司法機關行使職權所遵循的原則為何？你／妳認為台灣的司法機關有沒有遵循這些原則？為什麼？

二、西方國家的司法可粗略分成大陸法系與海洋法系，其特徵為何？我國屬於哪一種？

三、我國司法體系中的「檢審一體」何意？並嘗試對於其受批評處提出我國司法改革方案。

四、何謂司法獨立？並說明影響司法判決的方法有哪幾種？

五、何謂「司法審查」（judicial review）？此一慣例對美國憲政中行政、立法、司法的關係，產生什麼主要的影響？

六、各國法官的錄用有哪些方式？並評析我國法官錄用方式的優缺點與改進之道。

七、何謂「司法積極主義」（judicial activism）？何謂「司法自制」（judicial restraint）？試舉例說明之。

Political Science

◆第15章　公共政策

政府有何作爲？政府如何行事？政府的作爲有何影響？這三個問題可以說是研究公共政策的人最關心的主題。如果正統政治學的研究對象是政治「工廠」裡的組織，那麼政策分析所探索的對象，則是這個政治工廠所製造的「產品」。因此，政策分析的焦點往往是放在政策的內容、工具、影響，並對政策進行評估。本章將依序探討政策制定的模型、政策執行的模型以及政策評估的方法。

第一節　何謂公共政策？

什麼是公共政策？爲了分析上的方便，以下先界定何謂「政策」（policy），再釐清什麼是「公共的」（public），最後探討公共政策的構成要素。

一、政策的定義與意涵

就像許多政治學中常用的概念一樣，政策這一詞，並非中文所固有，回顧英語世界對該詞的一般用法，將有助於理解該詞的意涵。1997年版的牛津高階字典將「政策」定義如下：「公司、政黨、政府所提出或採用的行動計畫（plan of action），以及他們對理想的闡述（statement of ideals）。」這一簡明的定義，其實已經指出了，當我們用「政策」這一詞時，至少是在指涉某種正式的決定、陳述該決定並將該決定付諸實行，而且，如果繼續往下推理，其實應該還會牽涉到這項決定執行之後對於社會的影響。顯然，決定、陳述、行動、影響，這四者其實是不同類別的事物，它們卻能同時容納入政策這一概念之中，正是這些我們平常不會察覺的歧異之處，成爲政策分析的爭論核心。

(一)定義

不幸的是，學術界其實也尚未對政策的定義提出一致的說法。早期美國著名的政治學者伊斯頓在其著作《政治系統》（*The Political System*）中指出：「政策由一組決策及行動的網絡所構成，這些決策及行動，針對價值進行配置」。而另一名學者金肯斯（W. I. Jenkins）在其著作《政策分析》（*Policy Analysis*）中，則把政策看成：「一系列彼此相互關連的決定，這些決定首先關注於目標的抉擇，並且在一個特定的時空背景下，挑出最能實現這些目標的手段。」另外，海克勞（Hugh Heclo）在其文章中，也刻意凸顯政策其實是一個「過程」，他寫道：「如果我們將政策設想成是一連串的行動或不行動（inaction），而不是想成某些特定的決策或行動，將會大有助益。」（Heclo, 1972: 85）在這句話裡，"inaction"的意涵，難以用中文直接表述，但這也表彰政治學家對於權力現象的敏銳觀察。另一名學者史密斯（B. C. Smith）在其著作《英國政府的政策制定》（*Policy Making in British Government*）中，則對不行動作了簡易的註解：「不行動與行動一樣，其實都是經過深思熟慮之後才作出的抉擇，我們不應該只把注意力放在那些能夠導致社會變遷的決策，我們還必須敏銳地注意那些抗拒變遷的決策，當政府作出抗拒社會變遷的決策時，它們是難以觀察的，因為它們並不會出現在立法機關所制訂的法律之中。」透過上述考察之後，我們可以發現，大部分的學者，並不把政策當成單一或具體的現象。在他們的眼裡，政策呈現的形式，可能是某一項決定，但大部分其實是「一系列」的決定，有時候甚至只是一種意向。而且，上述這些定義，還暗示著，企圖辨認出政策被制訂下來的時機（occasions），將會遭遇很多困難。因為，政策分析家發現，政策的發展及演進（evolve），往往是在政策的「執行」階段，而不是在「決策」階段。

(二)意涵

　　然而，當社會科學家傾向於把政策當成一系列行動或一組決策時，這到底意味著什麼？英國學者希爾（M. Hill）對此歸納出了五項意涵：第一、「決定網」（a decision network）通常相當複雜，它可能涉及行動的產生；而且，由數個決定所形成之網絡（a web of decisions）的運作，很可能跨越了一個很長的時段，甚至擴展到最初的政策制訂階段之外，而且可能形成對「決定網」的補充。第二、即使是在政策制訂的層次，政策也不是指某個單一的決定，而需經由一系列的決定來加以界定，將這些決定加在一起之後，決策者對於政策的理解，便或多或少能有些共識。第三、隨著時間的推移，政策必然會發生變遷，不論是因為政策方向的重大調整，或只是微調先前的決定，主事者今日對政策目標所做的詮釋，到明天可能就不同了。而且，政策執行之後所產生的經驗，也可能會反餽回決策過程。當然，這並不是說政策總是變幻莫測，但政策的過程通常是動態的，而不是靜態的，正是由於人們經常對議題作出不一樣的界定，所以才必須時時保持警覺。第四、許多政策的制訂過程，還涉及到政府是該「終結政策」還是繼續「延續政策」等難題。第五、由第三和第四點可以推論出，「不決策」（non-decisions）是政策研究的重要主題，「不決策」其實與前文提到的「不行動」同義，很多學者也已經指出，許多政治行動其實關注的是維持現狀，並且抗拒人們對資源分配的現狀提出挑戰。如果我們想要考察政策過程的各種動力（dynam-ics），那麼，分析這類活動（不決策）將是必要的（Hill, 1997: 7-8）。

二、公共與私人之別

　　當我們對政策這個概念有進一步的理解之後，接著必須去釐清何謂「公共的」？查閱牛津字典對「政策」的定義，可知在英文一般的用法

裡，制訂及執行政策的主體，可以是政府單位也可以是「私人」公司或
政黨。也就是，不論公私部門，都可以是政策的施為者。因此，當我們
指涉「公共」政策時，我們關心的是政府的事務，並暗示著私人組織的
政策並不是我們關注的對象。然而，這裡的問題在於「公共部門」與
「私人部門」的區分界線為何？當政府日益捲入商業活動，並且越來越依
賴運用一些商業性的經營手法時，公私部門之間的區分越來越模糊。以
下列舉三個最常用的區分標準：

(一)利潤動機

人們常用「利潤動機」來區分公共與私人活動的差別，雖然這是重
要的差別，但還不夠嚴謹，因為私人組織有時會將營利目的隱藏在其他
目標之中，而且，從事公益活動的私人組織，明顯是非營利的；此外，
有些公共組織通過收費來刺激市場，隨著改革者試圖使公共組織更有
效，這種策略越來越普遍。然而，學者們提醒我們，公私部門之間確實
存在著關鍵性差別。首先，最重要的區別便是：公共組織從事公共事
業，它們執行法律；其次，在特徵上，公共組織與私人組織相比，有完
全不同的運作過程，而且在不同的環境中起作用。

(二)權威來源

公共組織與私人部門最大的差別在於「依法而治」（rule by law），公
共組織的存在，是為了執行法律，公共部門的形成要素，不論是結構、
職員、預算與目的等等，都是法律權威的產物。正如組織理論家所強調
的，公共管理者所採取的每一項行動，最終必須追溯到權威單位的法律
授權，但私人組織卻不必如此。事實上，私人公司的管理者，一般能夠
採取任何行動，制定任何政策，或是採取任何不被禁止的經營手段；與
此相反，如果沒有得到權威的特別授權，公共管理者便不能如此，只有
經過授權，公共管理者才能行動。因而，公共部門的存在，是為了執行

法律。在民主國家，只有當權威由立法者（經過選舉產生的人）流向公共管理者，政策才能被執行，這也使得公共行政必然是公共的。忠實執行這些法律，是對公共管理者的最高要求，也是行政責任制的核心。

(三)運作方式

除了法律上的差別，公共組織與私人組織的運作過程也明顯不同。第一、私人部門的領導者，經常是一些長期獻身於組織的個人，但是，相對而言，公共官僚組織的領導者常常都是生手，他們的任期通常很短。第二、私人部門透過市場來檢驗績效，公共部門的績效卻難以完全用「成本效益」分析來進行，或者說，服從法律才是最終的績效衡量，然而，法律往往是模糊的，也常常難以發揮直接的指導作用。第三、效率是私人管理的最終標準，但公共行政的官員則必須兼顧效率與公平，公平與效率卻經常發生衝突。第四、與私人部門相比，公共部門在較大的程度上，必須在公眾的監督下工作，而私人部門所受到的公眾監督相對小的多。第五、在私人部門之內，管理者依權威進行管理的情形較普遍，他們發出命令並期待被服從，相對地，在公共部門之內，管理者經常要依賴於說服，並且必須在相互衝突的政治要求中達到平衡，這在民主國家更是明顯。第六、公共管理者不僅要受上級的督飭，還有立法機構和審計單位的察核，甚至民意的監督，而私人部門受到的監控就單純多了。

三、公共政策的構成要素

在釐清了「公共的」與「政策」的意涵之後，我們可以再回過頭來看什麼是「公共政策」？當然，學者們所提出的定義總是充滿分歧，爬梳這些分歧，並不是這裡的重點。著名學者戴依（Thomas R. Dye）在其著作《理解公共政策》（*Understanding Public Policy*）中，所提出的定義

卻是最簡明的：「凡政府選擇所為之事或所不為之事（to do or not to do），皆是公共政策」。不論如何，我們可以把政策看成是：政府對一連串的行動或不行動，作出政治決議（political agreement），這些行動被設計用來解決或減輕政治議程中的問題，不論這些問題是屬於經濟的、社會的、環境的，或其他等等。各種公共政策的產生，不論是經由政治論辯或是經由正式投票，它們都必然包含了所要追求的特定政策目標（甚至是目標體系），以及實現這些目標的手段或政策工具。

(一)政策目標

一項公共政策的構成，經常要考量到各方面。首先，人們會期待公共政策能對政策問題提出清晰的定義，不論這些問題是屬於個人層次的、環境的、政治的、經濟的、社會的、道德的……。只要政府對政策問題定義夠清晰，人們便可以從中得知該政策針對的對象是誰，以及該政策會對他們產生什麼影響，例如，更好的工作機會、擺脫貧窮、加強工作環境的安全等等。除此之外，公共政策的第二個構成要素，則是政府應該明確說出該政策對社會「整體」將有何影響，例如，增進經濟成長、提高文化生活的水準、改善族群關係等等。第三、政府還應該說明政策本身要追求什麼樣的基本價值，不論是社會價值或政治價值。

(二)政策工具

至於政策工具（達成政策目標的方法），大部分的公共政策，都會闡明是哪個政府層級（中央政府或地方政府或基層）負責操作該政策，並且說明該政策的主要資金來源（稅收、使用者付費、財政補貼）。再之，執行機構的性質（公共的、私人的、非營利），以及具體的管理技術（管制規則、補貼、依法授權的公共服務），一般也都需要明確化。另外，公共政策一般都會註明，是誰參與政策的形成，以及由誰來進行政策評估，可能是一般大眾、委託人、專家、或是經由選舉產生的官員。

第二節　政策分析

　　本節將先簡要回顧政策分析學的歷史脈絡，再進而介紹政策分析的各種可能類型。整體而言，兼顧政策分析的實用性與科學性，一直是政策分析者最重要的目標，但也是最嚴厲的挑戰。

一、政策科學的演進

(一)起源

　　公共政策並不是一個新的術語，長期以來，人們想盡各種辦法，希望能夠幫助政府解決各種難題，並企圖影響政府的作為及政策。然而，運用社會科學方法來分析及評估公共政策，卻是晚近的現象。直到一九五○年代，對政策問題的系統調查才得到小規模的開展，而且，當時這些研究並沒有成為政策過程的一個正式且必要的組成部分。但從那時開始，各種知識上的發展與當時的政治背景相結合，進而導致了政策分析學的產生，且在很短的時間內，成為社會科學領域裡的一個令人矚目的焦點。雖然不易指出此學科興起的背後動因，但一九五一年由拉斯威爾和勒納（Daniel Lerner）所合著的《政策科學》（*The Policy Science*），被認為正式開啓了學術界政策研究的先河。這種新的努力，剛開始時目標遠大：企圖成為「民主的政策科學」，並以「提高民主實踐所需的知識為導向」。為此，拉斯威爾憧憬能夠創造一個跨越諸學科的方法，能夠廣泛地包容各種科學知識，例如人類學、物理學、數學，特別是數學中的統計方法的應用，他甚至希望此學科能既著重於決策過程評估，同時也注

重於政策結果的評估。

(二)發展

　　儘管當初雄心勃勃，但今日的政策分析研究的發展，必須放在一九六○年代政治與學術界的相關背景來理解。政策分析的興起，與當時美國詹森（Lyndon B. Johnson）總統的「大社會計畫」（Great Society）及「對貧窮宣戰計畫」（War on Poverty program）密切相關。在他執政的年代（一九六三至一九六九），運用社會科學進行政策研究及評估，廣泛地被作為公共制訂過程的重要基礎。很多學者都發現，在新政策的設計過程中，政策研究成了一種起決定性作用的環節，或者說，至少比政策制訂過程的其他環節更特別、更重要。事實上，當年「大社會計畫」中的許多項目，便是由政策分析家直接設計的。隨著時勢的發展，一些研究項目受到委託，以檢驗那些政策項目的有效性，並且評估政府的施政情形。當時人們普遍相信決策過程能夠被理性化（rationalized），亦即，透過強而有力的政策分析，能夠得出重要的資訊來促進公共組織的決策，因此，詹森總統頒布行政命令批准聯邦機構招募人員來從事計畫、分析，並進行政策規劃等工作。這些新進人員，對政府的最高決策者負責，並為政策問題進行全面性的規劃。在行政命令的刺激下，政策分析得到了長足的發展，不論是新的分析技術或是政策分析師的培訓都有重大進展。到了一九七○年代，政策評估的分析水準得到更明顯的提高，美國國會對政策項目評估的立法，也有重大的推動作用。由於各級政府機構對於政策評估的廣泛需求，促成了私人諮詢公司的興起，後來也導致政策評估產業的形成。除了政府之外，主要的大學也開始設立政策研究機構，嘗試將經濟學的基本原理引進到政策分析之中，並且大量揉合來自政治學、社會學、組織理論的新觀念，這些研究機構不只提供研究數據，也持續為政策分析市場提供人才。不同專業背景的人士，尤其是政治學及經濟學的畢業生，紛紛投入政策研究的領域。

(三)挑戰

到了一九八〇年代,在保守的雷根總統主政時期,許多政策項目遭到刪除,美國的政策研究也開始走向下坡,更耐人尋味的是,此時美國的政策研究陷入政治角力之中。以雷根爲首的保守派政府,與昔日的民主黨形成對比,昔日的自由派政府往往運用政策分析來推行新的政策項目,然而,保守派則發現,運用同樣的經驗主義分析工具,也可以用來取消某些政策項目,甚至用來中止政策分析家原先規劃的政策項目。在這樣的背景下,保守派的政策智囊團得到了驚人的發展,有些機構甚至被公認爲公共決策的「非正式決策者」。事實上,政策分析在贏得新地位的同時,實際作用卻越來越受到質疑,特別是許多政治家及政府官員開始察覺到,政策分析所提供的成果無法使用,甚至有人批評那毫無用處。例如,美國每年在外國情報方面花費了三百億美元,但爲何在1980年代末卻完全不能預見蘇聯解體?另外,也有人指責爲何政策分析師不能預見「大社會計畫」所帶來的城市暴動?又爲何雷根總統的經濟政策在刺激商業投資方面起不到顯著效果?德力翁(Peter Deleon)在其著作《建議與同意:政策科學的發展》(*Advice and Consent: The Development of the Policy Science*)中,對上述這些問題,作了個嘲諷式的總結:「經濟學將難以去解釋,爲何政府要將大筆的資源,花在政府根本用不到的產品」。

(四)新方向

在上述的時代背景之下,政策科學朝向兩種相反的方向發展。其一,部分分析家開始主張政策分析應該要更多地採納經濟學的技術方法,公共管理應該要更多地吸收企業管理的理念。其二,有些學者不再追求一套政策研究的「科學」方法,越來越多人認識到,政策過程是複雜的,且受到一系列外在因素的影響,這些因素難以控制,在某些方面

更是難以捉摸的，而且，這種情形在全球化的背景之下更是明顯。因此，在政策研究的領域裡，後實證主義的研究途徑也開始興起，或者說，質性研究受到越來越多的重視。

二、政策分析的類型

根據帕深斯（W. Parsons）在其著作《公共政策》（Public Policy）中的區分，不同的學者有不同的研究興趣，有一些學者對於深入瞭解政策感到興趣，這類研究可以稱之為「政策的分析」（analysis of policy）；然而，有一些學者則立志於改善政策的品質，這類的研究可以稱之為「政策改良分析」（analysis for policy）；當然，也有些學者兩者兼修。進一步來說，大部分的政策分析家，其實不願意受限於目的（ends）與手段（means）的二分法，而認為必須兼顧這兩者，正是因為如此，政策分析不只屬於「實證」領域，也屬於一種「應用」性的領域。以下所列政策分析的七種類型，是由霍格伍德（B. W. Hogwood）與剛恩（L. A. Gunn）在其合著《政策取向》（*The Policy Orientation*）中所提出的。當然，不可能有一種完美的分類方式，而且不同學科（例如社會學、經濟學、公共行政學），對於政策分析會有不同的關注點。不可否認地，一個適當的分類可以提供許多認識上的啓發。

(一)政策內容研究

從這個視角來進行分析的政策分析家，他們把研究重點放在描述特定政策的起源和發展。在英國，許多社會政策的分析，就是用這種方法。研究政策的內容（studies of policy content）意味著分析家通常會選擇一個或若干個案例，通過對案例的分析，來探索政策制定、政策執行和政策結果。

(二)政策過程研究

政策過程研究（studies of the policy process）將焦點放在議題（issues）歷經的各個階段（stages），並且企圖去衡量（assess）諸多不同的因素對於議題發展的影響。當分析家研究政策過程時，必然也會觸及政策內容，但內容並不是這類研究的焦點，相反地，剖析政策形成（policy formulation）的各種決定性「因素」，才是這類政策分析家的研究所好。研究政策過程的學者，經常關心某些特定的公共問題或政策領域，也同時關注特定組織中的政策過程，以及各種因素對於特定社群或社會的影響。

(三)政策輸出研究

政策輸出研究（studies of policy outputs）的政策分析試圖去解釋，到底是什麼原因造成不同的國家（或地方政府）有著不同的支出水準，以及不同的公共服務水準。學者戴依也將此稱爲「政策的測定研究」（studies of policy determination），這種研究把政策當成是依變項，並且嘗試透過社會、經濟、技術等因素去理解政策。輸出研究在美國受到很多關注，在歐洲也有越來越多的學者從事這種研究。這類研究途徑的實際應用，特別有利於解釋各國社會福利政策的發展差異，而且累積了龐大的文獻，形成了一個複雜的研究領域。

(四) 評估研究

評估研究（evaluation studies）凸顯出了「政策的分析」與「政策改良分析」的差異，前者是爲了形成「實然」的知識，而後者則是爲了追尋屬於「應然」層面的知識。由於評估研究關注於政策對於人們的影響，有時也被稱爲效果研究（impact studies）。當然，評估研究可能是描

述性的，也可能是規範性的。

(五)提供決策訊息

提供決策訊息（information for policy making）關注於蒐集及處理相關的資訊，並將資訊提供給政策制訂者，以幫助他們作出決策。政策訊息可能來自於政府內部所主持的調查報告（reviews），政府常利用這些訊息來監控整個政策過程。然而，學術性的政策分析家，運用他們的知識對實際問題進行調查之後的研究成果，也可以用來提供政策訊息。

(六)對政策過程進行建議

對政策過程進行建議（process advocacy）也是屬於為了改良政策而進行的研究，透過這種研究，政策分析家企圖去改善整個決策體系的本質。這個途徑的特性，在於其企圖改善政府機構的運作，並強化政策選擇的基礎。這種類型的研究，通常認為對政府職能進行再調整，將有助於改善政府的運作，而建立政策規劃體系以及發展新的評估政策抉擇的方法，將有助於提升決策的水準。

(七)政策建議

政策建議（policy advocacy）是指政策分析家在政策形成的過程中，提出特定的政策選項或是政策理想給主事者。提出政策建議時，政策分析家可能是獨自行動，但也可能與他人結盟，例如壓力團體。

第三節 政策制訂

　　當人們認知特定的問題之後，必須提出解決之道，這就是政策制定。然而，能夠認識到問題的存在，並不意味著一定找得到解決之道。因此，學界發展出三種不同的模型來處理這個問題。茲分述如下：

一、理性決策模式

　　西蒙（H. A. Simon）的《管理行為》（*Administrative Behaviour*）一書，是決策理論發展初期的一部重要著作。西蒙認為，管理理論除了研究「行動（action）的過程，還必須研究決定（decision）的過程」。在此書中，他系統地分析了決策過程所涉及的各種要素，以利於科學地分析組織的決策過程。西蒙首先對「決定」這個概念進行界定，他認為，所謂的「決定」，就是在多種可供選擇的方案中進行選擇。在此基礎上，他指出理性選擇就是選擇「有利於（conductive to）實現組織目標」的方案。這一定義，對於理解管理行為具有重要意義。所謂的理性決策，是在綜合分析各種可供選擇的方案及其後果的基礎上，所作出的決策方案，而且這個方案，必須能夠在最大的程度上實現決策者所追求的價值。然而，到底什麼才算是「理性」的行為？學者們長久以來對此爭論不休，我們也不應該過於簡化這些爭論。然而，對西蒙來說，他無意提出一個忽略政治壓力及社會因素的決策模型，因為那過於簡化現實世界的複雜性，同時，他也注意到了「理性」概念的複雜性。

　　西蒙認識到理性決策模型將遇到的困難。首先，在決策過程中，追求的是誰的目標（或價值）？顯然，大部分的組織，很難是一個同質化的實體，組織（作為一個整體）所追求的價值，可能與特定成員（作為

一種個體存在）或特定團體所追求的價值，產生差異，甚至是衝突。針對這一點，西蒙指出，「如果一項決定旨在實現組織的目標，那麼它就屬於『組織』理性；而一項決定，如果旨在實現組織成員的個人目標，那麼，這屬於『個人』理性」。

西蒙指出，理性模型還會面臨第二個困難：選擇一項旨在實現組織目標的決策方案，可能毫無意義。這是因為，組織目標是需經由個人和團體才能實現，但個人和團體在執行政策（組織的目標）的過程中，經常擁有解釋組織目標的自由裁量權。公共組織的目標（政策目標），常常是各方爭論的焦點，因而需要不斷進行調整。亦即，如果政策執行過程，在某種程度上也屬於「決策過程」，至少是一個重新詮釋政策的過程，那麼，我們將難以區別，一項政策目標到底旨在實現組織的目標，或旨在實現組織內的個人及團體的目標。

更重要的是，現實世界的決策過程，很少如此地合乎邏輯或注重綜合比較，更不用說是目標明確，這便是理性決策模型遭遇到的第三個困難。在進行決策時，決策者很難同時考慮所有可供選擇的方案，而且，關於各種方案的實際後果的知識，很可能是不完全的，再者，決策後果的評估，向來受到各種不確定性的困擾。然而，西蒙認為，正是因為人的理性總是受到限制，所以才需要管理理論。

然而，要提高組織決策的理性水準，並非易事，這也是理性決策模式的第四個難處：在決策過程中，要如何恰當區分事實和價值，而且，又要如何恰當區分手段和目的。理想的理性決策模式，將政策目標以及實現目標的手段，預設成是先驗（prior）自明且確定的。西蒙指出，手段—目的式的理論圖式（schema）充滿許多問題，將事實與價值進行區分也會碰到許多難題。西蒙認為，即使是實現目的的手段也包含著價值，而解決此一難題之道，則必須在決策過程中尋找。西蒙提出的解決之道，認為決策任務必須包含三個步驟：第一、列出所有可供選擇的策略。第二、確認這些策略可能產生的全部後果。第三、對後果進行權衡比較。在此決策模式中理性扮演重要地位，理性決策的任務，就是選擇一個適當的策略，而此策略能夠實現決策者所偏好的後果。

顯然，現實世界的決策過程，必然是偏離上述理想化的決策模式。在批判理性決策的基礎上，西蒙提出了「有限理性」（bounded rationality）這一概念，以助於描述決策的真實情況。根據有限理性決策模式，決策者並不企圖選擇一個能夠實現其價值最大化的方案，而只是去選擇一個令人滿意或還可以（good enough）的方案。西蒙所說的「令人滿意的方案」，指的是：在決策過程中，決策者並不去尋找所有可能的備選方案，而是將選擇簡化，找到一個令人滿意的方案就拍板定案。然而，當決策者依靠經驗（而非基於理論）作出判斷時，其後果便是容易忽略了一些重要的政策選項或政策後果。

理性決策模式給人們帶來很多啟發，人們開始認識到，政策制訂過程其實正是一個人際互動的過程，而且人們的利益和目標經常相互衝突。雖然政策制訂過程是個集體而複雜的動態過程，但對西蒙而言，他似乎只想為政策制訂者提供決策方法。考量到西蒙所提理論的不足，漸進決策模式的理論家提出了一個新的決策模式。

二、漸進主義

漸進主義模型發展出一個完全不同的觀點。如果理性模式認為，對於政策目標的考慮，應該要優先於對政策手段的考慮，那麼，漸進主義者則認為，目標與手段應該要一起被考慮。如果理性模式認為，一個好的政策就是最能夠達成目標的政策，那麼，漸進主義者則認為，一個好的政策應該要能得到所有核心行動者的同意。如果理性模式認為，政策分析應該具有通盤性，能夠對所有的選項與後果作全面性的評估，那麼，漸進主義者則認為，政策分析的過程是選擇性的，政策分析的目標應該是實際「可行」的政策，而不是最理想的政策。

林布隆（Charles Lindblom）是漸進主義理論最著名的提倡者，但由於他數度修正自己的理論，使其理論較為複雜。林布隆與布萊布魯克（D. Braybrooke）在其著作《決定的策略》（*A Strategy of Decision*）中指

出，理性決策模式將不可避免會遭遇到八個困境，這八個困境可以概括如下：人類解決問題的能力是有限的；決策所需的訊息總是不充分的；政策分析的成本過高；決策評估的方法難以令人滿意；決策中的事實與價值難以區分；影響社會的變量是複雜且開放的；政策分析的步驟與程序難以確定；政策問題總是以多樣的形式表現出來。在林布隆眼裡，理性決策模式距離現實過於遙遠，爲了代替理性決策模式，他提出一種新的決策方法：「承續性有限比較」（successive limited comparison）方法。

　　「承續性有限比較法」強調，決策者的決策是從現行政策出發，對政策進行漸進式的微調。與理性決策法相比，這種方法並不考慮所有的決策方案，而是考慮那些與現行政策只有微小差異的新方案；而且，也不必去衡量比較所有的政策後果，從而大大降低決策過程的複雜性。同時，「承續性有限比較法」也不企圖對價值與事實進行區分，而是同時對價值、事實、手段和目的進行分析。正如林布隆所言：「一個人在選擇了價值的同時，也就在政策方案間進行的選擇。」這就是說，決策者先比較幾個特定的政策，然後比較這些政策能夠在多大的程度上達成政策目標，據此，才作出決策。林布隆想強調，決策者進行決策時，並「非」遵循下述這種理性決策模式：先挑出特定的政策目標，然後評估有哪些政策可以實現這些目標。林布隆認爲，「承續性有限比較法」不僅可以描述現實世界，而且也可以提升決策品質。他還認爲，漸進決策模式的優勢，在於漸進的政策變遷能夠避免嚴重的決策失誤。通過考察政策實施的具體效應，決策者能夠評估出自己所採取的行動的正確程度，在此基礎上，主事者可以決定是該延續政策，還是該調整政策方向。

　　在《決定的策略》一書中，林布隆與布萊布魯克更細緻地闡述「斷續漸進主義策略」（strategy of disjointed incrementalism），這也是對「承續性有限比較法」的改良。根據「斷續漸進主義策略」，決策者在決策過程中，主要只考慮彼此差異不大的政策方案，而且這些方案與現實狀況差異微小。政策分析的目標並不是全面性的，而是僅限於對各種預期中後果的邊際差異進行比較。運用「斷續漸進主義策略」來進行決策，決

策者在決策過程中，將持續以現實問題為基礎，企圖去改善問題，而不是要去追求某種未來的願景。不只如此，決策者還可以使目標與可用的手段相適應，而不是一直追求固定的目標。這兩位學者還指出，「斷續漸進主義策略」最符合美國的現狀，在美國，決策者是在一系列相類似的政策方案間進行抉擇，一個政策只針對一個問題；政策的變遷，是通過不斷地嘗試、調整、再嘗試及再調整而實現的。

　　林布隆後來在《民主的智慧》（*The Intelligence of Democracy*）一書中，把焦點放在「協調」（co-ordination）這個主題上。他在此書中所提出的核心問題是：在不存在「中心協調者」的情況下，如何能夠實現協調（這是一個多元主義式的預設）。林布隆則用「黨派相互調適」（partisan mutual adjustment）這個概念來回答上述問題。黨派相互調適指的是一個互動過程，透過此過程，獨立的決策者調適彼此的行為。而調適可分成兩類：第一類是「適應性調適」，即「決策者使自己與他周圍的決定相適應」，第二類是「操縱性調適」，即「決策者尋求其他決策者的積極回應」。這兩種調適類型，被進一步用來區分一些更特定的行為，例如「協商」（negotiation）與「議價」（bargaining）。林布隆後來指出，黨派相互調適與漸進的政治變革並沒有必然的關係，不過，在實際的政治運作過程中，它們總是密切相關。然而，其他學者卻認為，林布隆的論證有內在缺陷，因為一系列的漸進式變遷，本質上很可能正是因為存在著支配性的黨派，當支配性的黨派發揮主導作用時，所謂的「相互協調」便很難發生，例如，英國的衛生政策就是由醫療利益集團占據著支配地位。

　　林布隆後來又修正了他自己早期的理論觀點，放棄原先樂觀的多元主義傾向。在《政治與市場》（*Politics and Market*）一書中，他承認特殊的利益集團，尤其是大公司的力量歪曲了多元政治過程。然而，他仍堅持認為，中央集權的計畫方式並非恰當的決策方式。他主張政策的規劃者在決策過程中，應該要幫助那些疏離於決策中心的人。林布隆在《政策制定過程》（*The Policy Making Process*）一書中強調，相對於商業菁英的勢力，必須更加強公民團體的影響力，那麼民主政治的潛在智慧便可

實現。

　　另一方面，林布隆在《政治與市場》一書中也承認，黨派相互調適只有在用來解決一般性的政策問題時，才是有效的。對於一些重大的問題，例如財富的重分配與私有化等問題，則很難經由相互調適來解決，此外由於「意見的高度趨同」，重大的問題根本不需要以調適的方式來解決。林布隆在《政治與市場》中進一步指出，主要因爲意識型態的支配力量，才會發生意見高度趨同的現象，他認爲，在任何一個穩定的社會中，通過教會、媒體、學校和其他的各種政治溝通機制，逐漸在廣大人民中形成一系列趨同的觀念和信仰。然而，這些信仰並非自發的，而是由強大的利益團體所支持，甚至是源自這些支配性的利益團體。

三、公共選擇理論

　　一些微觀經濟學家，提出了一套不同的理論，來解釋公共機構如何作出決策（因此將其命名爲「公共選擇」）。公共選擇理論的基本假設是，人是理性的，並且追求個人利益的最大化，當然，此預設也是現代經濟學理論的基礎。此理論認爲，最理性的事情，就是提升自我的利益。經濟學家認爲，不論是選擇居住地點或是購買汽車，個人都會盡力使其效用（決策所獲得的價值）最大化。在私人部門，這將使個人或企業富有競爭力，並促進資源的最優配置。公共選擇理論的核心命題是，政府官員與其他任何人一樣，必然是利己的。私人利益將會促使他們規避風險，並且發展他們自己的事業，這就意味著，官僚傾向於擴大政策項目，並且希望增加預算。因此，公共選擇經濟學家認爲，一個充斥著利己主義的官僚組織，將會導致效率既低又背離公共利益的「大政府」。這些學者指出，官僚對於自身利益的追求，有助於解釋爲何美國政府的表現令人失望。

　　這種論點使公共選擇學派的支持者認定，只要有可能，政府部門就應由私人部門承擔。在實踐中，全球各國政府，正依照著公共選擇理論

所提出的方案，對公共服務進行私有化，例如墨西哥政府曾出售兩百五十家國有企業。然而，當現實原因及政治因素發酵，而使該理論不適用時，公共選擇理論的支持者，便主張公共職位應以訂約的方式過渡給私人部門。他們認為，這種訂約過程，將會刺激私人部門的競爭，並擴散政府機構的影響力。誠如巴特勒（Stuart Bulter）所指出的，私有化如同一種「政治游擊戰術」，它可以使政府不再背負提供公共服務的重擔，並且不再擴充預算（Bulter, 1985: 58）。

美國的格雷斯委員會（Grace Commission），由當時的美國總統雷根任命，自1980年代開始著手研究美國聯邦政府的管理問題。首先，該委員會的報告指出，政府管理之所以效率不彰，是因為政府內部的高度腐敗與大量冗員。由於上年度的支出是本年度預算的基礎，因此，不論是否基於現實需要，花光所有的撥款成了唯一的動機，因此，不存在任何將錢歸還國庫的誘因。其次，該報告還指出，因為政府總是免於競爭，所以它無須像私人機構一樣必須對外在的改變作出回應。公共部門可以年復一年以同樣的方式規劃政策項目。最後，由於強而有力的利益團體支持這些政策項目，使政府不必改變自身去適應外在要求。顯然，這些利益團體經常抵制各種變動，以保護自己所擁有的政府產品與服務。正如公共選擇理論所指出的，並沒有強而有力的力量強迫政府必須有效運作，凡是捲入政策項目中的每個人，幾乎都願意看到政府照其原樣施政。

公共選擇途徑對決策的吸引力，是建立在對市場的膜拜。它的擁護者認為，透過市場機制，類似於市場的競爭，都會造成效率最大化。因為決策者將被迫去尋求正確的訊息，並作出最優的決策，否則他人將超越他們，而使他們失業。這種推論邏輯的效力，是以「所有的政府人員都是理性人」為基礎的，亦即，行政人員會全力追求對他（或她）有即時效用的事物：個人權力、安全、收入。然而，很多學者難以接受公共選擇理論的論證，他們認為，公共選擇理論的描述並不準確，他們忽略了政治理想在政治過程中的作用，而且，公益精神將比市場機制更有利於實現公共政策。另外，很多學者也難以接受公共選擇理論的下述觀

點：在制訂政策時，政府官僚的行為由於受到私利最大化的驅使，而使許多具有公共取向的目標被排除在外。難道行政官員均如此認眞專注於個人目的，而沒有絲毫的公共責任感？事實上，很多高級的政府官員若選擇在私人部門工作，他們的薪水將會呈倍數增長，但正是願意爲公益奉獻的精神，而使他們繼續在公部門工作。顯然，公共選擇理論的簡單性，正是它的缺陷。

　　公共選擇理論經由對市場的類推，認爲公共部門在目標與動機上都與私人部門一樣，但私有化的觀點，卻混淆了兩個不同的問題：政府應該「做什麼」和政府應該「怎麼做」。從根本上說，私有化是屬於政府應該「怎麼做」的觀點，而不是政府應該「做什麼」的觀點。問題的核心在於，政府到底應該承擔什麼基本的職責，而且，什麼樣的職能在本質上是公共性？效率並不是公共政策追尋的唯一目標，公平也是它追求的目標，這意味著政府必須作出困難的權衡。有些政策之所以是公共的，正是因爲我們認爲它合乎公共職能的目的，然而，什麼應該成爲或什麼不應該成爲公共職能的目的？公共選擇理論集中精力於研究「手段」，卻迴避了最關鍵的問題：公共利益。

第四節　政策執行

　　當一個政策被制定之後，理應被付諸實行。事實上，大部分的政治學家喜歡把注意力只放在權力象徵的決策過程，這也使得大部分的政治學家忽略了政策執行過程的重要性，因爲，政策的執行過程往往會遭遇許多難以想像的困難，也許政策分析最直接的貢獻，就是讓大家能正視政策執行上的問題。

一、自上而下模式

大部分的學者，是根據政策執行與政策之間的關係，來界定政策執行。因此，政策的執行過程，可以說是公眾或私人個體所採取的行動，以便達到先前政策制定者所設定的政策目標。普雷斯曼（Jeffrey Pressman）與衛達夫斯基（Aaron Wildavsky）在其著作《政策執行》（*Implementation*）中，表達了類似的看法：「有『執行』（implement）此一動詞，就必然要先存在『政策』這一受詞。」早期的政策執行研究者認為，政策執行之所以值得研究，是因為政策付諸實行的過程是複雜的，而且經常無法順利達成目標。而政策執行研究之所以興起，在很大程度上，就是因為在政策形成與政策輸出之間，存在著許多問題。普雷斯曼與衛達夫斯基在《政策執行》一書中，也分析了美國聯邦政府的政策計畫與地方執行之間的巨大落差，而作者在書中關注的是中央政府自上而下的干預。

這一研究取向提出了一個重要的問題：在一個具有複雜層級的政府體系中，政策傳輸（transmission）是否成功？在普雷斯曼與衛達夫斯基的作品中，關注於一個成功的政策執行，在多大程度上，是依賴地方層級的不同部門與組織之間的相互銜接（linkages）。他們論證，政策執行的行動依賴於執行鍊（implement chain）中的許多環節，如果人們希望在政策執行過程中，防止許多小的「執行赤字」（deficits）累積成大的赤字（shortfall），那麼，執行機構之間就必須相互協調，讓這些執行環節緊密地銜接在一起。他們因此提出了「執行赤字」這個概念，並認為也許可以用數學方法來分析這一現象。英國學者胡德（C. C. Hood），也發展出了有關「行政限制」（limits of administration）的論點。他的關注焦點並非行政體系內部所發生的政治過程，而是控制一個複雜體系所必然產生的內在限制。

霍格伍德與剛恩的作品《真實世界的政策分析》（*Policy Analysis for*

the Real World），則更加明確地闡述自上而下的研究途徑。他們認爲，要達成理想的政策執行，必須達到下述條件：第一、執行機構的外在環境所產生的限制，不會強到讓執行機關癱瘓掉。第二、擁有足夠的時間和資源來執行政策。第三、不僅沒有整體層次上的資源限制，在政策執行過程的每一個環節裡，資源也必須是充足的。第四、政策執行必須以有效的（valid）因果理論爲基礎。第五、因果關係必須是直接的，中間沒有其他因素介入。第六、只有一個執行機構，它的運作不會受制於其他機構，如果必須引入其他機構，執行機構對其他機構的依賴必須最小化，不論在數量上或重要性上都必須最小化。第七、在整個執行過程中，執行機關必須完全瞭解並認可政策目標。第八、在執行的過程中，執行者所需履行的任務，能依序被細緻地明確化（specify）。第九、執行機關的每個組成分子能夠進行完全的溝通與協調。第十、掌權者必須能得到（或要求）下屬完全的服從。上述這些清單，概述了由上而下的執行途徑，其目標是向主事者提出能夠減少「執行赤字」的建議。美國學者沙巴泰（Paul A. Sabatier）和馬茲馬奈思（Daniel Mazmanian）也有類似的論點，他們認爲政策是「高層」政策制訂者的所有物。其論點如下：第一、政策的本質沒有任何含糊之處。第二、執行的結構能使執行鍊中的連接問題最小化。第三、避免外部的干預。第四、能控制所有的執行成員。許多學者發展上述這些論點並指出，有一些政策之所以較難執行成功，是源自於各種外部因素的干預，例如，一些特定的政策議題，可能會引起激烈的利害關係，因而喚起各種參與者不同程度的介入。

另外一些學者，則將政策執行的成敗因素，歸納到組織間的銜接（linkage）與政策的特性，亦即，某些政策的執行，之所以能夠免於組織間銜接不良的危害，是因爲這些政策的授權（mandates）明晰，而且擁有可靠的資源保障。學者尼克森（Joqui Nixon），在考察了英國政府的政策貫徹情形（從中央到地方）之後，於1980出版的著作中指出，溝通的明晰性與一致性（consistency）非常重要。尼克森所提出的「溝通」，類似於蒙特喬（R. S. Mountjoy）與歐圖爾（Laurence J. O' Toole）所提出的

「授權」。這兩個觀念都強調，在政策制訂的階段，應該要避免模糊並且應該要互讓和解（compromise）。當然，如果某一個決策造成了各利益團體彼此意見不合，那麼，除非利益衝突時能被最小化，否則，上述所謂的溝通或協調將難以達成。

二、自下而上模式

當我們在設想「政策」與「政策執行」之間的關係時，如果把政策制定過程看成是設定政策目標，並且認為可以準確測量執行這些目標的行動，那麼，前述這些想法似乎過於理想化，而且難以成為政策執行研究的基本預設。因此，很多研究政策執行的學者，主張應該採取由下而上的研究立場。艾莫爾（Richard F. Elmore）在其文章中，將此命名為「回溯式描述法」（backward mapping），他的定義是：「回溯式的推論，首先關注的是位於政策問題核心的個人及組織的抉擇（政策執行單位的抉擇），次而是最接近這些抉擇的規則、程序和結構，接下來才是那些用來影響事物的政策工具，因而，最後才關注那可行的政策目標」。

其實，政策執行者的行動，往往是在各種替代性方案之間進行抉擇，因此，如果我們關注於政策的執行行動，那麼以執行行動作為研究的起點，行動將被看成是對政策問題（或議題）的一種回應，或者說，是對政策問題的再詮釋。艾莫爾之所以選擇這一種研究途徑，與其說是因為難以區分政策制訂與政策執行，還如說，是因為他認識到，在美國大部分的政策領域裡，政策執行者往往被迫在相互衝突或相互關連的政策項目之間進行抉擇。與自上而下的研究途徑相比，自下而上途徑的倡導者，認為自己相對而言可以免受預設立場的影響。不論這些預設立場是關於因果關係，或者是針對行為者與機構之間的層級化或結構性關係，甚至是行為者與機構之間應該要發展什麼關係等等，以上這些預設，自下而上的研究途徑似乎比較不會產生偏頗。

還有另外一些學者提出一種不同的方法論，亦即，研究者必須在經

驗上建構研究對象網絡（networks），在此網絡的範圍裡，決策者們實踐他們的行動，而研究者則必須對這些行動所依賴的結構沒有任何的預設立場。學者希爾便指出：「要理解政策和行動之間的關係，我們不能用單一的規範性行政觀（或管理觀）來看待政策執行過程；相反地，我們必須將下面這些已具有經驗證據的事實加以概念化，這些事實是：在個人與那些『爲了讓政策產生效果的團體』之間，他們的互動充滿了各種動因與複雜性，亦即，在政策執行者與『因爲政策變遷而使其利益受到影響的那些人』之間，他們的互動充滿了複雜性與各種動因。爲了做到這一點，我們主張採取一個新的觀點，將研究的重點集中在有關的行動者與機構自身，以及他們之間的互動關係，主張以行動爲中心或自下而上的分析模式，並認爲這一方法能夠更清楚地辨認出誰在影響什麼、如何影響及爲何影響」（Hill, 1997: 139）。

　　這一模式想要強調的是，那些主張自上而下的理論家（例如霍格伍德與剛恩）所想要控制的許多事物，其實恰恰都是一些難以控制的要素。因此，真實的狀況無關於控制的不完整性，實情是，政策的執行行動是一個持續不斷的互動過程，而其互動的對象如下：既是變換的也是可變換的（changing and changeable）政策、複雜的互動結構、一個必然會反過來影響政策執行的外在世界（因爲政府行動也作用於此世界）、本質上難以控制的政策執行者。上述這些情況，與其說是製造了政策執行的難題，還不如說，它們再造了政策，既然如此，政策分析似乎應該關注於這些情況的屬實程度。

　　此外，該模式在強調政策概念與決策方式之複雜性的同時，也認爲執行活動可能是一個模糊的概念。很多學者便指出，在政策執行的研究文獻中，對於「執行、成功的執行（作爲一種結果）、執行過程、如何執行」之間的關係，並沒有得到清楚地釐清。自上而下的模式，注重於解釋爲何若干政策會執行成功或執行失敗。爲了要做到這一點，他們需要明確地界定政策目標。決策者可能會幫助他們提供明確的政策目標，但也可能由研究者自行歸納。而自下而上的模式雖然無須此判準，但他們依然能進行研究，只是方法不同。

第五節　政策評估

在理想的情況下，如果國會採納了一項政策，並爲之配置了預算，而行政機關也規劃了行動方案，僱用人手及支出經費，最後也執行了政策行動，那麼，人們似乎就應能感受到該政策的效果。事實並非皆是如此，以往的經驗顯示，政策的實際成效需要仔細評估才能知曉。即使政府政策有良好的規劃，財力豐富、執行也有效率，並且也得到利益團體的支持，然而，政策分析家仍要追問：接下來會怎樣？這些方案能對社會產生有益的效果嗎？這些政策效果是長遠的還是曇花一現？成本和收益之間的關係又是如何？這些方案所運用的資金與人力如果轉用在其他方面是否會更有益？是否有其他更好的替代方案？以上是從事政策評估者所關心的問題。

一、政策評估的定義

廣義而言，政策評估可以是對政策預期效果的評估（事前評估），也可以側重於對政策後果進行評估（事後評估），甚至，整個政策過程的每一階段都可以進行評估，這些階段包括：政策問題的提出與確定、政策抉擇的備選方案、實施某個被選定的政策方案、政策實施後的最終影響。因此，如果採用廣義的定義方式，則「政策評估」一詞的意涵，與「政策分析」一詞相近。

然而，狹義而言，政策評估的目的，是爲了瞭解公共政策的各種結果。許多學者認爲，政策評估就是衡量一個全國性方案在實現其目標時的綜合效果，或比較兩個或更多方案在實現共同目標時的相對效果。類

似的定義也有：「政策評估之研究，就是以政策的預期目標爲標準，來對實施中的政策與政府方案在目標群體（targets groups）上所產生的效果，進行客觀、系統性及經驗性檢驗」（Nachmias, 1979: 4）。

部分學者的定義，都將政策評估與某一政策所追求的目標（goals）聯繫在一起。但學者戴依指出，人們並不總是眞的知道政策的目標爲何，而且各種不同的政策也常追求一些相互衝突的目標，所以，政策評估的概念不應只限於政策目標的達成。相反地，戴依則主張，政策評估應該要更關心政策的各種後果，亦即政策影響（policy impact）（Dye, 2002: 313）。一項政策的影響，就是該政策對現實世界所產生的各種效果，這包括：第一、對目標群體或現狀的作用。第二、對目標以外的群體或狀況的作用（溢出效應）。第三、對近期及未來的作用。第四、直接成本，這指的是執行該方案的直接資源消耗。第五、間接成本，包括機會成本，亦即不能做其他事情的機會損失。所有的收益和成本，不論短期或長期，都應得到系統而確實的估量。

然而，政策效果與政策輸出（output）並不相同。衡量某一政策的效果，並不等於衡量某一政府的活動，但這兩者常被混淆在一起，因爲政府做了什麼，其實與該作爲的實際影響，並非同一件事。例如，衡量某一政府的人均福利支出，只能算是政策輸出的測量而已，這並不等於衡量該福利政策的眞正效果。爲了描述政策或解釋政策，測量政策輸出是必要的。但是，如果要衡量某一政策的實質效果，則必須先辨識政府的各項活動給社會帶來哪些相應的變化。

二、政策評估的基本要素

(一)目標群體

目標群體是指某一方案所試圖影響的那些人口，例如窮人、病人、

兒童、受災戶等等。一項政策通常都會先界定其目標群體,然後決定該方案對目標群體的預期作用。舉例而言,應該保障少數民族多少自治空間?婦女在專業及管理階層中的就業比例是否應明訂?是否應該取消窮人的健保費用?要降低多少犯罪率?或者,是否要改變他們的知識、態度、意識或者行為?如果要實現多重目標,在不同的效果之間,側重點應該為何?另外,對於目標群體會產生哪些非預期的效果或副作用?

(二)非目標群體

所有的政策方案和政策,對不同的人群都有不同的效果,畢竟,政策並非在一個封閉的實驗室裡進行,相反地,政策往往是在一個開放的系統中進行。因此,界定一項政策的主要非目標群體,其實是一個困難的工作。舉例而言,社會福利改革對窮人以外的群體的作用為何?這些非目標群體可能包含了政府官員、工人階層、當地政治人物、沒有享受到該福利的工人階層、納稅人等等。非目標性效果同時也可以被設想為成本與收益,例如,公共住房能給建築產業帶來收益,提高就業率同時可以打擊貧窮,而優惠台商的兩岸直航政策,也可能漠視赴大陸探親、旅遊和就學者的權益。

(三)短期與長期效果

從事政策評估時,往往會問及什麼時候能看出收益與成本?該方案的設計是否只為了短期內的緊急事件?或者,該政策是個長遠性及延伸性的方案?如果是短期的,在短期需要得到滿足後,又該如何防止漸進主義與官僚刻意使其成為長遠性方案?許多政策效用的研究顯示,新的或革新性方案往往具有短期的正面效果,例如政府所主持的一些擴大公共就業方案。但是,隨著資金的枯竭,它的正面效應很快就會消退。有些方案則是一開始就遭遇困境,例如,美國早期的社會保障與醫療方案便是如此,然而,隨著人們今日廣泛接受社會保障之後,該政策卻又顯

現出意外的成功效果。

(四)間接及象徵性的成本與收益

　　某一政策通常根據它所需的直接成本來衡量。政府機關也會發展出各種型式的成本——收益分析，以此來確定政府方案的直接成本，有時是以金錢來衡量，但並非總是如此。與衡量直接成本相比，確定某一政策的間接收益—成本是較爲困難的。在正式的決策模型中，這些因素很少能夠全部得到考慮。在商業活動中發展起來的成本會計技術，能夠準確地計算生產量，不論是汽車、鋼鐵或電腦等等。然而，要測量一個社會的綜合福利狀況，就困難許多。決策者在面臨這些問題時，經常必須依賴其政治直覺（intuition）。

　　政策的影響，除了實體效果之外，也包含象徵性（symbolic）效果。所謂的象徵性效果，指的是個人對政府行動的認知與態度。即使政府的作爲，沒有解決任何具體的問題，這也勝過於什麼都不嘗試著去做。人們有時是以政策的良善意圖來評價政策，而不見得都以實體成效來衡量。有時，很受大眾歡迎的政策，並不見得都有明顯的實體效果。學者的研究指出，一國的政策，有時反映的是該社會的渴望與領導風格，而不見得能反映實際狀況。有些政策並非只改變社會的狀況，它們還能促進公民間的團結，維持一個穩定的秩序。以往的政治學被描述爲「誰得到什麼？何時且如何？」然而，今日的政治學卻強調「誰感受到什麼？何時且如何？」政府所說的與政府所做的一樣重要。今日的電視與發達的媒體，已使公共政策的形象和其本身一樣重要。

(五)計算總收益與成本

　　計算公共政策總效用是件複雜的工作。首先，必須先界定所有的目標群體與非目標群體。接著，必須計算該政策所有的象徵性與實體性收益之總和（包含短期與長期）。接下來，則是以此減去所有象徵性及實體

性的成本（包含短期與長期）。即使，每個人對什麼是成本與收益都能達成共識，要提出一個整體的清算表，依然有許多困難。例如，象徵性成本與實體性成本要依賴什麼標準來相互轉換？長期與短期的時間切割要如何確定？幾無標準答案可言。

三、政策評估的研究設計類型

為了瞭解政府的作為對社會有何效用，通常需要一些較為複雜的研究方法。系統性的政策評估大多依賴比較法，透過這種方法，可以辨識出到底有哪些社會變遷是源於該政策的影響，而不是其他非政策因素的影響。在理想的狀態下，這意味著，將政策執行之後所實際發生的情況，與沒有執行該方案的條件下會發生的情況進行比較，兩者的差異應能歸因於該政策本身，而不是由社會同時期的其他變化所致。

(一)事前與事後比較

在政策評估中，有幾種常見的研究設計。最常見的是「事前與事後比較」（before-and-after study）：就兩個時段中的情境進行比較，一種是方案實施前的情境，另一種是實施後的情境（在方案實施後的某個時間進行測量），這通常只針對目標群體進行檢測。這種前後比較被設計來測量政策的影響效果，但卻無法得知到底產生了哪些具體的變遷，如果有的話，也難以確認這些改變可歸因於政策因素，還是其他因素。

(二)事先預測趨勢線及事後政策效果之間的比較

在政策未實施前，我們也可以先藉由觀察過去的發展趨勢，來預測未來的可能走向，如此，便能先得知如果完全不實施該政策的可能後果為何。接下來，便可將此一預測值（假設政策未實施的可能情形），與該

政策實施之後的情況來加以對比。政策實施前的預測趨勢，與政策實施後實際情況之間的落差，便可視為是該政策的效果。需要注意的是，在政策實施前的幾段時期之內，需要多次蒐集關於目標群體或社會情況的數據資料，如此，才能繪製出未來的趨勢線（假設政策未實施的可能情形）。這種研究設計優於「事前與事後比較」法，但成本較高。

(三)有實施單位與未實施單位之間的比較

第三種常見的評估設計，則是將有參與該政策的個體，與沒有參與的個體加以比較，或者將有執行該政策的城市或國家，與沒有執行該政策的其他城市與國家進行比較。有時，比較只在政策實施後的時間才進行，例如，比較有無死刑立法的國家之間的犯罪率。但是，仍有許多個體與脈絡性的差異，使它們之間的差異不能簡單地以政策因素來解釋，而且，其他因素的影響力，在這種研究設計裡，並沒有被完全排除。如果我們同時觀察實施者與未實施者在政策實施前後的差異（而不只是政策實施後的差異），則可以部分解決研究對象間的差異性所引起的困擾，因為這使我們能在政策實施之前，就先知道研究對象之間本身的差異性。在政策實施之後，我們可以觀察實施者與未實施者之間的差距，是否擴大還是縮小。如果，潛在的社經因素，才是真正導致不同結果的因素，那麼，這一設計可以防止我們將變化歸因於某一特定的方案。

(四)方案實施前後實驗組與對照組的比較

經典的研究設計，要求仔細選擇在每一方面都相同的實驗組與對照組，要求只在實驗組中實施政策，並在政策實施之後對實驗組與對照組進行比較。首先，實驗組與對照組必須完全相同，而且在政策實施之前，這兩組的情況必須得到相同的測量，政策只能在實驗組身上運用。而政策實施之後，必須仔細測量實驗組與對照組之間的差異。科學家最推崇這種經典的研究設計，因為它能最準確測量變化，而且還能排除其

他社經因素的干擾。

　　然而，這種研究設計也產生一系列的問題。第一、人們偏愛正面的效果，尤其政府主持的研究計畫更是如此，不成功的政策經常受到掩蓋。第二、霍桑效應（Hawthorne effect），亦即當人們知道自己被觀察時，行為表現多數會與平常不同，這將折損實驗的準確性。第三、小範圍的實驗結果，通常不能代表全國性的大範圍情形。第四、對人類社會進行實驗，也會引起一系列的倫理與法律問題。第五、許多學者已指出，政治環境往往能影響（形塑）研究的過程，亦即，現實政治大多已先決定了什麼政策與替代方案應該被優先研究。

 進階讀物

Birkland, T. A. (2001) *An Introduction to the Policy Process* (New York, M. E. Sharpe).

Doun, W. (1994) *Public Policy Analysis*(Englewood Cliffs, NJ, Prentice Hall).

Fischer, F. (2003) *Reframing Public Policy: Discursive Practice and Deliberative Practices*(Oxford, Oxford University).

Stone, D. (2001) *Policy Paradox: The Art of Political Decision Making*(New York: Norton).

 相關網站

國家政策研究基金會

　　http://www.npf.org.tw/

The Brookings Institution 布魯金斯研究院

　　http://www.brook.edu/

The RAND Corporation

　　http://www.rand.org/

一、何謂「公共政策」？其有何特殊性？

二、試分析政策制定與政策執行之間的互動關係。

三、試描述理性決策模式與漸進主義之間的差別。

四、試以核四案為例，進行一份初步的政策評估。請詳列其目標群體與
　　非目標群體、預估其長短期效果、計算其象徵性的成本及收益。

五、你認為我國政府的施政是否重視政策評估？試舉例說明之。

Political Science

◆第16章　公民投票

政治思想家率皆同意希臘爲歐洲的文化搖籃，而希臘文化以雅典爲最盛。二千多年前雅典的直接民主，也爲西方國家提供解決政治問題的參考，讓公民可針對公共政策或法律案等進行創制（initiative）、複決（referendum）或廢除（abrogative）。在許多國家裡，人民投票（popular votes）已成爲政策制定過程的一部分（Gallagher & Uleri, 1996: 1）。

第一節 公民投票的意義

通常人們將英文之 "plebiscite" 和 "referendum" 譯成「公民投票」、「公民複決」或「複決」，有時 "plebiscite" 和 "referendum" 也被交互使用。「公民投票」一詞涵蓋較廣（包括創制和複決等），其是指公民藉由投票對政策（而不是對人）表達意見的方式，也可用以泛稱所有對於未完成或已完成的法律案或預算案等進行表決的投票（Cronin, 1989）。

有些學者認爲公民投票事實上分爲「憲法規範下的公民投票」（constitutionally-regulated referendum），又可分爲「創制」和「複決」；另一種則爲「政策票決」（policy vote〔plebiscite〕），也就是一般所稱的「公民投票」。另外，也有學者將 "referendum" 視爲憲法規定所承認的常態制度，而 "plebiscite" 則是在特別而又非常態的政治動盪條件下所發生的行爲，不論此行爲的目的是否爲了個人的統治或領土的變更，其本身並不具有國家制度的性質，僅是臨機性所爲的公民投票而已。而最近的趨勢卻有將 "plebiscite" 用於非建制性投票的傾向，例如，針對獨立、領土的歸屬等的投票，而將建制內的投票稱之爲 "referendum"。

就各國憲法有關公民投票或公民複決之規定，及各國現行之公民投票之內涵、種類、效果等言之，最廣義的公民投票，應包括國家建制內或非建制內、憲法規定之常態制度或未規定之非常態制度等的各式公民的投票，換言之，包括了所謂的「創制」、「複決」和「公民投票」。

　　一般所指涉的「公民投票」，其意義可以下列三方面說明之：

　　第一、所謂「公民投票」是指人民對憲法、一般法案或政府決策，有表示意願或投票決定是否同意之權。這方面的例子不勝枚舉，可參閱本章第三節的內容。

　　第二、所謂「公民投票」是由一國或一地區公民以投票方式表示他們對下列問題的看法：

1. 是否支持某種政府形式或制度。例如，一九五八年法國以公民投票複決憲法，改第四共和「內閣制」為第五共和「雙首長制」；一九六二年戴高樂再用公民投票確定公民直選總統制。另在澳洲也為改變憲政體制，舉行過至少四十二次公民投票。
2. 是否應獨立成為一個國家。第一次世界大戰後，在「凡爾賽合約」所宣示的民族自決原則下，一般進行的公民投票則試圖解決少數民族之國家歸屬問題。例如，一九六五年馬爾他島人公投決定脫離英國成為獨立國家；一九九九年八月東帝汶在聯合國的監督下進行公民投票，結果超過70%的人民決定脫離印尼的統治而獨立，成為聯合國第一百九十二個國家。
3. 是否願意歸屬於某一國家等。例如：一九三八年五月奧地利政府宣布舉行公民投票，以決定是否將奧地利主權轉交給德國，結果超過99%的公民決定與德國合併。一九五五年薩爾區公投歸屬於西德。一九五六年馬爾他島人公投決定仍歸屬於英國統治。一九五八年埃及和敘利亞兩個獨立國家以公投方式組成聯邦。

　　第三、公民投票有時亦稱為「複決」。但通常使用複決一詞時，是指公民或特定機關對立法機關已通過的法律或憲法草案進行投票。有下列兩種方式：

1. 強制複決：例如，規定凡憲法修正案等均須經選民複決批准始生效力者。「瑞士聯邦憲法」第一二三條規定：「修正之聯邦憲法或聯邦憲法之部分修正，經參加投票之多數瑞士公民及多數邦接受時才發生效力。」[1]「法國第五共和憲法」第五十三條規定：

---

1 一八四八年瑞士憲法規定「強制性公民投票」；一八七四年改採「任意性公民投票」。

「領土之讓與、交換及歸併,非得當地人民之同意,不生效力。」

2.任意複決:有些國家憲法載明允許人民經一定連署人數後,可申請對法律或政策進行公民投票,以挑戰國會通過的法律或政策,防止政府決策的偏失。簡言之,選民對國會所通過的法律,得經一定人數之簽署,要求加以複決。例如,「瑞士聯邦憲法」第八十九條規定:「聯邦法令只能在聯邦兩院同意下通過。一般性聯邦法令,如有五萬人以上有選舉權的公民或八個邦以上的請求,必須提交人民決議……。」另外,「義大利憲法」規定,除了稅法與財政、赦免與減刑,以及國際條約外,修訂憲法、法律,以及省以下行政區劃的變更,得申請公民投票。

在本質上,公民投票是一種直接民主的作法,是人民參與政治的有效途徑之一,除凸顯「主權在民」的精義外,亦可使政府的決策更增其合法性,然相對地,其有時也表達了人民對間接民主(indirect democracy)或代議民主政治的不信任,甚至形成「直接立法」(direct legislation)的政治。

第二節 公民投票的理論

探討公民投票的現象,必須考量其起源、傳統和自由民主代議制度和政府的發展,事實上,公民投票理論的建構應與其創始息息相關(Gallagher & Uleri, 1996: 1)。公民投票的理論基礎,可溯源至希臘雅典時代的直接民主,以及近代法國思想家盧梭的民主理論。

雅典所實施的政治制度,包括每月舉行四次公民大會,而國家的一切機關和官吏,如五百人會議、陪審法庭、十將軍委員會、行政官等,都隸屬於公民大會。在公民大會之上,不存在任何形式或實際上更高的權力。簡言之,其制度的特點為:第一、公民大會掌握大權,政府機關隸屬其下。第二、由抽籤或選舉產生官吏,輪番執掌政權。第三、以民

主方式產生法庭，投票表決案件。第四、佐以「信任投票」、「卸任檢查」、「貝殼流放」等監督機制。

　　雖然蘇格拉底（Socrates）反對公民大會、反對「民主」，最終為此「殉道」，但雅典之為民主政治的搖籃卻是不爭的事實，其採取抽籤或選舉的方式確實不能保證、甚至無法產生真正的專家和賢能者來主政，但也因為這種作法將政治權力普及於公民之手，逐漸打破貴族和門閥政治。

　　至於柏拉圖出身於雅典的貴族，雅典對斯巴達的伯羅奔尼薩戰爭（Peloponnesian War, 404 B.C.），雅典戰敗，給予柏拉圖極深的印象，並進一步深思比較政體的優劣，以國家利益為前提，他很欣賞斯巴達的貴族政體，從其著作中不難看出頗富極權與國家至上的色彩。此外，雅典法庭判決蘇格拉底死罪，再加上雅典群眾的愚昧無知與錯誤決定，還放逐或處死許多雅典的偉人，皆給柏拉圖很大的刺激，使他對抽籤產生法官的制度強烈反感，認為民主政治是一種不能容忍天才與特殊人物的制度。

　　亞里斯多德所處的時代，晚於柏拉圖僅數十年，可是古希臘已起劇變，大非昔日局面。面對四鄰強權先後蠶食希臘半島諸小國，以往的城邦國家（city state），可以說不復存在。亞里斯多德對民主的評價遠比柏拉圖為高，柏拉圖比喻統治者為醫生，人民為病人，病人非吃醫生開的藥不可，百姓也非接受統治者的領導不可；而亞里斯多德比喻統治者為廚師，人民為食客，食客雖然不會燒菜，但卻根據經驗而有權利來品評廚師燒菜的好壞，政治的目的是為人民，施政優劣應由親身感受的人民來評價，而非由執政者武斷認定。

　　民主制度曾被有識之士和受過教育者視為可以想像的最壞的政府類型和社會類型之一；它或多或少是「暴民統治」的同義語，據此，它曾是對一個文明和有序社會中一切主要價值的一種威脅。民主是一個「本質上可以爭論的概念」。（其本身的內涵就是一個可爭議的、會變化的觀念。與「自由」、「平等」、「人權」等詞語一樣，無論人們賦予「民主」以何種確切的涵義，對許多人來說，它始終表示了一種彌足珍貴的政治

原則或理想。

盧梭出生於瑞士的日內瓦，從小即過著流浪的生活，未受過正式教育。因無制式教育的束縛，較易走上浪漫主義（romanticism）的途徑，憑直覺、感情決定其思想內容，而非經過理智及邏輯的思考。當然這些缺點，換個角度來看卻是優點，其文字表露自然，帶有情感，每一個觀點都代表著深深的「愛」與「恨」，因此其著作廣受歡迎，影響程度遠超過當時或較其前的思想家們。

使盧梭有不朽地位的是他的《民約論》，此書寫作態度一改過去完全從個人角度立論，開始從國家的角度論政治問題，在開卷即有動人心魄的名言：「人生而自由，惟處處在鎖鏈之中」。盧梭深信天主教悲劇性的論調，樂園失而不能復得，自然社會也是一去不返的理想境界，故其認為重要的是如何使國家的制約合理，由是個人雖在強制之中而仍不失其自由。他也關心如何建立一個保障全民福祉的政府，在《民約論》中，他指出達到上述理想的最佳方法是以社會契約建立一個自治政府。他認為主權源於人民，也應該永遠屬於人民，政府只是公眾的代理人，沒有最終的決定權，所有的法律若未經人民的認可就不是法律。他提出懷疑：為什麼主權一定要由君主運用？如果決定國事者為人民，那麼就不會再有危害人民自己的政策了。在盧梭的心目中，主權依舊是至高無上的，只不過運用主權的人，從君主轉變為全體人民。其進一步假定國家中有「全意志」（general will），由全體人民的「全意志」運用主權，乃是人民主權的真諦。他強調民主的最終原則是「以公共意志（全意志）來決定大眾福祉」，但他也發現人們對於什麼是「大眾福祉」常有不同的意見，所以將公共意志的理論與「少數服從多數」的投票原則結合在一起。在此盧梭清楚地區別了主權和治能，全體人民運用主權，政府運用治能，而政府亦須接受人民全體「全意志」的命令，此成為民主政治的確定原則。

盧梭主張民主的內涵為人民的自我立法與自我統治，因此，以公民總投票的方式制憲、立法、決策和選舉官吏，乃被視為民主的直接表現形式，公民投票的結果，代表的是國家主權者的「全意志」，具有超越代

議機關決議的最高權威。如果盧梭的理論代表法國式的民主理想，那麼霍布斯、洛克、約翰彌爾、韋伯、熊彼得等學者與美國聯邦主義者，則可代表英美式的民主傳統。在他們看來，民主政治就是代議政治，由代議政府主導國家決策的機制，基本上排除了直接民主的內涵。其主要假設：第一、人民選舉代議機關（國會）的議員，以實現全民共同決定的理念。第二、在一定時間內人民的決策權交給國會。第三、由國會來反映人民的意見。這一傳統且大力批評盧梭的說法，對公民投票也持懷疑態度。他們強調民主是一個妥協與容忍的過程，認為在「民間社會」（亦即在國家控制之外有一自主性的領域監督國家的運作）中自由而充分的討論，以及政府與民間社會的溝通，透過傳播媒體公開辯論與形成輿論壓力，遠比匆促地以公民投票一決輸贏來得重要。

第三節　近代公民投票的發展

　　近代公民投票的實施，首見於十八世紀美國獨立時期。受盧梭社會契約說之影響，認為「主權無法替代」，一切憲法須由人民批准。例如一七七八年美國「麻塞諸塞州憲法」即服膺盧梭學說而經公民投票複決同意而通過。一七九二年「新罕布什州憲法」相繼仿效，直至今日，美國各州（除Delaware州）在州憲法生效之前都須經公民最後投票的確認（Waters, 2003: 2）。另外，受到美國革命和盧梭學說之影響，一七九二年執政的法國國民公會（La Convention）宣告廢除王室並制定新的憲法，且決議凡未經人民批准的憲法，不得視為憲法。

　　美國西北各州實施直接民權的經驗傳入瑞士，得以發揚光大。瑞士是西方代議政治的一個例外，因為它直接實現國民主權的理論，在實際運作中，法律與政策基本上需要經人民的同意，公民投票也成為政治過程的最後決定者。據其聯邦憲法規定，聯邦與郡的若干重大的、有關憲法的法案（如修憲案、稅法、或沒有憲法基礎的國會決議案），經國會決

議後仍需交由公民投票決定，有些決議案欲獲得通過尚需全國多數票與多數郡的雙重支持。瑞士擁有最悠久的公民投票傳統，至今已舉行四百次以上全國性公民投票。

衡諸世界各國的實證經驗，除瑞士、美國各州經常使用公投之外，其他各國舉辦公投狀況並不頻繁，但是公投舉辦的次數仍有逐漸緩慢增加的趨勢，因此全國性的公投並不是先進民主國家的一種常態，但是近年來歐洲國家簽訂「馬斯垂克條約」加入歐洲聯盟時多半都經過公民投票後才決定，甚至連國會至上的英國在沒有公投法相關規範的情況下亦尋求民意的支持來舉辦公投，而法國第四共和與第五共和的憲法更是經由公投而生效，足見公投已成為民主國家的一種潮流。

回顧公民投票在本世紀的演進，可分為下列幾個階段：

一、 美國各州的實施經驗

美國聯邦憲法中並無公民投票的規定，迄今也未曾舉行過全國性的公民投票。自一九一八年以後，美國有二十一州採用公民投票，但一般的結果並不圓滿。之後，直接民權制在美國開始走下坡，最後只剩下新英格蘭地區之州仍實施市鎮大會。甚至在新英格蘭地區，當新居民人數日增，尤其是當不同文化背景的新移民進入這個一度全是白種「盎格魯撒克遜族」的清教徒社區時，為了避免「量變引起質變」，該地區的原來住民亦不得不放棄直接民主，以確保他們能繼續控制地方政府（Rodee, 1983: 45）。另據馬高拜（David Magleby）研究，從一八九八年至一九九二年，超過一千七百件創制案被提出表決，其中俄勒岡州有兩百七十四件、加州有兩百三十二件、北達科他州有一百六十件、科羅拉多州有一百五十件、亞利桑那州有一百三十三件，以及華盛頓州有九十一件。大部分的創制案都被各州選民否決，通過者不到38%（Bowler, Donovan & Tolbert, 1998: 3）。

二、第一次世界大戰後歐洲各國的經驗

　　歐洲有些國家的憲法也規定直接立法，不過因為手續繁雜而不易實行，其使用次數較美國還少。德國「威瑪憲法」規定的創制與複決，其實際的價值，遠不如起草時所期望的那樣大。迨至希特勒執政後，人民總投票卻變成了國社黨的政治工具。受希特勒和其他獨裁者在一九三○年代利用的影響，使得公民投票不被認為是一種民主制度的設計，反而在實際上是一種使獨裁合法化的方法。

三、一九七○年代之前的情形

　　直接民權在一九七○年代以前處於低迷不振之勢。藍尼曾於一九七五年修訂出版的《治理》（Governing）一書中說：「近年來，沒有一個民主國家在立法的機制中，增加創制或複決權的使用，而卻有一個國家（西德）廢止了直接立法。定期的選舉立法者、行政人員和法官，是一般人民針對政府該做和不該做而表達意見之主要及正式的一種制度設計。」（Ranney, 1975: 255）　據統計，除了美國、印度、日本、荷蘭、以色列等五國從未舉行全國性的公民複決外，幾乎各民主國家都曾使用複決權，但複決權雖普遍存在於民主國家之中，卻只有澳大利亞、丹麥、法國、紐西蘭和瑞士等五個國家，曾舉行超過十次的全國性公民複決，大多數國家都只是偶爾用之（Bogdanor, 1987: 524）。

四、一九七○至一九九○年代的情形

　　但自一九七○年代以來，各國紛紛增加對複決權和公民投票的使

用。例如：各國用它來決定是否成為「歐洲共同市場」的成員；希臘和西班牙用它結束獨裁走向憲政民主；英國和加拿大用它來解決分離主義。同時，它們也被一些獨裁政體用來尋求改變，或建立一黨專制後的合法性（Bogdanor, 1987: 525）。瑞士伯恩大學的史鐵勒（Jurg Steiner）教授在一九九一年出版《歐洲民主政體》（European Democracies）一書中，亦有如下的論證：「即使是以『主權在議會』為憲政傳統的英國，亦都迫於形勢，不得不於一九七五年，為是否繼續留在歐洲共同市場，舉行全國性公民複決，至於其他非屬議會主權的國家，當然就更傾向於讓人民經由公民複決來針對若干實質問題作成決定，因此，近年來，公民複決的重要性大增。」（Steiner, 1991: 177-178）

五、一九九〇年代之後的情形

一九九〇年代初期，在歐洲統合過程中，為了是否簽署或批准「馬斯垂克條約」，許多歐洲共同體成員國家，如丹麥、法國等紛紛採用公民複決的方式來徵求民意。一九九〇年代後期，各國除了以公民投票決定參與國際事務、國家主權歸屬、解決統獨問題外，公民投票似乎也成為解決棘手事情的「萬靈丹」，茲舉數例說明之。

一九九五年魁北克省舉行「統獨之戰」的公民投票，以決定該省是否脫離加拿大而獨立[2]。十月三十日，全省約有五百零九萬有投票資格的公民進行投票，其中不贊成獨立者獲得2,307,377票（占50.47%）、贊成獨立者獲得2,265,241票（占49.53%），結果以些微之差否決了獨立案。

一九九七年九月十一日蘇格蘭選民就蘇格蘭自治問題進行公民投票，結果以壓倒性比數通過在愛丁堡設立一個獨立於倫敦西敏寺國會之外，具有徵稅權的國會。此次在「應否成立議會」的項目上，贊成與反對的比例為74.3%：25.7%，而在「議會應否具有徵稅權」的問題上，贊

---

2 1980年的獨立公投，反對獨立的一方以60%對40%的得票率獲勝。

成與反對的比例爲63.5%：36.5%。在徵稅權方面，蘇格蘭自治議會有權改變（增加或減少）不超過3%的基本所得稅率，以其全年一百四十億英鎊的稅收爲準，可自行增加四億五千萬英鎊的財政收入。

一九九八年三月五日，美國衆議院經過十二小時的辯論，以209票對208票通過法案，允許波多黎各當地三百八十萬居民於同年底舉行公民投票決定該島的前途。這是波多黎各自一百年前被美國兼併以來首次享有自決的機會——究竟是繼續維持目前美國自治區地位，或是成爲美國的第五十一州，還是獨立於美國之外[3]，波多黎各公民人數爲二百二十萬人，此次投票率爲70.9%。結果過半數的選民選擇「以上皆非」（None of the above），否決本次公投。

一九九八年五月二十二日，北愛爾蘭和愛爾蘭共和國就「北愛問題」分別舉行公民投票，結果兩方人民均以絕對多數同意「北愛爾蘭和平協定」，將長達三十年的北愛衝突暫時畫上休止符。

一九九八年六月七日瑞士就遺傳工程在瑞士的前途舉行公民投票，結果由主張可生產遺傳工程動植物且可申請專利的一方以接近二比一的比例獲勝。該次投票的結果顯示在某種程度上，目前的瑞士人對飯碗的關心遠高於「對遺傳工程可能帶給環境難以計數的危險」。

六、加入歐盟的運作

歐盟爲擴展其版圖，計畫在二○○四年五月前吸納十個新成員國加

---

[3]第二次世界大戰後，聯合國的成立使殖民地的問題更凸顯，使美國不得不重視波多黎各的定位問題。美國國會在一九五○年通過公共法第六百號，讓波島人民有權制定自己的憲法。波島人民首先就公共法第六百號本身，進行公民投票。在獲得支持後，議會召開立憲大會，制定憲法。再將此憲法交由美國國會，由其進行同意權的行使。波多黎各曾於一九九三年舉行一次不具效力的公民投票，其中贊成維持現狀者爲48.6%，贊成成爲美國一州者爲46.3%，主張獨立的只有4.4%。波多黎各成爲美國的領土已有一百年，之前長達四百年爲西班牙的殖民地。波多黎各人目前爲美國公民，但是其沒有選舉國會議員或總統的權利；他們不需付聯邦所得稅，但要服兵役。

入（包括波蘭、馬爾他、斯洛維尼亞、匈牙利、立陶宛、斯洛伐克、捷克、愛沙尼亞、拉脫維亞和賽普路斯），其中除了賽普路斯不舉行公投外，其餘九國皆以公民投票方式決定是否加入歐盟的運作。二○○三年四月，匈牙利就是否加入歐盟舉行投票，依照匈牙利有關法律規定，投贊成票或反對票的選民人數只要達到選民總數的25%，公民投票的結果即宣布有效。此次投票，約有三百六十三萬選民參加投票，占全國選民總數的45.56%，其中83.67%的選民贊同匈牙利加入歐盟，換言之，贊成加入者占全國選民總數的37.95%。2003年6月歐盟最大的成員國——波蘭，也針對是否加入歐盟舉行公民投票，超過四分之三的選民投了贊成票。

第四節　公民投票的效力

　　一般而言，公民創制的法律，其效力較普通法律爲高，譬如美國，各州州長對於州議會通過的法案可以行使否決權，但對於公民所創制的法律則不得行使否決權。其次，議會不得任意改廢公民所創制的法律。例如，德國有些邦規定：凡法律經公民投票而通過者，該屆議會不得改廢之；議會改選之後，新議會則不受這項限制。而據統計，一八四八年至一九九三年在瑞士，不經過議會體制而進行公民投票，否決國會所提的憲法修正案或其他法律案，致使約四分之一的政府提案遭公民投票駁回（Butler & Ranney, 1994: 13）。

　　有些國家於憲法中明文禁止或限制公投，例如：「海地憲法」（一九五○年制定）規定：「企圖以公民投票方法以修改憲法之任何言論予以嚴格禁止。」或如德國「威瑪憲法」第七十三條規定：「預算、租稅法即俸給條例，除經聯邦大總統下令者外，不得交予公民投票。」「西德基本法」亦不採公民投票。「義大利憲法」第七十五條規定：「禁止人民複決有關預算與財政的法律、大赦及特赦、批准國際條約之同意。」

我國立法院於二〇〇三年十一月二十七日三讀通過「公民投票法」，重點包括對完成憲法修正程序的統獨可以進行公投，即公投不設限，而公投是否成案須由公投審議委員會審議。同時該法第十七條也規定了所謂的「防禦性公投」，即當國家遭受外力威脅，致國家主權有改變之虞，總統得經行政院院會決議，就攸關國家安全事項，交付公投。此外，領土、國號是否可以公投，則列入「憲法修正案之複決」，民眾並不能主動提案。所謂「憲法修正案之複決」是指，人民僅能「被動」就已提出的修憲案進行複決，並無主動提案進行修憲的創制權。至於地方性公投適用事項則包括：地方自治法規的複決、地方自治法規立法原則的創制、地方自治事項重大政策的創制或複決；但預算、租稅、投資、薪俸及人事事項不得作為公投提案。

　　公民投票之結果，約略有下列四種情況：

一、政府控制的 —— 支持政府的

　　例如，一九九〇年為解決蘇聯的政治危機，戈巴契夫擬實行全蘇公民投票，重新確定蘇聯與加盟共和國之間的權力劃分，該項決定於同年十二月十一日經人代會通過。在投票之前，戈巴契夫及蘇共全力展開宣傳，要求人民支持蘇維埃聯盟以新形式存在；時任蘇聯最大加盟共和國（俄羅斯蘇維埃社會主義共和國）元首的葉爾欽則勸告人民投反對票。選票上的問題是：「你認為有沒有必要保存蘇維埃社會主義共和國聯盟，使成為更新的、平權的共和國聯邦，在其境內充分保障各民族人民的自由與人權。」答案是：「贊成」與「不贊成」。結果：全蘇聯總投票率達80%，其中76.4%贊成；21.7%反對。

　　再例如，二〇〇二年三月三日瑞士人民公投通過政府倡議的加入聯合國案。計票結果顯示，在全國選民公投方面，加入聯合國案贊成與反對比例為55%：45%，在二十三州公投方面，贊成與反對比例為12：11，贊成者小贏一州。這項公投結果讓瑞士得據以在同年九月聯合國召開大

會時，正式申請入會成為聯合國的一員。

二、政府控制的──不利政府的

　　例如，依據「法國第五共和憲法」，總統對若干事項有權提交公民投票決定。當時的總統戴高樂基於過去四次公投成功的經驗，且為使一九六八年五月以來的社會動亂的局勢得以重新掌控，遂於一九六九年四月主動提出對參議院改革及地方權限方案的公民投票。四月二十七日進行投票，投票率達80%，反對者以52.4%的得票率否決了此項改革。四月二十八日，戴高樂總統發表聲明：「自當日中午起，本人將正式辭去總統的職務。」

　　再例如，瑞典於一九九五年加入歐洲聯盟。瑞典、英國、丹麥是歐洲聯盟十五個會員國當中，尚未加入單一貨幣機制的三個國家。在瑞典，有許多人擔心加入歐元區之後會喪失他們引以為傲的社會福利制度。瑞典首相佩爾松（Johanna Persson）支持瑞典加入歐元，他表示，不論公民投票結果如何，他都不會辭職，但他領導的政府已經面臨危機。二○○三年九月十四日，瑞典公民投票以56%比42%的結果拒絕採用歐元。

　　再例如，二○○四年二月十日我國中央選舉委員會公告總統交付之「強化國防」及「對等談判」兩項全國性的公民投票案[4]，並訂定投票日期為三月二十日，與第十一任總統、副總統選舉同日舉行。依公投法規定，全國性公民投票要過關，除了必須通過「投票人數達到全國投票權人總數二分之一以上」的第一關外，還需符合「有效投票數超過二分之一同意者」的第二關，才算通過。根據中央選舉委員會的資料，全國具公民投票權人數為16,497,746人，過半數必須超過8,248,873人。第一案

「強化國防」議題，投票人數僅7,444,148人（45.17%），第二案「對等談判」議題，投票人數則為7,452,340人（投票率45.12%）。在第一關都沒有過半的情況下，兩項公投議題均遭否決。

三、非政府控制的——支持政府的

例如，英國沒有公民投票的法律規定，但曾就其與愛爾蘭的權力關係進行公民投票。一九七〇年代北愛爾蘭議會審議「國境投票法」（Border Poll Act），結果引發各黨派間的暴力衝突事件，為此英國下議院被迫對北愛爾蘭政府與議會作提權處分，且為解決此一問題，逐於一九七六年三月八日提交公民投票決定，以便瞭解北愛爾蘭繼續留在英國的意願。這次投票，在多方勢力的抵制下，投票率僅有58.7%，然而卻有98.9%的投票者支持維持現況。

再例如，瑞士於二〇〇三年五月辦理第二次有關核能議題的公民投票，人民用選票推翻了十年前有關禁止新設核電廠的決定。在選民創制權的行使下，瑞士人民於一九九〇年通過有關核電廠的十年禁令，核能電廠不再擴建，政府必須尋求其他替代能源，這是一場由下而上的民主，過去能源政策均為菁英決策，透過創制案的提出，人民將能源政策從傳統的專家手中拿回，並作到議會民主實踐不了的事情。然而，十年後，民意翻轉了，在討論是否完全限制未來核電發展的議題上，選民推翻之前有關禁止新設核電廠的決定。

四、非政府控制的——不利政府的

例如，瑞士於一九七〇年減少外勞一事。瑞士境內外勞占勞動力三分之一，若無外勞對國內人口的補充，瑞士經濟將難成長。但有些瑞士人感覺國家認同日益弱化，並對一般社會福祉頗為憂心，因此民族主義

倡導者要求公民投票，以確定四年內減少三分之一外勞，雖然有54%的選民投下反對票，卻引發聯邦政府檢討並修訂其勞動政策，採取若干措施以穩定外勞的數目。

再例如，一九九四年五月二十二日由貢寮鄉公所舉行的「核四公投」，這一次的貢寮鄉核四廠興建住民投票，可算是我國史上空前的第一次。由於當時並無公投法，因此投票基本上比照「公職人員選舉罷免法」進行辦理。在技術面上，貢寮鄉公所為了提高居民投票率，提供了數十部車輛專門載運居民前往投票。一九九四年全台灣人口約兩千零五十萬人。本次公投由於僅限於貢寮地區公民，所以應到投票人數為10,107人。投票結果：有效票5,845張，無效票53張。投票率達58.36%。反對票5,669張，占投票數的96.1%。贊成票176張，占投票數的2.98%。

第五節　公民投票的檢討

經過近一個世紀的發展，人們幾已確信：「沒有一個國家可以透過直接民權、不斷地向人民訴求俾治理其國。」（Bobbio, 1987: 54）古典的民主政治理論將「民治」（government by the people）詮釋為「由多數人民統治」（government by the majority of the people）。為迫使政府向民意負責，多數統治模式便以選舉、罷免、創制、複決四種機制，使人民在政治系統中從事直接參與。直接民權的四種機制符合了程序民主——「普遍參與」、「政治平等」、「多數統治」、「政府對民意負責」的四大原則。多數統治的模式認為：若有足夠的大眾參與機制，公民便可控制政府。此一模式並假定：公民對政府和政治都有足夠的知識，他們想要參與政治過程，且他們在選代表時都作了理智的決定（Huff, 1994: 25）。

多數決的原則看來是一個在倫理上可接受的解決問題的方法，但在某些情況下，由於少數者的利益重要至其成員無法接受多數決的地步，故多數決定是不可能的，語言、宗教及財產權便是其例，若將之應用於

多數決，可能導致內戰、國家分裂和摧毀民主（Almond, Powell & Mundt, 1993: 76）。美國政治學者達爾認為，參與民主的理想必須面對：牽涉的每個人的不同利益、偏好、能力的需要。亦須面對參與者的經濟面向：亦即人們若要成為活躍的政治參與者，便須付出時間、精力、金錢。所以達爾堅信：個人必須付出的成本，限制了，直接參與在民主政府中所能扮演的角色；授權給經由選舉產生的代表及非選舉產生的專家是必須和可欲的選擇。從實際的經驗觀之，亦有越來越多的證據顯示：多數統治模式有其難處。以美國為例，在投票者的全國樣本中，只有22%的人說他們「大多數時候均能瞭解政府在做什麼」，有40%的人說他們只是「偶爾」或「幾乎不」瞭解政治（Conway, 1991: 44）。

　　藍尼曾指出：研究瑞士、德國威瑪時代和美國各州施行直接立法情形的學者，大都可藉由經驗觀察得知，參加創制、複決權行使的投票者人數，低於參加選舉官吏者的投票人數。英國公共行政學者史密斯則曾分項檢討地方自治的價值，認為不論是中央層次的「政治教育、領導訓練和政治穩定」，或是地方層次的「平等、自由、責任」，都有相當的反證可以說明某些學者對於地方自治上述價值的強調，應該是言過其實。例如，他認為地方民主與國家穩定之間的關係只是「信心」（faith）的問題罷了，有的國家反因地方政治的熱度過高，而危及國家的穩定（Smith, 1985: 20-30）。

　　二〇〇三年十月來台參加「創制、公投及直接民主國際研討會」的瑞士綠黨前主席、目前任職瑞士歐洲創制與公投中心（IRI Europe）的施密德（Adrian Schmid）在會中指出，以瑞士實施直接民主的經驗來看，公民投票的選項問題必須清楚，問題的問法不同也可能影響結果，而有關公投的遊戲規則，諸如哪些議題可公投、如何進行連署及如何帶來改變等等，應清楚明定於憲法或法律，公民投票本身也有其複雜性，不當操作除滋生爭議，也可能得出相當模糊的公投結果。他也強調，瑞士的公民投票總是由人民發動，要連署成案不如外界想像中容易，但公投的主動權不在政府，這與某些國家由政府提出政策選項讓選民公投的模式不同。

公民投票是一種彌補代議制度不足的手段，而非完全取代它，公民投票存在的價值即在監督代議機關，使其不至於怠惰或專斷，常情而論，人民不能也不願天天都被捲進公共事務的紛爭之內，所以透過政黨政治運作之下的代議政治仍舊是民主社會運作的常態。

 進階讀物

Butler, D., & Ranney, A. (eds.) (1994) *Referendums Around the World: The Growing Use of Direct Democracy* (Washington, DC, AEI Press).

Butler, D., & Ranney, A. (1978) *Referendums: A Comparative Study of Practice and Theory* (Washington, DC, AEI Press).

Kobach, J. W. (1993) *The Referendum: Direct Democracy in Switzerland* (Brookfield, VT, Dartmouth).

Gullagher, M., & Uleri, P. V. (eds.)(1996) *The Referendum Experience in Europe* (New York, Saint Martin's Press).

Bowler, S., Donovan, T., & Tolbert, C. (eds.). (1998) *Citizens as Legislators: Direct Democracy in the United States* (Columbus, The Ohio State University).

 相關網站

Initiative & Referendum Institute （University of Southern California）
   http://www.iandrinstitute.org/
The Initiative & Referendum Institute Europe
   http://www.iri-europe.org/
The De Borda Institute
   http://www.deborda.org/index.shtml
Research and Documentation Centre on Direct Democracy
   http://c2d.unige.ch/

一、何謂「公民投票」？其理論基礎為何？試申述之。

二、支持代議民主與直接民主的學者，對於公民投票的看法有何異同？

三、你認為哪些政治議題適合公民投票？哪些不適合？其界線應為何？
試述其理由。

四、你認為公民投票是能否充分表達民意？其效力為何？

五、試說明近代公民投票的發展趨勢，並評析2004年3月20日我國第一
次舉辦的公民投票。

六、有關兩岸的統獨公投，曾有大陸學者於電視CALL-IN節目裡說：
「那麼好，公民投票的話，我們十二億人也要參加，大家一起來決定
台灣去向」。你是否贊成這種言論？請以學理為基礎闡述你的看法。

Political Science

◆第17章　國際關係與

國際政治

　　國際關係的現象絕對不是近代才發生的。自古以來，無論是在東方的印度和中國，或西方的希臘，國際關係的演進皆已有相當的歷史。不過在西方，這些現象都屬於政治學科的研究內容。一直到了十七世紀，「國際」的拉丁同義字 "intergentes" 才開始被使用。而英文 "international" 一詞是在十八世紀末期以後才出現，當時這個概念是指各國的法律，因此國際關係最早的概念乃指國際法而言。至於國際關係成為一門學科，則是在一九二○年代左右之後，然此期的國際關係只能算是政治學的分支，一直到了一九六○年代，國際關係才逐漸發展為獨立的學科。

　　國際關係所涵蓋的範圍甚為廣泛，根據齊瑞（Lawrence Ziring）主編的《國際關係：政治辭典》（*International Relations: A Political Dictionary*）一書，國際關係的內容概分為外交政策、意識型態和溝通、地理環境與人口、國際經濟與發展、戰爭和軍事戰略、武器控制和裁軍、外交與和平維護、國際法、國際組織、外交政策和政治組織類型等。此外，舉凡國際爭端、衝突、合作、整合、人權、環境保護與和平研究等範圍，也是國際關係學者經常注意的焦點。本章將先討論國際關係的研究學派與理論，再對國際組織及國際法作一簡介，最後則是介紹當前國際關係的研究焦點：國際政治經濟學。

第一節　國際關係的研究學派與理論

　　瞭解國際關係研究的各個學派與理論，將有助於理解現實世界中的國際關係，也是學習政治學的基本素養。

一、國際關係的研究學派

　　傳統上，各個研究學派常被分爲理想主義學派（idealism）、現實主義學派（realism）、馬克思主義學派（Marxism）和全球主義學派（globalism）。以下簡要介紹這些學派的代表人物和研究方向：

(一)理想主義學派

　　理想主義學派又稱烏托邦學派（utopianism），是最早出現的國際關係研究學派。在西方，此一學派起源於十八世紀的樂觀主義（optimism）、十九世紀的自由主義以及二十世紀的理想主義，而成爲早期研究國際關係的重心，最盛的時期，則在第一次世界大戰至第二次世界大戰期間。在此期間，研究國際關係的學者，大多將焦點偏重於國際法與國際組織。他們意圖以法律、制度和國際組織的力量，來減少國際紛爭與衝突，並建立國際機構以促進世界和平。理想主義學派相信人性是善的，而人類之所以有罪惡的戰爭行爲，實爲不良的環境與制度影響所造成。因此，唯有改造不良的制度，使國際秩序制度化，才能防止戰爭。

　　就國際關係學門的發展而言，理想主義學派的觀點和一些政策，可以說是近代的創舉。他們的基本主張包括：民族自決、反對國家主權無限制說、放棄權力平衡的觀念、結束祕密外交、各國應放棄戰爭政策、以權利義務關係及道德標準來作爲國際法和國際組織的基礎、建立超國家組織以解決爭端、以法律制裁戰爭者、甚至完全解除軍備。此學派最著名的代表人物是當時的美國總統威爾遜。也因爲他的努力，終於促成了一次戰後國際聯盟的成立、集體安全制度的建立，以及國際秩序的制度化等。

(二)現實主義學派

現實主義學派是繼理想主義學派之後，最具有影響力的學派。由於第二次世界大戰的發生，顯示理想主義學派所主張建立的國際聯盟，並無法防止戰爭，於是，一些學者逐開始懷疑理想主義，甚至轉而認為國家才是國際社會的主要行為者，國家必須追求最大的權力以保障國家利益。因此，國家安全、擴張、貿易、外交、宣傳、經濟和政治等問題與國際法、國際組織、條約等，均具有同樣的重要性。現實主義學派主張不應該沉緬於超現實的理想，而應該研究並解決當前和未來所面臨的實際問題。

現實主義是第二次世界大戰後至一九六○年代期間最興盛的學派。現實主義的觀點與理想主義相反，他們認為人類爭權奪利，毫無道義可言，這種人性如果反映到國際政治上，則國際間往往會因追求利益而引發衝突。因此，國家最重要的目的就是追求安全。國家的基本安全政策，便是維持現狀或力求擴張、追求權力，以維護本身利益。此學派研究之主要對象，不僅包括國家權力的本質，也包括對外政策（以政策追求權力）之目的、程序、方法，以及影響政策之各種原因，其目的是在瞭解現實或現況，進而尋求解決現實問題之方法。

基本上，現實主義學派有助於解釋國際衝突的原因，也有助於分析國家對於利益的追求，同時，也使研究者能從客觀的角度觀察國際現象。不過，現實主義者往往忽略了國際合作的可能性，這使現實主義的觀點出現了缺陷。此學派的主要代表人物有莫根索（H. Morgenthau）、華爾滋（K. Waltz）和季辛吉（H. Kissinger）等。

(三)馬克思主義學派

馬克思主義學派是研究國際關係的革命性觀點，所以有些學者稱其為「革命學派」。馬克思主義學派的觀點之所以被認為具有革命性，是因

為他們打破了以國家為分析對象的傳統。馬克思主義學派是根據馬克思的學說，以唯物論的觀點分析國際衝突的原因。馬克思主義學派認為國界並不是很重要的分析對象，因為國際政治的要角並非國家，而是不同的經濟階級。國際之所以會發生衝突，是資本主義擴張所造成的結果。馬克思主義學派認為，在資本主義追求高利潤的經濟制度下，各國必然向外擴張，以尋找（控制）市場和生產資源。所以，國際衝突實際上就是「資產階級」和「被剝削勞動階級」之間的鬥爭。因此，除非勞動階級能獲得經濟權力，否則國際衝突就不可能避免。馬克思主義者的觀點曾遭到不少批評，事實上，後來的發展也不符合馬克思等人所預測的結果。雖然如此，馬克思主義學派的國際政治經濟學說，卻也提供了國際關係研究者客觀研究國際現象的另一種典範。這學派的代表人物有盧森柏格（Rosa Luxembourg）、馬庫色（Herbert Marcuse）。

(四)全球主義學派和多元主義學派

　　全球主義學派和多元主義學派的建立，都是以批評現實主義為其立論基礎。早期，這兩派都被視為全球主義學派，後來隨著他們理念的差異而被分為兩派。基本上，他們都是以全球社會模式來分析國際關係，兩派都認為國際體系的行為者並非只有國家，國際組織、多國企業和民間組織都不能忽視，他們無法認同現實主義者將國際秩序視為無政府狀態（anarchy），並批評現實主義過度重視狹隘的國家觀念與權力的影響力，而且現實主義將國際關係現象視為只是國家間（interstate）的現象，忽略了現代國際社會的多樣化和複雜的「互賴」（interdependence）現象；也忽略了超越國際間的其他人際關係網，對國際關係的分析並不完整。所以全球主義者和多元主義者認為，國際關係乃是由國家間的關係、國際組織和國際民間組織的關係（例如跨國企業）交織而成，亦即，國際關係是國際政治與國際經濟互動的社會，因此「互賴」乃是國際關係最為重要的特性，而且權力資源也不一定會產生同樣的影響力。因此，國際關係的研究者除了分析國與國之間的關係外，也要分析國際

關係中的非國家角色，如跨國公司、歐洲共同市場、石油輸出國家組織等等。此外，全球主義學派也認為國際關係並非如現實主義者所認為的只是戰爭、和平、安全及秩序問題，還包括了其他的政治、經濟乃至社會、文化的問題。

儘管兩派的觀點大致上都類似，不過有些學者卻認為兩派也有不同之處，其差異性在於全球主義者比多元主義者更具理想色彩；例如就全球體系的結構而言，多元主義者認為，權力被分配給國家及非國家行為者，而這兩者具有相互依賴的關係；全球主義者則認為，國家與國家不但相互依賴，且兩者是朝統合的過程邁進。此外多元主義認為，全球大都處於有秩序的狀態；而全球主義者則認為，全球是一種非常有秩序的狀態。這兩派的代表人物有基歐漢（Robert. Keohane）、奈伊（J. S. Nye）。

二、國際關係的研究理論

各個國際關係研究學派，都非常重視國際關係理論的建立與運用。學習國際關係理論，對於瞭解、分析甚至預測國際現象，有很大的助益。因此，對於一個研究國際關係者或想認識國際關係本質者而言，認識各種國際關係理論有其必要性。以下僅就當前一些重要的國際關係理論，提出概要的說明：

(一)權力平衡理論

傳統上，權力平衡（balance of power）是國際關係最經典的理論。這個理論，主要是用來描述和解釋，十八世紀到第一次世界大戰結束間的歐洲國家，如何處理國家安全、增進國家利益，以及當時國際體系中的國際權力鬥爭現象，和這個體系如何運作以確保和平穩定等等。權力平衡的概念，最早出自於公元前五世紀雅典史家修昔迪底斯（Thucydides）

的作品，到了後拿破崙時代，尤其是十九世紀的歐洲，各個國家在處理國家安全問題時，經常會運用到這個概念。雖然這個概念隨著第一次世界大戰的結束而被「集體安全」概念所取代，但是，即使到今天，權力平衡仍然是國際戰略上的重要概念。

權力平衡，就其目的而言，其功能如下：確保國際體系的穩定及安全，保護體系和體系本身之構成因素（elements）、阻止單一霸權的建立並強化（延長）和平。一般而言，爲了達成這些目的，體系和體系的構成分子常使用的方法和技術如下：用來弱化強權的分裂政策和規則、戰後領土補償、製造緩衝國家、建立聯盟、勢力範圍、外交交易、干預、合法或和平地解決爭端、軍備裁減、軍備競爭和戰爭。

基本上，權力平衡概念，可以用來描述或解釋一個國際體系中的角色如何遵守「運作規則」（operation rules），以確保整個體系的和平穩定。其次，這個概念也可以用來解釋一個國家如何調整與他國的聯盟（alliance）和結盟（alignment）關係，以增進國家利益和國家安全。同時，這個概念也可以用來描述某一個國際體系的權力分配現象，以解釋國際體系中國家間的權力如何變動，並解釋各國之間如何制衡。除此之外，這個概念也可以用來描述國際體系中國家之間的互動現象，甚至也可以用來分析某一時期或某一地區的國際同盟現象，例如凱布蘭（Morton A. Kaplan）所提出的六個國際體系模式之一的「權力平衡體系」。

(二)體系理論

第二次世界大戰以後，美國政治學者使用「體系」（system）這個概念，來解釋政治體系與環境之間的互動現象，並以此發展出體系理論（system theory）。在國際關係的領域中，一些學者也使用了「體系」這個概念，建構了一些「國際體系理論」，其中以凱布蘭和郝思悌（K. J. Holsti）所建構的國際體系理論較爲人所熟知。例如凱布蘭以「系統的基本規則、系統的轉變規則、成員分類變數、能力變數及資訊變數」建構

了權力平衡體系、鬆弛兩極體系、緊密兩極體系、全球體系、階層體系和單元否決體系等六個體系模式。另外，郝思悌則以「體系的界限、政治單元的特徵、體系的結構、政治單元的互動方式、體系中明示或絕對信服的規則習慣」，建構出「分散式體系、分散集團式體系、兩極式體系和多極式體系」。基本上，國際體系理論主要是透過一些分類變數，觀察不同時空的國際現象，並以變數的差異性分析解釋某個時期、某個體系（區域或全球）的國際現象和特徵。國際體系理論可以說是國際關係研究者觀察國際現象、分析國際體系特徵的一個參考架構。迄今，體系理論仍是許多國際關係學者分析國際局勢或國際環境的重要基礎，例如杭廷頓描述的冷戰後「單一多極體系」（uni-multipolar system），以及中共對冷戰後世界軍事局勢所描述的「一超多強」，都是體系理論的運用。

(三)衝突理論

衝突（conflict）是人類行為互動的一種方式。在社會學上，這個概念可以被界定為「一群相互認同（identifiable）的人，對其他一群也是相互認同，但卻追求與其不同目標的人，採取意識上反對的情境。」一些心理學家和社會學家，為了研究人類衝突的動機（conscious motivations）、倫理評價（ethical evaluation）和態度（attitude），因而建構了衝突理論。

由於戰爭是國際關係中的一種常見的現象，而戰爭則被國際關係研究者視為另一類的社會衝突形式。因此，國際關係學者也使用了「衝突理論」及相關的一些理論，建構了國際關係的「暴力衝突理論」（theory of violent conflict），企圖從動機理論、生物學理論和心理學理論、動物行為、挫折理論、社會學習理論、社會化理論、替代（displacement）理論和投射（projection）理論等等，來解釋人類的戰爭侵略行為與國際衝突的原因，以此挑戰整合理論。

衝突理論經過國際關係研究者的運用，已經發展成三種類型，第一種為傳統的衝突理論，即前述理論。第二種則為馬克思主義學派的階級

衝突理論，這個學派除了以階級鬥爭來作爲解釋國際衝突的原因外，有些社會主義國家的學者則以國際組織解釋國際衝突，他們將國際組織視爲國際衝突的延伸。至於第三種衝突理論則是南北衝突下的產物，第三世界國家的學者以此來解釋已發展的資本主義國家與低度發展國家之間的霸權關係。

(四)依賴理論

　　在國際經濟關係中，有關發展的一些問題一直困擾著第三世界的國家。爲什麼第三世界的低度發展國家即使運用了資本主義的發展策略，還是無法脫離貧窮？而第三世界的國家何以會和工業開發國家發生政治衝突？過去一些發展理論，在探討低度發展國家的發展時，基本上都是根據資本主義發展的歷史經驗，假設低度開發國家的過去和現在，都和已開發國家早期的狀況類似，或是認爲低度發展國家具有「雙元性社會」（dual society）的特質；因此低度開發國家內部才會產生所謂「都會—衛星」（metroplis-satellite）關係，以致於國家和其內部低度發展地區的發展，必須依靠國際和國內的資本主義中心來轉散資本、制度和價值。然而，這樣的假設，卻嚴重扭曲了低度開發國家低度發展的實際狀況，而不能正確解釋這些國家的發展。因此，依賴理論提供了一個不同的觀點。依賴理論的支持者，主要是第三世界的學者，他們根據「資本主義國家」與「低度發展國家」，和「低度發展國家都會區」與「低度發展地區」的關係模式，來解釋低度發展的事實，他們發現了三種依賴類型：「殖民式依賴」（colonial dependence）、「金融工業依賴」（financial-industrial dependence）和「技術工業依賴」（technological-industrial dependence）。透過區分這三種類型，學者們試圖釐清這些國家與資本主義國家的依賴關係以及低度發展的原因。

　　依賴理論的確提供了不同於資本主義發展經驗的發展論點。關於南北衝突的原因，以及第三世界國家何以始終低度開發等政治經濟問題，依賴理論提供另一個非資本主義經驗的思考途徑。因此，依賴理論不只

有助於解釋低度發展國家的發展歷史，也是研究國際政治經濟的一個參考點，更是國際關係研究者探討國際體系衝突的參考架構。

(五)集體安全理論

集體安全理論有助於分析國際安全體系如何維持穩定，也有助於探討國際安全問題及國際安全機制。集體安全（collective security）是第一次世界大戰後期，國際間為了處理世界秩序，確保國際穩定，而發展出來的政治安全理念。這個理念主張「參與和義務」（participation and obligation）的普遍性（universality）。在這種情況下，一旦侵略者想要有所行動時，他就可能必須面對整個體系的群起反抗，以致於使侵略者失去侵略的誘因。「集體安全」這個概念可視為「權力平衡」的替代方案。隨著第一次世界大戰的爆發，歐洲自十八世紀以來用以維持國際穩定的「權力平衡」制度，已經無法再發揮穩定世界的作用。因此，替代「權力平衡」的呼聲，遂成為國際間的共識。傳統上，各國利用「權力平衡」機制，透過衝突和不停改變聯盟關係，來達成體系的平衡穩定，然而，這種觀點卻遭受到挑戰。在美國政治家的建議下，各國於1920年建立國際聯盟（The League of Nations）以追求集體安全，雖然國際聯盟無法阻止第二次世界大戰的爆發，不過卻也為集體安全提供了經驗。因此，一九四五年成立的聯合國（The United Nations）甚至將集體安全寫入憲章中，並成為處理國際衝突的重要機制。集體安全理論，提供了國際關係研究者重要的理論依據，來分析二次世界大戰之後的各種國際現象，包括了國際安全、穩定，以及軍事聯盟對世局的影響程度等問題。

(六)博弈理論

博弈理論（game theory）源自於數學與邏輯的推理形式。由於很多人認為國際政治或人類的衝突可以被視為一種「賽局」（game）。因此，有些國際關係學者就以「博弈理論」來分析或解釋國家決策的心理層

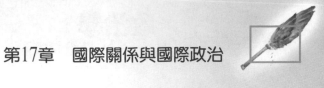

面，並視其爲決策理論的特別形式。雖然也有學者認爲在一般賽局的分析架構中，幾乎不可能完全認識複雜的國際關係本質或是國際體系運作的整個面向。但是不可否認的，國際關係有許多特徵類似於博弈的過程，就像博弈過程中所涉及的決策與議價（bargaining），或是在棋盤上猜測對方、虛張聲勢、增加賭注及以智取勝的過程，這些賽局的內涵都與國際關係的決策過程很類似。所以國際關係學者認爲源自於博弈理論的分析技術，有助於理解外交決策過程。因此，相關的賽局理論就常被用來研究衝突情境中的決策。

博弈理論假設，在衝突情勢下，每一位參與賽局的人都知道「理性」和「正確」的行爲，而且都具有充分的知識來進行「選擇」，並能遵照一定的遊戲規則，且都能以情報（訊息）來決定行爲。在這樣的假設基礎下，行爲者進行猜測與決策。博弈理論中，最爲人所熟悉，也是最爲人所引用的模式有「雙邊模式」和「多邊非零和模式」，其中包括：

1. 零和遊戲（zero-sum games），亦即，不是你輸我贏，就是我輸你贏的模式。
2. 定和遊戲（fixed-sum games），即最少損失和次佳收穫的模式。
3. 非零和遊戲（non zero-sum games），如著名的「囚徒困境」（prisoner's dilemma）和「懦夫賽局」（chicken game）。

很多國際關係學者常用博弈理論來分析（解釋）決策過程，特別是戰略方案的策略選擇。在過去幾十年中，博弈理論常被用來解釋各種國際事務，這包括了核子嚇阻、區域侵略的預防、有限戰爭的管理，以及衝突與合作的抉擇。

除了上述的重要理論外，也有一些國際關係學者使用了一些理論，例如關聯理論、談判理論、危機管理理論、投票行爲理論、三角關係理論和角色理論等等，來作爲分析國際關係的參考架構，這些理論也值得研究國際關係的學者參考。

第二節　國際組織

　　隨著國家之間的交往日益頻繁，國際組織的重要性也越來越突出。
本節依序說明國際組織的淵源、類型和功能。

一、國際組織的淵源

　　自從人類社會出現了國家之後，便開始了國際交往。國際交往最初
主要是跨國界的民間交往，而在政府間交往出現後，政府間會議、政府
間國際組織這種多邊外交形式日益進入國際舞台。政府間會議在先，政
府間國際組織居後，二者互相補充而非後者取代前者。從現代國際交往
的整體來看，民間交往、政府間交往、雙邊外交與多邊外交諸種形式同
時存在而非此消彼長。其中，政府間交往與雙邊外交，仍然是國際交往
最基本（主要）的形式，而民間交往與多邊外交在國際交往中則居次要
地位。這四種國際交往形式彼此聯繫，相互作用，構成了國際交往中的
基本構架。而國際組織則是在多邊外交基礎上發展起來的一種更嚴謹的
國際交往形式。與其他國際交往形式相比，國際組織更為穩定、制度化
和常設化。

　　國際組織反映著國際交往發展的客觀規律，並受到各種因素的制
約。首先，國際交往的程序與範圍，影響著國際組織的形式與類型。例
如，國際交往中存在民間交往，國際組織中則有非政府間國際組織；國
際交往中存在政府間交往，國際組織中則有政府間國際組織；國際交往
若侷限於一定地區，國際組織中也有區域性國際組織；國際交往若擴展
到全球，國際組織也出現了全球性或普遍性國際組織；國際交往活動若
涉及人類生活的一切領域，國際組織中則有一般性國際組織；國際交往

若僅限於某一領域，國際組織中則有專門性的國際組織；國際交往若只要求協調各國的國際行動，國際組織中則有一般意義上的國際組織；國際交往若要求國際機構在一定條件下能直接行使某種國家性質的職能（如制定法律，修改法律規則，代表成員國就某些國際問題直接與第三方談判，制定並實施某些決定或法規以自動或直接約束成員國國內的自然人或法人），國際組織中則有稱之為超國家組織的新型國際組織或一體化組織。

其次，影響國際交往的因素，對國際組織的發展具有重大的制約作用，例如，科學技術革命、戰爭，特別是世界大戰，對國際組織的發展產生重大影響。兩次世界大戰以後，人類歷史上出現了兩個最大的政治性國際組織。第一次世界大戰之後產生了國際聯盟，第二次世界大戰之後產生了聯合國。科技革命使國際交往更加頻繁和密切，從而促使大量專門性國際組織的出現，這些專門性國際組織主要有：萬國郵政聯盟、國際電訊聯盟、國際民航組織、世界氣象組織、國際海事組織、國際原子能機構等等。世界經濟的發展，也對國際組織的發展產生重大影響。第二次世界大戰結束以來，特別是近些年來，世界經濟的相互依存程度日益增強，在世界這一層次上，世界銀行集團、國際貨幣基金組織與關稅貿易總協定（GATT）支撐起舊的國際經濟秩序，正在向新的國際經濟秩序演變。在地區這一級，遍及歐、亞、非、拉等地區的各種「區域性經濟一體化組織」，均日益改進和強化成員國之間的合作關係。現在一些跨地區性的國際經濟組織也引人注目，如亞太經濟合作組織（APEC）。目前，在經濟領域，幾乎每個主權國家（或具有獨立對外經濟關係權的實體），都與相關的國際經濟組織建立起一定的聯繫。在國際經濟秩序的變革中，國際經濟組織的地位及其潛力，越來越受到各國的關注。國際政治格局深刻地影響著國際組織的發展。

無論在國際政治關係中或是在國際經濟領域內，國際組織都是一個極為重要的參與者。國際組織積極參與國際關係，並促進國際關係的發展。在國際政治領域中，聯合國及不結盟運動（NAM）所發揮的作用，決非任何單個主權國家能媲美。在國際經濟領域裡，世界銀行集團、國

際貨幣基金組織和世界貿易組織（WTO），則是現行國際經濟秩序的三大支柱。聯合國貿易與發展會議（UNCTAD），則是南北對話、改革和重建國際經濟秩序的重要講壇。在三足鼎立的國際經濟關係格局中，歐洲聯盟可能是最有力的一極。世界各地的區域性和次區域性國際組織，有效促進了本地區政治和經濟方面的發展，從而促進了世界的和平與穩定，有利於世界經濟的繁榮。另外，第三世界的地區性經濟組織和經濟集團，在推動南方合作和集體自力更生方面，產生了重大作用，加強了南方國家集體談判的力量，從而有助於南北對話。

二、國際組織的類型

過去的國際關係，主要的行為主體是主權國家，但隨著國際關係的日益複雜，各式各樣的國際組織開始在國際社會中出現，而伴隨著全球化的浪潮，國際組織在國際社會中扮演的角色和重要性，更是大幅提升。一般來說，國際組織可以分為兩大類型：

(一)政府間國際組織

政府間國際組織（IGOs, International Governmental Organizations）是指國與國之間或政府與政府之間的組織型態，也是最典型（最重要）的國際組織。政府間國際組織通常是由國家和國家之間簽訂具有國際法效力的條約規章所建立的，並依此協商規劃簽署國的合作事宜，其領域涵蓋軍事、政治、經濟、文化等眾多範圍，例如聯合國、世界貿易組織、北大西洋公約組織（NATO）、東南亞國協（ASEAN）、亞太經濟合作組織等皆屬之。

政府間國際組織有一種特別的型態，是所謂的「超」國際政府間組織（Supra- International Governmental Organizations），這類組織在法律效力和執行權力的位階上，要高於成員國的國內法律，並具有特別強化的

決策權力，如貨幣政策、經貿政策等。此種「超」國際政府間組織目前是以較邦聯更爲鬆散的國家聯合──歐洲聯盟作爲最具代表性的例子。

(二)非政府間國際組織

相對於政府間國際組織，非政府間國際組織（INGOs，International Non-Governmental Organizations）則是指依國際私法而成立，且行爲主體並非是國家或政府，其功能主要著重於非政治性的軟性目標，例如國際紅十字會（ICRC）、國際奧林匹克組織（IOC）、國際特赦組織（AI）等等。它們的特點包括了：

1. 國際性：其成員國必須包括三個不同國家的私人或團體；在財政收支方面，也必須由三個以上的不同國家來提供。
2. 獨立性：不受外在壓力干擾，得以自由表達意願及行使功能。
3. 永久性：表現在其結構上，必須有永久性的秘書處及規章，使組織得以長久運作。
4. 非營利性：以公眾利益爲前提，排除暴力、恐怖組織，亦排除跨國企業等營利組織。
5. 制度性：幹部的擔任、成員的加入、活動的舉辦均依循一定的制度，且幹部分散由各成員擔任，不得由同一國家成員全部擔任。

而非政府間國際組織所扮演角色與可發揮的功能，則包括了：

1. 持續提供多元的溝通管道，使國家不再是國際體系中唯一的行爲者。非政府間國際組織透過推動人道、婦女、永續發展等議題，將國際社會更緊密地結合在一起。
2. 非政府間國際組織所關心及影響的議題持續擴大，將慢慢建立人類共同的標準，並且逐步朝向這個標準前進，但在這樣的過程中，必須防止某種程度的區域化，以免造成壁壘分明的對立情況。

國際性且有規模的非政府組織（NGO）由於其組織及運作成熟，在具有良好聲望情形下，募款較為容易，財源穩定，可召集更佳的人力資源，深入世界各地從事特定議題之工作（從人道援救、醫療工作、教育訓練、發展計畫到環境保護各領域），獲得國際、政府及人民之高度肯定，這類型非政府組織的意見自然倍受國際間重視，隨著網路通訊的發達，其國際影響力大幅提升，逐漸改變以往由各國政府主宰議題之局勢，而成為二十一世紀外交的新動力。

(三)台灣參與非政府間國際組織的發展

從一個國家非政府組織的發展情形，可以看出其社會是否具備包容性，民主制度是否成熟穩健。非政府組織常居於輿論的領導地位，提供建言給政府及國際組織，並具備有效執行相關決策之專業能力。

對於台灣而言，面對無法抵擋之「全球化」潮流，雖非聯合國會員國，但仍不能置身於外。為追求在國際社會中有更大的活動與生存空間，政府必須盡全力鞏固與邦交國家之外交關係，並設法增加邦交國數目；另一方面，政府也須努力加強與無邦交國家之間的實質關係。在此同時，隨著非政府組織不斷成長，以及世人對聯合國「全球議題」（Global Issues）之關切與參與，國內非政府組織亦快速發展，對國內外各界關切之議題投注更多的注意力，例如全球化、千禧年發展目標、醫療衛生、聯合對抗愛滋病、SARS、生態環境保護、永續發展、兒童、婦女及原住民、弱勢族群權益等等；並且重視與國際社會同質組織之互動，包括積極參與非政府間國際組織活動，爭取出任其理事會或執委會成員以參與決定，同時籌劃在台灣舉辦各種國際會議。這些作為對分擔國際義務、發展多邊關係、廣睦國際友誼、提升國家形象及呼應「台灣走出去」，均具有重要貢獻，這也與我國目前外交工作三大主軸「民主人權、經濟共榮、和平安全」相契合。

二〇〇五年八月十四日於台北成立的太平洋聯盟（DPU）召開大會，只有二十六個國家，超過七十位產、官、學界、非政府組織代表參

加，可謂台灣近年盛事。擔任聯盟理事長的呂秀蓮副總統致詞時表示，民主太平洋聯盟的核心價值是民主、和平與繁榮，期望透過該聯盟，共同經營二十一世紀的太平洋，成爲「人文、科技、柔性」的太平洋。

三、國際組織的功能

對於國際組織在國際社會中的作用，曾有兩種不同的極端觀點。一種觀點認爲，國際組織是一種即將出現之世界政府的先鋒。另一種觀點則認爲，國際組織只不過是用來掩飾主權國家之間赤裸裸的權力角逐，對於促進主權國家之間的合作並沒有任何作用。這兩種觀點都流於片面，因爲國際組織自有其特定的意義和功能，但也無法在短期內取代傳統主權國家的功能，因此，對於國際組織的功能，不應該以二元對立的觀點來作區分。

國際組織作爲國際社會的「配角」，它的確不能發揮主權國家（主角）那樣的作用；但在國際舞台上，若沒有「配角」，「主角」的作用也難以充分發揮。這種「配角」與「主角」的關係，決定了國際組織在國際社會中的地位和作用：

1.國際組織爲主權國家在各領域的合作提供了方法和場域，從而使大多數國家在各領域的合作中能獲得利益。各個主權國家在彼此交往中，既存在共同利益又可能出現矛盾和衝突，僅靠一個國家單方面的行動來解決矛盾和衝突，往往會遭遇許多困難，有時甚至是不可能的；而藉由國際組織則可以達到協調衝突、緩解矛盾、促進合作的作用。國際組織具有一套既能維護國家主權，又能促進主權國家之間共同利益的制度與方法，主權國家透過國際組織所進行的集體協調，能取得單個國家所不能取得的成就。

2.國際組織爲動員世界輿論、伸張國際正義、關注人類共同利益提供了平台機制。國際社會不僅存在著各國的國家利益、各民族的民族利益，而且也存在著人類的共同利益，如人權、和平發展、

環境保護、開發利用太空和海洋資源等等。在動員世界輿論重視和關心人類共同利益方面，國際組織發揮了重大作用。例如，積極舉辦各種公益活動、出版和傳播相關資料、進行廣泛宣傳；舉行各種國際會議，與世界不同階層的人士交換意見和磋商，呼籲各國人民對人類利益的注意和重視；設立機構進行調查研究，建立世界性調查監測體系；號召各國人民投身於維護人類共同利益的活動；在國際發展合作方面，各種國際多邊開發機構向發展中國家提供了大量的官方發展援助。因此，在提升人類共同利益方面，國際組織扮演著關鍵的整合作用，對人類社會的和平發展具有深遠的意義。

3. 在維護國際和平與安全方面，國際組織為主權國家提供了各種可供選擇的制度。當衝突發生時，為了遏制衝突的蔓延與擴大，國際組織通過一系列防止衝突逐漸升級的機制，可以避免局勢日益惡化，從而為相關國家尋求和解與妥協創造條件。在裁軍談判、維護集體安全、制止侵略戰爭方面，聯合國通過了大量決議，喚起了世界輿論的普遍關注，引起了國際社會的重視，從而對於維護世界和平產生了不可低估的影響。在促進國際爭端的和平解決方面，聯合國與區域性國際組織，共同提供了和平解決地區性、全球性國際爭端的機制。但是，如前所述，國際組織在國際關係中只能支援和輔助主權國家，國際爭議若要圓滿解決，主要取決於主權國家的善意合作。

4. 國際組織不但可以提供場所讓各國達成相關的合作決議，還可以透過執行各種機制，將這些合作決議付諸實施。國際組織不僅是多邊合作、集團外交的重要場所，而且可以通過自身的努力來促進國際合作。如聯合國可以對衝突地區派遣維和部隊，為不發達國家提供官方發展援助，向受災地區和難民提供人道主義救濟等。同時，聯合國提供各會員國交換意見和多邊交往的機會與場所。在區域性國際組織中，歐洲聯盟、東南亞國協在促進地區合作方面的成就，格外引人注目。此外，在專門性國際組織中，世

界銀行、國際貨幣基金以及有「經濟聯合國」之稱的世界貿易組織，在維護世界經濟安全方面所取得的成就更為世界各國所稱頌。此外，二次戰後，反殖民化運動和民族自決運動，之所以能夠迅速地取得幾乎全面的成功，而且人權和基本自由之所以能成為國際政治的重要議題，也與聯合國及其他國際組織的活動息息相關。

當然，國際組織實際上所產生的作用，總是與人們期望的目標有一定的距離，尤其是聯合國組織。六十年來，聯合國不時被指責為不稱職。鑒於維持和平與安全是聯合國的首要宗旨，人類歷史已證明，法律與武力都不足以維持和平，只有社會共識（social consensus）才能真正維護和平，而這種社會共識有賴於政治、經濟、社會和文化等領域的均衡發展。為此，聯合國正在全球各地從事長期的合作事業，其他國際組織也在竭盡全力，以便在國際關係中實現「世界大同」的理想。

第三節　國際法

所有人類社會都會運用一些規則來規範其成員的行為，以維持社會秩序和安定。在現代社會，法律則是最有效率的規範工具之一。在一個國家之內，法律由政府制訂，具有強制力，但在國際間並非如此。

一、國際法的概念

在國際社會中，沒有一個機構可以像國家機器一樣，能夠制訂並執行具有強制力的法律規範，國際社會不但沒有一套完整的國際法法典，也沒有執行公權力的世界警察，更不存在具有強制管轄權的國際法院機構。然而，這樣的情形並不代表國際社會沒有和平解決爭端的機制，相

反地，由於國際交往的頻繁與複雜，國際社會的主要成員─「國家」─也逐漸形成一套各國均同意的遊戲規則，來規範各國的國際行為，並依此解決國際爭端，同時也發展出國際法的概念體系。國際法的基本特徵包括了：

1. 國際法是國際社會成員間的法律規範，是在國際交往中，透過國家或其他主體間的協定所形成的原則和規範。
2. 國際法的效力根據在於各國的協定，這反映出國家的同意，並依靠各個國家採取集體的措施來保證法律的遵守和執行。

而國際法與國內法的不同之處，則在於國際法是國際社會的法，藉以調整國際社會成員的關係，然而，國內法則是調整一國權力下的國內成員之間的關係，亦即，自然人之間、法人間、自然人與法人或其他實體間的關係。國際法的主體是國家和國際組織、民族解放組織等，並確定它們交往時的權利和義務；國際法是平等者之間的法律，因為，國際社會的國家或其他主體之間，都是平等而獨立的，但國內法則是國家權力所產生的法律，可要求個人必須服從。而國際法社會之上並無世界政府，也無專門立法機關和司法機關，因此國際法經由國家或其他國際社會成員採取單獨或集體措施，來保證它的遵守和執行。

換言之，國內法的服務對象是一國的對內政策，國際法的服務對象則是一國的對外政策。當然，外交是內政的延續，就一個國家而言，其國際法與國內法應該保持一致性。國家在制定國內法的同時，不能忽視原先已經參加的國際條約及規定，也不能忽視國際法中那些已經為各國普遍遵行的規章制度。國家所應盡的國際義務，也應該在國內法中有充分的體現。同樣地，各國在制定國際法規時，也不能無視於本國的主權和現行國內法的規定，而儘可能地將現行國內法的原則和精神與國際法相揉合。因此，國家在制定國內法和參與制定國際法的過程中，應使兩者協調配合，避免發生衝突或矛盾。

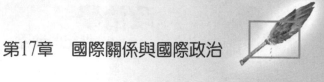

二、國際法的淵源

根據一九四五年國際法院成立時所提出的「國際法院規約」（Statute of I. C. J.），國際法的淵源包括下列幾項：

1. 國際條約：係指國際法人之間所締結的、受國際法規範的國際書面協定，其中由兩個國際法人締結的稱爲「雙邊條約」，而由三個國際法人以上締結的稱爲「多邊條約」。

2. 國際習慣：又稱「國際慣例」，也就是國際社會所接受或承認的「普遍實踐」（general practice）或國際習尙（usage），並且產生一種普遍性的「法的信念」，可以說是國際間的不成文法。例如享有外交豁免權，便是一種國際習慣。

3. 一般法律原則：根據「國際法院規約」的說法，一般法律原則是指「文明國家所承認的一般法律原則」，諸如「衡平原則」、「比例原則」、「誠信原則」等國內法原則均可屬之。

4. 司法判例：包括三種：第一、國際法院的司法判例。第二、國際常設仲裁法庭的仲裁判例。第三：那些導致國際習慣規則形成或可作爲國際習慣存在之證據的國內法判例。

5. 權威國際法學者論述：可有兩項積極功能：一爲澄清模糊不清的既存國際習慣規則；二爲催化成形中的國際規則。

6. 其他來源：例如國際組織的決議。

上述幾種國際法淵源中，前三者爲「主要淵源」，後三者爲「補充淵源」，其適用效力，依序爲國際條約、國際習慣、一般法律原則、司法判例、權威國際法學者論述、其他來源。

三、國際法的基礎認識

(一)國際法的主體

　　國際法主體就是國際法法律關係的參加者，或稱國際人格者，具有國際法主體資格，一般來說，必須具有三個條件：

　　1.有能力獨立參加國際法律關係。
　　2.有能力直接承擔法律義務。
　　3.有能力直接享受國際法上的權利。

　　傳統的國際法主體是單一的，也就是國家。國家是國際社會最基本的成員，國家之間的法律關係也是國際法律關係的基本構成部分，而國際法的原則和規則，主要也是由國家所制定。但隨著國際社會的多元發展，現代國際法承認，除了主權國家以外，還有其他次要的國際法主體，包括了國際組織和爭取獨立的民族。此外，須說明的是，「個人」不是國際法主體，理由是個人並不能直接參與國際法之法律關係，例如與其他國際組織進行談判、締約或交往，也不能直接承擔義務和享受國際法律權利。

(二)國際法的基本原則

　　從國際法的主體概念衍生，有幾個基本的運作原則：

　　1.沒有任何一個規則比國家主權更重要。主權乃指不存在超越國家
　　　的權威，除非國家自願將權威授予某國際組織。事實上，國際法
　　　允許國家有完全的行動自由且保留其主權完整。幾乎所有的法律
　　　文獻均支持國家作為國際法主體的原則。

2.根據第一項，大多數規則規定的是國家之權利義務，而非個人。例如：主權平等原則，亦即，每個國家均受到他國的完全尊重，並平等地受到國際法規則的保護；獨立自主的權利，亦即，國家對於其國內事務的自主權；中立權，亦即，允許國家不介入他國爭端或加入聯盟。

3.不干涉原則：在未受到邀請的前提下，國家有責任不介入他國的國內事務。

(三)國際法的爭端解決方式

除了上述的普遍性原則，國際法也提供各主權國家許多不同的法律方法來解決彼此之間的爭端衝突，這包括了：

1.調停（mediation）：由第三者建議無拘束力的解決方法給予爭端當事國。

2.斡旋（good office）：第三者提供討論爭端的場域，但不參與實際的談判。

3.安撫、懷柔（conciliation）：第三者提供援助，但不提供任何解決方式。

4.仲裁（arbitration）：透過某種目的性論壇，讓第三者作出有拘束力的決定。

5.裁判（adjudication）：透過制度化的審理，例如國際法院，提供有拘束力的決定。

四、國際法院

國際法既然有其淵源，自然也要有一個可供裁判的國際組織，也就是「國際法院」。事實上，隨著各國交往的日益頻繁，對於以國際法規處

理國際爭端的需求大幅增加,逐漸發展出國際仲裁制度,而常設國際仲裁法庭也在一八九九年海牙會議之後設立。常設國際法院設置於一九二一年,對於國際法的推動和實行邁進了一大步。到了二次大戰結束後,則是由聯合國國際法院繼承先前的常設國際法院,也由於現在的國際法院屬於聯合國的組織單位,其規範效力也較過去獨立的常設國際法院來得高。儘管現在的國際法院依舊沒有強制性管轄權,但由於該法院的規章是聯合國憲章的一部分,加上該法院的法規中設有「選擇條款」(optional clause),讓會員國自行選擇是否在特定問題上接受國際法院的強迫性規範,因此,國際法院在處理國際紛爭的公信力與威望,已較過去大幅提升。

雖然如此,國際法的效力比起國內法仍差上許多。國際法院不具有強迫性管轄權,因此,即使發生爭端的國際法行為主體,「願意」接受國際法院的管轄與判決,但國際法院卻無法強制執行其判決,而必須仰賴國際法的行為主體主動接受;許多國際法行為主體(特別是國家)公然違反國際法,但國際法院卻也無法對其作出有效的判決和制裁。然而,我們不應該因此而否定國際法和國際法院存在的重要性,儘管國際社會並不存在一套具強制性約束力的國際法,但必須承認的是,至少國際法行為主體願意接受國際法確實「存在」的事實,也願意在維持自身利益的前提下,大致遵守國際法的規範和約束,因此,國際社會中並不是完全的沒有規範可言。

當然,這並不是意味著國際判決機構的發展完善。實際上,國際法庭的活動能力並不強,一九四六年到一九九二年才審理了六十四件的國家間爭端案例和提供了二十一次顧問意見。在一九九六年之後,其能見度才逐漸上升,這是因為受聯合國要求,在「使用核武是否屬於非法的案例」上提供諮詢意見。國際法庭在過去之所以遭到邊緣化,其原因有二:第一、大部分的爭端多在爭端國其中一方的國內法庭審理,或是利用其他爭端國較願意遵守的國際裁判場所。第二、最重要的理由,在於世界性法庭的管轄權不具有強制性,即便是聯合國亦無法對違反國際法的國家作有效的制裁。

第四節　國際政治經濟學

國際關係的未來發展 —— 國際政治經濟學（International Political Economy，簡稱IPE）是一九七〇年代後期逐漸發展出來的新興學科，顧名思義，就是運用政治經濟學的方法來研究國際關係，其主要研究對象和研究範圍，是國際社會中各類行為主體的對外政治和經濟行為，以及國際政治和國際經濟間的相互關連與相互作用。

IPE中所指涉的行為主體，是各種能夠獨立參與國際政治經濟事務的政治、經濟實體，既包含了傳統的主權國家，也包括各種非國家的政治經濟實體，諸如國際組織、跨國企業、跨國銀行等等。也正是這些行為主體的對外政治經濟行為，構成了國際政治經濟的基本內容，而彼此的相互作用和結構組織，則形成了世界政治經濟體系和秩序。但必須要注意的是，IPE不僅僅只是研究國際社會中各類行為主體的對外政經行為，更為重要的，是探討國際政治經濟間的相互作用（interaction），這包括了下列幾層涵義：

1.國際行為主體對外行為之間的相互作用和影響。
2.國際行為主體的對外行為與整個國際政治經濟體系間的相互作用和影響。
3.國內政治經濟與國際政治經濟的相互作用和影響。

著名的國際關係學者，同時也是IPE提倡者之一的吉爾平（R. Gilpin），將IPE的發展區分為三大學派：重商主義、自由主義和馬克思主義，後來許多IPE學者皆沿襲這種區分方式。以下介紹這三種學派的主要概念：

一、重商主義國際政治經濟學

　　重商主義國際政治經濟學又稱為經濟民族主義國際政治經濟學，與傳統國際關係中的現實主義密切相關。其基本論點仍是「政治——國家中心主義」，將國際政治分析放在研究的首位，強調國家利益的重要性；重商主義認為，民族國家藉由政治與經濟之間的緊密連結，來展現其政治權力，任何對內或對外經濟政策都應服膺於國家的政治和安全戰略，這一學派特別側重於政治因素對於各種政經關係的影響。其主要觀點為：

1. 國際社會無論在政治或經濟上都是無政府狀態，各個國家所追求的是自己的國家利益，而各個國家之間的利益經常相互衝突。
2. 國際經濟結構和秩序是由國際社會中的各個主權國家所建構，也受到各國國家利益的制約。而國家利益仍是以競逐政治權力為首要目標。
3. 在國際政治與國際經濟的相互關係上，主要的特徵是政治決定經濟。
4. 國際政治和經濟秩序的變化，不過是主權國家間權力分配的轉換，因此各個國家都試圖運用自己的權力，來改變並主導國際政治和經濟關係的遊戲規則。

二、自由主義國際政治經濟學

　　自由主義國際政治經濟學源自於自由主義的經濟理論，從以市場為核心的政治經濟學出發，認為國家不僅在國內經濟發展問題上應該自由放任，而且對國家間的經濟交往也不能干涉，亦即，應該實施自由貿易。在其眼中，以傳統主權國家為中心的國際關係，已不符現實國際社

會的面貌，而且，國際政治組織和國際經濟實體的重要性，也應該得到更多的重視；因此，對其而言，國際政治經濟的一個重要特徵，就是非國家實體在協調國際關係的重要作用。該學派的核心觀點如下：

1. 市場具有相對獨立於政治結構的主導作用，而且，現代世界經濟體系主要是通過「市場的全球發展」和「新區域不斷被吸納進入國際經濟之中」，而逐步自行演變而成。

2. 經濟與政治之間的互賴關係，是二次戰後國際政治經濟發展的一個突出現象，也是市場自發性發展的結果，並進一步證明了國家作用的有限性。

3. 在國際政治經濟制度的運作上，世界經濟體系的內在運行規則要比國家間的協調，更能有效地促進國際經濟合作的發展。

4. 在相互依賴的條件下，對國際政治經濟起決定性作用的力量，不再是主權國家的權力，而是國家兼經濟、科技乃至文化的相互影響和依賴。

三、馬克思主義國際政治經濟學

事實上，馬克思主義最初只是一種政治經濟學的學說，推論至IPE上，馬克思主義學派則認為國家並不是很重要的分析對象，因為國際政治的要角並非是國家，而是不同的經濟階級，國際之所以會發生衝突，是資本主義擴張所造成的結果。但真正在IPE中具有突出貢獻的，則是新馬克思主義（Neo-Marxism）學者，其中包括了卡多索（H. Cardoso）提出的「依賴理論」、法蘭克（G. Frank）所討論的「歷史結構主義」、和華倫斯坦（I. Wallenstein）著名的「世界體系論」等等。

一般來說，馬克思主義國際政治經濟學的運用，主要集中在：第一、是勞動者與國際資本之間的關係，尤其是勞動者如何因應政府為了吸引海外直接投資所採取的政策，以及國際資本的跨國經濟戰略；另一方面則是勞動者與資本家的議價能力，是否將因財富分配不均的加劇，

而形成一種不利於勞動者的結構；第二、是分析第三世界國家持續欠發展和貧困的原因，主張世界體系「中心—邊陲」依賴性的加深，導致這些國家在國際政治經濟長期處於弱勢和欠發達的地位。

　　IPE三大學派之中，重商主義強調國家和權力，認為政治決定經濟；自由主義強調個人和市場，認為政治經濟相互依賴和影響；而馬克思主義強調的是階級和衝突，並認為經濟決定政治。但事實上，在國際政治經濟的實踐中，我們很難用任何一種理論來概括所有的現象；在這層意義上，IPE的出現，主要的貢獻是將政治學和經濟學、國際關係相結合，用更廣闊的視野來檢視國際政治經濟發展的格局。

進階讀物

Gillian, Y. (1999) *International Relations in a Global Age: A Conceptual Challenge*(Cambridge, Malden, MA, Blackwell)

Michael, N. (2002) *International Relations: A Concise Introduction*(New York, Palgrave Macmillan).

Robert, O. K. (2002) *Power and Governance in A Partially Globalized World* (New York, Routledge).

Robert, O. K., & Nye, J. S. (2001) *Power and Interdependence* (New York, Longman).

Robert, P. (1993) *Double-edged Diplomacy: International Bargaining and Domestic Politics* (Berkeley, University of California Press).

Viotti and Kauppi. (1998) *International Relations Theory: Realism, Pluralism, Globalism*(Boston, Allyn and Bacon).

Barry Hughes著，歐信宏、陳尚懋譯（2002）。《最新國際政治新論》。台北：韋伯文化事業出版社。

Dougherty James著，閻學通、陳寒溪等譯（2003）。《爭論中的國際關系理論》。北京：世界知識出版社。

Robert Gilpin著，陳怡仲、張晉閣、許孝慈譯（2004）。《全球政治經濟——掌握國際經濟秩序》。台北：桂冠圖書出版公司。

王順文等著，張亞中主編（2004）。《國際關係與現勢》。台北：晶典文化。

丘宏達（1995）。現代國際法。台北：三民書局。

朱景鵬（2004）。《國際組織管理——全球化與區域化之觀點》。台北：聯經圖書出版公司。

吳嘉生編著（1997）。《國際法與國內法關係之研析》。台北：五南圖書出版公司。

楊永明（2003）。《國際安全與國際法》。台北：元照出版社。

政治學
—21 世紀的觀點

 相關網站

政治大學國際關係研究中心

    http://iir.nccu.edu.tw/

楊永明教授 國際事務首頁

    http://140.112.2.84/~yang/

財團法人兩岸交流遠景基金會

    http://www.future-china.org.tw

中華歐亞教育基金會

    http://www.fics.org.tw/

國際事務資源 The WWW Virtual Library: International Affairs Resources

    http://www2.etown.edu/vl/

The Brookings Institution 布魯金斯研究院

    http://www.brook.edu/

The RAND Corp.

    http://www.rand.org/

Center for Strategic and International Studies CSIS 戰略與國際研究中心

    http://www.csis.org/

The Heritage Foundation 美國傳統基金會

    http://www.heritage.org/

一、理想主義與現實主義堪稱國際關係兩大研究學派，試比較並析論之。

一、在本章所論及的國際關係研究理論中，何者與全球主義或多元主義學派相關？請析論之。

二、在本章所論及的國際關係研究理論中，何者與現實主義學派相關？請析論之。

三、在本章所論及的國際關係研究理論中，何者與馬克思主義學派相關？請析論之。

四、何謂IGO？何謂INGO？又，在本章所論及的國際關係研究理論中，何者較為重視IGO及INGO？

五、你認為國際法與國內法何者法律位階較高？試析論之。

六、請比較國際政治經濟學三大學派的異同點。又，你認為國際政治經濟學與國際關係理論中的哪一學派脈絡相承？

七、你認為何種國際關係研究學派及理論較能解釋實存的國際政治現狀？又，在你所偏好的理論及學派中，國際法與國際組織又分別在國際政治中扮演什麼角色？

Political Science

◆第18章　民主與民主化

我們生活在一個民主的時代，而且，大部分的人都生活在民主制度之下，這也是人類史上的頭一遭。當前民主制度的風行，其實反映著全球政治版圖在二十世紀最後二十五年以來的巨大變化。就在這一短暫的時間裡，民主國家的數量增加了兩倍以上。民主制度雖然源於歐洲，但今日卻已擴散到世界各地，可以說是個扎扎實實的「全球現象」，不論是非洲的南非、拉丁美洲的巴西、亞洲的中華民國、南歐的西班牙、東歐的匈牙利等等，均有民主種子的開花結果。民主轉型不只有其內政意涵，也有其國際意義，因為民主似乎比較能帶來國際間的和平與繁榮。歷史的經驗顯示，民主國家之間很少發生戰爭，而且，民主國家之間比非民主國家之間更容易達成貿易協定。從這一觀點來看，如果中國大陸能進行民主化，這對兩岸關係來說，似乎是個重要的轉機。然而，弔詭的是，中共政府其實自稱自己是個民主國家（有中國特色的民主國家），顯然，民主並非是一個自明的觀念，這也是為何要仔細探討民主政治的原因。

第一節　民主的意涵

何謂民主？著名學者熊彼得對民主的定義是：「民主的方法是一種用來達成政治決策的制度性安排（institutional arrangement），在這種制度性安排之中，個人藉由爭奪人民選票，獲得決策的權力。」（Schumpeter, 1975: 269）研究民主政治的著名學者李普塞（Seymour M. Lipset），承襲了熊彼得的看法，他對民主的定義是：「民主是一種政治系統，該體系提供規律的憲政機會以變更統治者，並且提供一種社會機制，允許可能的大部分人口，能夠藉由選擇政治職位的競爭者，而影響大部分的決策。」（Lipset, 1959: 71）國際國會聯盟（Inter-Parliamentary Union）對民主的定義是：「民主是一種政治系統，該系統使人民能夠自由選擇一個有效率、誠實、透明且負責的政府。」（Human Development Report 2002,

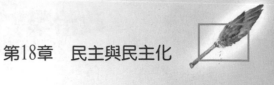

2002: 55）當代學者范哈南（Tatu Vanhanen）對民主的定義則是：「民主是一種政治系統，在此系統之中，各種不同的意識型態團體及不同的社會團體，都有權能合法地競爭政治權力，而且，在此系統中，制度性權力的擁有者，必須經由人民的選舉，並對人民負責。」（Vanhanen, 2003: 49）

一、民主概念的核心問題

透過上述簡單的瀏覽，我們大致審視了戰後西方政治學界對民主的主流定義。然而，就西方的民主史而言，民主這個概念遠比我們想像的複雜。民主的英語 "democracy" 由希臘語 "demokratia" 演變而來，其中 "demos" 意指「人民」，而 "kratos" 意指「統治」。民主在字面上意涵，就是指「由人民實行統治」，這使其可以區別於其他政府體制，例如君主制（monarchy）、貴族制（aristocracy）等等。民主體制賦予政治共同體內的人民享有一定形式的政治平等。然而，民主雖然意指「由人民統治」（rule by the people），語義看似清晰，但實際上並非如此。研究民主的著名學者赫爾德曾指出，定義民主之所以會碰觸到許多難題，是因為這個概念中的三個要素不易被釐清，這三個要素便是「統治」（rule）、「由……統治」（rule by）、人民（the people）（Held, 1996: 2~3）。

(一)何謂人民

首先須討論「人民」這個概念：

1.誰可以被視為「人民」？

2.人民所擁有的政治參與型態為何？

3.何種條件才能有利於參與？政治參與的阻力與動力（或成本與利益）對等嗎？

(二)何謂統治

「統治」這個概念也引發了很多疑問：

1. 統治的範圍應該要從寬還是從嚴認定？民主活動的適當領域為何？
2. 如果統治包含「政治的事務」，那麼這意味什麼？它是否包含了：(1)法律與秩序？(2)國際關係？(3)經濟？(4)家庭與私人領域？

「由……統治」這個概念意味著人們有服從的義務嗎？

1. 是否須服從「人民」所制定的規則？如何來定位義務與不服從？
2. 公開、積極的「非參與者」（non-participants）角色，應該要如何認定？
3. 在什麼樣的條件之下，民主體制可以對境內的某些人民（或境外人民）採取強制性統治？

(三)論據

在人類大部分的歷史裡，都企圖將「人民」的指涉對象侷限在某些集團，例如有財產的人、白人、受過教育的人、男人、具有特殊技能和職能的人、成年白人、成年人等等。什麼樣才算是「人民統治」？人們持有各種不同的論據。根據著名學者萊弗利（J. Lively）的看法，這些論據至少包括以下各點（Lively, 1975: 30）：

1. 所有的人都應參與管理（govern），亦即人們應當參與立法、決定一般政策、運用法律以及政府行政。
2. 每個人都應能參與重大事務的決策，亦即決定一般性的法律與政策。
3. 統治者應該對被統治者負責，亦即他們應當向被統治者證明自身

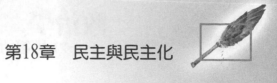

行為的正當性，而且，被統治者有權免去他們的職務。

4.統治者應當向被統治者的代表負責。

5.統治者的產生應當出自於被統治者的選擇。

6.統治者的產生應當出自於被統治者的代表的選擇。

7.統治者應當為被統治者的利益行動。

之所以會有上述這些分歧，是因為辯護民主的方式並非只有一種。事實上，人們可根據不同的基本價值（或善德）來捍衛民主，這些基本價值通常包括：政治平等、自由、道德的自我發展、共同利益、社會效用、需求的滿足、有效決策。各種相互不同甚至衝突的觀點，意味著民主的歷史內含著這樣的分歧：民主究竟意味著「人民的某種權力」，亦即，公民自我管理和自我約束的一種「生活方式」；還是說，民主僅意味著某種「決策的輔助物」，亦即，民主只是一種工具，能夠使代議士的決策得到合法化。再者，民主的範圍究竟是什麼？它所適用的生活領域為何？或者，民主是否該限定追求某些特定的目標？顯而易見地，這些問題難以回答。對於這些問題的討論，也不可能終止於我們這個時代。人們會根據自己的社會環境提出不同的看法，因此，關於民主的爭辯必然具有內在的動態性。這些爭辯在下文中將進行更深入的探討。

二、民主政治的標準

如果上述的討論讓人感到迷惘，那麼，政治學家又是如何區分民主政治與不民主的政治？美國著名政治學者達爾在其晚年的著作《論民主》（*On Democracy*）中，對此提出了精簡的看法（雖然他的觀點是以自由主義代議民主理論為基礎）。達爾認為民主政治應當是奠定在「政治平等」之上。這就是說，一個組織或社團內部的成員，都有同等的資格參與政策制定的過程。如果要達到這個條件，那麼這個社團的管理過程，至少要達到下列五項標準：

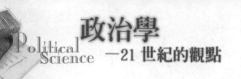

1. 有效的參與：在政策被社團實施前，所有的成員應當有同等的、有效的機會，以使其他成員知道他對於政策的看法。

2. 平等的投票：當人們就政策作出最終決定時，每個成員應當有同等的、有效的投票機會，而且所有的票數應當同等地計算。

3. 充分的知情：在合理的時間範圍內，所有成員都有相同的、有效的機會來瞭解各種備選方案及其可能的後果。

4. 議程的控制：惟有成員可以決定議程該如何進行、處理哪些內容（如果人們願意介入的話）。從這個角度來看，前三項標準所需要的民主過程，永遠都沒有結束的一天，只要人們願意，社團各項政策，都可以按照他們的需要進行修改。

5. 成年人的公民資格：前四項標準，背後都隱含了公民權利的觀點，而第五項標準，正是要求全體常住居民（至少是大多數常住居民）應當充分享有這些權利。

三、民主國家所需的政治制度

上述達爾所提出的民主的標準，適用的範圍是所有的組織與社團，然而，並非所有組織的規模均相同，而且我們也不能指望不同規模的組織採用完全相同的管理方式，那麼，當我們談論的範圍大到像現代「國家」時，又該如何？亦即，一個以民主方式治理的國家，需要哪些制度？達爾透過研究當代的案例，指出了區分民主國家的最起碼要求：

1. 由選舉產生的官員。憲法規定，公民選出的官員，具有制定政府政策的支配權。因而，現代大規模的民主政府，都是「代議制」政府。

2. 自由、公正和經常性的選舉。前述官員都是在經常、公正、非強制的選舉中選拔出來的。

3. 表達意見的自由。對各種廣泛的政治事務，無論是官員、政府、體制、經社秩序，或是主流的意識型態，人們都享有表達意見的

自由，而不必擔心遭到任何嚴厲的懲罰。

4. 多種訊息來源。公民有權利從其他公民、專家、報紙、雜誌、書籍、電子資訊等等來源中，尋找替代的、獨立的資訊來源。此外，必須存在不受政府控制的信息來源，這些信息來源也不受其他政治團體（這些團體試圖影響公眾的政治信仰及態度）的控制。而且信息的來源得到法律有效的保護。

5. 社團的自律自主。公民有權利結成相對獨立的社團和組織，包括獨立的政治黨派和利益團體，以便實現自己的各種權利，這些權利包括有效運作民主政治時所需的那些權利。

6. 包容性的公民身分。每一個在這個國家永久居住、並遵守法律的成年人，都應該擁有與他人同等的權利，擁有上述五項政治制度所需的權利。這包括：在自由公正的選舉中投票選舉官員的權利、競選選舉性職務的權利、自由表達的權利、組織和參與獨立政治組織的權利、接觸獨立訊息來源的權利，以及大規模民主政治制度有效運行所不可缺的各種自由和機會的權利。

第二節　民主的模式

如前文所述，在西方的歷史裡，人們對於民主的爭辯，因為出於追求不同的價值基礎，因此，至少有兩種相互衝突的觀點，一方面，有人認為，民主指的是一種大眾化的權力，一種由公民自治並自理的政治形式；另一方面，也有人認為，民主指的是一種達成決策的途徑，亦即，民主是一種工具，透過這個工具，公民將權威授予那些經由週期性投票所產生的公職人員，並讓這些公職人員的決策可以得到合法化。那麼，問題便在於，上述這兩種看法何者較恰當？可惜的是，從古至今人們對此爭執不休，沒有共識。根據學者赫爾德的歸納（Held, 1995: 5-14），這種看法上的衝突，產生了三種不同的民主基本模式。第一種是直接民主

制或參與式民主，即公民直接介入公共事務的決策制度，這是民主制的「原型」，發源於古代雅典等地。第二種是自由主義民主制或稱代議民主制，這種統治制度的特質如下：經選舉產生的官員代表著公民的民意及利益，在特定領土之內履行「法律的統治」（rule of law）。第三種為民主制的變形，是以一黨模式為基礎的民主制，儘管有人懷疑這可能不算民主，但至少上個世紀的許多共產國家及發展中國家，甚至改革開放後的中國大陸，都堅持這樣的民主觀。

一、古典民主與共和主義

雅典民主制一向被認為是現代西方政治思想的泉源。然而，這並不意味著西方的民主傳統都可以回溯至雅典。至少，西方傳統中的許多政治發明，其實都可追溯至更古老的東方文明，例如美索不達米亞的城邦社會及城市國家。然而，雅典的許多政治理想，例如公民間的平等、自由，對法律和正義的尊重等等，都是西方政治思想的核心要素。

雅典的城市國家，是由公民直接統治（公民即執政者），因此並未形成國家與社會的分化。在古代雅典，公民既是政治權威的服從者，也是公共秩序和法規的創立者。事實上，雅典人民履行著立法和司法功能，因為雅典的公民權概念，賦予了雅典人民享有「直接」參與國家事務的權利。雅典民主制要求人們普遍遵從公民善德（civic virtue）原則，亦即，公民應該忠於共和制城市國家，私人生活應該從屬於公共事務與公共之善。「公」與「私」被視為是相互交融的。公民只有在城邦之中，並且只有通過城邦，才能恰如其份地實現自我，過著一種理想的生活。當然，正如後人所批評的那樣，雅典嚴格限制公民權的資格範圍，當時的婦女及大量奴隸並不享有公民權。

後來的羅馬共和國與雅典的城市國家有很多共同處，兩者均是典型的面對面社會與口述文化（oral culture）；兩者均容許大眾參與政府事務；兩者均沒有明顯的集中式官僚控制。進一步來看，兩者都尋求培養

一種高度的公共義務感、一種公民善德傳統，或對「大眾」（the public）的責任感，亦即對公共事務的責任感。並且，在這兩種政體之中，國家的重要性（相對於公民個人而言），被賦予了獨一無二的優先性。只是，雅典被歸類為民主共和國，而當代學術界比較傾向認為羅馬共和國是寡頭政體（oligarchical system）。然而自古以來，羅馬共和國對於「共和思想」的傳播，產生了深遠的影響。

上述的古典共和主義，在文藝復興時期得到了重新闡發，且在義大利城市國家中最為明顯。「共和國的積極公民權」這一概念，成為當時人們關注的核心問題。這一時期的政治思想家，對於這一源於雅典的概念持一種批判的態度，這種批判的態度，其實源自亞里斯多德對於希臘民主制的批判。另一方面，由於羅馬共和國重塑了共和傳統，這也影響了文藝復興時期的思想家。在當時的義大利諸城，儘管城邦依然是政治理論的核心（又以佛羅倫斯最為明顯），但人們卻不再把城邦視為一種自我實現的中介物。公民善德的重要性依然受到強調，但卻被視為是脆弱的。而且，如果公民善德單單依賴於任一政治集團的治理，則不論這一政治集團是平民、貴族或君主，公民善德都會因而腐化。於是，思想家開始渴望另一種憲政制度，這種憲政制度能夠反映及平衡各大政治勢力的利益。當時著名的政治思想家馬基維利便指出，任何單一力量的憲政形式（無論君主制、貴族制、民主制）都是不穩定的，只有融合了各種力量要素的政府體制，才能促進某種孕育公民善德的政治文化，而公民善德也才有可能續存。他也宣稱羅馬共和國是這一種政體的典範，他相信正是由於羅馬採行了混和政體（包括了執政官、元老院和護民官的體制），使羅馬共和國得以長期維持。

文藝復興時期共和制的核心內涵在於，一個政治共同體的自由，仰仗於它只對「該共同體自身的權威」負有義務，並且對其他政治權威沒有任何義務。「自治」以及「公民的參政權」，被視為是自由的基礎。在這裡，參政權指的是，在一個憲政架構之下，社會中各個主要勢力的地位得以被確認，並且，公民可以參與管理他們自身的公共事務（政府事務）。正如當代學者史金納（Q. Skinner）所指出的：「作為一個政治共

同體必須保留其至高無上的主權，並讓各類統治者或行政長官的地位，不高於選舉產生的官員。」（Skinner, 1989: 105）共同體為追求其自身之善所創制出來的法律，這些「統治者」必須保證有效地實施，因為這些「統治者」不是傳統意義上的統治者，而是公義的代理人及執行者。在文藝復興時期的共和主義看來，公民就是參與「作出決斷並履行公職」的人，這與古希臘民主思想是一致的，公民權意味著對公共事務的參與。但這一定義將難以適用於現代民主制中的公民，因為，今日世界只有議員與公職人員，才比較符合上述定義。今日的公民，實際上所能參與政治的範圍相當有限，從古代的標準來看，這幾乎可以被視為是不民主的。然而，在人類漫長的歷史裡，其實大部分的人類及文明，並不擁護這樣的觀念：人類是其所屬政治秩序中的積極公民。

二、自由主義代議民主制

現代自由主義理論的標誌性特徵，在於它嘗試去正當化國家主權之至高性的同時，又企圖去限制國家權力。自由主義者奮鬥的歷史，很大一部分是為了要論證下列各組論題之間的平衡：權勢與公理、權力與法律、義務與權利。一方面，為了給家庭生活、商業繁榮及宗教活動提供安全保障，必須讓國家能夠壟斷「強制性權力」，但另一方面，自由主義理論家也注意到，當國家擁有這種強制性權力時，公民的政治與社會自由也可能會受到剝奪。而自由主義代議民主制（或簡稱代議民主制），便是在這樣的背景之下產生。對於自由主義民主論者而言，代議民主制是重要的制度創新，因為它能夠解決「強制性權力」與「自由」之間的平衡難題。理性、法治、選擇自由，這些自由主義的核心關懷，只有透過所有成年個體之間的政治平等，才能實現。這種政治平等，不僅可確保一種安全的社會環境，使人們可以自由進行社會活動、追求私利，而且可確保國家在代議士（向選民負責的政治代表）的監督之下，作出最能滿足公意與公利之事。因此，自由主義民主論者認為，民主立憲國家與

其他重要機制（特別是自由市場機制）的結合，能夠讓自由與權威並行不悖。

　　十九世紀著名政治思想家麥迪遜的作品，則是上述思想的經典代表。在他的理論裡，他用「純粹民主制」（pure democracies）這個詞，來描繪一種特定的社會：由少量的公民所構成社會，且公民親自組成並管理政府。在他的眼裡，這種「純粹民主制」一直是不寬容、不公正、不穩定的。相較而言，代議政府克服了「純粹民主制」的弊病，因為，定期選舉使公民事務能得到監督，且經由選舉產生的少數官員由於經歷政治過程的考驗，將變得成熟能幹，並能「辨別國家的真正利益之所在」。麥迪遜論述的重點，並不是積極公民在一個政治共同體的生活中所應處的合理地位，相反地，他關心的是個人對其利益的合法追求，而政府則應該作為一種實現人民利益的手段。儘管麥迪遜曾設法去調和個別利益及他所稱的現代「擴張的共和國」間的關係，然而，他的立場還是標誌著民主思潮的重大轉折，亦即，從公民善德和公共領域的古典理念，轉向了自由主義的立場。他把代議制國家設想為綜合個體利益及保護個體權利的主要機制。他深信，在這樣一個國家裡，人身及財產安全將得到維護，政治生活也得以適應一個龐大的民族國家的需求，這包括了眾多的人口、複雜的商業、貿易和國際關係。

　　從古典時期到十七世紀，當人們思考民主時，基本上總是把民主與集會（公民在議會與公共場所中的集會）相聯繫在一起。與此不同的是，到了十九世紀初，「民主」開始被視為是一種權利，透過這種權利，公民以民選代表為中介，參與決定集體意志（事務）。而代議民主制理論，則從根本上轉變了民主概念的內涵，亦即，龐大的公民數量給古典民主帶來的實際限制被解除了，而此限制曾是許多反民主陣營的批判焦點。代議民主制被許多思想家視為一種偉大的發明，一種既負責又可行的政體，並且可以在大的區域上實現長治久安。於是，民主政府的理論與實踐，從此擺脫了傳統上與「小國寡民」的聯繫，開始成為世界性（一個興起中的民族國家體系）的合法信念。但是，到底誰才有資格成為合法的參政者（公民、自由個體）？同時，公民在這一新的政治秩序中

的角色到底爲何？這兩個問題其實沒有得到解答。即使是當時著名民主思想家彌爾，也沒有明確釐清這個問題，即每個公民在政治體系中，是否應該具有平等的政治份量？

在許多國家，普選權的確立，其實依賴於工人階級與女權主義運動者的努力，他（她）們通過大範圍的鬥爭，並且與其他集團（中產階級）結成複雜的聯盟，在屢經鎮壓之後，才在十九世紀及二十世紀實現了眞正的普選權。但他們的成就在某些地區曾顯得十分脆弱，例如二次大戰時的德、義、西；在實踐中，有些群體的權利則遭到刻意的歧視，例如美國的黑人，一直要到一九五〇年代、一九六〇年代的民權運動之後，才獲得選舉權。然而，經由這些努力，成年人的平等公民權的觀念才得到確立，並凸顯出「平等的政治參與原則及願望」在多大的程度上仍未實現，同時也給非民主國家帶來極大的壓力。正是成年男女普遍享有公民權的成就，凸顯出了自由主義民主制鮮明的當代型態，亦即，在一系列規則和制度的規範之下，大多數公民廣泛地參與選舉活動以選出代議士，而代議士則可以獨立進行政治決策，這些決策足以影響整個政治共同體。

這套規則及制度主要包括了：1.民選政府。2.自由公正的選舉，且票票等值。3.所有的公民，不分種族、宗教、階級、性別等等，皆有投票權。4.言論自由，對廣泛的公共事務皆可自由判斷、傳播、表達意見。5.有反對政府及競選公職的權利。6.結社自由，可以組織獨立的社團，包括利益團體、社會運動、政黨等等。不論如何，可以這麼說，民主其實是個二十世紀的現象，而且直到二十世紀晚期，民主才相對穩定地在西方確立下來，並成爲其他區域效仿的對象。

三、馬克思主義和一黨民主制

其實馬克思及恩格斯都認爲，自由主義反對專制主義的鬥爭，以及自由主義民主追求政治平等的鬥爭，代表著人類追求解放的歷史，向前

邁進了一大步。但是，對於他們二人以及更廣泛的馬克思主義傳統而言，如果只靠以投票為目標而進行的「自由」鬥爭（在政治體系中），並搭配為了謀利而進行的「自由」鬥爭（在市場中），將不足以實現偉大且放諸四海而皆準的「自由、平等、正義」理想；這些理想也正是自由主義者所允諾要實現的。民主國家與市場經濟的捍衛者主張，只有在這些制度（民主與市場）之下，自由才能得到保障，且不平等才能減到最少。根據馬克思主義者的批判，資本主義經濟因其內在的動力機制，將不可避免地產生制度性不平等，這對真正的自由產生巨大的制約。某些特定的自由，如果沒有付諸實踐，那麼，空有形式上的自由，並沒有多少價值。因此，在馬克思主義者眼裡，儘管朝著政治平等（形式上的平等）所邁進的每一步都是一個進步，但其解放的潛力，卻被階級不平等嚴重地弱化。

馬克思主義者主張，在階級社會裡，國家不可能成為追求共同之善或公共利益的中介。自由主義代議制國家的各種機構，事實上深深地捲入於市民社會的各種鬥爭當中，這使國家在面臨各種危機及挑戰時，不可能充當解放者或是正義之士，也不可能扮演好中立者或仲裁者的角色。馬克思主義者把國家看成是市民社會的延伸，國家所維護的社會秩序，僅僅有助於增進特殊團體（資產階級）的利益。在他們的眼裡，政治解放只是通向人類解放的一步，而真正的解放，則是社會與國家均徹底地民主化。

在馬克思主義者看來，若按照自由主義自身的諾言來評價自由民主社會的話，那麼，這種社會無疑是失敗的。這些諾言包括：第一、政治參與（或以民選代表為中介，作出能夠影響全社會的政策）。第二、責任政治。第三、抗議和改革的自由。今日的自由主義民主制，其實未能完全兌現上述這些諾言。之所以無法實現，是因為今日的民主政治存在著許多問題：大量被動的公民群體（許多擁有投票權的公民沒有履行投票權）；未經選舉所產生的權力中心（官僚權威及功能性機構的膨脹）正取代和侵蝕著代議機構；國家行動受到了實質的結構性限制，國家能夠改革資本主義的可能性也受到削弱，例如，資本外移的威脅，迫使各國

政府難以進行大規模的社會改革。

為了取代自由主義民主制，馬克思本人曾設想出一種「公社結構」（commune structure）：一批最小的社區，它們管理自己的事務，並選舉代表到更大一些的行政單位，例如區、鎮；這些更大的單位再依次選出代表到再大一些的行政區域（全國性的代表團體）。這種制度設計，被稱之為「代表式民主」（delegative democracy）的金字塔結構，其中，所有的代表皆可被罷免，受其選民意志的約束，代表們同時也被組織進委員會（經由直選）的金字塔之中。因此，這種所謂的後資本主義國家，完全不同於自由主義議會政體。所有的國家機關，都被納入一個單一的制度（代表團體）之中，直接對人民負責。馬克思主義者相信，透過上述那樣的制度設計，所謂的自立及自由，才有可能漸漸實現。

在馬列主義的理論裡，原則上代表式民主制，必須以一套與之區別但又部分相似的體系作為補充，這一體系就是共產黨。列寧主張，一個社會如果要轉變成社會主義及共產主義社會，就需要由紀律嚴明的幹部所組成的「職業革命家」來進行領導。惟有這樣的領導層，才有能力組織革命陣線來對抗反革命勢力，並且規劃生產力的發展、監督社會的改造。在馬克思主義者的眼裡，既然一切重要利益的差別在於階級利益，既然工人階級的利益（立場）代表著社會的進步利益，既然這些利益在革命時和革命後都必須被清晰表達，因而，建立一個革命性政黨便成為改造社會的關鍵。這一革命性政黨被視為是一種工具，用來創造社會主義及共產主義的基本架構。在實踐中，這一政黨必須執政。然而，諷刺的是，一直要等到戈巴契夫時代（一九八四至一九九一年），蘇聯從中央到地方鄉鎮的各級委員會（又稱蘇維埃）的職權，才開始些微脫離了儀式性及象徵性的地位。

平心而論，馬克思主義者的民主觀，確實點出了自由主義民主制的缺陷。然而，馬克思主義者卻忽略了自由主義民主的一些極為重要的論題，亦即，我們是否能夠依靠民主的多數？「民主意志」是否是良善的？「多數人的公意」是否足以成為非專制政府的基礎？如果不能，對於公權力的合法制約又將是什麼？自由主義者對這些問題的回答是「有

限政府」（limited government），他們認為應該要引入規則，對於「民主決策過程的範圍」加以限定，以避免多數人作出反民主的決定。相對地，馬克思主義者對這些問題卻沒有提出系統的討論，正因為如此，一些西方學者認為馬克思主義的民主理論不夠完美（Held, 1995: 149）。

第三節　何謂民主化？

美國著名學者杭廷頓在其名著《第三波》（*The Third Wave*）中指出，現代國家的民主化，主要有三大「浪潮」，此種「浪潮」指的是：一群國家政權由非民主轉型到民主，這種轉型通常發生在一段特定時期內，且在此時期內，朝民主化方向轉型的國家，在數量上顯然超過朝相反方向轉型的國家。第一波是一八二八年到一九三〇年代，此期間建立了以歐美為主的三十幾個民主國家，當時民主國家的總數，約占世界國家總數的45.3%。第二波民主化，是在一九四三年到一九六二年間，增加了約四十個民主政權，當時的民主國家約占了世界的32.4%。第三波則是產生於一九七四年之後，共增加了約三十餘個民主政府，直到一九九〇年代初期，民主國家約占了世界的45%。顯然，民主化的過程是起起伏伏的，部分國家在走向民主化不久後，又回到了非民主體制，杭廷頓也將之稱為民主化浪潮的「回潮」。民主化是個引人注目的政治現象，當代許多學者，也致力於從事民主化的研究，然則，何謂民主化？

一、指標的類型

民主化一詞所指的是朝向民主路程的政治變遷。政治學家如何測量一個國家是否走向民主？顯然，設定指標來衡量民主化是必要，這也必定牽涉到研究者如何定義民主。如前文所述，民主的定義並非沒有分

歧，若過分執著對民主概念進行抽象思考，似乎也無法給經驗研究提供什麼啓示。以下介紹幾位學者測量民主化指標的類型：

1. 波稜（Kenneth. A. Bollen）將政治民主定義爲：「菁英之政治權力的最小化程度，以及非菁英之政治權力的最大化程度」。他用政治自主性（political sovereignty，或政治權利）與政治自由（liberties）來測量民主的不同面向。準此，他發展出六種測量民主的指標：(1)公平的選舉。(2)有效地篩選行政人員。(3)立法的選擇。(4)表達的自由。(5)集體反對的自由。(6)政府的制裁（Bollen, 1980: 372）。

2. 達爾在理論上區分出多元政體（polyarchy）的兩個不同面向：其一爲公共競爭（public contestation），其二爲參與選舉、公職的權利。學者考佩傑（Michael Coppedge）及黎奈克（Wolfgang Reinicke）則建構了測量多元政體的量表，並提出了五項指標：(1)表達自由。(2)組織自由。(3)多元媒體。(4)投票的參與程度。(5)舉辦公平的選舉。但達爾所關注的政治參與，並沒有得到他們的重視（Coppedge & Reinicke, 1988）。

3. 波瑞渥斯基（Adam Przeworski）則將民主定義爲：「民主是一種政權，在此種政權中，候選人必須透過競爭性選舉才能擔任政府公職。」並提出，民主政體必須符合下述三項操作性規則：(1)行政首長必須經由選舉產生。(2)立法機構須經由選舉產生。(3)政黨的數目必須超過一個。不符合上述標準者，則被分類爲專制國家。另一方面，政治自由被視爲是政治競爭的必要條件（sine qua non），但藉由自由權、自由、人權等標準，並不能充分地定義民主（Przeworski et al., 2000: 14-36）。

4. 范哈南測量政治民主化時，主要有兩個焦點：政治競爭的程度和政治參與的程度。政治競爭的程度，則是以較小黨在總統或國會選舉中的得票率來測量；而政治參與的程度，則是由大選中的投票率來測量（Vanhanen, 2003: 55）。

5. 戴蒙德（Larry Diamond）等人並沒有發展出民主的操作型標準，但他們強調民主具有三個面向：(1)有意義及廣泛的競爭。(2)政治

參與必須具有高度的包容性（inclusive level）。(3)藉由法治下的政治平等來保障各種公民及政治自由。由此區分民主與不民主的三個基本面向是：反對（opposition）、參與、公民自由（Diamond et al, 1995: 6-9）。

二、路徑

透過簡要的歸納可以得知，不同學者的指標，關心的面向並不相同，然而，他們卻經常提及民主化的三項要素：「競爭」、「參與」和「自由」。某一政治系統，從非民主朝向更民主的變化過程，顯然可以採用不同的路徑，這三者並不一定會同時進行。達爾指出，民主化至少可以有兩種不同的路徑：一條放在「參與」（或包容性）上，另一條則將焦點放在「競爭」（或自由化）上。詳言之，一個國家可以選擇側重於增加「享有政治參與的人民」的數量，這意指該國有越來越多的公民能享有政治權利與自由，反過來說，一個非民主的體制，可能將大多數人民都排除在參與之外，而只讓少部分的人民能夠參與政治。另一種路徑，則是將民主化的焦點放在「競爭」（或自由化），這涉及某些成員獲得權利與自由的程度；增加自由化，意味著增加政治上反對勢力的可能性，以及爭取政治權力的競爭性。

舉例而言，在前蘇聯，選舉定期舉行，而且成年人皆有投票權，但人民如果想反對執政的共產黨，不僅不可能也不被允許。換言之，前蘇聯雖有高度的參與，但無法被視為是民主國家，因為它不但沒有政治競爭，也沒有實質的自由，例如言論自由、結社權利，以及各種資訊管道。前蘇聯的民主化過程，首先且最重要的便是自由化，以真正的權利和自由為支撐，增加政治參與。南非則是另一種案例，許多年來，占少數的白人享有政治競爭所需的政治權利與自由，占多數的黑人則被排除在政治參與之外，顯然，這是一種包容性很低的非民主體制。在南非的例子裡，民主化的過程主要是經由容納黑人人口來增加參與。另外一個

案例，則是皮諾契（A. Pinocher）獨裁政權下的智利，它不提供任何政治競爭或參與給人民。自一九八八年開始，智利所進行的民主化過程，已開始同時增加自由化與參與。

第四節　民主化的階段

從非民主政體轉型到民主制，是一段複雜的過程，會牽涉到許多階段。民主化的當代例子，大多是始於發生危機，最後導致非民主政權垮台。假設民主轉型始於威權統治者的自動下台，則民主化似乎應終止於新政府（經由自由選舉）的就職典禮，但事實證明遠非如此。新政權往往是一個有限的民主政體（部分民主），雖比過去民主，但仍不徹底，還必須採取許多步驟才能完成民主深化。而且，民主改革必須得到鞏固，否則民主有可能崩解，亦即，當所有主要的政治行為者均視民主為「此地唯一的競賽方式」時，民主鞏固才算完成。然而，這些階段並非依序整齊地發生，也不是以直線或平順的方式進行，而是曲曲折折或重疊進行的，有時甚至會發生倒退。而且整個體制的變遷結果也不必然就是民主政治。

許多開發中國家的典型模式，其實是在威權主義與脆弱的民主制之間來回擺盪。關於民主轉型階段，學者盧斯托（Dankwart Rustow）的文章〈轉型為民主〉（Transitions to Democracy）是早期的經典。而丹麥籍學者索倫森（G. Sφrensen），修改了盧斯托的見解後所提出的民主轉型模型，對於理解民主化有很大的助益。該模型將民主化的過程分成四個部分來加以描述：背景條件（國家統一）、準備階段（非民主政權的崩潰）、決定階段（開始建立民主秩序）、鞏固階段（民主紮根於政治文化之中）（Sφrensen, 1999: 39-45）。茲進一步說明如下：

一、背景條件

　　民主化的背景條件，是國家必須先完成統一，亦即國家統一必須在人們思索民主化之前，就已完成。因為一個統一的國家，可以讓未來將屬於民主制下的公民，不會去懷疑自己到底歸屬於哪一政治共同體。在人民之中，也許還是會有民族問題或其他分裂團體，但是只有這種分裂狀態可能引發對國家統一的根本質疑時，才必須在民主化之前去處理（分裂問題）。國家統一在過去是巴基斯坦與印度的議題所在，今日的波西尼亞、俄羅斯和許多非洲國家也為此困擾。民主化需先解決國民資格的爭議：誰將是民主化下的國民呢？

　　這個議題也會在其他地方出現。例如在中國大陸，任何民主化過程都需解決藏獨及台獨問題。由武力組成的帝國，都必須面對國家統一的議題，以此作為民主化的前提；如果連國界都無法確定，統治者與政策便難以透過民主的方式來轉型。問題的核心在於：必須先決定「誰」是人民，人民才能當家作主。此原則也同樣適用於那些開始民主化但仍需面對分裂危機的國家。假如這些爭端無法以民主的方式解決（例如給予某些少數族群自治權），則結果將導致軍事鎮壓或內戰，甚至瓦解民主政治，例如車臣、蘇丹、斯里蘭卡。

二、準備階段

　　國家統一是背景條件，而民主化的第一個階段則是準備階段（preparatory phase）。準備階段經常是一個長期且不確定的政治鬥爭：一些個人、團體和階級挑戰著非民主的統治者。民主可能不是這些反抗團體的主要目標，民主可能只是達成其他目標的手段，甚至是其他鬥爭所產生的副產品，這類政治鬥爭可能是為了追求更公平的社會、更佳的財

富分配、擴大自由權等等。這些反抗團體的組成成分，隨著國家與時間的不同而有所差異。羅斯托便曾道：「不會有兩個現存的民主國家，會經由非常相同的勢力，就相同的議題進行鬥爭，且產生相同的制度後果。」（Rustow, 1970: 354）民主化的各個階段經常相互重疊，例如在印度，爲民主奮鬥的準備階段，早在國家統一和獨立完成之前就已經開始。

非民主制朝向民主統治往往有各種不同的途徑。這些途徑的差別，主要受到下列因素的影響：前威權體制的本質、社會中各種不同的政治與勢力集團、轉型發生時不同的國際環境。當代的民主轉型，有的源自於威權政體內部的民主化，例如拉丁美洲；另一種則是由外部勢力所推動的民主化，例如東歐。

根據歐當諾（G. O' Donnell）與施密特（P. C. Schmitter）的研究，民主轉型的開端通常是一段自由化的過程，這可以拉丁美洲與南歐作爲例證。在這段時期內，在位的威權統治者，某種程度上先擴大了人民的公民權與參政權。即使仍在威權政體的控制之下，但政治反對運動也因此有更多的發揮空間。以巴西爲例，準備階段開始於一九七四年新聞檢查的中止，此階段與隨後的擴大政治參與階段相互重疊，而政治參與階段則在一九八五年的文人總統大選達到高峰。類似的自由化階段也發生於數個東歐國家。它開始於一黨多元制，也就是允許人民在同一個政黨（共產黨）裡面，選舉不同的候選人。但如此發展，並不足以將正當性轉移到舊統治者身上。接下來的時期裡，越來越多反對力量，導致不同版本的多黨制於一九八〇年代引進波蘭、匈牙利和蘇聯（O' Donnell & Schmitter, 1986）。

三、決定階段

決定階段（decision phase）指的是：政治領導者決定將民主程序的某些核心要素加以制度化，而且通常是有計畫地進行。當然，此一階段

也會與前述的準備階段相重疊。而此階段，則可以再往下劃分為數個次階段。英格蘭提供了此種漸進民主化的主要例證：一六八八年的政治和解開始了此過程，直到一九二八年，當投票權普及至婦女時，整個民主化才算完成。雖然巴西的例子沒有像英國那麼漫長，但決定階段仍可牽涉好幾個步驟。很多案例顯示，目前許多民主化國家仍限縮在決定階段初期，雖然往民主的方向運動，但離完成轉型還很遙遠。

假若時間非常短暫，則政治場域中的反對勢力，就不會有太多機會為奪取政權作準備。例如在羅馬尼亞，並無先前自由化的準備過程，就突然爆發群眾運動推翻舊政權，並由自由派的共產黨人組成臨時政府。新的統治者沒有進行根本改革的計畫，結果，羅馬尼亞只能以緩慢而遲疑的步伐朝向更民主的政治前景。因此，轉型的速度，以及威權體制的遺緒，都將影響其結果。

另一方面，在威權統治時期，人民在多大的程度上可以建立政黨、利益團體、地方政府和組織社會運動？某些國家如葡萄牙和智利，過去的體制被徹底摧毀，以致於民主轉型的政府需重新建立體制。但其他國家如巴西和秘魯，民主統治前的結構則殘存，並在民主化的過程被繼續利用。東歐的新政權中，除了某些在自由化階段所創立的組織之外，幾乎沒有什麼事物可茲依賴。非洲在這方面的問題，則在於幾乎每個國家都缺少民主經驗，而且民主的組織也未曾有效地制度化。

民主轉型背後的聯盟構成，是影響決定階段最關鍵的因素。其中，最重要的區別在於，主導民主化的菁英可分為兩種類型：一種菁英隱藏在舊的、威權政體之後；另一種菁英則是有影響力的平民行動者。前者可以稱為「由上而下的轉型」，就像卡爾（T. L. Karl）所說的：「在這種案例裡，傳統的統治者依然控制一切，即使有來自下層的壓力，統治者仍能成功地利用（或兼用）妥協或武力的策略，以維持他們部分的影響力。」（Karl, 1990: 9）卡爾在分析美洲的案例時，強調自上而下的轉型是最常見的類型。至於由下而上的轉型，則一直無法導向穩定的民主：「到目前為止，在由平民行動者推翻舊統治階級的案例裡，尚未出現能夠保持穩定民主的例子，即使是短暫穩定的時期也沒有……，他們都遭遇

到傳統菁英的破壞性反對力量，就如阿根廷（一九四六至一九五一年）、瓜地馬拉（一九四六至一九五四年）和智利（一九七〇至一九七三年）的經驗所驗證的。」（Karl, 1990: 8）在拉丁美洲近年來的民主化案例中，卡爾將烏拉圭、巴西、智利和厄瓜多爾分類為由上而下的轉型；墨西哥、瓜地馬拉、薩爾瓦多也屬於由上而下轉型的例子，但是，它們還處於離開非民主統治的早期階段。在拉丁美洲，最近這二十餘年來尚無由下而上民主化的例子。

但政治學家其實也承認，由於每個國家的歷史背景複雜，往往不能簡單套用此二分法。至於歐洲，由上而下轉型的例子，則包括西班牙、土耳其、匈牙利、保加利亞和蘇聯。蘇聯之所以被列入此類型，是由於戈巴契夫領導著整個重建（rerestroika）過程；但舊共黨菁英於一九九一年八月發動流產政變後，他們對轉型的影響力就被削弱了。需要特別注意的是，由上而下的轉型，可能會導致「受限制的民主」，那些不利於舊菁英的改革政策，也較難被推動。

四、鞏固階段

民主轉型的最後一個階段是鞏固階段（consolidated phase）。鞏固的定義為何？學界目前尚未有共識。但較全面性的觀點則認為，鞏固必須等到所有民主制度皆已形成，且新的民主政治已證明其本身可將政權轉移給反對黨；亦即它能證明自身已能應付最艱困的挑戰。但這樣的理解方式，可能會導致沒有一個民主體制被認為已完全鞏固。因此，有必要參考著名學者林茲的看法，他指出民主鞏固（consolidated democracy）的意義如下：「主要的政治行為者、政黨或組織化的利益團體、勢力或機構，均認為除了民主過程之外，別無其他獲得權力的方法，也沒有任何政治機構或團體，可以否定民選產生的決策者的行動。這並不是說，不會出現某些少數團體準備以不民主的手段，來挑戰或質疑民主過程的正當性。但這卻意味著，主要的行為者不會倒向這些少數團體，因而使這

些少數團體在政治上被孤立。簡言之，民主必須被視爲『當地唯一的競賽方式』。」（Linz, 1990: 158）

　　就過程來看，鞏固明顯會與決定階段重疊。決定階段中的民主深化過程，乃是民主鞏固的早期階段。只要有權勢的團體或機構（例如拉丁美洲的軍隊或東歐的舊菁英），還試著想阻撓或否定民主所作的決策，則民主鞏固就不算完成。而且鞏固並不全然是政治過程，也是一種要求社會與經濟變革的過程。若不改革並矯正社會上大量的不平等，可能就會降低新民選領導人的政治支持度，甚至導致民主政權的正當性遭到瓦解。在鞏固的最後一個階段裡，民主制度與習慣均已根深蒂固於政治文化之中，不僅是政治領袖，還有廣大多數的政治行爲者與人民，均視民主習慣爲正當的，而且如自然秩序的一部分。除了少數的例外，過去二十多年來，大部分的民主化國家尚未能達到此階段。

第五節　邁向全球民主

　　到目前止，對於民主政治與民主化的討論，主要都限於國家之內來思考，然而，國家之外是否也需要民主？有沒有可能達成民主？需要哪一種民主？在早期國際關係的討論裡，傳統的現實主義者，通常把國際社會設想爲無政府狀態，因此，早期學界對於跨國民主的討論並不熱中，因爲那似乎是遙不可及。隨著全球化論述的高漲，以及全球互賴的加深，政治學家們也開始把民主與全球化結合起來思考。這不只豐富了全球化議題的內涵，也迫使人們用一種新的視野來思索當代的民主。

一、全球化與跨國民主

　　全球化程度的加深、全球第三波民主化浪潮，以及跨國社會運動的

興起，在這三個力量的交織下，引起了學界對於跨國民主的興趣，人們開始反思有效的民主所需的條件與可能性爲何。很多人已指出，傳統的民主，本質上是一套以國界爲基礎的治理體系，然而，經濟全球化卻加深了民主與全球市場（及跨國企業網絡）之間的緊張。一如亞洲金融風暴的例子所顯示的，全球市場正挑戰著國家的治理能力，那麼，民主又如何能維持？爲了規範全球化力量，各國一起建構了各種全球與區域治理機制，這等於創造了新的政治權威階層，這些政治權威並非都合乎民主的標準，而且它們與國家之間的權責關係曖昧不清。同時，當全球與區域治理機構的行動越來越影響到各國公民時，新舊民主國家對於現存不甚民主的全球治理結構也越來越敏感。由於民主國家已逐漸成爲全球性機構的多數成員，因此，有越來越多的壓力迫使這些機構必須更加透明且更具責任性。國際機構的民主化，顯然是當代最棘手的國際政治難題。另一方面，建立全球公民社會的基礎正逐漸浮現，這表現在各種非政府組織的蓬勃發展，以及各種跨國結社活動，不論是勞工、專業團體或宗教組織等等。值得注意的是，跨國市民社會將會成爲世界民主化的重要力量，還是成爲另一種競技場，好讓特權者與強權者繼續保持世界霸權？這目前仍是個具有爭議的問題。

目前，在關於全球化與民主的學術討論裡，實質性的探討，已經觸及超國家民主的規範性基礎與制度基礎。根據學者麥克固（Anthony McGrew）的看法，目前關於跨國民主的作品，主要可分爲四大理論陣營，分別是自由國際主義、激進多元主義民主、世界主義民主與審議式民主。這四種理論的共同點在於闡明跨國民主的意涵，並澄清實現跨國民主所需的規範原則、倫理理想與制度條件。其也指出，這四種理論觀點都根植於一種政治世界主義（political cosmopolitanism）。如果要建設一個更具人性的世界秩序，讓人民的需要優先於國家利益與地緣政治的圖謀，那麼，這需要規劃出什麼樣的一般原則、結構與實踐？這正是政治世界主義所思考的核心問題。準此，政治世界主義與國際主義大不相同。國際主義認爲，國家構成了世界秩序道德及政治的原則基礎，並追求國家之間的合作，而不是人民之間的合作。最後，這四種理論都有一

共同的信念：在當代全球化的條件下，跨國民主是必要的、可欲的且政治上可行的，亦即，民主的價值，超越了其他的權威體制選項（McGrew, 2002: 278-280）。

　　以下進一步介紹自由國際主義、激進多元主義民主、世界主義民主與審議式民主這四大跨國民主理論的內容。

二、 自由國際主義

　　從早期開始，自由國際主義者便激烈地反對國際秩序的強權政治（realpolitik）觀點，這種觀點往往認為強權就是公理。從十八世紀起一直到二十世紀，自由國際主義者向來主張，國際秩序的基礎應該建立在下列三者之上：經濟相互依賴（由貿易所產生）、國家間的相互合作與糾紛之調解。部分自由主義者，例如威爾遜，也期待國際組織能夠發揮重要的作用。然而，正如學界長期所指出的一樣，當代自由國際主義者的各種流派已失去其激進色彩，其認為今日的國際秩序需要的只是改革，而不是真正的轉型。然而，在正統經濟新自由主義的掩飾下，某種自由激進主義（liberal radicalism）被保留了下來，這種自由激進主義主張全球市場的全然開放，並強烈反對全球治理與跨國民主等提案。

　　在國際關係理論中，自由制度主義的核心關懷，在於闡明國際合作中的理性計算，因此，自由國際主義者往往由程序性的（procedural）觀點來設想跨國民主，例如，自由國際主義者經常主張，國際制度應該更具透明性、代表性與責任性（accountable）。著名國際關係學者基歐漢便把國際層次的民主理解為：在透明度極大化之前提下的志願多元主義（voluntary pluralism）。根據這種觀點，更加多元的世界秩序，也是一個更加民主的世界秩序。強調這種觀點，也意味著堅持古典多元主義裡一些核心的原則：強調通過有組織的利益團體來代表公民權利、權力分散、公權力的限制、通過協商來達成治理。這也顯示國際層次上重構了自由多元主義民主，但卻沒有將選舉政治視為必備要件。因此，政黨競

爭選票，就不是跨國民主的要件。相反地，一個蓬勃且透明的跨國市民
社會將會向決策者傳遞其需要，並迫使決策者必須為自身的行動負責。
換言之，責任體制之所以能夠被強化，不只是因為官方責任機制鏈之確
立，同時也因為透明度的提高。在國際組織中，國家代表所進行的官方
協商行為，將接受跨國網絡的監督。因而，國際制度與組織，將成為國
家與市民社會代理機構這兩者之利益的連接點。不僅如此，國際制度將
成為一種重要的政治結構，透過其運作，國際間得以協商共識，而集體
決策也能得到合法化。

其他自由國際主義者尚有許多重要的著作，而最為著名的便是《全
球治理委員會報告》（the Report of the Commission on Global
Governance）。不論如何，他們都分享了一份共同的承諾：一個更具代表
性、透明性與責任性的全球治理。當前對於全球機構（例如IMF及WTO）
進行改革的主流思維，似乎就反映著前述這種觀點。事實上，自由國際
主義者的觀點，反映著西方國家及菁英的主流價值與思維，而且，正是
這些西方國家主宰著今日的全球治理制度。不過，就像學者福克
（Richard Falk）所指出的那樣，自由國際主義哲學，不過替跨國民主提供
一種有限、且類似於專家治國的觀點。而且，自由國際主義者也未能認
識到，權力分布的不均等性，這種不均等性將使得民主成為既得利益強
權的俘虜。從達爾到林布隆對於古典多元主義的批判之中，已經清楚表
達統合勢力如何扭曲民主過程。然而，達爾及林布隆等新多元主義的洞
見，卻未見於新自由國際主義的文獻中，相反地，新自由國際主義傾向
於低估全球體系裡權力的結構性不平等，尤其忽略了，在跨國市民社會
代理機構與全球資本二者之間，權力的結構性不平衡。倡導透明度與責
任感本身，並不足以對抗權力管道與影響力的不均等。單憑制度的修
補，並不足以解決「民主赤字」（democratic deficit）的難題[1]。而這種

---

1 「民主赤字」這一詞最常被用來抨擊歐盟的決策情形，由於歐盟理事會裡的政治
菁英就能主導整個歐盟的決策，再加上歐盟成員國在部分議題上採取主權共享，
因此，這使得歐盟的決策不容易對各國的國會或公民負責，從程序民主的觀點來
看，歐盟的決策有著正當性不足的困境（不夠民主），因為歐盟的決策缺乏了公民
的直接或間接參與（透過選舉代議士），而且歐盟的決策者也沒有直接受到選民的
監督，更沒有直接對選民負責。

「民主赤字」目前正困擾著全球治理。自由國際主義雖然認可跨國公民社會的重大意義，但當自由國際主義強調國際組織對民族國家政府的責任性與透明性時，自由國際主義對於跨國民主的解釋，顯然仍無法跳脫西方中心主義與國家中心主義。

三、激進民主多元主義

激進民主多元主義（radical democratic pluralism）拒斥自由國際主義那種改革主義，並主張直接民主與自我治理（self-governance），甚至從全球到地方層次，都要建立一種另類的公共集會論壇。激進民主多元主義之所以拒斥自由主義的改革立場，是因為現存全球治理結構過分偏袒強權（不論財富上或權力上的強者）的利益，但卻排除了大多數人類的福祉及需要。激進民主多元主義者，例如伯恩罕（J. Burnheim）、康諾禮（W. E. Connolly）、佩托馬凱（H. Patomaki）和渥克（R. Walker）等人關心的是一種「新政治」的規範基礎，這種新政治將使個人與社群更具有權力。激進民主多元主義反映著民主的實質觀，而非自由主義所強調的程序觀。激進民主多元主義倡議建立一種美好的社群，這種社群的基礎是：平等、蓬勃的公民權、公共財的促進、人性管理，與自然環境建立和諧的關係。正如學者哈清斯（K. Hutchings）所指出的，激進民主多元主義代表了某種理論混和物，其要素則有後現代主義、馬克思主義與市民共和主義民主理論。

激進民主多元主義本質上是一種由下而上的民主化理論，亦即，世界秩序之民主化必須由下而上。與舊式的解放政治相反，這種新的生活政治（life politics）將焦點放在環境運動、婦女運動、和平運動等其他社會運動之上。這種觀點挑戰了國家、多國企業及國際組織的權威，而這三者恰是新自由主義的支持者。激進民主多元主義不僅挑戰新自由國際主義的政治觀，也挑戰傳統的國外/國內、公共/私人、社會/自然間的分界線。因此，這種激進政治是建立在批判性社會運動的經歷之上，這種

批判運動指出，政治理論的最大謬論，在於下列這一預設：爲了確保政治秩序，權力的中央化管理是必要的。因此，真正的民主，必須以諸人民團體的並列（juxtaposition）爲基礎，而且，這些人民團體不只能自我管理和自我組織，還必須建立在各種空間規模之上：從地方到全球。

顯然，激進民主多元主義著迷於直接民主與參與式民主理論。同時，它也援引新馬克思主義對於自由主義民主的批判，強調有效的參與及自我管理，有賴於社會與經濟平等。同時，它也將自己連接到市民共和傳統之上，因爲激進民主多元主義的提倡者相信，個人自由如果要得到實現，則必須以下述脈絡爲前提：人們普遍具有強烈的政治社群意識，並且能夠理解公共善德（the common good）。

就激進民主多元主義對於全球治理所要求之另類重構的程度而言，它對現存世界秩序之原則構成了威脅。批評者也指出，激進民主多元主義不應該拒絕世界憲政秩序。例如，在同樣的國界之下，如果缺少了某種主權觀，那麼，我們將難以想像，各個群體的「競爭性要求」，要如何在不使用暴力的前提下達成和諧？不只如此，雖然今日世界之秩序並不完善，但如果缺乏現存那不完善的自由世界秩序（表現爲各種程度不等的法治原則與限制組織性暴力的使用），那麼，我們可能會失去創立和培養跨國民主的堅實基礎。歷史的啓示是，只有在法治茁壯而沒有政治暴力時，以領土爲界的民主才能興盛起來。法治與主權是民主得以產生的重要前提，然而，正是由於激進民主多元主義對於法治與主權的態度模糊不清，使其遭受到嚴厲的批判。

四、世界主義民主

與激進民主多元主義的觀點相比，世界主義民主（cosmopolitan democracy）特別關注的問題是：在國家間與跨國領域裡，有效的民主治理所需的制度條件與政治條件爲何？英國學者赫爾德是世界主義民主的重要詮釋者，他指出，世界主義民主應該要建立在現存自由制度秩序之

原則上，例如法治與人權，並在這些原則之上建構一份新的全球憲政協議（global constitutional settlement）。持這一觀點的學者認為，人們的政治生活應該要進行雙重民主化，亦即，藉由將民主化延伸至國家間以及跨國公共領域，以進一步深化國家之內的民主。「跨國民主」與「國家疆界內的民主」這二者，被世界主義民主視為是相互強化的政治生活原則，而非相互衝突的原則。世界主義民主所追求的政治秩序，不只是由民主的社團、城市及國家所組成，同樣的，該政治秩序也必須由民主的區域與全球網絡所共同組成。

　　世界主義民主模式之核心，在於透過發揚「世界主義民主法」來支持自主性原則，而且，此原則同時適用於所有個人與集體。「世界主義民主法」所確立的權力與限制、權利與義務，必須超越民族國家的權利主張。因此，民主的自主原則，有賴於「世界主義民主共同體」（a cosmopolitan democratic community）的建立，該共同體是由每一個民主國家、社會所組成的國際共同體所構成，在此共同體之內，所有民主國家、社會都願意承諾接受橫跨自身國界內外的民主公法。這並不是要建立一個世界政府，而是要建立一個全球性且分化的（divided）權力體系，亦即，一個多樣且相互重疊的權力中心所構成的體系，但必須受到民主法的約束和限制。世界主義民主包含了一種複層制度安排（a heterarchical arrangement），但這不是一種從地方到全球的政治權威的層級化。就概念上來說，這種治理狀態介於聯邦主義與較為鬆散的邦聯主義之間。因為，「世界主義民主法」要求，區域的、國家的和地方的主權，都必須服從於一種普遍的法律框架，但在此法律框架之內，各種結社在不同層次上都可以進行自治。顯然，欲施行世界主義民主，就意味著必須重構現行的全球治理架構。

　　而這種重構民主的過程，必須先藉由區域性與國際性的機構、議會所形成之網絡（空間上橫跨不同地區），從「外部」來完善和強化民主，以此進一步鞏固諸共同體和市民社團中的「內部」民主，如此，民主之實踐，才能夠更全面地鑲嵌於各共同體與公民結社之中。目前，各種全球勢力正規避民主的有效控制，然而，上述這些機制將能促進各類全球

勢力的責任性。

世界主義民主有著一份野心勃勃的全球議程，這份議程將重塑世界秩序與全球治理之憲政。世界主義民主的理論來源也是多樣的，共包含了當代的自由主義民主理論、批判理論、參與式民主理論及市民共和主義。與自由國際主義不同，世界主義民主所主張的議程較為激進，而且，世界主義民主質疑當前這種以國家為中心且注重程序性的民主觀。世界主義民主雖然承認各種跨國市民社會之進步力量的重要性，且由於世界主義民主重視法治與憲政主義對於建構更民主的世界秩序的關鍵意義，因此，可以明確地將其與激進民主多元主義相區別。

然而，世界主義民主的觀點也招來了批判。學者桑德爾（Michael Sandel）指出，由於世界主義民主的核心是一種自由主義式的個人觀，因此，這種觀點，忽視了個人本身所處的社群，其實是以各種方式建構了個人的利益與價值，所以，不論作為一種當代的自我管理公共哲學，或是作為一種道德理想，世界主義民主的倫理基礎似乎都有缺陷。批評者指出，必須先創造出一個具有共同公民認同之民主共同體，民主才有可能興旺。然而，根據布朗（C. Brown）的觀點，全球化雖然創造出一種普遍聯繫的意識，這並不等同於創造了一種立基於共享的價值與信念的共同體意識。同時，有效實踐世界主義所需的倫理及文化資源，要如何產生？批評者指出，針對此一問題，世界主義民主的理論家似乎沒有提出一份讓人信服的解釋。另一方面，批評者也批評世界主義民主理論家所主張的是一種由上而下的途徑，根據此途徑，沿著更加民主的路線來重構全球治理之憲政，被視為是實現跨國民主的核心關鍵。然而，世界主義民主如此信任新的全球治理憲政，卻低估了民主動力與憲政約束邏輯（對人民的作為可能造成各種限制）之間所產生的緊張。學者湯普森（D. Thompson）便指出，在一個全球多層治理體系之中，不同層次的政治權威所產生的權限衝突，要如何通過民主的方式達到和解或被仲裁？關於這一點，世界主義民主理論家並沒有充分加以釐清。這就更不用說，在這種體系之中，要如何能更加確保治理體系的責任性。這也引起了諸多重要的正當性與共識問題。湯普森指出，此問題是「過多的多

數」（many majorities）問題中的其中一個，由於「過多的多數」，以致於沒有任何一個多數能擁有排他且全面的宣稱民主的正當性。他還指出，世界主義民主只是增強了長久以來民主與個人權利之間的緊張，因為，權利主張得以透過國際權威來加以實現，如此一來，這便挑戰了經由民主授權的地方政策與決定的合法性。最後，像學者佩托馬凱及哈清斯所共同指出的那樣，當世界主義民主之計畫預設了西方民主價值之普遍有效性時，很容易被批評為是在正當化帝國主義的新模式。

五、審議式民主

在審議式民主（deliberative democracy）的著作中，以及在與前者相關的股東式民主（stakeholder democracy）的概念裡，可以發現二者既同情也批判世界主義民主與激進民主多元主義的方案。審議式民主並沒有為國際政體提出一份新的憲政協定，也沒有提出全球治理的替代架構，其鼓吹者所企圖闡明的是，治理民主化的可能性存在於國際體系之中，而非存在於政府之中。審議式民主所感興趣的問題大致如下：首先，現今全球治理體系的論述來源為何？另外，如果要以審議民主的方式，來控制政治論述之用語，那麼，跨國市民社會該扮演什麼角色？在國際體系的治理過程裡，跨國市民社會又該扮演什麼角色？實際上，審議式民主關心的是，如何創造一個真實的跨國民主審議之公共領域，且其原則和必要條件又為何？支持者指出，這些原則應該包括非支配、參與、公共審議、回應性治理，以及所有受到政策影響的人，都有權利在公共決策上發聲，因為那些決策將會影響他們的福祉與利益。

然而，審議式民主並沒有低估全球治理制度之改革（自由主義的版本）的價值，同樣地，審議式民主也沒有低估世界秩序之民主憲政（世界主義民主的版本）的價值。只是，在審議式民主支持者眼裡，前兩種版本若要成為跨國民主之基礎，顯然都是不充分的。與前二者不同，審議式民主的理想，在於創建一種會社（association），在此會社中，其成

員能夠透過公共審議來治理各類事務。此倡議者主張，這種理想包含了跨國公共領域之培養，而且，在此公共領域裡，公共治理機構能與受其決策影響的人進行真正的對話。總而言之，想要實現公共福祉，就必須先讓所有的利害關係人，彼此能在訊息充分的情況下，進行理性審議及討論，亦即，如果對話只限於那些對議題有「特別興趣」的人，那麼，公共福祉就可能被扭曲。準此，審議式民主支持者所持的民主觀，明顯與自由多元主義不同，在多元主義者看來，共識的達成，在公共決策中具有優先性，所謂的共識，指的是各種公民利益與偏好之間所達成的共識，或者各種組織性利益間所達成共識。然而，在審議式民主的設想裡，各種公共權威則必須去正當化他們自身的作為，同時，所有受影響的人都有權利去挑戰公共權威的政策，因為只有當每個人民與集體，永遠都有機會去質疑政府決策時，該政治權威之治理才能被視為是民主的。因此，審議式民主有賴於訊息充分且態度積極的公民，而且還需大幅促進公民的權利及條件，如此才能真正使公民擁有權力。考慮到審議式民主的「受影響者皆適用原則」（all-affected principle）所具有的意義，政治審議過程中所採用的標準與程序，就變得非常關鍵。

審議式民主論證的核心在於股份持有原則：所有受到公共權威決策影響的人，或者股份持有者，都有權利在事務的治理過程中發言。由於，公權力總是直接或間接地影響人們的利益與物質條件，而隨著各種不同議題的發生，便會形成不同的股東組合，因此，與之相關的審議共同體中的成員亦非固定不變。實際上，審議過程本身就構成了相應的審議共同體。審議式民主的支持者指出，前述的反思性，使得審議式民主與當代十分相容，因為，在今日世界裡，各個共同體的命運相互交織一起，而且，權力的運作與構成，不再對應於受疆界限制的政治共同體。在自由主義代議民主裡，人民被限定在領土疆域之內，但審議式民主與前者不同，其支持者預設一種更功能性或全面的人民觀，亦即，人民不再受限於既存的領土、文化或者人為疆界。正如翟瑞克（J. S. Dryzek）所指出：審議能夠妥善處理流動的疆界，及各種超越疆界的行動後果，而且，我們能夠從政治互動的本質中追尋民主，而無須擔心民主是否被

限定在特別的疆界實體之內。

　　支持者指出，審議式民主提供了一系列的原則，若以這些原則爲基礎，便能夠建構一個包容的、有反應力的、負責的跨國民主。審議式民主學說之較爲正統的變形版本，則強調其改革主義的抱負：審議被設想爲一種機制，透過此機制來強化公共決策的民主正當性（從地方到全球層次）。與前者不同，更爲激進的審議式民主宣言，則將焦點放在其轉型潛力（transformative potential）上，尤其表現在以下幾個方面：爭辯全球制度性議程、挑戰不負責的跨國權力機構、讓跨國市民社會的力量更具權力。審議式民主的支持者，在詮釋民主概念時，同時揉合了民主的程序性觀點與實質性觀點，而這種概念上的緊張，是因爲審議式民主折衷地吸收不同的哲學淵源，這其中包含了批判理論傳統、論述分析、共和主義、參與式與直接民主。

　　批評者則指出，與其說審議式民主是一種抽象的民主模式，還不如說是一種用來正當化及達成公共決策的機制。只有處於一個民主架構已形成的脈絡裡，審議式民主才能發揮其價值。這種批判，不論從地方、區域或全球層次上來說，都是有效的。此外，雖然審議式民主強調論述，但審議式民主的支持者卻忽略了，在建構一個眞正的跨國審議公共領域時，語言與文化多樣性可能帶來的各種難題。而且，此一難題絕不能簡單地被設想爲技術性的翻譯問題，這裡所引發的難題在於，在達成眞誠的政治審議的過程裡，文化與語言的角色爲何？批評者也指出，審議式民主之支持者主張，審議共同體之構成必須建立在「受影響者皆適用原則」之上，以此原則爲基礎，股東得以被統合起來（不論是直接的參與者或透過代表），然而，問題在於，該原則從沒被澄清過。實際上，由於審議式民主強調自我組織，這反而使其沒有清楚界定有效審議所需的程序性要求與制度條件。最後，如果不求助於權威性的強制手段，複雜的利益或價值衝突如何能通過審議得到解決？審議式民主對此並沒有提出正面回答。因此，不論是打消外債或人道干預等議題（這些問題形塑著當代的世界政治議程），在面對這些最爲急迫的全球性分配與安全議題時，審議式民主的價值就更顯薄弱。

六、小結

　　不論是實際或理論層面，上述哪一種觀點最具說服力？學者麥克固指出，自由國際主義的價值觀，與現今自由世界秩序及西方國家、菁英的看法大致相符，因此，自由國際主義的主張，可能是最可行的跨國民主方案（McGrew, 2002: 286-288）。在自由國際主義主流論述的支配下，當前對於改革全球治理的討論，明顯著重於透明性與責任性。但這畢竟是一種狹隘的程序民主觀，其基本預設是國家主義者（statist）與普遍主義者（universalist）。許多持進步主義觀點的社會力量，則試圖去超越這種主流觀點。亦即，自由國際主義所追求的是國家民主（國際民主），而不是真正的人民民主（跨國民主）。相較之下，激進多元主義民主受到橫向的新社會運動政治的鼓舞，更渴望變革，然而，由於它不能夠從理論上或歷史上闡明在缺乏主權權威及法治的前提下，跨國民主要如何實現或制度化，因此，這限制了激進多元主義民主的貢獻。在一個高度去中心化的世界秩序裡，各種自我管理共同體激增，發展真正跨國公共領域的條件，似乎還不具備，全球治理民主化的條件也不成熟。激進多元主義民主也未能清楚說明，為何目前的世界秩序必然走向全球民主，而不是一種共同體的暴政？在這些方面，激進多元主義民主對實現其目標所需的條件，並沒有提出充分或令人信服的論證。

　　相反地，世界主義民主與審議式民主，對於實現各自目標的條件，有較為系統的闡述。兩者的目標十分激進，均渴望世界秩序能轉型成「國家與人民的民主共同體」（a democratic community of states and peoples）。然而，這兩者也深深意識到，各種權力結構與經濟力量正阻礙著跨國民主的前景，因此，兩者均詳細說明實現世界秩序民主化的條件。這兩者的差別在於，審議式民主主要關心的是世界秩序的論述來源（discursive sources），以及在全球治理民主化的過程裡，市民社會溝通權力的意義；而世界主義民主的核心關懷，則在於建構適當的憲政及制度秩

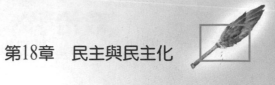

序，以此來培育、強化超國家民主。另外，審議式民主與世界主義民主的支持者，均認為跨國民主並非國家民主的替代物，相反地，跨國民主在某些方面是國家民主的救星。不論如何，雖然審議式民主與世界主義民主深具濃厚理想主義色彩，但他們對於全球民主的反思，確實深具原創性。

 進階讀物

Arblaster, A. (2002) *Democracy* (Buckingham and Philadelphia, PA, Open University Press).

Dahl, R., Shapiro, I. & Cheibub, J(eds.). (2003) *The Democracy Sourcebook* (Cambridge, Ma, MIT Press).

Grugel, J. (2002) *Democratization: A Critical Introduction* (Basingstoke, Palgrave Macmillan).

Wiarda, H. et al.(eds.). (2002) *Comparative Democracy and Democratization*(Texas, Harcourt College Publishers).

Whitehead, L. (2002) *Democratization* (Oxford, Oxford University).

相關網站

Journal of Democracy

　　http://www.press.jhu.edu/journals/jod/

Freedom House

　　http://freedomhouse.org

一、簡述民主政治的特質。並試說明其施行應有何要件作為基礎。

二、從民主化的過程來看，我國的民主政治是否已鞏固？試述其理由。

三、依據學者的歸納，民主的模式有哪些類型？試舉例說明之。

四、何種模式的民主政治最具吸引力？其原因何在？

五、國父孫中山先生之五權憲法學說，較符合代議民主制？直接民主制？還是馬克思主義式的一黨民主制？

六、何謂「民主化」？試從指標的類型和路徑說明之。

七、倘若自由國際主義民主、激進多元主義民主、世界主義民主與審議式民主皆能施行於國際，則這四者之中，何者最有利於解決兩岸關係的困境？試述其理由。

Political Science

◆第19章　政治發展

任何國家的政治環境都不是靜止不動的，長期而言，政治活動與政治制度的演變有無方向可尋？優劣可比？測量政治發展（political development）時，有沒有放諸四海而皆準的指標？促成政治變遷（political change）的原因及模式又爲何？這些都是本章所要關心的問題，同時也以中華民國爲例，分析本國的政治發展實況。

第一節　何謂政治發展？

對於政治發展概念的界定，學術界眾說紛紜，目前尚無統一的定義。從概念上來說，這並不令人意外，因爲，如果政治學界對「什麼是政治」都沒有共識的話，就更不可能對「什麼是政治發展」有共識。概略而言，政治社會學家由於受到社會學的影響，比較傾向於將政治發展視爲是政治系統的功能分化與專業化；另一方面，不少政治科學家則認爲政治發展意味著利益團體、政黨、官僚等政治制度的增長；還有一些學者將政治發展與民主化等同起來，並且將美國視爲民主化與民主制度的典範。事實上，對一九六〇年代的美國政府而言，政治發展一詞還意味著穩定性、反共及民主化等意識型態意涵。再者，測量政治發展，也比測量經濟發展或社會現代化要難得多。舉例而言，人們可以透過測量國民生產總值與人均生產總值來判斷一國的經濟發展，有些社會學家則可以透過識字率、城市化等數據來測量社會現代化，但政治學家卻缺乏精確的指標來評估政治發展。總之，由於定義與測量上的難題，使政治發展這一概念一直飽受爭議。

一、定義上的多樣性

政治學家自己也意識到政治發展在定義上的混亂，學者白魯恂

（Lucian W. Pye）就曾在《政治發展面面觀》（*Aspects of Political Development*）中，把各家對政治發展的定義歸納成下述十個要點：

1. 政治發展是經濟發展的先決條件，是適應並促進經濟發展的政治條件或政治形式的生成過程。
2. 政治發展是以工業社會下的政治爲其模範，工業化使政治型態出現諸多共性，因而所有工業化社會無論實行民主與否，都有一套類似的政治行爲模式和標準。
3. 政治發展就是政治現代化過程，是傳統社會建構現代社會政治型態的過程。
4. 政治發展是一種民族國家的運作過程，也是一個國家首先要建構民族國家的政治型態，並展開政治運行的過程。
5. 政治發展是行政和立法之發展，建立有效率政府是政治發展的核心。
6. 政治發展是大眾動員和參與的過程，一定程度自下而上的政治參與和自上而下的政治動員都能達到政治發展。
7. 政治發展是政治民主化的過程，亦即建設民主政治制度。
8. 政治發展是穩定與有秩序的變遷，是指一個社會能夠理性且具有自主意識的控制政治過程，引導社會變革的方向。
9. 政治發展是政治體系能力增強的過程，其中較重要的是動員能力和獲得權力能力的提高。
10. 政治發展是社會變遷多面向過程中的其中一個面向。

白魯恂的歸納雖然脫離不了西方價值觀的影響，但他的確揭示了政治發展的核心範圍，在一定程度上超越了西方的政治發展經驗。簡而言之，政治發展的概念可以這樣來界定：一個政治體系所擁有的能力（capabilities）變得更加廣泛（extensive），尤其是在管理內部作業與回應外部環境時，該政治系統的政治結構與政治過程變得更加專業化與有效率。

二、政治發展的特徵

　　透過衡量某一政治系統的部分特徵，政治學家可以判斷其政治發展的程度。近年來政治學者主要是透過觀察先進國家的發展情形，歸納出四項衡量政治發展的重要特徵。

(一)國家權力的集中

　　這指的是大部分的權力與權威，都能漸漸地集中到單一的國家層級的政治系統中，而且傳統的權力資源與政治權威相對弱化。公民普遍允許國家有權力去分配各種政治價值，並且承認公民有義務將政府所做的配置視爲是權威的。政府的各種正式法律制度（不論是憲法或其他法律），都能很完備地建立起來。

(二)政治結構的專業化

　　這指的是大部分的核心政治功能，都能被各種複雜及有組織的政治制度所履行，這些政治制度包括了立法、行政、政黨、政治利益團體。而且這些制度的運行，都能符合各種官僚體制的運作原則，例如理性與效率。

(三)政治行爲符合「現代」形式

　　個人對於政治系統與國家能夠產生出強烈的認同。而且國家被人民視爲是一個實體，其地位高於其家族團體或其他原初的族群認同與忠誠。人民普遍能扮演積極的政治角色，並在政治的運作過程中成爲積極的參與者，不論是投票或溝通各種政治信息。

(四)政治系統具有各種廣泛的能力

政治系統變得越來越受人民的支持，並且能夠回應其人民的各種需求，而且能有效控制其環境。總之，政治組織變得越來越穩定與協調，其結構變得越來越有效率，其作為也能有效達到預期中的目標。

對於政治能力的分析，往往是政治學家衡量政治發展程度的關鍵指標。政治學家艾爾蒙及其同事指出，一個政治系統若要達到比較高的政治發展，就必須改善其五項能力。第一項是提取（extractive）能力，意指有能力從環境中運用人力與物質資源；第二項是規約（regulative）能力，這指的是有能力去控制個人與團體的行動；第三項是回應（responsive）能力，這指的是有能力作出決定與政策，以回應各種針對價值配置的需求；第四項是分配（distributive）能力：這指的是有能力透過制度化的結構與程序來配置各種價值；第五項是象徵（symbolic）能力，這指的是有能力操作各種意象與意義，並且分配各種非物質的獎賞與價值。

三、政治發展的過程

對於那些想要分析政治以及改造社會的人而言，政治發展的過程往往是一個重大的研究議題。

(一)模式一

某一派觀點認為，政治發展最初之所以會產生，主要是為了回應經濟與社會系統的發展。從這個觀點來看，當現代化的諸要素不斷出現時，就需要一個更加成熟的政治系統來加以應對，一個高度發展的政治系統，能夠提供必須的設施與組織，來處理各種複雜的經濟活動，並且回應現代公民的各種需求。顯然，在這裡，政治發展被設想為依變項，

而現代化的各種要素（都市化、社會流動、經濟發展）則是自變項，這些自變項提供政治發展所需的各種人力與物質資源。高度的經濟生產能力，將提供各種財貨，讓政治系統去進行分配。都市人口的增加，伴隨著越來越多的現代價值理念，人民將更加願意去接受政府的權威，並且投入有意義的政治參與。簡而言之，政治體系發展出更複雜與專業化的結構，主要是爲了回應社會與經濟的變遷。尤其經濟發展被視爲是關鍵驅力，因爲經濟發展首先會推動都市化與社會現代化（都市化與社會現代化再反過來推動經濟發展），而經濟發展與都市化、社會現代化再進一步推動政治發展。

(二)模式二

模式一之所以言之成理，主要是以十八世紀及十九世紀歐美的發展經驗爲基礎。然而，如果我們去分析近五十年來那些新興國家的發展經驗，就會發現，政治系統本身的力量與影響力，是造成變遷的重要因素。因此，部分學者對於政治發展的過程，抱持著另外一種看法：政治系統本身就是一個關鍵的力量（自變項），能夠造成社會與經濟體系的發展。這種觀點意味著，如果政治系統能夠先成熟地發展，那麼，政治系統就會成爲引領社會及經濟發展的工具。政治領導者對於資源配置所作出的決定，可以引導或是決定人們行爲的變遷方向，不論是政治經濟或是社會層面。

根據上述這一觀點，當新的政治菁英掌權時，他們最能夠直接控制的領域就是政治系統。因此，一個獨斷政治領導者，在一開始時就可採取一連串的政策與行動，來建立各種專業化的政治結構，並且鼓勵各種政治行爲的現代形式。舉例而言，領導者可以透過制定法律來設立各種新的政府制度，並降低各種傳統權威的力量與資源，讓政府官僚有能力去執行各種新功能並配置各種新的資源；可以鼓勵政黨的形成，動員特定的團體參與政治的運作過程，或讓國家有權力或權利去控制各種人力與物質資源。進而，政治領導者還可運用那些較爲成熟的政治結構、過

程與民意，以加速社會及經濟等其他生活領域的現代化，不論是教育體系、國家認同、政治、經濟、媒體、衛生或宗教。一個強而有力的領導者，往往能主導整個變遷的過程，中國的毛澤東與土耳其的凱莫爾（Kemal Ataturk）便是最明顯的例子。

　　顯然，政治、社會、經濟與其他領域的變遷與發展，都是相互關連且相互作用。第二種模式較強調政治抉擇的重要性，並且將政治視為是發展的驅力。這種觀點意味著，意識型態、政治領導者的行動及意志，都能左右發展的過程，相對地，經濟成長就不是發展的關鍵要素。

第二節　發展研究的不同視角

　　一九五〇年代末期，西方政治學界的年輕學者，開始對亞洲、非洲和中東等新興國家的政治情況感到興趣。在接下來的十年裡，該研究群體不僅人數增多，而且他們所持的理論與研究途徑（政治發展），在開發中國家的研究領域內占據了主導的地位。然而，政治學家對於政治發展的研究，並非在一個孤立的學術脈絡中形成的，其他學科的視角也深刻地影響了政治發展的研究取向。

一、經濟學家

　　最初關於發展的研究，是由經濟學家所提出的。著名者有波藍尼（Karl Polanyi）、哈根（Everett Hagen）、莫理斯（Bruce Morris）、海爾布魯納（Robert Heilbroner），他們都撰著了關於全球經濟發展的文章，同時對當時的新興國家有高度的興趣。最有影響力的是羅斯托（Walt W. Rostow）的《經濟成長階段：非共產黨員宣言》（*The Stages of Economic Growth: a Non-communist Manifesto*），在該作品中，他劃分了發展的五個

不同階段：傳統社會、準備起飛、起飛、邁向成熟和高度的大眾消費時期（age of high mass consumption）。

總之，這些著作都將歐洲與美國的發展經驗，視為解釋經濟發展如何發生的模型。西方學者往往簡單地假設，那些「不發達的國家」的發展路徑，將和已開發國家相同。他們還假設歐美的經驗，可以作為他國發展的模範，新興國家若採取相同的路徑，最終將能實現「超趕」（catch up）。當然，正如羅斯托前述書名所暗示的（非共產黨員宣言），西方經濟學家所採納的是一種自由主義式的資本主義，或者是一種混合式的資本主義（混合了社會主義與中央計畫經濟的部分要素）。然而，這個時期的經濟學家並沒有仔細探究一些更深入的問題。例如，歐美的發展路徑對於新興國家而言，是不可避免的嗎？是不是合適的（不論國情的差異有多大）？政治因素在其中起到什麼作用？還有，經濟發展是不是必然會造成某種政治及社會的發展？

事實上，經濟學家們在為新興國家制定發展規劃時，套用的正是歐美的發展模式，他們認為（預設）經濟發展和工業化的動力，將不可避免地會形成新的企業家階級、中產階級、有組織的勞工與農業團體，而且這些新興團體還會進一步產生一個穩定、多元、有回應能力的民主政府。當然，後來第三世界的許多經驗都顯示，前述那些預設是站不住腳的。許多第三世界國家在經歷激烈的社經變遷後，大多引發了激進主義與威權主義，民主並不會也沒有自動地到來。

二、社會學家

除了經濟學家之外，社會學家從很早就開始對發展議題感到興趣。最著名的學者包括帕森思、勒納、李普塞和多依奇（Karl Deutsch），其中多依奇較特別，因為他同時兼有政治科學家的身分。這些社會學家中，最有學術影響力的人物是帕森思，他是哈佛大學著名的社會理論家，雖然他從不花任何時間研究現實中的新興國家，卻提出了一套理論

範疇，用來區分「現代的」與「傳統的」社會，而且還認為這些範疇具有普遍的適用性。帕森思認為，在傳統社會之中，人的身分建立在「歸屬」（ascription）之上，所謂的歸屬指的是出身、姓氏、氏族或部落；而在現代社會裡，人的身分則是建立在「成就」（merit）之上。他還指出，傳統社會中的行動者在對待他人時，所採取的是「特殊主義」（particular-ism）的觀點或是狹隘的觀點（封閉的、狹窄的、有限的）；而在現代社會裡，行動者在面對他人時，則採取一些普遍的價值。其次，傳統社會的特質是「功能瀰散」（functionally diffuse），亦即，軍事、政治、經濟功能經常相混不分；然而，現代社會的特質則是「功能專門化」（func-tionally specific）與高度的功能分化。

　　這些二分法，在某些方面確實能提供有用的對照。但在真實生活中，可以發現各國社會的屬性都不是截然二分，往往是兼有傳統與現代的特質。再者，帕森思並沒有告訴我們一個社會如何從傳統類型轉換到現代類型，也沒有說明為什麼現代社會的特質就必須是前述那些而不是其他。同時，傳統與現代之間的區分過於絕對，常會引起人們對現代性的期待，而這種現代性通常又是新興國家難以達到的。此外，社會學家與經濟學家一樣，都沒有特別顧慮到政治因素在發展過程中所產生的作用，而且也把他們所提出的發展模式預設為不可避免的發展過程。

　　另外一位社會學家勒納，則研究日益發達的通訊工具對中東地區的發展及現代化的影響。他的研究與帕森思的抽象理論相比，顯得細密許多，也涵蓋了更多的經驗證據與國家案例。但勒納在研究中所包含的許多假設，與當時其他社會學家的觀點其實相差不遠。他假定，從傳統向現代轉型的過程是單向的，由新的通訊媒介所引發的現代化，將不可避免地引發大量政治後果（平等主義與民主等等），而且這些過程是普世的。但是，人們卻發現，回教地區的恐怖分子與激進派也可以利用「現代通訊工具」來逐行其恐怖活動或散播激進言論。因此，勒納的觀點很難不受挑戰，人們質疑現代通訊技術是否真的能夠造成人類社會的單向發展。

　　到了一九五○年代末和一九六○年代初期，人們對於發展議題的興

趣更加提高。當時社會學家李普塞及多依奇的觀點,特別具有影響力。他們二人雖沒有一起進行研究,但論點卻相當一致。他們認為,一個社會在實現發展與民主之前,必須先具備某些社會條件,這些社會條件包含了高識字率、經濟發展、農民和工人的流動(mobilization)、現代的通訊、教育、對遊戲規則的共識。他們小心翼翼地論證道,較高的教育水準並不能導致民主制度的出現,因為現代式的教育制度也可以被用來傳播威權主義;然而,他們還是相信教育與民主之間存在密切的關連性。不過,他們倆的追隨者或學生,卻不如李普塞及多依奇本人那麼謹慎,其中有些學者甚至堅信,社會流動與教育等因素,將能使民主開花結果。總之,後來在美國的學術圈與政府智囊團裡,經常流行著一種觀點,亦即,根據帕森思、勒納、多依奇和李普塞的理論,經濟發展將不可避免地引起社會的現代化及分化,而後者又會導致民主制的出現。

三、政治科學家

早期對於發展的研究,到了一九六○年達到高峰,在那一年艾爾蒙與柯爾曼(James S. Coleman)合寫的《開發中地區的政治》(*The Politics of the Developing Areas*)出版了。在該書中,艾爾蒙提出了一個研究發展的框架,此框架發表之後產生了巨大的影響力。艾爾蒙融合了伊斯頓的政治系統論與帕森思的傳統和現代二分說,並運用它們來解釋開發中國家和已開發國家之間的政治差異。艾爾蒙的核心論點是,雖然不同的地區有著不同的制度,但所有的政治系統都要履行各種同樣的功能。所以,他提出了一種政治活動的功能主義模型,而且預設該模型具有普遍的適用性(儘管他後來承認那時從沒到過任何一個開發中國家)。

按照艾爾蒙的定義,一個政治系統必須履行的功能,可以分為輸入端與輸出端。輸入端的功能有四項,分別是第一、政治社會化:人們如何學習或如何被灌輸政治價值與觀念。第二、利益表達:利益如何被表達、提出,這有些近似於利益團體的活動。第三、利益整合:利益如何

整合並且呈現於政治系統之中，這有些近似於政黨的活動。第四、政治溝通：各種利益及影響如何施加於政治決策者。而輸出端也有三項，分別是第一、規則的制定：誰來制定法律及規則。第二、規則的執行：對規則或法律加以執行或管理。第三、規則的裁決：解決系統內關於規則的爭端。

　　如果仔細觀察輸出端的那三項功能，就會發現這些功能與美國的三權分立政體之間有著高度的對應性（規則的制定與立法權相對應、規則的執行與行政權相對應、規則的裁決與司法權相對應）。然而，艾爾蒙卻認為，他提出的這些範疇具有普遍適用性，全世界的政治系統都必須履行上述這些功能。雖然艾爾蒙的研究框架在一開始就遭受到很多批評，但還是鼓舞了許多研究生與青年學者前往世界各個新興國家進行關於發展的研究。艾爾蒙的學說之所以擁有如此大的影響力，是因為他的框架不只符合當時政治學界的「科學標準」，而且在道德上也似乎是良善的，因為，他的學說不只可以用來研究發展的實況，而且也可以用來判斷一個國家的發展缺少了什麼，此時，政治學似乎可以為現實政治提供一盞明燈，或者說，政治學被用來支持美國當時對新興國家的外交援助政策。事實上，演變到後來，政治發展已經不只是一種研究途徑而已，而且還成了美國對開發中國家援助計畫的基礎。

四、發展研究所遭受的批評

　　到了一九六〇年代末期，學界對於發展主義的批評已經堆積如山。最直接的批評來自那些曾經親赴開發中國家作研究的年輕教員和學者。他們發現帕森思與艾爾蒙的學說流於抽象與演繹，對那些新興國家來說根本不適用。現實生活中並不存在什麼「利益整合」或「規則裁決」，比較多的反而是徇私舞弊、特權政治、軍隊鎮壓與菁英統治。這些年輕學者並不認為這些現象符合艾爾蒙所說的「失功能」（dysfunctional），他們的結論反而是，艾爾蒙的學說根本就是錯誤的。舉例而言，發展主義的

方法對於傳統制度的解釋往往是錯誤的。大部分的發展主義文獻都認為，傳統制度（宗教、氏族、等級制等）如果不是逐漸消失，就有可能會隨著發展的演進而被摧毀。然而，現實經驗卻不是如此，很多傳統制度不只存活下來，完成自身的現代化（例如氏族轉化為利益團體），而且還在新興國家的轉型過程中扮演重要的作用，例如在社會秩序激烈動盪的時期，傳統制度經常能提供凝聚力。

這些年輕學者還指出，西方的發展學說有濃厚的種族中心色彩，因為不論發展的範疇、階段、過程等概念，全都套用自西方的發展經驗，而不是歸納自開發中地區的經驗，這大大地忽略了西方與第三世界的文化及歷史差異。例如，十九世紀的歐洲國家，大致能在一個相互隔離的狀態下實現發展，然而，今日的新興國家卻不時必須面對西方列強及跨國企業的經濟剝削。另外，西方的發展是漸進的，而且是在歷史的長河中逐漸形成的，一個階段接著一個階段而來。相對地，新興國家通常卻是封建主義、資本主義、社會主義等階段同時一起到來，形成了一種重疊又混亂的形式。

進一步言，發展主義不只在實然層次上站不住腳，在應然層次上也是可議的。因為這些研究發展的文獻，在發展中國家引起了錯誤的期待，甚至樹立了不切實際的目標，由於低估發展過程可能遭遇的難題，硬將西方的制度與實踐強加給缺乏相應文化基礎的開發中國家，結果往往是引起衝突、流血事件，甚至是兵變奪權。而且，西方的學說不僅歧視非西方文化，還給開發中國家帶來許多破壞，例如，許多研究發展的文獻，主張應該要把那些傳統制度丟進歷史的垃圾堆裡，這常常會不分好壞地破壞了一些美好的傳統制度，其實有些傳統制度，甚至有助於一個國家從傳統社會向現代社會過渡。

最後，學界對於發展主義的另一個重大打擊，來自於學者杭廷頓的作品：《轉型社會的政治秩序》（*Political Order in Changing Societies*）。早期關於發展的著作均認為，經濟發展、社會現代化與政治發展是齊頭並進的，而且是相互促進的。但杭廷頓卻指出，高速的經濟發展與社會流動，與其說能導致穩定與民主，倒不如說會顛覆傳統的生活方式，從

而製造出混亂局面與社會崩潰。社會現代化讓人們期待一個更美好的生活，當這種期待超過了其所處之政治系統的承受能力時，就有可能會引起全國性的失望與挫折心理，這將會導致社會的解體，甚至是革命。杭廷頓建議，學者和政府官員不應把焦點放在社會變遷，而應該要特別注意如何建立一個強健的制度，以應對各種政治變遷，不論這些變遷是來自軍隊、政黨或官僚。

第三節　政治變遷

關於政治變遷的意義，因尚屬萌芽階段，界定未臻成熟，試舉尼德勒（Martin C. Needler）和艾爾蒙的政治變遷定義來說明。

一、何謂政治變遷

尼德勒的概念，著重於政治系統之改變。他說：「所謂變遷，不只包含政治系統執行功能之變化，而且包含一系統轉變為另一系統之變化。」（Needler, 1968: 14）艾爾蒙的政治變遷概念與尼德勒接近，他認為政治系統之所以進行變遷，乃是因為政治系統獲得某種新能力所致。例如部落領袖發展了組織官僚機構，使命令能貫徹到鄉間，並使之能發揮徵收貢物和人力的功能，此部落即具有整合和動員的能力，那麼，該部落系統顯然已從其早先家族和宗教組織，轉變為特殊政治組織。假如此部落系統利用資源使自己能在國際舞台上與他國相適應，即可說其獲得了國際適應能力，此時部落系統也產生改變。從而可知，艾爾蒙是從系統能力來看政治變遷，認為能力發生變化，政治系統必然也發生變遷。

尼德勒的政治變遷觀念特別指一個政治系統的變動，其情形可能是整個或部分結構的改變。艾爾蒙則以「能力」來說明政治變遷，惟僅說

明了政治系統之「能力」發生改變而可能引起變遷的原因,並未明確指出政治變遷的方向、速度和範圍。艾森斯達(S. N. Eisenstadt)的看法與艾爾蒙的相差無幾:「一個社會結構的發展,必然引起許多結構的繁衍與分枝,並且需要繼續改變結構的形式、活動與問題,但這種發展並不保證制度結構的發展能在穩定狀況下應付後續的變遷,而且同時維持穩定的秩序。因此,現代化的開始,最重要的問題,是新生社會結構的能力能否應付後續的變遷。」(Eisenstadt, 1966: 43)

二、政治變遷的原因

關於政治變遷的原因,貝瑞(Nicholas Berry)在《政治構造:社會中政治系統之分析》(*Political Configurations, An Analysis of the Political System in Society*)一書中提出假設,假定無論何時,只要一個政治系統所執行的社會功能有了擴張、減少或重新安排,則政治系統就會發生變遷。這種假設是把社會看成一個整體,政治系統只不過是社會系統之一部分而已。一旦政治系統與社會系統之間疆界有了變遷,政治系統的執行功能必然受到影響,如社會系統疆界擴張,則政治系統執行的社會功能將減少;反之則增加。像移民、土地攫奪、外國商人流入本國、外國軍隊移駐本國、觀光人數增加、人口成長等,就是社會系統疆界擴張的例子。

與上述觀點有關的是從社會流動的觀點來解釋政治變遷,如戴維斯(I. Davies)即認為社會階層的變動,無論是職業或地理流動,都會引起政治變遷。其次,亞伯特(D. E. Apter)從系統分析角度來解釋政治變遷之因:「當社會結構和功能變動過快,以致於負責的機構、人民或權威機構未能予以控制時,也就是政府不能維持或獲得適當的情報消息,或未能成功地執行強制功能之時,政治系統就會發生變遷。」(Apter, 1973: 110)

另外亦有從心理學觀點來分析社會和政治變遷,如赫仁(Everett E.

Hagen）即以人格變遷的觀點來說明社會變遷：「人格與社會機構的相互關係非常密切，若人格不發生變遷，社會變遷就無從發生。」（Hagen, 1962: 86）但尼德勒（M. C. Needler）則對此論點提出批評：「若只強調心理動態（psychodynamic）過程是行為變遷的起因，那我們就無法瞭解在不及一世代的短時間內，社會變遷怎能發生，因為用赫仁的方法，必須透過育嬰方式來改變基本人格，環境才會隨之變遷。但事實上，政治態度和行為的改變，有可能只是單純針對情境與環境變遷而作出反應，亦即，這並不需要假定基本人格必須先發生任何改變。如潛在的帝國主義國家之領袖，也許因敵對聯盟形成，而使其外顯的帝國主義行為斂跡；對於這種情形，就無需用人格結構變遷的假設來說明。」（Needler, 1968: 154）事實上，亦難斷言到底是環境影響人格抑或是人格影響環境，畢竟兩者密切相關且互動影響。

還有一些學者從經濟發展或工業技術等方面來解釋政治變遷。如馬克思認為生產力引起階級鬥爭，而鬥爭結果引起政治變遷。赫仁亦認為工藝與經濟對於政治變遷有重要的關係：「顯然的，經濟變遷助長了社會及政治變遷：土地生產增加將給予農民希望；而一旦農民一無所得即會產生挫折。工業發展即使緩慢，但是當中產階級興起，將立即與傳統地主階級形成對抗局面。逐漸擴大的工業化、都市化和居住地流動等變遷現象，都會導致政治變遷。」（Hagen, 1968: 191）

此論點有若干程度上的道理，經濟發展不僅可促使政治系統變遷，且亦促進民主政治的發展。茲以李普塞、湯瑪士（Dani B. Thomas）和尼德勒的觀點加以說明。李普塞認為民主與經濟發展的狀態有關係，一個國家越富有，則其趨於民主的機會越大；反之則越少。換言之，經濟發展越低的國家，共黨活動越為劇烈，政治越不穩定。湯瑪士的觀點亦與李普塞接近：長遠看來，除非主客觀因素合致，也就是說除非政治發展附在一個堅強的經濟基礎上，以及公共情感和國家忠誠強於地方、區域或種族利益，否則民主發展不能純正持久，民主政治在非洲之前途因此很黯淡。此論點乃是觀察某些國家後所得到的結論，這些國家往往才剛剛獨立，經濟成長和國家整合很弱，卻急於實行民主，以致造成政治不

穩定。

　　尼德勒研究拉丁美洲情況後亦表示：「假定政治參與被視為獨立變項，一旦參與大幅度提高時，除非經濟發展同時以較高水準的富裕生活來配合高度的參與水準，否則憲政統一將趨於崩潰」；「假如大眾參與速度超過經濟發展水準，則憲政將瀕於崩潰」；「假如人民有高度參與傾向，要維持憲政穩定，必須依賴政治系統產生更高的收入水準，亦即經濟幸福相對提高，否則憲政穩定將趨於衰微；假如參與保持常數，而經濟情況不佳，憲政亦將趨於不穩。」（Needler, 1968: 92）尼德勒的意思是，人民若有高度政治參與傾向，其憲政穩定與否，需依人民所得而定，倘若其經濟發展無法配合，其人民高度的政治參與傾向極易導致政治不穩定。

　　此外，另有學者從政治文化觀點來解釋政治系統的穩定與變遷。如白魯恂、維巴、艾爾蒙等人。白魯恂和維巴在《比較政治文化》（*Comparative Political Culture*）一書中表示，之所以要從文化層面來研究政治程序，原因有二：「雖然各種政治系統均代表政治文化與該政治系統中有形與無形方面相互複雜的交織，但卻很難利用現有工具對各種政治系統整體予以全面研究，所以只得觀察其中的某一面；其次，我們相信一個社會的政治文化是政治系統中非常重要的一面。」政治文化就是個人對政治系統的特殊政治取向，以及個人在政治系統的態度。就政治文化論者而言，政治文化領域的變動，常常即是政治系統變遷的重要因素之一。他們還特別指出：「基本的政治信仰對變遷的研究有關連，在引導各種制度的發展和變遷的途徑方面，它們占有重要地位。很多方面，這些信仰可以代表一個政治系統中具有安定力的因素；可能促使某一政治系統的行為者以傳統信念的名義抗拒變遷，或者導致各種革新的制度作基本的修正，使其適應傳統文化。再者，一種文化也可能把變遷作為其基本系統的一部分。在文化範疇之內，現代主義標籤之一，可能就是對於不斷地變遷和革新給予肯定的價值，並承認其係把革新加以制度化，而所有國家的政治文化本身都是在變遷中。」（Pye and Verba, 1965: 12）

對於上述的看法，卡凡納（Dennis Kavanagh）卻提出批評，認為從政治文化的觀點並不能充分解釋政治變遷，或用來確定穩定的民主政治、公民文化、分枝繁衍的政治文化或權威等之間的關係：「價值觀念與結構之間的實際關係是相互影響的，所以很難將價值觀念抽離出政治結構之外。」（Kavanagh, 1972: 66）雖然兩者關係難以釐清，但中國人所說「人心思變，動亂必起」多少可證明幾分艾爾蒙等政治文化論者觀點的正確性。

三、政治變遷的形式

關於政治變遷的形式，可從變遷動力來源與變遷速率及範圍兩方面來看：

(一)變遷動力的來源

就變遷動力來源來看，政治變遷形式可分為三種：

■來自上層的動力

是指統治者自己決定推動政治變遷。方式分為兩種：一是，統治階層內部人事變動所引發，即政治支配地位發生改變，其方式可能為依憲法規定和平轉移或宮廷政變；另一是，統治者的意識型態有了變動，而據新意識型態所採行的政策，改變了舊有政治體制和結構。事實上這兩種方式密不可分，統治階層的更迭可能牽涉路線之爭，而路線之爭亦會影響人事更迭。

■來自下層的動力

是指來自下層民間的要求而發生政治變遷。其方式也可分為合法與非法兩種。合法方式是人民透過選舉程序參與政治，組織政黨競取政

權，或標舉主義、動員群眾，以取代現在政權。至於非法方式，是指人民以革命暴力手段推翻現在政權，或採怠工、罷工、破壞等手段壓迫現在政權作改變。

■來自國際的動力

政治變遷並不必然發生自某個特定系統內部或整個社會系統的相關地方，也有可能是因為受到國際干涉而促發的，如受外國的壓迫、侵略、征服等而引起政治系統之改變。例如，戰後的日本和德國所實施的「民主化」運動，一九五六年的匈牙利、一九六八年的捷克、一九七九年的阿富汗等國的社會主義化即為其例。

(二)從政治變遷的速度和範圍來看

從政治變遷的速度和範圍來看，政治變遷的形式可分為兩種：

■革命

一個社會為求急遽完成現代化，有時採取激烈手段改變整個社會結構，革命（revolution）乃成為現代化運動的一個重要手段。革命是指同時迅速地、完全地、激烈地改變價值觀念、社會結構、政治制度、政府政策和社會政治領袖。這些變遷越完全、越徹底、革命便越成功。革命的政治本質是加速擴大政治參與，動員新團體加入行列，革命可以說是最激烈的一種政治參與方式。一個完整的革命，必然包含新政治秩序的建立和制度化，改變舊秩序和舊制度，乃成為不可或缺的要件。

■改革

改革（evolution）是指和緩、不同時改變政治系統內的政策、領導人和政治制度。有時亦指削減政權，提高一般人民的經濟和社會地位。幅度上比革命小，也較不徹底，進行時間往往超過革命進行的時間，所以改革講究長期策略，不同於革命求立見之效。

改革與革命雖有時間與程度之差，但亦有相互影響的關係。就歷史上發生的革命運動來考察，幾乎任何革命在發生之前，皆曾實施過改革運動，至其未能滿足人民需求願望後，革命火花才隨之點燃。或可謂改革失敗常激起革命浪潮，稍一不慎，將變成革命催化劑。歷史證據俯拾可得，如1911年中國的辛亥革命，即是繼清末一連串改革運動失敗後而發生的。

第四節　中華民國的政治發展

運用西方學術界對於傳統與現代的二元區分方式，事實上有助於解釋台灣政治體系日趨自由化的發展過程。如勒納在《傳統社會的消逝》（*The Passing of Traditional Society*）一書中所描述的，開發中國家隨著大眾傳播的發達，教育普及等因素，使政治參與（如投票率）的程度提高。或如多依奇在其文章〈社會流動與政治發展〉（Social Mobilization and Political Development）中所指出的，從社會流動的觀點來看政治發展，即因經濟發展帶動社會現代化，社會成員溝通頻繁，知識水準提高等都有助於政治走向民主化等。這些學者所描述的現象，在台灣政治發展經驗中都顯示出來。台大教授胡佛在其文章〈台北市民政治參與行為的比較分析〉中也指出，人民因教育普及、生活水準提升，使傳統權威人格下降，公民參與意識提高，可以說是培養了有利於民主發展的政治態度。從長期趨勢來看台灣政治發展，經濟發展與政治民主大致呈現出一種正向並適應關係。即經濟成長和所得分配的平均，使台灣創造出中產階級為主的社會，防止社會因貧富不均、階級對立而造成的不安。教育水準的提高、大眾傳播的發達，提升了人民參與政治的能力，這些都為台灣朝向民主化奠下良好的基礎。

然而，過分依賴西方學術界的視角也是錯誤的，因為台灣政治自由化與民主化並不是直線進化的。一九五〇年代的台灣，為了要獲得美國

的支持，在對外關係上必須維持民主國家的形象，所以國民黨容許類似
《自由中國》雜誌的存在，並且在地方層級的選舉活動上，表現出相當程
度的競爭。在一九六〇年代，台灣開始朝向經濟發展，工業化的種種建
設一一開始推動，但是政治自由卻反而轉趨嚴苛，反對運動的活動空間
大幅縮小。直至一九七〇年代初期，國民黨領導階層人事更換，由蔣經
國接班重組新的統治菁英，為了因應退出聯合國的外交挫敗，以及接踵
而至的石油危機，國民黨在外在環境壓力下，展開新的改革運動。經濟
建設方面以「十項建設」為旗幟，政治建設方面以提拔「青年才俊」為
號召，這些都反映新的領袖企圖以革新來爭取人民支持，強化政權的
「正當性」。但是，在一九七〇年代國民黨仍是以經濟建設為優先，凡影
響經濟發展的政治及社會運動，仍在管制之下不得從事，例如「高雄事
件」使當時「黨外」的領導人物都遭到叛亂罪的最嚴厲刑罰。所以綜觀
一九六〇年代、一九七〇年代的國民黨統治，可以歸類為「威權政府」。

至於台灣在一九八〇年代之後為何能走向民主化？學者們的看法可
歸納如下：

一、社會結構因素

從多元主義的角度來看，各種團體之間的權力平衡，將有利於民主
的產生，因為民主憲政有賴於建立權力分立、互相制衡的制度設計。而
台灣能夠從威權統治走向民主政治，省籍團體在當中扮演了十分微妙的
角色。由於國民黨政府遷台後，絕大多數高層職位是大陸人擔任，台灣
人雖居人口多數，但政治權力分配顯然不平等。這在誓言短期「反攻大
陸」的一九五〇年代、一九六〇年代，尚可以說服一般人民，待時間發
展使國民黨的政治口號失去現實的基礎後，政權的「正當性」就面臨危
機了。美國學者勒曼（Arthur Lerman）在其文章〈台灣的國家菁英與地
方政治人物〉（National Elites and Local Politicians in Taiwan）中指出，國
民黨的策略是透過開放地方選舉：一方面以選舉的政治職位甄補台籍政

治人物，滿足台灣人的政治參與，另一方面選舉也可強化國民黨統治的正當性。在壟斷政治資源的情況下，國民黨屢獲大勝的「事實」，似可製造人民支持政府的形象。

然而，選舉制度漸漸有利於在人口上占多數的台籍菁英，因為這種由下而上的政治甄補方式，漸漸使國民黨走向「台灣化」（Taiwanization），即政治權力要與台灣人分享，以爭取更多人民對政權的認同。雖然「台灣化」不一定要透過「民主化」的手段，亦可以甄拔台籍技術官僚來達到，但政權的正當性仍須以選舉的方式來強化。

二、國際環境因素

一九八〇年代台灣周遭的國家如南韓、菲律賓都面臨了強烈的政治變遷挑戰。堅持威權統治的韓國總統朴正熙遇刺，接著全斗煥繼任，韓國大學生、教育等開明派與黨工、軍人等保守派展開一連串激烈的街頭抗爭，影響了韓國政治社會，亦波及經濟。再者，菲律賓在馬可仕長期統治之下，政治貪污腐化、政府權威瓦解、社會動盪不安，結果艾奎諾夫人以人民力量為號召，在迅速的政變後接掌政權，象徵民主的一大勝利。這些發生在周遭國家的政治變化，深深影響國民黨及在野人士，顯示潮流的趨向是走向民主化。

此外，一九八〇年代美國與中共政權關係日趨轉好，台灣若不走向民主，對外無法爭取到西方國家支持，對內也無法獲得人民對政權的認同，勢必危及政權的生存。學者高德（Thomas Gold）在其作品《台灣奇蹟的國家與社會》（*The State and Society of Taiwan Miracle*）中便指出，國民黨體認到必須解除長期三十餘年的戒嚴，並且允許政黨自由開放競爭，透過民主改革來爭取美國等西方國家的認同。

三、領導階層的因素

台灣領導階層經過三十年的更迭,已使發展取向的技術官僚取代了意識型態取向的革命菁英。這些技術官僚多具有西方教育的背景,瞭解歐美不僅經濟發展成功,且在政治建設上有可取之處。迨這些技術官僚在領導階層中的比例提高,產生量變質變的效果,對於推動台灣的自由化,具有積極的作用。

學者歐當諾等人的研究指出,在權威政治朝向民主化過程中,強硬派與溫和派對於政治開放的步伐看法不同,軍人往往扮演重要的角色,倘若各派之間能夠以談判、妥協方式解決彼此的分歧,則有助於民主化,否則社會衝突造成政局不安,是有利於軍人干政。所以,執政者的中庸態度與反對派的適度妥協,則是有利於政治民主(O' Donnell et al., 1986: 26)。從這觀點來看台灣1980年代的政治發展,則可知國民黨領導階層大多能以現實主義的立場來解決政治衝突,而非堅持強硬的鎮壓手段來對付反對人士,這是因領導階層已非革命菁英為主的保守政權。

另外,田弘茂在其文章〈自由化與民主化:台灣的發展經驗〉(Liberalization and Democratization: Taiwan Developmental Experience)中也指出,蔣經國在台灣民主化過程中扮演關鍵角色,因其並不是在壓力下追求民主,而是透過政治改革來化解政治發展所面臨的問題。由於蔣氏有效節制軍人,所以台灣保守人士雖不願意政治民主化步伐如此之快,但在蔣氏堅持下,軍方還是支持了開放政策。

四、理性溫和的反對人士

相對於第三世界其他政治體系,台灣反對人士的政治手段是傾向於溫和理性,這是由於台灣反對人士多是由中產階級知識分子所組合而

成，所以他們傾向於採取非暴力的政治抗爭。雖然台灣民主化過程中，仍出現過流血暴力事件，例如高雄事件，但學者高德也指出，台灣執政者與反對者的對峙，在一九八○年代出現了以談判妥協代替激烈暴力的良性循環，對於台灣民主化有積極的效果。

在一九八八年一月蔣經國逝世的危機時刻，在野反對人士以高度的自制來因應，也給予國民黨新領導階層深刻的印象，有助於強化國民黨與反對人士未來能夠以理性和平方式，從事政治競爭。特別是一九八六年九月二十八日，民主進步黨成立後歷經了為期不短的黨內權力競爭，已逐漸建立制度化的團體規範，有助於在野人士降低活動脫序的可能性，進而杜絕了台灣保守派，特別是軍方干預的藉口。

二○○○年中華民國第二次總統直選，由民進黨籍候選人陳水扁當選為中華民國第九任總統，選後國家仍然保持安定，這在台灣的政治發展過程中，象徵台灣的民主又向前邁進一大步。因為在政治發展的意義上，台灣已經符合民主理論中「政權輪替」的階段，由一黨獨大制邁向兩黨（甚或是多黨）競爭的時代，現今在台灣要討論民主，已經不再是民主化，而是民主鞏固的問題了。

綜上所述，運用西方學術界對於傳統與現代的二元區分方式來看台灣的政治發展，確實可以提供一個大體正確的解釋。然而，在解釋台灣的民主改革時，也不應忽略國際政治對於台灣政治發展的影響：除了美國的刻意干預外，台灣周遭國家如南韓與菲律賓的政治變局，也都刺激了國民黨加速民主開放的步伐。當然，蔣經國正確掌握情勢，選擇改革開放以化解政治衝突亦不可忽視。這顯示了民主政治的建立有時仍依賴菁英主義（elitism）。相對的，反對派菁英（counter-elite）也是好的對手，能夠以理性方式，從事政治競賽。

進階讀物

Jones, D. M. (1997) *Political Development in Pacific Asia* (Cambridge, Polity Press).

Randall, V., & Theobald, R. (1998) *Political Change and Underdevelopment: a Critical Introduction to Third World politics* (Basingstoke, Hampshire [England] , Macmillan).

Tornquist, O. (1999) *Politics and Development: A Critical Introduction* (London; Thousand Oaks, Calif., SAGE).

Weiner, M., & Huntington, S. P. (1987) *Understanding Political Development* (Boston, Little, Brown).

相關網站

United Nations＇ Development Programme office

　　http://www.undp.org/drylands/

International Institute for Sustainable Development

　　http://iisdl.iisd.ca/

Crisis Web

　　http://www.crisisgroup.org/home/index.cfm

一、政治發展的定義與「目標」為何？而其目標的內涵又是什麼？

二、你認為西方的政治發展經驗，適不適合用來分析及指導我國的政治發展歷程？試述其理由。

三、為何會有政治發展的討論？這樣的討論受到了哪些方面的批評？

四、政治變遷的形式有哪幾種？你／妳覺得台灣政治變遷的主要動力為何？

五、請從理論的視角來描述台灣的民主化過程。

Political Science

◆第20章　當代政治理論

今日的政治學家比過去更熱中於探討規範性問題，但他們通常是在一種高度抽象的層次上進行論辯，往往不易爲初學者所瞭解。介紹這些論辯的概況，是本章的主要內容，首先闡明政治理論的基本特質與歷史脈絡，再進一步介紹當前幾個重要思想家與學派的學說，依序討論：羅爾斯的正義論、諾奇克的授權正義理論、社群主義、女性主義、文化多元主義。

第一節　政治理論的涵義

不同的政治學家，往往以不同的方式運用政治學中的概念。政治學家所使用的語言並非是自然給定的，因此這不只會帶來許多紛爭，也牽動著整個政治學本身的分工。一般而言，政治學可區分爲兩大次領域（或三大次領域）。第一個領域是所謂的政治科學，而另一個領域則是政治理論與政治哲學。在政治學的傳統裡，所謂的政治理論，並不是自然科學意義上的科學理論，因爲政治理論恰恰不是探討實然問題。另一方面，政治理論與政治哲學這兩個詞常被交互使用，因爲這二者主要是處理規範性問題，但它們有時並非同義詞。顯然，政治理論、政治科學、政治哲學這三個詞，很容易引起認知上的混淆。因此，爲了釐清何謂當代政治理論，有必要先說明政治理論與其他二者之間的關係。

一、政治理論與政治科學、政治哲學的區別

雖然政治科學是二十世紀的產物，但在認識論上，政治科學卻立足於十七世紀的經驗主義。從經驗主義的立場來看，科學指的是一種探求知識的方法，且特別著重於觀察、實驗與測量。科學的核心特質，正是以科學的研究方法爲基礎。所謂的科學方法，是指透過經驗證據（必須

是可以重複試驗的）來檢驗假設，以此來證明或推翻該假設。在現代世界裡，科學之所以具有如此崇高的地位，是因為科學標榜客觀性及「價值中立」或「價值祛除」，亦即，在從事研究的每一個階段裡，研究者都應該要除去自己的偏見及偏好。不僅如此，科學還被視為揭發真理的唯一可靠手段。因此，政治科學基本上是經驗性的，企圖用一種嚴謹且不帶偏見的方式，去描述、分析、解釋政府與政治制度。一九五〇年代至一九六〇年代，是學界追求「政治的科學」（science of politics）的高峰期（美國為甚），此時政治分析的形式往往立基於行為主義。行為主義源於心理學的某一學派，該學派主張，對於人類行為的研究，應該只限於可以觀察及測量的範圍（經驗主義）。受到行為主義鼓舞的學者，例如伊斯頓，相信政治科學可以採用自然科學的方法論，去研究較容易取得量化（且系統化）資料之活動，例如投票行為被視為是絕佳的研究領域。

然而，科學不只注重經驗觀察，科學的進步往往也必須依賴理論的發展。一般而言，任何一組抽象的知識體系，都可稱之為理論。然而，在學術的討論上（尤其在實證主義的脈絡裡），理論指的是一個解釋性的命題（用來回答為什麼）、概念或一組概念，並以某種方式賦予現象意義與秩序。準此，所有的研究都有賴於理論的建構，有時，理論也被設想為有待檢驗的假設及解釋性命題。政治科學就像自然科學與其他社會科學一樣，均包含著理論的成分。舉例而言，如果有一個理論主張族群認同是影響投票行為的關鍵因素，那麼該理論便能引導我們去蒐集經驗證據來加以檢驗。這便是所謂的「經驗」政治理論，但這不是一般所指的「規範」政治理論。

在學界的慣用術語裡，政治理論一詞，基本上指的是另一種完全不同的政治研究取向，在美國，政治理論尤其被視為是政治科學的次領域。政治理論包含了對一些關鍵觀念的分析研究，例如：正義、自由、平等。當政治理論對政治行動的手段與目的進行研究時，政治理論主要關心的是倫理問題及規範性問題，例如，「為何我要服從國家？」、「國家的目的應該為何？」、「個人自由的界限為何？」。傳統上，這是以政治思想史的研究形式來進行的，並且將焦點放在那些偉大的思想家（不

論是柏拉圖或馬克思）以及他們的經典文本。傳統思想史研究途徑的特徵，在於運用文獻分析法，這種方法注重於考察這些問題：「那些偉大的思想家說過什麼？」、「他們如何正當化及發展他們的觀點？」、「他們的思考脈絡為何？」

政治理論與政治哲學這二詞可能相互重疊，但其中還是存在著差異。概括的說，哲學就是追尋智慧。任何一種對於政治、法律及社會之抽象思考，都屬於廣義的政治哲學的範圍。哲學也特別被視為是一種「二階」學科（a second-order discipline）。一階學科與二階學科不同，在於一階學科處理的是經驗問題。換句話說，哲學並不著重於以經驗科學的方式來追尋真理，哲學經常追問一些「二階」問題，例如，「知識是如何獲得的？」以及「理解如何進行？」等認識論上的問題，而這些問題是科學無法回答的。舉例而言，一般的政治學家可能會去探索某一政治體系裡民主的運作過程，然而，一位政治哲學家則會去追問並澄清何謂「民主」？這往往又同時涉及本體論上的討論。因此，一般而言，政治哲學追尋兩種主要任務。第一、政治哲學關注於對政治信仰進行批判性評估，不論是用歸納或演繹推理方式。第二、政治哲學企圖去澄清並梳理政治論述中所運用的概念。當然，這也意味著，雖然政治哲學家致力於保持客觀且不帶偏見，但一旦他們與「其他觀念的支持者」發生競爭時，他們無可避免地會去論證某一特定政治觀點，同時，也會偏好某一概念下的特定理解立場。

二、政治理論的衰竭

一九五六年，拉斯萊特（Peter Laslett）在《哲學、政治與社會》（*Philosophy, Politics and Society*）一書中的導論裡，曾明確指出：「無論如何，在目前這個時代，政治哲學已經死亡」。這一宣稱，雖然是修辭上的誇飾，但確實也透露了一個事實，亦即，當時英語世界政治哲學之發展極為貧乏。那時學界似乎流行著一種看法：雖然，人們對政治哲學終

結之原因與確切時間，並沒有達成共識，但政治哲學，至少就那些歷史上的經典政治理論文本而言，約莫在十九世紀已經走到了盡頭。有些人覺得黑格爾是此發展過程的分水嶺，雖然他們所持的理由不一定相同。部分的人認為，黑格爾的作品已達到了政治哲學的極致，但也有人認為他的作品是政治哲學的谷底，因為其晦澀及浮誇的筆風，反而使政治哲學遭受惡評。另一派學者則認為，是馬克思使政治哲學遭受到致命一擊，因為馬克思拒絕抽象思考，轉而提倡具體的歷史唯物主義科學。然而，另有人認為原因不在於馬克思，而在於整個時代對於科學精神的追求，十九世紀後半葉以來的社會科學，追求的是社會科學哲學而非政治哲學。儘管如此，大部分的人都同意，政治哲學在二十世紀雖然受挫，但並沒有成為灰燼，仍有政治理論作品問世，只不過經常被視為是一種智性上的落後。

　　二十世紀中期的學者之所以確信政治哲學已經終結，則與整個二十世紀前半葉哲學之發展有關。特別是實證主義（positivism）的興起具有關鍵的影響力。實證主義將哲學概念限定成狹隘的「語言分析」（linguistic analysis），如此一來，等於不給嚴肅的政治哲學思考留下任何空間。而邏輯實證主義（實證主義的最極端版本），甚至拒絕了任何政治哲學的可能性。在邏輯實證主義者看來，如果任何有意義的命題只限於經驗假設（這屬於科學的事業）與套套邏輯（tautology）（因定義而為真的命題，這屬於邏輯的領域），那麼，似乎不存在任何美學、倫理學與政治哲學可以探索的主題，或者說，那只淪於無意義的情感抒發，與無真假可言的空談。從這種觀點看來，大部分的政治哲學只是在陳述偏好或者表達一種態度，而這些恰恰不屬於嚴謹的經驗科學所處理的範疇。這種形式的邏輯實證主義，不久之後便陷入困境，然而，它還是造成了深遠的影響。尤其，這種科學主義深刻影響了政治科學的發展，美國是最明顯的例子。美國政治學界，普遍曾自覺地以科學的研究方法（以自然科學為典範的研究方法）取代政治哲學之研究。後來，語言哲學（philosophy of language）雖然取代了邏輯實證主義，但語言哲學只是有限度地接受政治哲學。語言哲學不排斥政治哲學的可能性，但由於語言哲學將哲學化

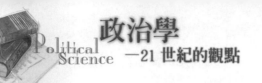

約為對日常用字的考察，如此一來，等於排斥了豐富的想像力及創造力。

簡言之，一九五〇年之前幾十年的哲學發展，大大地限制了政治理論的生存空間。然而，當時政治局勢的變化，例如世界大戰及納粹集中營等政治事件，也深刻影響著政治哲學的發展。西方人眼中，文化及哲學發展最為純熟的歐洲，居然發生數以萬計的戰爭悲劇與屠殺。這使得政治哲學家啞口無言，並陷入一種無力感。現實政治局勢的大幅失控，也削弱了政治哲學的雄心壯志。因此，一九四〇年代至一九六〇年代初期是政治理論最為貧乏的時期。

三、當代政治理論的復興與特質

一九六〇年代局勢出現了明顯的逆轉。新世代政治理論家開始出現，著名者為羅爾斯與諾奇克（Robert Nozick）；學界開始反思並批判行為主義；意識型態對立重新浮現，例如反越戰、女性主義、新左派及新右派的興起等等。到了一九七〇年代末期，人們甚至開始感到政治理論不只在整個英語世界繁榮起來，在世界其他地方也是如此。而且，政治理論與政治科學之間鴻溝也開始消退。政治理論在過去三十年的復興過程中，採取與以往不同的形式。第一、當代的政治理論，更注重歷史與文化在形塑政治理解時的影響力。這雖然不代表偉大的政治思想家及其經典文本已失去重要性，卻意味著，當我們在詮釋政治思想家的觀點時，必須更重視解釋的脈絡，而且必須承認，就某種程度而言，所有的詮釋都捲入了我們自身的價值與理解。第二、當代的政治理論變得更多樣、範圍更廣泛，不只自由主義陣營內部出現對立，社群主義與女性主義的浮現，也超出了傳統馬克思主義與保守主義的範疇。第三、大部分的當代政治理論不若以往般自信，也不急於追尋傳統政治理論所企求的普遍價值。

當代的政治理論也有別於傳統意義上的政治哲學，因為，政治理論

的形式化和原子論（atomism）色彩更淡，較不注重於建立單個政治概念之間的關係。由於概念主義的色彩較為淡薄，大部分的政治理論家因此將自己的角色定位為一種激發者，促使人們重新思考那些已被認為是理所當然的概念，使人們注意到，他們所抱持的價值概念其實具有更充分的意涵，同時，也使人們認識到他們所追求的各種目標之間的不可調和性。

第二節　羅爾斯的正義論

當代政治理論的復興，通常是以羅爾斯於一九七一年所出版的《正義論》為標誌。羅爾斯的正義理論，起源於他對功利主義的駁斥。根據功利主義，善（good）被設想為福利的最大化，而福利則被設想為個人對事物之較優偏好能夠得到滿足。功利主義將個人設想成理性的選擇者，亦即，行動者在排定了對事物的偏好之後，便盡其可能地追求福利。作為一種倫理理論，功利主義以行動的後果來評價行動的價值，這意味著，我們應當讓我們的行動後果，能夠最大程度地滿足整個社會之總體偏好，並帶來最大的福利總和。根據邊沁的看法，一項符合「效用原則」的行動，就是指該行動替社會所帶來的幸福，能大過於該行動對社會所造成的不幸。

但在羅爾斯看來，功利主義有三項基本缺陷：第一、最大程度地滿足社會之總體偏好，並不表示社會不公必然得到矯正。第二、滿足社會的總福利，可能同時以犧牲個人之利益為代價，甚至容許踐踏少數人之自由。第三、當功利主義將「個人選擇模式」擴展到全社會的範圍時，這說明了功利主義不重視個人之間的差別，當社會之偏好凌駕於個人偏好之上時，個人被當成了手段而不是目的。羅爾斯對功利主義的不滿，便成了他構造《正義論》的起點，然而，在羅爾斯的理論框架之中，個人權利反而是整個理論的結論，而非理論論證的前提，換言之，羅爾斯

並沒有將個人權利設想爲對集體行動之基本約束，相反地，個人權利被視爲是一個公正社會秩序所要求的後果。

羅爾斯的正義理論，恢復了社會契約論之傳統，此傳統可以追溯至洛克、盧梭及康德（Immanrel Kant）。羅爾斯試圖說明，在一種假設性的「原初情況」（original position）之下，人們將會選擇自己所謂的正義原則。所謂的「原初情況」，指的是社會各方被假設爲是理性的行動者[1]，而且，社會各方必須在「無知之幕」（a veil of ignorance）的遮蔽下進行抉擇。羅爾斯是這麼界定「無知之幕」：「沒有人知道自己所屬的社會位置，例如階級地位、社會地位；也不曉得他的運氣會讓他獲得什麼自然稟賦、能力、智力、體力等等。同樣的，人們也不曉得自己對善的概念爲何，也不曉得自己對人生的理性規劃的內容爲何，甚至對自己的心理特質也一無所知，例如厭惡冒險、傾向悲觀或樂觀等心理特質。不光如此，我還假定，各方對他們自身社會的特徵，也一無所知。」（Rawls, 1972: 137）

羅爾斯進一步假設，在「原初情況」之下，社會各方還必須面對休謨（David Hume）所謂的「正義的條件」（the circumstances of justice），亦即，「在一般的資源缺稀性之下，當互不關心的人們，對如何分配社會利益，提出彼此相互衝突的主張時」，此時，所謂的「正義的條件」就出現了。而分配之正義原則，其要點，就在於提供一個相互可接受的基礎，在此基礎之上，上述的利益衝突能夠得到管理。而正義之主題（subject），則是羅爾斯所謂的「社會之基本結構」（the basic structure of society）：「各種社會制度接合成爲單一體系的方式，以及這些社會制度如何分配基礎權利義務及如何規劃利益分配的方式，而這些利益，則是來源於社會合作。因此，政治機構、法律所承認的各種財產形式、經濟組織以及家庭的機能等等，這些均屬於基本結構。」（Rawls, 1996: 258）

準此，羅爾斯論證在前述的假設性情況之下，只要是理性的行動

---

1 在這裡，所謂的理性（rationality），則是根據前述較爲狹隘的功利主義傳統來加以界定的。

者，就會選擇兩項正義原則。這兩項原則都關注於「原初社會財」（primary social goods）之分配，擁有這些社會財，人類才擁有能完成各種目的之手段，這些社會財有：

1. 基本權利與義務……。

2. 行動的自由，以及在多種機遇中的職業選擇自由。

3. 對重要的官職及職位（這些職位位於基本結構之政經制度之中），具有領導權及影響力。

4. 收入及財富。

5. 以及，最後是自尊之社會基礎（the social basis of self-respect）（Rawls, 1996: 181）。

而羅爾斯所謂的「作為公平的正義」（justice as fairness）則包含了二項原則：

1. 第一原則：每一個人，在最大範圍內，均有同等的權利能去擁有同等的基本自由權之完整體系，而且這些自由，能相容於每人皆一樣享有的自由體系。

2. 第二原則：社會及經濟不公都應得到管理，以使得：

   (1)這兩類不公能為最居劣勢者（the least favoured）帶來最大的利益……。

   (2)並且，在機會平等的條件下，所有的人皆有可能擔任公職與各種職位（Rawls, 1972: 302）。

羅爾斯所主張的正義的第二原則，正是著名的「差異原則」（difference principle）。某種程度上，「差異原則」是整個正義理論的重要核心，他說：「除非這些價值的不公正分配，能夠有利於最居劣勢者，否則，所有的社會價值（自由或機會、收入或財富、自尊之基礎），都必須被平等地分配。」（Rawls, 1972: 303）換句話說，差異原則有強烈的平等意涵。因為，所有的不平等如果要得到正當化，那麼，這些不平等就必須先能夠有利於最居劣勢之人。

若與「實才管理制度」（meritocracy）相比，羅爾斯的《正義論》顯得更加激進。「實才管理制度」追求的是機會平等，該制度主張，報酬的分配標準，必須依據個人的天賦及運用天賦的情形。然而，羅爾斯卻主張：「從道義（moral）的觀點來看，人們最初的自然資產天賦，以及這些天賦成長的可能性，或這些天賦在早期生活中的養成，均是沒有道理可言的（arbitrary）。」（Rawls, 1972: 311-312）因此，羅爾斯指出，根據「差異原則」，就連個人的天賦也屬於人人所共享的資產，而非占為己有的資產。那些天賦異稟的人，必須先改善那些天生不幸者的處境，才能享受自身稟賦所帶來的利益。這也意味著，天賦異稟的人不能只是因為其天賦就得以享受好處。羅爾斯並非主張取消人們天生稟賦上的差異，他只是認為，社會的基本結構應該要被妥善安排，讓這種天賦的偶然性能使那些不幸者受益。因此，羅爾斯的正義原則，遭來新右派（New Right）理論家諾奇克的強烈批判（見下節），諾奇克堅持康德的觀點，亦即，人們自身應該被視為是目的，即要求個人有權享有其天賦，並享有這些天賦所帶來的一切。由此可見，「差異原則」的平等意涵比機會平等更強。

羅爾斯宣稱，在這兩個原則之下，大家在公正社會中分享著基本的自由，而且最不幸者的幸福將得到最大化。基本自由位居優先的地位，顯示了一個自由合法的社會，在此社會中，每個成員皆確實保有適當的資源，並有效的運用基本自由，每一個成員都成為獨立自主的人。因此，一個公正的社會，將透過自由―民主憲政來治理，在這樣的憲政結構之下，基本自由得到保障，每個公民皆具有平等且有效的權利去參與選舉並且影響立法。經濟上，公正社會體現的是一個修正過的市場體系，這一體系將進行大規模的財富與收入分配。因此，這一市場體系，可能是一個生產工具被人們廣泛擁有的「擁有財產之民主」（property-owning democracy），或者是一個市場社會主義。

第三節　諾奇克的授權正義理論

當人們討論當代政治理論的復興時，諾奇克的《無政府主義、國家與烏托邦》（*Anarchy, State and Utopia*）與羅爾斯的《正義論》形成鮮明的對照。諾奇克版本的正義理論，與羅爾斯的理論完全不同。至少從表面上來看，羅爾斯所論證的自由主義較為左傾，而諾奇克的理論則可歸類為「右傾的自由放任主義者」（right-libertarian）。事實上，諾奇克強而有力地表達了右翼思想的一個獨特面向，但這種右翼思想與傳統的保守主義並不相同，或許甚至是不相容的。傳統的保守主義者，有較強的黑格爾主義傾向，這一陣營中的代表人物有英國哲學家歐克肖特（Michael Oakeshort）與斯庫頓（Roger Scruton）。

諾奇克對羅爾斯的批判，具有重大意義，因為，他把注意力轉向《正義論》所沒有提到的問題：所有權（ownership）與「授權」（entitlement）；而《無政府主義、國家與烏托邦》又非常不同於《正義論》。《正義論》的論點較為系統化；《無政府主義、國家與烏托邦》的論證則屬於啟發性的（而非準確的），諾奇克也願意大方承認其內部可能有論證上的疏漏，因此，這部著作沒有獲得大部分批評家的青睞。不論如何，這都無損於諾奇克的原創性。

諾奇克關心的是政治理論的基本問題：國家的存在及範圍。國家應該存在嗎？國家的活動範圍應該為何？在《無政府主義、國家與烏托邦》的第一部分，諾奇克據理反對無政府主義者，他主張「最小國家」（a minimal state）的存在，是正當的。在第二部分，他駁斥「干預主義者」（interventionists），並指出，除了「最小國家」之外，其他形式的國家都是不正當的。

諾奇克的論證基礎是「權利」與「所有權」。每個人都擁有最基本的權利，它規定了每個人周圍的道德空間，侵犯這一空間就構成犯罪。諾

奇克同意洛克的觀點，認為基本權利是指對生命、自由、地產或財產的權利。對諾奇克來說，這些權利是行動的「邊際限制」（side-con-straints），有無限的道德力量。亦即，只要侵犯到這些權利，不論主張任何理由，都無法為這種侵犯加以正當化，任何微小的侵犯都是不合理的。然而，他在書中的註腳處也承認，為了避免「災難性的道德恐慌」（catastrophic moral horror），或許，侵犯權利是可以被允許的（Nozick, 1974: 30）。隨後，他也考量了侵犯他人權利的許可性，但前提是，權利所有者應該得到充分補償。諾奇克並沒有為他的權利觀提供系統性的辯護，最多也只是說明他的論點是以康德的「個人即目的」（individuals as ends）為基礎。根據這種觀點，個人過著獨立、互不相同的生活，且慎思地、有意識地規劃自己的生命，而且，這些都不能被犧牲，也不能用來當成達到別人目的的手段。

諾奇克認為，人人平等地擁有這些權利，在這意義上，他是平等主義者。他還贊成，每一個人在一開始時，就應該被分配到平等的所有權。每個人都擁有他或她的身體、體力、智力與能力。諾奇克相信，通過運用最初的自我所有權（self-ownership），對於世界的「授權」（enti-tlement）就會進一步產生。他只運用一種論點來說明這種「授權」是如何發生的，這就是洛克著名的論斷：人們對「自己的勞動參與物」擁有權利。但諾奇克也承認，洛克這一論點的內部，似乎具有難以解決的難題（Nozick, 1974: 174-178）。如此一來，這也等於是說，諾奇克授權論的立論基礎是有問題的。很多批評家就是抱持這種批判。但是，諾奇克轉為求助於其他貌似合理的假設：無主物應該為人所有，如此一來，個人基於授權去獲得無主物之所有權後，便能有效運用某些類型的權力。也就說，這一假設提供了部分條件，得以滿足「正當取物」（legitimate acquisition）的應有標準。

在《無政府主義、國家與烏托邦》一書的第一部分，諾奇克企圖去正當化他主張的「最小國家」。他建構了一個故事，並以此說明，在人們的權利不遭受侵犯的情況下，自然狀態（state of nature）如何被國家所取代：所謂的國家，是指一種政治組織，此組織在一既定的領土之內，宣

稱它能正當地壟斷暴力。這個故事的開頭是，私人機構爲了保護顧客的利益，彼此之間形成越來越激烈的競爭，最後，某一個社團承擔起壟斷者的角色，並充分補償其他團體被占走的利益。此書的第二部分，則爲下述觀點辯護：一個國家，只要能夠防止暴力、竊盜、欺騙，並保證契約生效，那麼，國家的存在，在道德上便是充分合理的。國家的活動，如果超出上述所限定的範圍，便是不正當的（illegitimate）。根據他的正義理論，人們可能會認爲，國家應該承擔起一個更重要的角色，那就是對財富進行再分配。然而，諾奇克的正義理論卻不需要政府去採取這種行動。其著作的任務在指出，任何「分配的正義理論」（redistributive theories of justice）都是錯誤的，這些理論對國家的要求也是非法的。

諾奇克明確區分了他的授權正義理論，與模式化理論或稱「國家目的理論」（end-state theories）之間的不同。他認爲自己的理論是歷史性的，因爲私有財（holdings）之正義，是源自於歷史的適當性（propriety），這是在歷史中形成的。而國家目的理論是非歷史的，這種理論指定分配必須符合某種規定的結構（prescribed structure）。尤其，模式化理論主張，私有財之分配，必須依據某種自然稟賦或次序，例如智力高低或努力程度。諾奇克對非歷史理論的批判是一般的，也是特殊的。在一般意義上，他堅持認爲，如果不持續嚴重地侵犯自由權，就不可能保持模式化分配（patterned distribution）。他的推理很簡單。最初，基於模式化分配所進行的私有財自願轉讓，最後將反過來破壞這一模式，並違反模式分配的基本原則。我們其實不難想像自願轉讓發生的可能性，而且，只要這種轉讓是種簡單、兩相互惠的交換，就不會帶來太多爭議。諾奇克曾舉過一個有名的例子，球迷情願多花一些錢，來看一位卓越的籃球名將的比賽。除非否認個人確實有權隨意處置其私有財，否則，我們就不能阻止這種轉讓發生。因此，如果有一種正義理論，既分配私有財，卻又否認私有財的擁有者能對私有財進行有效控制，那麼，此一理論必然發生矛盾。

諾奇克特別批判羅爾斯主義者與平等主義的正義論。他批評道，羅爾斯理論的根本弱點，在於它似乎不認爲個人已擁有了自我所有權和部

分世界（bits of world）。諾奇克的意思是，我自願奉獻出來的某一物品，跟一個我自己生產出來的物品，是兩類不同的事物。而羅爾斯卻忽略了，當人們決定要給誰什麼時，人們其實擁有各種不同的「授權」。諾奇克想強調，人們尤其有權享受自己的天賦，及由此天賦所產生的任何收益。然而，羅爾斯卻誤認這些稟賦是集體資源，而且，羅爾斯的下述想法也是錯的：富人將接受「差異原則」（這一原則反映羅爾斯的前述假設），在這種情況下，富人將作出相當大的犧牲而使窮人受益。諾奇克認為，任何平等主義原則都沒有合理根據。對平等的物質條件的要求，將變成下面這一毫無理據的主張，亦即，社會的功能是去滿足社會成員的需要。然而，這種主張完全漠視了這一事實：這些東西早已被人所擁有。自尊（self-esteem）不需要平等，事實上，自尊是由比較和差異產生的。追根究柢，諾奇克認為，人們對平等的需求，其實源自嫉妒。

諾奇克的論點很具吸引力，認為以更大的社會之善名義，來對個人施加干預，從根本來說是錯誤的，在此意義上，個人確實應該擁有權利。個人也確實擁有自身的所有權。試想，如果要分配身體的各部分，給最不幸者來受益，人們會作何反應？盲人有權要求看得見的人給他一隻眼嗎？腎不好的人有權要求別人的腎臟嗎？然而，批評家也指出，當諾奇克說我們擁有自身時，他可能是對的，而且透過某些活動，我們可以正當地主張我們的擁有物。但是，值得爭論的是，他對「正當取物」所設定的條件過於鬆散，太容易滿足，這有利於資本主義市場經濟。也許，承認自我所有權的初始平等，並承認獲得無主物過程的正當性，這些都是恰當的。但如此一來，還必須去規定非常嚴格的正當性條件，才能以此保障私有財的最終平等。簡而言之，與其說諾奇克的理論是缺乏基礎的自由放任主義，還不如說，他的理論尚待證實。亦即，他對無政府主義的駁斥，或許可以被接受，然而，他那樂觀的烏托邦式「最小國家」，則有待證實。

第四節　社群主義

當我們論及社群主義（communitarism）時，須留意兩件事情。第一、那些被歸類為社群主義的學者，例如泰勒（Charles Taylor）或羅蒂（Richard Rorty）或桑德爾，並沒有一致的理論主張，與其說他們有共同的政治綱領，還不如說他們的學說有許多類似之處。第二、身為社群主義者，他們批判自由主義理論的一些預設（presuppositions），然而，社群主義者並沒有提出一個替代性的政治觀點來取代自由主義。顧名思義，社群主義特別關注社群（community），尤其特別不滿於自由主義理論對社群的忽略。透過這一批評，社群主義理論中的社群，以四種不同的方式呈現出來（Archard, 1996: 269-270），茲分述如下：

一、第一種形式

首先，社群主義者認為，羅爾斯對正義所賦予的優先性（priority），導因於羅爾斯對政治組織的瞭解過於貧乏。羅爾斯說，正義是社會制度的首要美德（first virtue），亦即，社會制度必須去調配有限的資源、去處理人們有限的道德感、去面對當代的價值多元化，而且，社會制度還必須保護個人，使個人不會因更大的「社會之善」而被犧牲。然而，根據社群主義批評家的觀點，所謂的正義，不過是種理想的的社會，而且這種想像的社會，恰恰不是社群。社群本身並不需要是個正義的社群，如果它們自身覺得有需要（正義），那麼，它們將不成為社群。在社群主義者桑德爾眼裡，正義是種輔助性的美德，而且只是用來凝聚社會合作的次佳形式。

如前文所言，對羅爾斯而言，正義具有首要的地位，然而，桑德爾

的批評，卻指出那是不恰當的。人們面對死亡時的剛毅態度，和永恆的
生物相比，雖然顯得多餘，但這種剛毅依然可以稱得上是一種美德。和
馬克思主義者不一樣，桑德爾並不認爲正義所需的環境在未來將會消
失。他只是認爲，部分類型的社群並不會成爲那樣的環境。這種類型的
社群，最明顯的例子即是家庭，在他眼裡，家庭不可能成爲整個社會的
典型。家庭具有使其成員和睦相處的特點：親近、根深蒂固的血緣關
係。正因爲家庭是種特殊的社群，而非一個小型的社會，所以，社會不
可能是家庭式的社群。

二、第二種形式

在社群主義的批評中，呈現「社群」這個概念的第二種方式，則體
現在下述的主張中：由於自由主義者忽視（或無法接受）政治社群本身
就是一種善，因此，自由主義者難以用自身的詞彙來有效掌握政治社群
這個概念。自由黨人與自由主義者把政治結社（political association）看
成是一種「工具善」（instrumemtal good）。透過政治結社，人們達成了彼
此之間的必要妥協，透過這種妥協，人們才能從合作中彼此互利。在自
由主義者眼裡，公民聚集在一起的目的，就是爲了要達成這種妥協，除
此之外，別無其他。羅爾斯和諾奇克，其實都談到了在這一框架之內發
展起來的社群（或各種社群）。然而，它們並沒有被賦予根本的地位，而
且，某種程度上，「社群」這個概念，只是「政治結社」一詞的添加
物。

由於社群主義者認爲，正義的自由主義理論需要更多的論據，同時
也使得批判變得更加嚴厲。桑德爾批評道，羅爾斯所捍衛的「差異原則」
是沒有根據的。接受這一「差異原則」，等於是自願把個人的自然稟賦看
成是公有的（communally owned），然而，羅爾斯的理論，卻不允許任何
社群有權去主張這一所有權。根據羅爾斯的解釋，雖然我們把自己的才
能看成是別人獲利的來源，卻不存在任何理由，得以要求應該把自己看

成是別人中的一份子。在《正義論》的第三部分，羅爾斯原本企圖去解釋人們如何擁有正義感，也因此正義感把人們聯合起來，一同去簽署一份公眾認可的規則，這份規則訂出公平的合作方式。後來，羅爾斯放棄了上述這一嘗試。一個社會如何既公正又有序？對這一問題是否存有令人滿意的解釋，其實是充滿疑問的。

三、第三種形式

「社群」這一概念的第三種用法，經常出現在社群主義者的下述主張中：對於個人而言，善及正義的意涵，是由個人所屬的社群所定義的。理論家麥肯泰爾（Alasdair MacIntyre）的觀點認爲，個人之善，無法脫離於他（她）所屬的社會位置、角色、職位。華爾勒（Michael Walzer）則進一步指出，既然分配之善（goods to be distributed）有其特殊的社會意義（social meanings），那麼，分配正義就與這些社會意義有關。正如同社會意義有其特殊的社會及歷史脈絡，那麼，正義原則也是如此。

當社群主義者主張這世界存在著各種對善及正義的不同理解時，無疑地，這可能會陷入相對主義的危險。此社會有自己的公正標準，而彼社會也有自己的公正標準。兩社會之間永遠不可比較。而且，社群中的「共同理解」，不只決定什麼是公正，也決定了什麼是不公正。然而，這些特殊的斷言，可能會違背所謂的「普遍的道德標準」（universal moral standards）。我們可以試著進行下述思想實驗：假設存在著一種社會，按照它的「共同理解」，在主人和奴隸的關係之間，每天抽打奴隸二十鞭是公平且充分的，因而，如果某日主人打了二十五鞭，便是不公正的，相反地，如果只打了十五鞭，他便是寬大的。這個例子的重點在於，不論任何社會如何以「共同理解」來認定善與惡，鞭打行爲都應當被視爲錯誤的，而且，任何奴隸制都是不公正的。

四、第四種形式

　　社群主義者也不滿自由主義理論家對「自我」（self）的理解方式。瞭解社群主義對此的批判，將有助於我們理解社群概念的第四種用法。每一個人所處的特定歷史及社會脈絡，將會限定個人理解「自我」的方式，也會限定他（她）所願意做出抉擇。羅爾斯式的個人，沒有被鑲嵌於任何特定的地點或時間來考察，而且也缺乏任何實質的個人化特徵，因此，這使其很難將個人描述成一個正在選擇生活方式的個人。社群主義批評道，一個缺乏「自我」的人，如何能認知善？又如何能選擇生命的目標呢？

　　然而，這一批評可能是源於一種誤解。事實上，羅爾斯關心的，並不是去定義何為「善的理想選擇者」。羅爾斯所闡述的是，在共同決定公平合作的公眾原則並達成共識時，所需要考慮的那些事情。正如他所堅持的，他的正義理論不是形上學的，而是政治的，因而不對「自我」作出任何特殊的理解（認定）。

　　另外，社群主義的這種批評，並不完全公允。如果我們宣稱個人是完全受到外力決定的，例如，特定歷史脈絡中的個人身分完全受到他（她）所屬的社群成員所決定，那麼，這其實等於否認了個人可以對他們自己的生活作出有意義的抉擇。而且，這也將使得我們難以宣稱人類可以擔任「道德行動者」（moral agents）。另一方面，由於社群主義者往往運用「在很大程度上」（to a large extent）這類修辭來限定自身的主張，因此，在某種意義上，這使得社群主義與自由主義的區分變得模糊。

五、小結

　　簡言之，社群主義對自由主義的挑戰，是以各種分殊的觀點來加以

進行。這些觀點之所以被連結起來，似乎是因爲它們共同分享著一種厭惡感，厭惡自由主義理論的非歷史個人主義，然而，這並不足以讓社群主義形成一個令人滿意的替代性選擇。大致上，在社群主義的陣營裡，只有華爾勒曾提出較具實質性及原創性的政治議題。但除了他之外，其他的社群主義者通常缺乏較準確的政治計畫（political proposals），這也正是自由主義者經常對其加以批評之處。另一方面，社群主義者倡議，應該要對任何特定時空裡的「共同理解」與實踐，作出非自由主義式的妥協（concession），當然，這種主張讓自由主義者更加難以接受。

　　那麼，自由主義者如何回應社群主義者的批評？若要認定社群主義的批判是否恰當，似乎必須重提自由主義理論的基本觀點。透過檢視，或許可以說明社群主義者並沒有完全擊倒自由主義。學者阿查德（David Archard）曾評論道，社群主義所倡議的那種社群，將難以達到（甚至違背）自由主義所能帶來的巨大好處，舉例而言，特別是主張所有人皆平等享有許多基本權利所能帶來的好處；更明確的說，自由主義者往往論證它們（自由主義）所能提供的社群是一種非常強固的社群，因爲這種社群不只立基於平等的自由，也立基於對各種不同生活的相互尊重（Archard, 1996: 271）。

第五節　女性主義

　　政治理論中的「女性主義」（feminism），其內部包含了各種不同的論題與關懷。部分女性主義者可以與自由主義相結盟。然而，部分女性主義者則認爲，自由主義徹頭徹尾是個父權式的意識型態（patriarchal ideology），因此，這些女性主義者企圖去建構自己的規範理論，並凸顯出自由主義的缺陷。支持不同版本的女性主義，將使其可能相容於（或不相容於）自由主義及其他規範理論，例如社群主義與多元文化主義。那麼，政治理論中女性主義的核心特徵爲何？一般而言，女性主義特別

強調消除女性所遭受的壓迫。因此，一位向自由主義靠攏的女性主義者（liberal feminist），將會信仰權利的自由主義式框架（a liberal framework of rights），而且，只要設計得當，這樣的權利框架可終結女性的從屬地位。然而，親社會主義的女性主義者（socialist feminist）則認為，階級剝削（exploitation）與性別剝削具有內在關連，如果不消滅階級剝削，性別剝削也難以被消除。

女性主義者強調下述這個事實：性別區隔（gender distinctions）是被社會地建構起來的（socially constructed）。女性主義者往往主張，性別（gender）是一種對性差異（sexual difference）的制度化，而且這種制度化往往是根深蒂固的。當然，男人與女人在生物學上確實是有不同，例如，只有女人能生小孩，但許多男性與女性的差異，則來自不公正的社會結構。典型之例，女性通常為了家務（parenthood），而犧牲自己的職業生涯，做大量家事卻無受薪，在婚姻制度中處於弱勢地位。上述這些男性與女性間的差異，並非來自於生物性差異，而是根源於不公正的權力關係。女性主義者因關心女性的解放，而被聚集在一起，然而，不同的女性主義者卻採用不同的理論立場來解讀這種不正義，同時，對於該做什麼才能建立一個更公平的社會，也提出了不同的處方。在簡短的篇幅裡，我們難以詳細介紹女性主義的諸多流派，但簡要審視女性主義對自由主義理論的批判，實有助於我們理解女性主義的訴求。

女性主義對自由主義的批判，主要可分為兩類：第一類的批評指出，不論是自由主義的政治理論或其他男性理論家，都對下述問題保持沈默：在一個公正的社會中，女性應該處於什麼樣的地位（place）？進一步言，男性理論家的這種沈默，已預設了「女性地位」現在實際上是什麼，甚至也已預設了「女性地位」應該被持續保留。在女性主義的眼裡，當人們認可「父權主義」（patriarchalism）時，其實就已經違背了世人皆平等的神聖承諾。而且，「父權主義」絕對不是個不顯著的現象。在這裡，「父權主義」一詞，指的是一種女性從屬於男性的教條。

女性主義者還批評道，自由主義式父權主義的立論，往往基於下述基本預設：男女在本質上是不同的，因此，他們（她們）最適合扮演的

角色應該也是不同的，而且，這樣的區別，也與公眾活動與私人活動之間的區分相一致。如此一來，婦女便受到雙重壓迫，一方面被排除在公共政治領域之外（自由主義的平等原則只運作於公領域）；而另一方面，在私人家庭裡，婦女的地位也低於她的男性供養人。藉由指出婦女受到「公私領域」之分的壓迫，女性主義歐金（S. Okin）指控羅爾斯的理論強化了自由主義式父權主義。羅爾斯從來沒有討論過性別正義的問題，然而，他的理論卻預設了家庭制度的不斷維持，更準確地說，他預設了家庭制度內傳統性別分工的持續存在。因此，歐金據理指出，結構深刻不公的家庭，將不可能像羅爾斯所預期的那樣，成為獲得正義感的適當制度。歐金對家庭制度的批判，其實還算不太激進。她只是堅持，羅爾斯的正義原則應該普遍適用，應該延伸至所有機構，當然也包括家庭在內。

　　女性主義者的第二種批判，則是針對所謂的「男性對正義及權利的盤據」。女性主義者大都呼籲一種完全不同的女性倫理學，它強調情感、責任心、具體脈絡（context）、特殊性，並以此對比於獨立、權利、抽象和普遍性。女性主義者吉莉甘（C. Gilligan）一九八二年的作品，則特別有助於形成下述這種觀點：婦女應該用另一種不同於男性的道德「聲音」（voice）來發聲。這種「關懷倫理學」（ethics of care）與正義倫理學間的對比，現已廣泛流傳於道德及政治哲學裡。然而，吉莉甘本人並不認為這些道德觀點相互排斥，她也不認為它們與某一特定性別有必然關連。實際上，她似乎傾向於支持下述這種論點：一個人的道德發展，主要源於父母角色的社會化，而非來源於性別。

　　近些年來，許多政治理論家，開始尋求超越當代正義理論裡所謂的「分配的典範」（distributive paradigm）。舉例而言，多元文化主義所引起的爭論，已經促進了一種「承認的政治」（a politics of recognition）的新論述。這種新論述，企圖去取代「平等公民資格與經濟再分配之政治」這種自由主義式的論述。同樣的傾向，也發生在女性主義的政治理論中。理論家楊瑪琳（Iris Marion Young），便是其中一位對「分配的典範」提出批判的女性主義者。在其著作《正義與差異政治》（*Justice and the*

Politics of Difference）一書中寫道，自由主義無法適切地處理差異（dif-
ference）。她認爲像平等主義的自由主義者（例如羅爾斯）那樣，把社會
正義化約爲再分配，明顯是錯誤的。她指出了分配典範的兩類錯誤。第
一、如果將社會正義視爲是物質利益的配置，例如資源與財富，那麼，
這將會忽略掉社會結構與制度性脈絡，而且，正是這些社會結構與制度
性脈絡，促成（help determine）了分配的模式。第二、就算分配理論家
將正義的需求視爲是一種非物質性的社會利益，例如機會與權利，這些
理論家也錯把「似物質性的特質」（material-like properties）歸於那些不
具有此特質的利益之上。如此一來，自由主義者將會混淆這些價值的社
會性根基及制度性根基。

第六節　多元文化主義

　　一九八〇年代至一九九〇年代以來，自由主義與社群主義之間的辯
論，已不再是規範政治理論的「熱點」。然而，兩陣營之間的爭辯，持續
影響著日後政治理論界所討論的議題，也影響著學者們對這些議題進行
理論化的方式。舉例而言，當前理論界所論辯的課題：「多元文化主義」
（multiculturalism），便是隨著自由主義與社群主義之爭而來。與其他當代
的政治理論一樣，多元文化主義內部涵蓋了範圍廣泛的各種論題，而
且，這些論題分別受到不同的政治理論家所捍衛或批評。因此，我們不
應將多元文化主義視爲一個內部一致的統一體。對於多元文化主義理論
家而言，應該採用什麼原則、目標、政策來促進多元文化主義呢？其
實，他們對此並無共識。即便如此，我們還是可以找出多元文化主義的
共同訴求：「我們應該反抗越來越普遍的社會同質化（society's homoge-
nizing）以及同化主義者壓迫（assimilationist thrust），這種同化力量傾向
去預設，這個世界僅僅存在一種正確的（眞實的、應當的）方式，去理
解及構成我們生活的相關領域。」（Parekh, 2000: 1）舉例而言，自由主

義之正義理論所提倡的公民權概念，就有明顯的同化主義者壓迫傾向。
雖然不同的自由主義者對於「分配的典範」有不同的立場，他們卻共同
分享這一信念：正義需要所有的公民都有「平等的權利」（equal right）。
自由主義者如羅爾斯、諾奇克、高蒂耶（David Garthier）與德沃金
（Ronald Doworkin）等人，他們彼此之間，對權利的基礎應該為何，並
無共識（他們往往各自辯護權利的不同基礎），然而，他們都同意，要達
成權利正義（rights justice），就必須把這些權利普遍施於所有公民，不論
他們（她們）的宗教、性別及種族為何。舉例而言，如果將婦女及少數
民族排除於公民資格之外，且不讓她們（他們）實踐一般公民均享有的
公民權（例如言論與投票自由），那麼，對自由主義者而言，這明顯是不
公正的。正如同多元文化主義者金里卡（Will Kymlicka）所指出的，政
治的自由原則似乎是一種「漠視膚色的憲法」（colour-blind constitu-
tion），亦即，它排除了人們以自己的種族與民族立場來進行立法（但一
些暫時性的法案則屬於例外，例如防止性別或種族歧視的政策，因為，
為了成為一個漠視膚色的社會，這些作法被視為是必須的）（Kymlicka,
1989: 141）。再者，多元文化主義者認為，追求這種漠視膚色的社會是沒
有道理的（ill-founded），因為，我們根本不可能把國家與民族性（eth-
nicity）區分開來。在多元文化主義者眼裡，自由主義式國家的這種企
圖，是一種不公正的特權，因為這等於把特定人口的生活方式強加於其
他人身上。

　　表面而言，前述多元文化主義者對自由主義的控訴，似乎是忽視了
自由主義者（如羅爾斯）對「理性多元主義」（reasonable pluralism）的
重視。其實，自由主義者是以嚴正的態度來看待多元主義。自由主義者
可能會駁斥道，他們支持一種中立的公共哲學，這種哲學將相同的權利
授予所有公民。然而，多元文化主義者認為，自由主義的「分配典範」
對多樣性的正視是不夠的。多元文化主義者帕瑞克（Bhikhu Parekh）批
評道，羅爾斯像許多其他的自由主義者一樣，對道德問題很敏銳，但卻
不重視文化多元性，這使他們不去考慮特定社群的文化渴望（cultural
aspirations），例如原住民、少數民族、移民等等。文化主義者經常批評

道，自由主義者錯誤地將政治社群內部的成員預設為同一個文化社群的成員。

另外，自由主義的正義理論也經常忽視這個事實：當代許多民主社會都是多民族國家或多族裔（polyethnic）國家。所謂的多民族國家（multinational state），指的是那些將許多原先自治的原住民文化合併在一起的國家；而多族裔國家的文化多樣性則是來自於移民的遷入。舉例而言，加拿大便同時擁有前二類的特質，該國有許多原住民，但同時也有外國移民。因此，多元文化主義者論證道，不論是平等的公民資格或是經濟再分配，這種政治都不能充分應付多民族國家（或多族裔國家）的多元事務（diverse concerns）。因此，多元文化主義者泰勒（C. Taylor）提倡「承認的政治」，這種政治主張公共哲學應該以「認同」及「差異」這些概念為前提，而不是以平等的公民權為原則（Taylor, 1993）。與平等的公民權政治一樣，「承認的政治」也主張普遍性原理（universal basis），但並不是說每個人都應該被同等地對待。相反地，「承認的政治」主張，我們應該承認每一個人有他（她）自身獨特的認同，而且，這種普遍的要求，為承認特殊性（acknowledgement of specificity）提供了力量。

帕瑞克說道：「多元文化主義本身與差異及認同無關，然而，多元文化主義與鑲嵌於並涵養於文化中的認同及差異有關，亦即，一組文化及實踐的整體（a body），藉由這一整體，一群人得以瞭解自身及世界，並組織個人與群體的生活。」（Parekh, 2000: 2-3）準此，將多元文化主義視為是「自由與社群主義之爭」的一種延伸，是非常有用的。我們不難看出，多元文化主義回應了社群主義的核心關懷，亦即，將自己視為是一種「社會存有」（social beings），也就是說，經由不同的文化實踐，人們的存在其實鑲嵌於特定的文化與價值之中。帕瑞克強調，多元文化主義介於主流政治理論的中間位置，也就是說，介於自然主義（或一元論）與文化主義（或多元論）之間。自然主義者假設，人類的本質不受限於文化及社會的影響，同時，人們有能力指出最好的生活方式。許多哲學家都持自然主義立場，從古希臘先哲、基督哲學、到霍布斯、洛克、彌

爾等皆如此。另一方面，文化主義者則持相反的觀點，他們認為人類的存在是在文化中構成的，而且每個文化皆不同，更重要的是，人類只在很小的範圍內擁有共同的生物學特徵，我們無法從這種生物學上的特徵來推論出任何道德或政治意義來，持這種立場的哲學家有維科（Giambattista Vico）、孟德斯鳩、赫德、德國浪漫主義等等。帕瑞克認為這兩種觀點皆有問題，他的說法值得完整引用：「不論自然主義或文化主義，都無法為人類的生活提出完整的解釋，也無法幫助我們去理論化這個多元化社會。其中的一方，強調了共通的人性，這是難以否認的，然而，這種立場卻忽略了人類的本質遭受到文化的調整（mediated）及再建構，因而，這種立場，使其難以為跨文化之美好生活的有效願景（valid vision），提出一個超越性的原理（transcendental basis）；而另一造則犯了相反的錯誤。重點不在於在這兩者間作出權衡，而是要瞭解到，人類同時是自然的及文化的存有物，同時與自然及文化相似，也同時與自然及文化不相似（both alike and unlike），而且以不同的方式與自然及文化相似。」（Parekh, 2000: 11）

　　因此，部分的多元文化主義者堅持，在理論上，當論證我們（一種集體的社會）應如何生活時，文化多元性（cultural plurality）必須被放在顯著的地位（figure prominently）。當自由主義者支持「平等的公民權政治」時，他們卻忽略這種多元性。不僅如此，正因為自由主義者相信他們的理論在文化上是中立的，這使他們無視下列事實：他們不公正地偏袒主流文化的利益，並且歧視其他少數文化。總體而言，多元文化主義者的主張，對很多不同類型的實際議題，發揮了許多實際意義（practical significance）。

進階讀物

Colin, F. (2004) *An Introduction to Contemporary Political Theory* (London, SAGE).

Heywood, A. (1999) *Political Theory* (Basingstoke, Palgrave).

Kymlicka, W. (2001) *Contemporary Political Philosophy* (Oxford, Oxford University Press).

Lessnoff, M. H. (1999) *Political Philosophers of the Twentieth Century* (Oxford, Blackwell).

Morrow, J. (1998) *History of Modern Political Thought* (London, Routledge).

Rawls, J. (2001) *Justice as Fairness: A Restatement* (Cambridge, Mass., Harvard University Press).

相關網站

Political Thought: A Guide to the Classics

    http://www-personal.ksu.edu/~lauriej/index.html

Ethics Updates

    http://ethics.acusd.edu/index.html

American Civil Liberties Union

    http://www.aclu.org/

一、政治理論與政治科學有何區別？

二、羅爾斯（Jonh Rawls）如何描述其正義論？

三、諾奇克（Robert Nozick）的正義觀與羅爾斯（Jonh Rawls）有何異同？

四、社群主義（Communitarism）與多元文化主義（multiculturalism）之學說有何異同？

五、不同派別的女性主義（feminism）學說有何異同？

Political Science

◆第21章　政治學的未來

在二十一世紀之初，許多政治學者都在思索如何給予政治學新的定位，進而預測學科的發展方向和主題。

政治學是一門與社會政治生活緊密關連的學科，它並不是單純的書籍知識，也不是純粹的求知活動。從歷史上看，政治學的主題總是時代要求的產物。政治學可以說是一個以人類社會的政治現象、政治關係或政治實踐作為研究對象的領域，它涉及國家（政府）、政黨、權力、政策、統治、管理和價值分配等主題。在經歷了百餘年的發展與演變之後，政治學呈現出一種新的知識型態：隨時代的要求而不斷轉換主題，正因為研究成果不斷介入人們的實際生活中，這才使得政治學的生命力源源不絕。也是由這種關懷出發，下文將討論政治學的未來。

第一節　新世紀的挑戰

告別了舊世紀，進入新的二十一世紀，至少有三項挑戰，考驗著人們的政治智慧：

一、與科技和諧的問題

在上個世紀，政治學者曾經探討科技對政治的衝擊與影響，認為科技在制約自然人及法人的政治關係上，扮演一種實際的角色（Rodee et al., 1983: 245）。科技導致了大政府的出現，也創造了大都會。每一種科技提供許多可能的用途和影響，而這是由人類的選擇來決定之。有許多選擇並非基於關心集體的好處，而是出自於特殊利益。這些選擇是政治性的，因為它們既影響公共生活，且應受明白的公共政策所指導。在大多數國家，對於尖端科技的發展和應用都有一些限制，然而仍有許多政府加強其控制科技的努力執行某些政策，例如保護個人隱私不受電子監

督，加強科技意外的防護，協助因工作場所的科技變遷而失業者，甚至達成防止核戰擴散和生化武器製造的國際協議。

儘管有了上述努力，但更多的國家利用核武和其他戰爭技術的摧毀能力，更多的團體、個人經由各種科技的病理使用，可以導致重大的傷害；永久失業的工人與日俱增，人們使用更多時間來和電子設備（而非人與人）互動。

如何發展地方、國家甚至是國際的策略，來指揮科技為集體的好處服務，並減少損害，是一項主要的政治挑戰。

二、與環境和諧的問題

由於政治和經濟的發展及現代科技，增強了對於環境的控制能力，但相對的破壞力也加強了。

在上個世紀末，聯合國機構曾提出一項世界性的「永續發展」（sustainable development）計畫，來限制已開發國家和發展中國家對於能源的使用。許多國家共同擔負起保護環境的責任，例如一九八五年召開防止傾倒廢棄物污染海洋的國際會議，一九九一年簽署防止破壞臭氧層的協議書，一九九一年簽訂回應環保溫室效應的減少排放碳氣國家標準的京都協議書。許多國家簽署這些協議，令人對環保燃起一線希望。進入二十一世紀，政治學者仍應持續思考，如何運用各種力量解決環保問題，畢竟地球只有一個。

三、與別人和諧的問題

經濟和溝通的全球化，限縮了世界。工商企業、人際網絡、參考團體的擴散，超越了政治的管轄。上述發展可能增加共同命運和價值分享的感覺，結果加強了跨越國家民族的合作。但是在國家和民族間，互動

的增強也可能產生對立。熟識可能孕育輕視，正如同加強對別的團體的瞭解，會強調差異的重要性。當資源和權力極不平等的團體越來越瞭解對方，衝突的可能性可能也會增加。沒有必然的短期證據可證明：全球化和冷戰結束實質減少了政治暴力的整個水準，其實，全球化和冷戰結束可能都是根源於民族的暴力之所以增加的原因。

聯合國和其他多國組織曾經加強努力，嘗試解決衝突與恢復和平，這是值得讚許的。二十一世紀的政治學者，必須發展個人和全球的策略，來分享利益和負擔，促成人與人之間的和諧。

第二節　政治學的未來發展趨勢

二十世紀最後二十五年，政治學研究出現了一系列的新變化，呈現出新的知識格局：政治學日益與人文社會科學、其他學科，及自然科學學科相互交叉融合，研究方法、途徑，以及知識的產生方式，因此得到更新和突破；研究範圍不斷拓寬、主題日趨多樣、理論內容更加豐富；現實性增強，日益與解決當代人類社會重大的、緊迫的社會政治問題密切相關。由此形成了大量的新學科，如政策科學（政策分析）、新政治經濟學、國際政治經濟學、科學技術政治學、地緣政治學、環境政治學，以及眾多的新流派，如公共選擇理論、新制度學派、新自由主義、新保守主義、社群主義、女性主義、新馬克思主義等。而政治學發展的新趨勢，可以概括為下列幾個方面：

一、科際的整合

科際整合是近年來政治學致力發展的一個主流方向，上述當代政治學的新學科、新思潮和新流派，幾乎都是跨學科的科際整合研究的產

物，而在這種科際整合過程當中，尤其是政治學與經濟學的整合研究，已逐漸成為政治學發展的一個基本趨勢。美國學者福格森（Thomas Ferguson）和羅傑斯（Joel Rogers）在其主編的《政治經濟學》（The Political Economy）一書的前言中寫道：「在專業性政治科學的最新發展中，再也沒有什麼事件比政治經濟學的出現並迅速成長為一個獨立的研究領域更引人注目了。……這個領域目前正在成為政治學系或研究所的重要課程內容之一，……它所產生的論著已經跨越且侵入傳統上被認為是政治理論、比較政治、國際關係、行政學、尤其是美國政治等研究領域。」（Ferguson and Joel Rogers eds, 1984: 7）

　　另外一個科際整合的重要流派，是公共選擇理論，一個由政治學和經濟學交叉研究而產生的重要流派，但更準確地說，是一個用經濟學方法來研究政治學主題的跨學科學派。按照奠基者布坎南（J. M. Buchanan）的觀點：「公共選擇是政治上的觀點，它將經濟學家的工具和方法，大量應用於集體或非市場決策。」它是觀察政治制度的不同方法，並將人們用來調查市場缺陷和市場失靈的方法，同樣應用於國家和公共經濟的一切部門。或用另一個公共選擇學者穆勒的話來說，公共選擇理論可以定義為非市場決策的研究，或簡單地定義為將經濟學應用到政治科學；公共選擇的主題與政治學的主題是相同的，涉及國家理論、投票規則、投票者行為、政黨政治、官僚機構等。由此可見，公共選擇理論就是應用經濟學的理論和方法，來研究政府的政治行為與過程的一個跨經濟學、政治學的新領域。公共選擇學者通過對其涉及的各個主題的研究，形成了種種理論，如非市場決策（公共決策）論、代議民主制經濟論、國家理論、利益集團理論、尋租理論、官僚機構經濟論、政府擴張論、政府失靈論、俱樂部理論、財政聯邦制理論、立憲經濟論等等，都大大豐富了現代政治學的研究內容。

二、現實性的不斷加強

　　政治學日益關注緊迫的實際社會政治問題，它的現實性不斷加強，並反映出當代社會科學的知識產生方式，以學科爲中心轉向以實質問題爲中心。從工具性的角度來說，政治學與其他社會科學一樣，背負著協助解決社會政治問題的責任。但是，政治學——尤其是美國的政治學，在相當長的時間裡，由於行爲主義及實證主義研究方式的盛行，只注重政治研究的科學化，忽視了對人類社會發展的研究和關心；只注重細小、局部問題的研究，忽視重大、緊迫問題的研究；只關心事實分析而排除價值研究。因而政治學理論與實踐脫節，政治學不能履行好它解決政治問題的功能。一九六〇年代末、一九七〇年代初出現的「後行爲主義革命」在相當程度上是爲了克服政治學發展的這種偏差。後行爲主義政治學者提出「關連與行動」的口號，要求政治學研究價值問題，關心社會政治問題的解決和端正人類社會的發展方向，從而導致政治學向政策科學的轉變，也引發了其他關注現實社會政治問題的思潮、流派及理論，如女性主義政治學、環境政治學、科技政治學、地緣政治學等的發展。

　　作爲一個跨學科、綜合性的新研究領域，政策科學或政策分析的出現，被人們譽爲當代政治學的一次重大的突破，是當代政治科學發展過程中的一次科學革命。政治學中的政策研究方向的想法，始於一九四〇年代末、一九五〇年代初拉斯威爾的思考以及政策分析實踐。到了一九六〇年代末、一九七〇年代初，這種新的研究方向或途徑迅速發展並制度化，成爲當代西方政治科學的基本領域之一，並更進一步與多元的社會現實結合，發展出更細膩而豐富的政治研究領域。

　　政策科學將科學知識（尤其是社會科學知識）與公共決策過程密切聯繫起來，提倡以問題爲中心，而不是以學科爲中心的知識生產方式；目前，政策科學的倡導者們，力求打破只強調學術研究的侷限性，並主

張各學門應該跨越理論與實踐之間的鴻溝，提出一門新學科或新的研究方式，以把各種知識和方法直接運用於解決社會政治問題。政策科學不應迴避其本身所固有的實踐取向，應該要讓人類能利用已有的知識和方法，去改進政策制定系統，提高政策質量。政策科學的研究對象是政策實踐或實際的政策過程，它的目的和功能是提供政策相關知識，爲政策實踐服務。因此，政策科學不是純理論科學或基礎研究，而是一門應用性很強的學科，可以說體現理論與實踐的高度結合，其既來源於實踐，又在實踐中得以應用和發展，成爲現代政治學研究的一股重要潮流。

三、全球的視野

以國家爲分析單元轉向全球性的視野發展。按照華勒斯坦（I. Wallerstein）在《開放社會科學》（Open the Social Sciences）中的說法，一九六〇年代末以前，西方社會科學特別是政治學、經濟學和社會學這三門以探求普遍規律爲目標的學科，基本上是以國家作爲焦點或分析框架和視野的。即使是國際政治，也是以主權國家作爲立足點，即從一個主權國家的角度看它與其他主權國家的關係，相應的政策稱爲對外政策或外交政策，目的是研究各國彼此間所採取的政策，而不是跨國結構所出現的種種新特徵。隨著全球化、資訊化、經濟與政治一體化趨勢的出現，這種以國家爲焦點的傾向受到懷疑和削弱，而跨國或全球化的視野開始出現。一些新學科領域，如國際政治經濟學、世界城市研究、全球制度經濟學、世界體系分析、文明研究、區域研究（如東亞、歐盟等）都以獨有的方式，向以國家爲中心的政治理論研究提出挑戰。

例如，國際政治經濟學就是當代政治學與經濟學相結合的跨學科產物，其主要代表人物吉爾平（R. Gilpin）在一九八七年出版的《國際關係的政治經濟學》（The Political Economy of International Relations）一書中即指出，國際政治經濟學之產生，象徵著將國家政治與市場經濟兩個範疇重新結合在一起的必要性。國際政治經濟學以國家與市場（或權力

與財富）之間的關係作爲研究主題，它應用經濟學理性行爲模式來解釋國家行爲。然而與新政治經濟學的其他分支及流派不同之處在於，國際政治經濟學主要著眼於國際政治——經濟關係領域，更重要的是它不以單一主權國家爲焦點，而是以跨國或全球爲視野，更重視跨國公司、國際組織、國際建制等在國際政治經濟互動中扮演的角色。按照吉爾平和華勒斯坦的觀點，國際政治經濟學所涉及的主要問題是「跨國市場經濟」和「競爭國家系統」之間的關係，核心價值則是世界體系中的經濟和政治秩序應如何創造和維持。在國際政治經濟學的學者看來，瞭解世界經濟的性質將大大有助於理解國家的性質。這個學科不是把國際經濟當作一種交換領域，而是當作一種由跨國公司所控制的全球商業系統，是由公司、貿易協會和政府等體制機構相互聯結的多層次系統。

四、政治理論的復興

如前所述，在西方，尤其是美國，行爲主義政治學的興起，曾一度使得政治理論或政治哲學（政治學最古老的分支）受到了冷落。而一九五〇年代到一九六〇年代，西方資本主義世界經濟的持續發展，且新自由右派的資產階級意識型態居於支配地位，再加上社會科學研究的片面學術化、科學化傾向，導致許多學者得出了這種結論：意識型態已終結了。進入一九七〇年代，西方資本主義經濟發展的停滯和各種矛盾的加劇，尤其是滯後現象、生態危機、社會政治危機的出現。同時，實證主義的研究方式以及行爲主義政治學也開始衰落，政治學家們紛紛重新重視現實政治問題的研究，並以價值定向，從而促使政治理論或政治哲學的復興，意識型態爭論也開始表面化和白熱化。在邁入新世紀之後，政治意識型態的爭論仍然十分尖銳。既有傳統意識型態理論的爭辯，也有適應新形勢而產生的新意識型態理論論戰。新自由主義、新保守主義、民主社會主義、新馬克思主義、社群主義、女性主義、生態主義、民族主義這些主要意識型態既相互交鋒，又相互融合，構成了當代政治理論

的一個複雜多變的畫面。此外，政治學研究不再固守原來的「政治領域」（國家、權力、政治系統及過程、政治行為等），而是利用各種不同的政治哲學和意識型態，「侵入」原本屬於社會科學其他學科的領域，主題也日益多樣化。

　　在政治理論的創新過程中，有關政治哲學的研究形成另一焦點。政治哲學在社會政治發展進程中，尤其是在社會歷史的巨大變革過程中，發揮著極其重要的引導作用。它以哲學的方式探討各種價值的範疇、政治價值觀念的演變規律、理想的政治秩序模式，以及政治規範的理論基礎。政治哲學作為哲學中具有應用性質的一門學科，以政治作為反思對象，藉由政治現象這一仲介，從整體抽象走向局部具體，從社會一般走向政治個別。政治哲學藉由理論反思的過程，將政治學提升到哲學的抽象境界。換句話說，在政治哲學中，人們利用哲學所固有的抽象方法，對政治的內在本質進行理性的一般認識。政治哲學在政治學的認識體系中，居於最高層次，它綜合運用哲學理論，從總體上審視（評價）政治現象，因此在整個政治知識體系中，具有重要的指導作用。它的研究水準和發展狀況，標誌著整個政治學的發展水準。為了從整體上提升政治學的學術層次和理論層次，增強全社會的政治共識，實現社會政治運作的有序性。在政治學理論創新進程中，強化對政治哲學的研究刻不容緩。

第三節　政治學的新議題

　　延伸上一節對政治學發展趨勢的討論，本節進一步綜合歸納新世紀政治學的幾項新議題：

一、全球化下的國家主權和全球民主

伴隨著經濟的一體化、跨國組織的大量湧現及其作用的日益增強，全球化的大趨勢已無法阻擋。儘管國家還是國際社會的主角，但畢竟有很多事情為其所不能及，國家的行為要受制於眾多的非國家行為體，特別是有權威的國際組織。所以，當代國際關係已非單純的國家關係，我們必須在全球政治的框架內，研究各種國際關係行為體的交互作用，這是未來政治學發展最重要的議題之一。

然而，民族國家仍然是人類社會生活的基本支點，國家仍是組織管理人類社會生活最有效的工具，其功能與權威至今尚無可替代。國家利益是一國處理對外關係的基石，也是當代國際關係產生、發展、變化的主要原因。儘管人類共同利益在國際關係中的分量越來越重，但圍繞國家利益的衝突、對話與合作，仍具有更基礎的意義。因此，追求、維護正當的國家利益，就成為各國對外戰略的基本目標之一。國家主權是國家獨立、自尊的象徵。只要國家存在，體現國家本質特徵的主權就不會消失。所以，相互尊重主權是國際關係的基本準則，維護主權尊嚴則是各國、各民族的共同情感與行為規範。正是這一切構成了國家主義的合理內涵，確立了國家在當代人類社會中的歷史地位。

但在全球化時代，「國家主權」開始變成一種相對的概念：國家經濟主權開始被分享，人權等普世價值觀念的影響越來越大，國際法和國際組織對各國國內事務的干預趨於「硬化」，這些基本事實標誌著過去所謂的「主權絕對性」（即不可分割、不能讓渡、不受干預）正逐步讓位於主權的相對性。但是，主權畢竟是主權，其不可或缺的作用依舊不容否認，因此，探究全球化時代國家主權的新定位和新的表現型態，包括了更加深入地探究全球化下主權的本質，分析主權中不可變更的要素和可以變通或賦予新意義的功能等，將成為政治學未來研究的重要議題。

全球化與全球問題凸顯了全球主義，並由此引發了全球主義與國家

主義之間的辯證關係。此一議題將體現並制約著二十一世紀人類的經濟、政治、文化生活，任何國家、民族、集團乃至個人都必須面對這樣的挑戰。如何認清此一基本事實，並作出理性的思考和積極的回應，也成為未來政治學研究的重要挑戰。事實上，既然有更多的問題與事務已不得不依託於國際社會機制去協調、解決，所以主政者應儘快從主權是否要讓渡的疑惑與爭論中擺脫出來，積極面對國際組織與國際機制的民主化問題。包括改革原有的國際組織和機制，創建新的國際機制與制度。現有的國際組織與國際機制雖有超國家的特性，但仍然受到主權國家的明顯影響。正因為如此，現有的國際組織的構成，有效的國際機制的建立與運行，往往都反映出地緣政治經濟、大國政治經濟的平衡。因此，逐步淡化國際組織與國際機制中的國家本位主義，賦予地方共同體、社區、直至公民個人更多的選擇自由，在此基礎上重構國際組織與國際機制，強化國際法、國際機構的作用，可能是一個方向。歐盟已沿著這一方向邁出了一大步，其他區域共同體、全球共同體也可參照。在此發展過程雖然會面臨許多問題，但按照全球民主的思路，協調主權國家與國際社會的關係，仍將會是未來政治學研究的一個重要方向。

二、虛擬政治與網路民主

　　隨著網路科技的興起和發達，在對社會生活產生影響的同時，也悄然地改變著傳統的政治學理論，正如美國著名未來學家托夫勒（Alvin Toffler）在《創造一個新的文明：第三波浪潮的政治》（Creating a New Civilization: the Politics of the Third Wave）中所言：「第三波浪潮不僅僅是個技術和經濟學的問題。它涉及到道德、文化、觀念，以及體制和政治結構─正如工業革命摧毀了先前的政治結構，或者使得這種政治結構喪失意義一樣，知識革命─以及它所發動的第三波浪潮變遷─將對美國和許多國家產生同樣的效果。」

　　虛擬現實（virtual reality），是指電腦創造的所有環境。虛擬現實具

有模擬性、互動性、人造性、身臨其境、遠端展示以及網路化交往等特點。它架構了網路政治學的環境資源，而相對應的，網路科技拓展了其實現的可能性。從虛擬現實出發，引申出了虛擬社團、虛擬共同體、虛擬城市、虛擬國家等網路政治學的基本概念。網路在民主參與、直接性、公開性等方面都達到了現代政治所能要求的最高程度，網路民主未來有可能實現的形式是：參與式民主、半直接式民主、遠程式民主。網路跨越了國界線，打破了社會和空間的界限，給現有政治理論帶來了深刻的影響，更給現實政治帶來了嚴峻的挑戰。

民主的本意是指人民能廣泛地參與公共事務，並有效地表達自己的意見，民主的眞諦，在於讓利害關係人能夠參與公共事務的討論和決策，讓沒有利益關係的人，能夠貢獻其聰明才智和眞知灼見。但是這種參與式民主，在操作上難免會碰到各種侷限，即地理的限制、時間的限制和資訊的限制。因此，在現代的民主實踐中，參與式民主僅僅在管理學校、社區、企業和社團等規模較小的單位中發揮作用，而更多的表現形式是代議制民主，即並非全體人民眞正地制定法律或執行法律，而是選舉某些代表來做這些事。而網路技術的出現和發展，在一定程度上克服了參與式民主固有的侷限性，使大眾的廣泛參與和有效表達成為可能。它突破了傳統民主在地理、資訊溝通、資訊獲取途徑上的侷限，從而使得花費較少的時間和金錢成本即可在較大的範圍內實現民主。 網路民主具有直接性、公開性、快捷性和廣泛參與性等特點，然而，應當注意的是，網路民主已經暴露出明顯的缺陷，例如公共精神的缺乏。公共精神應該包括獨立精神、寬容精神、權利意識、參與意識和強烈的社會責任感。網路上經常可見的是不分青紅皂白的人云亦云和毫無根據的流言中傷。若沒有完善發達的公共精神為基礎，則很難想像網路民主的發展前景。

能不能上網，直接決定著人們能否藉由網路進行公民參與，然而，民眾上網的比率，又往往與社經地位成正相關。根據行政院研考會二〇〇一年的調查，台灣民眾家中擁有電腦、網路的比例因著年齡、學歷、收入、居住地區等因素有所不同。在年齡方面，年齡較低者，家中電腦

擁有率也越高；在學歷方面，受訪者的教育程度越高，家中電腦擁有率越高。另外，在收入狀況方面，受訪者的收入越高，家中擁有電腦的比例也越高。在受訪者居住的區域方面，「電腦與網路的擁有率」隨著「區域都市化的程度」發生變化，亦即，都市化程度越高的城鎮，電腦與網路的普及也越高。雖說民眾上網後，有提升公民參與的機會，但既有的研究顯示，立場迥異的網站，往往不會將對方網址的超連結放置於自家的網站中。而且，當人們有自己獨特的政治意念時，也傾向於只參訪自己所喜愛的網站。正因為網路個人化（individualization）和客製化（customization）的特性，以及個人興趣、知識與信念的篩選，在網路上，人們可以只選擇要看的資訊，只接收合乎自己觀點，或者強化這些觀點的資訊。因此網路雖然有多元的發聲平台，但那只是想像中的多元、被窄化過濾後的多元。因此當長期生活在被窄化的新聞、資訊和意見管道的個人世界時，溝通交往的對象便極容易僅限於和自己觀點相似的人。

　　網路民主的虛擬政治議題方興未艾，未來究竟會對實存的民主政治乃至國家主權產生怎樣的挑戰，尚不得而知。唯一可以確認的是，虛擬政治與網路民主，將會是未來政治學研究重要的焦點之一。

三、生態政治學與社區主義

　　生態思潮一詞，反映出一九六〇、一九七〇年代以來蓬勃發展的生態思想。之前，有關生態思想的論述相當少，往往只強調回歸自然或頌讚大自然，而且多半依附在其他哲學思想體系之下。直到一九七〇年代後，生態思想才單獨成為一門具有主體性的思想，不再依附於任何學科或哲學思想之下，反而是以生態為中心，並將其他思想納入其體系內，其中，當然也包括了政治學。

　　一九九〇年代之後的生態思潮因應了整個國際局勢的變化而有所改變，一方面全球化的趨勢使得生態環保議題也朝向全球化的合作來思

考，許多生態問題的解決必須透過國際協商與合作來進行，不僅需要政府間的協商與合作，也需要民間組織的協商與合作。一九九二年在烏拉圭舉行的環保高峰會議就包括了政府與非政府組織，此一趨勢說明了生態問題的全球化。當然這也跟冷戰之後的國際局勢有關，自蘇聯以及東歐共產集團瓦解之後，全球的國際性合作日趨熱絡，再加上溫室效應、酸雨、臭氧層、輻射污染等跨國界的生態環保問題，都使得國際合作變得勢在必行。「生態政治學」（political ecology）也因此而躍升為生態思潮中的主流議題。

加州柏克來大學的瓦茲（Michael Watts）教授指出，「生態政治學」拋棄了單純從自然科學眼光所定義的環境問題意識，而從人類社會的歷史、政治和經濟脈絡來思考人與自然的關係，因此更能在自然保育運動中提升實踐的深度。在政治的領域，生態思想家提出了許多新的政治制度或企圖恢復以往的制度，包括草根民主、直接民主、極權以及無政府主義。這些想法都是為了要解決生態環保問題，有的主張政府強有力的干涉，甚至不惜違反民主原則，形成了生態獨裁；有的極端厭惡政府，認為政府是最大的生態環境破壞者，因而企圖透過無政府主義的方式來解決生態環保問題；至於主張草根民主或直接民主的生態思想者，則是希望透過人民的主動參與可以達成生態環保的目標。

除了全球化之外，一九九〇年代之後的生態環保議題，也逐漸透過社區自主的方式來進行，亦即透過社區的自主行動來進行環保工作，而讓「生態政治學」也出現了另一種面貌：「社區主義」。「社區主義」包括了社區的整體規劃、社區的重構改建，甚至資源再回收都是其中的一部分，因此將「生態政治學」更進一步地落實在細膩的生活之中。台灣在幾年前所推動的「環境社區總體營造」可以說是在這樣的理念下發展出來，這也是跟隨著社區主義的流行而來。美國在柯林頓總統主政期間，特別強調社區主義，目的是要將一些本來政府的任務交由社區居民自己來負責，並且期待社區意識的培養，能夠使社區的居民重新結合起來共同管理公共事務，進而達到傳統社會中互助合作的精神。在歐洲則無這種明顯的社區主義，因為歐洲的鄉鎮居民本來就具有明顯的社區意

識，尤其是中小型的鄉鎮，居民多半相當關心地方事務，而美國因為都市化相當快速，所以在大都市的居民逐漸喪失社區意識，而社區主義的推動正是為了重拾以往傳統的社區意識。

無論如何，透過社區來培養環保意識是相當合理的，一個人連自己居住的地方都不愛護，如何奢求他愛惜從來沒看過的地方，當然只強調社區也是不夠的，因為生態問題具有全球性質，也需要透過全球性的關心與處理，所以在一九九〇年代之後的標語就是「從全球性思考，從地方行動」，而有一個新的字「全球地方化」（glocalization）就是代表這個標語的精神。生態政治學與社區主義的結合，也為全球化和本土化的浪潮平添了另一個思考的議題空間。

第四節　台灣政治學的展望

只要是生活在群體之中，個人就無法脫離政治的安排。統治者與被統治者之間藉由不斷互動，建立起複雜的政治社會。自古以來，許多偉大思想家試圖提出建立理想政治制度的方案，形成了各種政治思想，甚至實際轉化成政治制度，影響著人類的生活。舉凡政治制度、民主憲政、中西政治思想史、政黨選舉、行政與組織管理、國際政治、外交與談判和政治學方法論，均是政治學科所討論的課題。近年來，全球政治局勢經歷了劇烈的變動，台灣也處於政治民主化的關鍵時期，在這個亟需整合與決策能力時代的趨勢下，我們的社會更需要兼具理論與社會關懷的政治學研究人才。

台灣早期的政治學研究學門，主要分為政治理論、國際關係、公共行政等三個領域。近年來隨著國際化的趨勢，比較政治也成為重要的研究領域，亦進一步衍生出區域研究。由於本土化的潮流，地方政治與台灣研究也漸趨受到重視，而有「政治學本土化」的呼聲出現，再加上中共的崛起，兩岸情事複雜多變，大陸研究亦成為台灣政治學研究的重點

之一。

目前台灣的政治學研究大約可分為七個領域：

第一、在政治思想與政治理論領域方面，發展重點包括女性主義、政治認同、民主理論、政治哲學等研究；發展策略有推動跨領域跨學科合作、鼓勵教科書編纂、出版專業期刊、擴大與中國大陸的學術交流等。

第二、在比較政治與區域研究領域方面，發展重點包括憲政制度、選舉制度、政治經濟學、族群政治、東南亞與拉丁美洲研究等。

第三、在國際關係與外交政策領域方面，發展重點包括中華民國外交史、安全與戰略、東南亞與東歐區域研究、人權問題、國際合作研究等。

第四、在公共政策與公共行政領域方面，發展重點包括民主與公共政策、民眾參與角色、政府改革、民營化政策、管制與解除管制政策、政策設計與評估、比較公共政策、公共管理等。

第五、在政治經濟學領域方面，發展重點包括民主化與經濟發展的關係、經濟部門政治、地方政治與區域政經結構、中國大陸經改、兩岸政經互動、國際政經發展、後冷戰時期東亞國際秩序研究等。

第六、在台灣地區經驗政治研究領域方面，發展重點則包括選舉投票與政治參與、民意結構、國會政治、政治菁英、方法論研究等。

第七、在中國大陸研究領域方面，發展重點包括中央與地方關係、國家與社會、中共對外關係、中國大陸對亞太區域影響等研究；發展策略有增加研究機構和人力，翻譯西方對中共研究的著作，推動兩岸學界的交流，赴大陸進行實證研究等。迄今台灣專門研究大陸的學術機構，包括台大國家發展研究所（大陸組）、政大東亞所（大陸組）、中山大陸研究所、東華公共事務研究所（大陸組）、淡江大陸研究所、文化大學大陸研究所等。

然而，即使台灣的政治學研究發展蓬勃，但欣榮發展的表面無法掩飾一個簡單的事實：台灣政治學界所用的概念、基本假設、分析框架和研究方法大都來自西方，特別是美國。甚至我們討論的熱門話題，也往

往是先由西方學者所提出，並由西方學者設定遊戲規則。在反省台灣政治學的發展瓶頸時，解決此一困境的出路，恐怕在於隨時保持清醒的批判意識，在吸取西方政治學養份的同時，努力清除其盲點，克服其侷限性，用台灣本土獨特的視角，對既存的政治現象進行創造性的思考，而這個過程便是所謂的「政治學本土化」的過程。

政治學本土化，並不是鎖國的另一種形式。相反地，本土化是要拓寬交流，使單行線變成雙行線。本土化並不拒絕借鑒外來的概念、方法、理論，但反對來者不拒，反對盲目接受，強調要批判地、有選擇地借鑒。本土化不是要將視角限縮於台灣，而是既要用批判的眼光審視自己，也要用批判的眼光面向世界。本土化政治學在批判地吸收外來理論的同時，要以自信的姿態積極與各國政治學者對話，力爭以自己獨特的方式參與政治學的重組和重新建構，將台灣人研究台灣、大陸和世界的心得與各國政治研究者共享。只有在全球學者參與對話基礎上形成的政治學才可能成為真正的政治科學。

簡而言之，本土化對我們的要求，無非是：批判性的吸收，創造性的思考。長期以來，在研究政治時，在地的學者已習慣於扮演概念、理論、方法的消費者、進口者角色；本土化迫使學者挑戰自我，在往後的研究中有意識地進行自主理論的思考，不僅要能表述自己，還要期許有朝一日成為概念、方法和理論的生產者和出口者。在面對全球化浪潮的二十一世紀，如何清楚地建構本土化的政治學，並以此與全球化接軌，將是台灣政治學界最大的挑戰與發展契機。

進階讀物

Robbins, P. (2004) *Political Ecology : A Critical Introduction* (Malden, MA, Blackwell).

Hayward, T. (1998) *Political Theory and Ecological Values* (Cambridge, Polity press).

Sinclair, T. J. (2004) *Global Governance: Critical Concepts in Political Science* (New York, Routledge).

David Held, Anthony McGrew合著，林祐聖、葉欣怡譯（2005）。《全球化與反全球化》。台北：弘智文化出版社。

Dick Morris著，張志偉譯（2000）。《網路民主》。台北：城邦文化出版公司。

Joseph E. Stiglitz著，李明譯（2002）。《全球化的許諾與失落》。台北：大塊文化出版社。

Robert Gilpin著，陳怡仲、張晉閣、許孝慈譯（2004）。《全球政治經濟——掌握國際經濟秩序》。臺北：桂冠圖書出版公司。

許禎元（1998）。《政治學研究與網路應用——網際網路（InterNet）的資源蒐集》。台北：立威出版社。

黃競涓、石之瑜（2001）。《當代政治學的新範疇——文化、性別、民族》。台北：翰蘆圖書出版有限公司。

相關網站

財團法人兩岸交流遠景基金會

　　　http://www.future-china.org.tw

台灣政治學會

　　　http://tpsa.ccu.edu.tw/

國家政策研究基金會

http://www.npf.org.tw/

行政院國科會人文及社會科學發展處

　　http://www.nsc.gov.tw/hum/index.html

中央研究院政治學研究所籌備處

　　http://www.ipsas.sinica.edu.tw/

麻省理工學院的「開放式課程網頁」

　　http://www.twocw.net/mit/index.htm

美國政治學會（APSA）

　　http://www.apsanet.org/

清華大學當代中國研究中心

　　http://cfcc.nthu.edu.tw/modules/news/

一、政治學未來的趨勢之一是「科際整合」，試從政治學發展的新議題
　　中，舉例說明帶有「科際整合」性質的新議題。

二、政治學未來的趨勢之一是「政治理論的復興」，試從本書所引介「當
　　代政治理論」中舉例說明之。

三、「全球視野」也是政治學未來重要的發展趨勢，試從本書所引介
　　「國際關係與國際政治」中舉例說明之。

四、「全球化下的國家主權」是政治學發展的新議題之一，試從本書於
　　「國家」、「國際關係」等章節中所討論的「國家主權」問題加以分
　　析之。

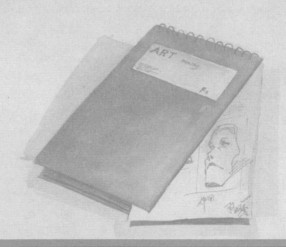

參考書目

一、中文部分

Arend Lijphart著，張慧芝譯（2003）。《選舉制度與政黨體系》。台北：桂冠圖書出版公司。

Arend Lijphart著，陳坤森譯（1998）。《當代民主類型與政治》。台北：桂冠圖書出版公司。

David Truman著，張炳九譯（1997）。《利益政治與輿論》。台北：桂冠圖書出版公司。

Giovanni Sartori著，雷飛龍譯（2002）。《最新政黨與政黨制度》。台北：韋伯文化事業出版社。

Graham K. Wilson著，王鐵生譯（1993）。《利益團體》。台北：五南圖書出版公司。

Herbert M. Levine原著，王業立、郭應哲、林佳龍譯（2003）。《最新政治學爭辯的議題》。台北：韋伯文化事業出版社。

Matthew S. Shugart and John M. Carey著，曾建元等譯（2002）。《總統與國會：憲政設計與選舉動力》。台北：韋伯文化事業出版社。

Montserrat Guibernau著，周志杰譯（2003）。《全球時代的政治社群》。台北：韋伯文化事業出版社。

Robert Gilpin著，楊宇光等譯（1994）。《國際關係的政治經濟分析》。台北：桂冠圖書出版公司。

冉伯恭（2000）。《政治學概論》。台北：五南圖書出版公司。

朱志宏（1995）。《立法論》。台北：三民書局。

朱志宏、謝復生（1996）。《利益團體參與政治過程之研究》。台北：行政院研考會。

朱雲漢、王紹光、趙全勝編（2002）。《華人社會政治學本土化研究的理

論與實踐》。台北：桂冠圖書出版公司。

何思因、吳玉山主編（2000）。《邁入廿一世紀的政治學》。台北：中國政治學會。

吳文程（1996）。《政黨與選舉概論》。台北：五南圖書出版公司。

吳庚（2003）。《憲法的解釋與適用》。台北：三民書局。

吳棟傑（1995）。《公民投票法制之憲法許容性暨法政策分析——以全國性公民投票為中心》。台北：台灣大學法律學研究所碩士論文，頁14-16。

杉原泰雄著、呂昶等譯（2000）。《憲法的歷史——比較憲法學新論》。北京：社會科學文獻出版社。

林尚立（1993）。《選舉政治》。香港：三聯書店。

俞寬賜（2002）。《國際法新論》。台北：啓英文化。

倪世雄（2003）。《當代國際關係理論》。台北：五南圖書出版公司。

徐振國等（2003）。《政治學的發展——新議題與新挑戰》。台北：韋伯文化事業出版社。

翁明賢（1995）。《國際組織新論》。台北：五南圖書出版公司。

國民大會秘書處資料組（1996）。《世界各國憲法大全》（一至四冊）。台北：國民大會秘書處。

莫紀宏（2001）。《現代憲法的邏輯基礎》。北京：法律出版社。

許志雄（1993）。《憲法之基礎理論》。台北：稻禾出版社。

許志雄等（1999）。《現代憲法論》。台北：元照出版公司。

許宗力（1999）。《憲法與法治國行政》。台北：元照出版公司。

陳淞山（1994）。《國會制度解讀》。台北：月旦出版。

葛永光（1996）。《政黨政治與民主發展》。台北：空中大學。

齊彪（2001）。《當代世界政黨研究》。北京：國防大學出版社。

樊勇明（2001）。《西方國際政治經濟學》。上海：上海人民出版社。

謝復生、盛杏湲主編（2000）。《政治學的範圍與方法》。台北：五南圖書出版公司。

謝瑞智（1993）。《憲法大辭典》。台北：自刊本。

二、英文部分

Almond, G. A. (1970) *Political Development.* Boston: Little Brown and Company.

Almond, G. A., Powell, G. B. Jr, Strøm, Kaare & Dalton, R. J. (2001) *Comparative Politics: A Theoretical Framework.* New York: Addison-Wesley Educational Publishers Inc.

Anderson, P. (1974) *Lineages of the Absolutist.* London: New Left Books.

Apter, D. E. (1973) *Political Change.* London: Frank Cass.

Archard, D. (1996) "Political and Social Philosophy" in N. Bunnin and E. P. Tsui-James(eds.). *The Blackwell Companion to Philosophy.* Oxford: Blackewll.

Arendt, H. (1966) *The Origins of Totalitarianism.* New York: Harcourt Brace.

Axford, B. et al.(eds.).(2002) *Politics.* London: Routledge.

Ball, A. R., & Peters, B. G. (2000) *Modern Politics and Government* Basingstoke: Macmillan.

Bauman, Z. (1999) *In Search of Politics.* Cambridge: Polity Press.

Bobbio, N. (1987) *The Future of Democracy: A Defense of the Rules of the Game.* Cambridge: Polity Press.

Bogdanor, V. (1987) "Referendum and Intiative" in Vernon Bogdanor(ed.). *The Blackwell Encyclopaedia of Political Institutions* Oxford: Basil Blackwell. p. 524 .

Bollen, K. A. (1980) "Issues in the Comparative Measurement of Political Democracy", *American Sociological Review*, 45, pp. 370-90.

Buchanan, J. M., & Tullock, G. (1962) *The Calculus of Consent, Logical Foundations of Constitutional Democracy.* Ann Arbor, University of Michigan Press.

Bulter, S. (1985) *Privatizing Federal Spending.* New York: Universe Books.

Butler, D., & Ranny, A. (1992) *Electioneering: A Comparative Study of*

Continuity and Change. Oxford: Clarendon Press.

Chilcote, R. H. (1994) *Theories of Comparative Politics.* Boulder, Colo., Westview Press.

Cigler, A. J., & Loomis, B. A. (2002) *Interest Group Politics.* Washington: D. C., CQ Press.

Coppedge, M., & Reinicke, W. (1988) "A scale of Polyarchy", in R.D Gastil (ed.). *Freedom in the world: Political Rights and Civil Liberties 1987-1988.* New York: Freedom House.

Dahl, R. (1957) "The Concept of Power", *Behavioral Science*, 2, pp. 201-15.

Davidson, & Oleszek, W. J. (2002) *Congress and Its members.* Washington: D. C., A Division of Congressional Quarterly Inc.

Davies, I. (1970) *Social Mobility and Political Change* London: Macmillan.

Diamond, L., Linz, J. J., & Lipset, S. M. (1995) "Introduction: What Makes for Democracy?" in L. Diamond, J. J. Linz, and S. M Lipset (eds.). *Politics in Developing Countries: Comparing Experiences with Democracy.* Boulder: Lynne Rinner Publishers.

Dittmer, L. (1977a) "Political Culture and Political Symbolism: Toward A Theoretical Synthesis", *World Politics*, 29, pp. 552-583.

Dittmer, L. (1977b) "Thought Reform and cultural Revolution: An Analysis of the Symbolism of Chinese Polemics", *American Political Science Review*, 71, pp. 67-85.

Duverger, M. (1966) *Political Parties: Their Organization and Activity in the Modern State.* New York: Wiley.

Dye, T. (2002) *Understanding Public Policy.* Englewood Cliffs, NJ: Prentice Hall.

Easton, D. (1965) *A Framework for Political Analysis.* Englewood Cliffs NJ: Prentice-Hall.

Easton, D. (1969) "The New Revolution in Political Science", *American Political Science Review*, 63(December), pp. 1233-46.

Eisenstadt, S. N. (1966) *Modernization: Protest and Change*. Taipei: Copyprinting.

Elomre, R. (1980) ＂Backward mapping: Implementation research and policy decisions＂, *Political Science Quarterly*, 94, pp. 601-16.

Fabre, C. (2000) *Social Rights under the Constitution: Government and the Decent Life*. Oxford: Clarendom Press.

Foley, M. (1999) ＂In Kiev They Fine a Journalist $1m and Cut Off All the Phones＂, *The Times*, April , pp. 45.

Garrison, S. M., & Scott, G. M. (2002) *The Political Science Student Writer＇s Manual*. Upper Saddle River, NJ: Prentice-Hall.

Giddens, A. (1985) *The Nation-state and Violence*. Cambridge: Polity Press.

Giddens, A. (1987) *Social Theory and Modern Sociology*. Cambridge: Polity Press.

Giddens, A. (1990) *The Consequences of Modernity*. Cambridge: Polity Press.

Giddens, A. (2001) *Sociology*. Cambridge: Polity Press.

Giddens, A. (ed.).(2003) *The Progressive Manifesto*. Cambridge, Polity Press.

Gilligan, C. (1982) *In a Different Voice*. Cambridge, Mass: Harvard University Press.

Gold, T. B. (1986) *State and Society in the Taiwan Miracle*. Armonk, New York: M. E. Sharpe.

Green, J. (1994) *Dictionary of Cynical Quotations*. London: Cassel.

Hagen, E. E. (1962) *On the Theory of Social Change: How Economic Growth Begins*. Homewood, Ill., Dorsey Press.

Hagen, E. E. (1968) ＂A Framework for Analyzing Economic and Political Change＂ in Dahl, R. A. and Neubauer, D. E(eds) *Reading in Modern Political Analysis*. Englewood Cliffs, NJ: Prentice-Hall.

Hague, R., & Harrop, M. (2004) *Comparative Government and Politics*. Basingstoke, Palgrave.

Hall, P., & Taylor, R. C. R. (1996) ＂Political Science and Three

Institutionalism", *Political Studies*, 44(4), pp. 936-57. Harper & Row, Publishers.

Heclo, H. (1972) "Review article: Policy analysis", *British Journal of Political Science*, 2, pp. 83-108.

Held, D. (1995) *Democracy and the Global Order: From the Modern State to Cosmopolitan Governance.* Cambridge: Polity Press.

Held, D. (1996) *Models of Democracy.* Cambridge: Polity Press.

Held, D. (2004) *Global Covenant.* Cambridge: Polity Press.

Held, D., & McGrew, A. G. (2002) *Globalization/Anti-Globalization.* Cambridge: Polity Press.

Held, D., & McGrew, A. G. (eds.).(2003) *The Global Transformations Reader* . Cambridge: Polity Press.

Held, D. *et al*(eds.).(1999) *Global Transformations: Politics, Economics and Culture.* Cambridge: Polity Press.

Heywood, A. (2002) *Politics.* Basingstoke, Macmillan.

Hill, M. (1997) *The Policy Process in the Modern State.* Hemel Hempstead, Harvester Wheatsheaf.

Holland, K. (1991) "Introduction", in K. Holland(ed.). *Judicial Activism in Comparative Perspective.* Basingstoke, Macmillan. pp. 1-11.

Isaak, A. (1987) *An Introduction to Politics* (Glenview, Harper Collins).

Janda, K., Berry, J. M., & Goldman, J. abridged by Huff, E. (1994) *The Challenge of Democracy: Government in America.* Boston: Houghton Mifflin Company.

Joshua, S. (1999) *Goldstein, International Relations.* New York: Longman.

Jowell, J., & Oliver, D. (ed.).(2000) *The Changing Constitution.* Oxford: Oxford University Press.

Kalevi, J. H. (1988) *International Politics: a Framework for Analysis.* London: Prentice-Hall International .

Karl, T. L. (1990) "Dilemmas of Democratization in Latin America",

Comparative Politucs, 23, pp. 1-21.

Kavanagh, D. (1972) *Political Culture*. London: Macmillan.

Key, V. O. (1958) Politics, Parties, and Pressure Groups. New York: Crowell.

Kymlicka, W. (1984) *Liberalism, Community and Culture*. Oxford: Oxford University Press.

Lasswell, H. (1936) *Politics: Who Gets What, When, How ?* New York: McGraw-Hill.

Linz, J. (1990) "Transitions to Democracy", *The Washington Quarterly*, 13, pp. 143-164.

Lipset, S. M. (1959) "Some Social Requisites of Democracy: Economic Development and Political Legitimacy", *American Political Science Review,* 53, pp. 69-105.

Lively, J. (1975) *Democracy.* Oxford: Blackwell.

Loewenstein, K. (1957) *Political Power and the Governmental Process.* Chicago: University of Chicago Press.

Marsh, D., & Stoker, D. (eds.).(2002) *Theory and Methods in Political Science* Basingstoke, Palgrave.

Mcgrew, A. (2002) "Transnational Democracy: Theories and Prospects", in A.Garter and G. Stokes (eds), *Democratic Theory Today*. Cambridge:Polity Press.

Merelman, R. N. (1991) *Partial Visions: Culture and Politics in Britain, Canada, and the United States*. Madison, University of Wisconsin Press.

Nachmias, D. (1979) *Public Policy Evaluation*. New York: St. Martin's press.

Needler, M. C. (1968) *Political Development in Latin America: Instability, Violence, and Evolutionary Change*. New York: Random House.

Nixon, J. (1980) "The importance of commumication in the implementation of government policy at the local level", *Policy and Politics*, 8(2), pp. 127-46.

政治學 —21 世紀的觀點

Nozick, R. (1974) *Anarchy,State and Utopia*. New York: Basic Books.

O'Donnell, G., & Schmitter, P. C. (1986) *Transitions from Authoritarian Rule: Tentative Conclusions About Uncertain Democracies*. Baltimore, Johns Hopkins University.

O'Donnell,G.et al(eds.).(1986) *Transitions from authoritarian rule : comparative perspectives*. Baltimore, Johns Hopkins University Press.

Okin, S. (1989) *Justice, Gender and the Family*. New York: Basic Books.

Olson, D. M. (1980) *The Legislative Process: A Comparative Approach*. New York: Harper & Row.

Parekh, B. (2000) *Rethink Multiculturalism: Cultural Diversity and Political Theory*. Basingstoke, Palgrave.

Parsons, T. (1967) "On the Concept of Political Power", in T. Parsons(ed), *Sociological Theory and Modern Society*. New York and London: Free Press.

Ponton, G., & Gill, P. (1993) *Introduction to Politics*. Oxford: Blackewll.

Przeworski, A., Alvarez, M.E., Cheibub, J. A., & Limongi, F. (2000) *Democracy and Development: Political Institutions and Well-Being in the World, 1950-1990*. Cambridge: Cambridge University Press.

Pye, L. W., & Verba, S. (1965) *Political Culture and Political Development*. Princeton, NJ: Princeton University Press.

Pye, L. W., & Verba, S. (1965) *Political Culture and Political Development*. Princeton, NJ: University Press.

Ranney, A. (1975) *Governing: A Brief Introduction to Political Science*. Hinsdale, Ill. , Dryden Press.

Ranney, A. (2001) Governing: An Introduction to Political Science. Vpper Saddle River, NJ: Prentice-Hall.

Rawls, J. (1972) *A Theory of Justice*. Oxford: Oxford University Press.

Rawls, J. (1996) *Political Liberalism*. New York: Columbia University Press.

Reeve, A., & Ware, A. (1992) *Electoral Systems: A Comparative and*

Theoretical Introduction. London: Routledge.

Richardson, J. J. (1993) *Pressure Groups*. New York: Oxford University Press.

Rodee, C. C., Christol, C. Q., Anderson, T. J., & Greene. T. H. (1983) *Introduction to Political Science*. Auckland: McGraw-Hill, Inc.

Roskin, M.G. et al (eds.). (1997) *Political Science*. Upper Saddle River, NJ: Prentice-Hall.

Rustow, D. A. (1970) "Transitions to Democracy", *Comparative Politucs*, 2, pp. 337-365.

Sabatier, P., & Mazmanin, D. (1979) "*The Conditions of Effective Implementation: a Guide to Accomplishing Policy Objectives*", *Policy Analysis*, 5(Fall), pp. 481-504.

Schumpeter, J. A. (1975) *Capitalism, Socialism and Democracy*. New York: Harper Torchbooks.

Skinner, Q. (1989) "The State" in T. Ball, J. Farr and R. L. Hanson(eds.). *Political Innovation and Conceptual Change*. Cambridge: Cambridge Press).

Smith, B. C. (1985) *Decentralization: The Territorial Dimension of the State*. London: George Allen & Unwin Ltd.

Steiner, J. (1991) *European Democracies*. New York: Longman.

Sϕrensen, G. (1997) *Democracy and Democratization*. Oxford: Westview Press.

Taylor, C. (1993) "The Politics of Recognition" in A. Gutmann(ed.). *Multiculturalism*. Princeton: Princeton University Press.

Thomas, D. B. (1974) "Political Development Theory and Africa: Toward a Conceptual Clarification and Comparative Analysis" *The Journal of Developing Areas*, 8, pp. 375-395.

UNDP (2002) *Human Development Report 2002: Deepening Democracy in a Fragmented Worl*. New York: Oxford University Press.

Vanhanen, T. (2003) *Democratization: A Comparative Analysis of 170*

Countries. London: Routledge.

Ware, A. (1996) *Political Parties and Party Systems*. Oxford: Oxford University Press.

Wildavsky, A. (1992) "Choosing Preferences by Constructing Institutions: A Cultural Theory of Preference Formation", *American Political Science Review*, 81, pp. 3-21.

NOTE

NOTE

NOTE

NOTE

法政叢書1

政治學

著　　　者／周繼祥

出 版 者／威仕曼文化事業股份有限公司

發 行 人／葉忠賢

總 編 輯／閻富萍

執行編輯／姚奉綺

地　　　址／台北市新生南路三段88號7樓之5

電　　　話／(02)2366-0309

傳　　　真／(02)2366-0313

郵撥帳號／19735365　戶名：葉忠賢

印　　　刷／鼎易印刷事業股份有限公司

初版二刷／2007年3月

ＩＳＢＮ／986-81493-4-7

定　　　價／新台幣600元

國家圖書館出版品預行編目資料

政治學／周繼祥著. -- 初版. -- 臺北市：威
仕曼文化，2005〔民94〕
　　面：　公分
　參考書目：面
　ISBN 986-81493-4-7（平裝）

　　1. 政治

570　　　　　　　　　　　　　94016128